U0857148

珍藏本
纪念版

汉译世界学术名著丛书

# 经济落后的历史透视

〔美〕亚历山大·格申克龙 著

张凤林 译

2017 年 · 北京

Alexander Gerschenkron

**ECONOMIC BACKWARDNESS**

**IN**

**HISTORICAL PERSPECTIVE**



根据哈佛大学出版社 1962 年版译出

# 汉译世界学术名著丛书
# （120年纪念版·珍藏本）
# 出版说明

2017年2月11日，商务印书馆迎来120岁的生日。120年前，商务印书馆前贤怀揣文化救国的理想，抱持“昌明教育，开启民智”的使命，立足本土，放眼寰宇，以出版为津梁，沟通中西，为中国、为世界提供最富智慧的思想文化成果。无论世事白云苍狗，潮流左右激荡，甚至战火硝烟弥漫，始终践行学术报国之志，无改初心。

迻译世界各国学术名著，即其一端。早在20世纪初年便出版《原富》《天演论》等影响至今的代表性著作，1950年代后更致力于外国哲学和社会科学经典的译介，及至1980年代，辑为“汉译世界学术名著丛书”，汇涓为流，蔚为大观。丛书自1981年开始出版，历时三十余年，迄今已推出七百种，是我国现代出版史上规模最大、最为重要的学术翻译工程。

丛书所选之书，立场观点不囿于一派，学科领域不限于一门，皆为文明开启以来，各时代、各国家、各民族的思想与文化精粹，代表着人类已经到达过的精神境界。丛书系统译介世界学术经典，引领时代思想，为本土原创学术的发展提供丰富的文化滋养，为推动中国现代学术和现代化进程做出了突出的贡献。

为纪念商务印书馆成立120周年，我们整体推出“汉译世界学术名著丛书”120年纪念版的珍藏本，寄望既利于文化积累，又便于研读查考，同时向长期支持丛书出版的译者、编者和读者致以敬意。

两甲子后的今天，商务印书馆又站在了一个新的历史时间节点上。我们不仅要铭记先辈的身影和足迹，更须让我们的步伐充满新的时代精神。这是商务人代代相传的事业，更是与国家和民族的命运始终紧密相连的事业。我们责无旁贷，必须做好我们这代人的传承与创造，让我们的努力和成果不仅凝聚成民族文化的记忆，还能成为后来人可以接续的事业。唯此，才能不负前贤，无愧来者。

商务印书馆编辑部

2017年10月

# 译者前言

亚历山大·格申克龙(Alexander Gerschenkron)是20世纪西方著名的经济史专家。他1904年出生于俄国的奥德萨。1920年离开俄国定居于奥地利,并于1928年获得维也纳大学的政治学博士学位。随后,进入弗里德里希·冯·哈耶克领导下的奥地利经济周期研究所工作,任助理研究员。1938年德军入侵奥地利时,他又移居到了美国。先在加利福尼亚大学的伯克利分校工作了六年,任助理研究员、讲师。后又在美国联邦储备委员会工作了两年。从1948年起成为哈佛大学的教授,直至退休。1978年去世。[①]

格申克龙对经济学的主要贡献是他凭借其渊博的历史知识和深刻的洞察力,对19世纪的欧洲经济发展特别是较为落后的巴尔干地区和拉丁语系国家的经济发展问题给予了全新的解说,提出了具有广泛影响的"落后的优势"理论。这一理论的核心思想是,相对的经济落后并非像人们通常所认为的那样,仅仅是一种劣势,

① 关于亚历山大·格申克龙的主要生平业绩,读者可以参阅约翰·伊特韦尔(John Eatwell)等编,《新帕尔格雷夫经济学大辞典》,第二卷,第556页,经济科学出版社,1996年中译本;马克·布劳格(Mark Blaug)著,《20世纪百名经济学巨匠》,第87-88页,中国经济出版社,1992年中译本。

它也具有积极的作用，从而可以变成一种优势。因为在落后的国家中，在其实际的经济活动状态及发展障碍与这种发展本身所固有的高期望值之间存在着一种"紧张"关系，这种紧张关系成为推动工业化发展的力量。并且落后的程度越大，其紧张关系就越强，从而对经济发展的刺激作用就越大。这样，虽然在落后国家通常都缺乏甚至完全不具备先进国家（例如英国）在早先发动工业化浪潮时所拥有的"前提"条件，诸如较大规模的私人资本积累、足够容量的工业品市场等，但是它们通过国家的干预作用或其他制度手段却可以依照各自的不同情况创造出对于这些所谓的"前提"条件的替代物，例如以政府的高积累或者投资银行来替代私人储蓄，以铁路建设等公共工程支出来弥补国内落后的农业经济对工业品需求的不足，以及通过引进和吸收外国的先进技术、移民等措施来补充本土创新的缺乏与技能型劳动供给的短缺，等等。因而，落后国家便可以在与先进国家完全不同的条件下发动工业革命，实现经济发展。不仅如此，通过引进、吸收与借鉴，落后国家还可以越过先进国家以往的工业化过程的某些阶段，实行跳跃式发展。从而，落后国家的工业化发展过程便呈现出与先进国家明显不同的若干特点，这不仅表现在通常更高的发展速度（工业增长率）上，而且也体现在生产结构、组织结构以及制度手段等方面的差异上。

格申克龙指出，[①]欧洲经济史的经验表明，并不存在那种统一不变的工业化发展模式。从而，先前的一些学者以英国的工业革命为原型所做出的一般理论概括（包括有关工业化发展前提的所



① 参见本书的第1章、第2章以及结束语等章节。

谓原始资本积累的概念)并不具有普遍意义,而罗斯托关于经济发展一律地遵循类似于五音阶的五个阶段的模式也是难以成立的。如果人们真的想要为考察欧洲经济发展建立一种统一的理论工具的话,那么似乎可以说,落后程度应当是一个具有可操作性的概念。将不同国家或者国家集团按照它们的相对落后程度依次排列,研究处于不同落后程度上的国家实行替代从而创造其自身经济发展前提条件时的特点,便可以概括出工业化发展过程的某些重要特征,尽管它们不一定就是什么“必然性的”规律。格申克龙进而概括出六个简要命题:(1)一国的经济越落后,其工业化就越可能表现为较高的制成品增长率;(2)一国的经济越落后,就越重视企业的大规模化;(3)一国的经济越落后,就越强调生产资料而不是消费品;(4)一国的经济越落后,对人民的消费水平的压制就越严重;(5)一国的经济越落后,特殊的制度因素在增加新生工业部门资本供给中的作用就越大;(6)一国的经济越落后,其农业就越难以为工业提供有效的市场,从而经济结构就越不平衡。当然,要使落后国家不断积累的“紧张”真正能够转化为引致工业革命爆发的动力,也是需要条件的。其中一个重要的方面便是落后国家的政策。如果落后国家政府未能结合本国社会经济环境适时地推行恰当的支出、税收、金融与外贸政策等,那么落后国家中原有的“落后的劣势”就不能被弱化,反而也将不断增长,从而落后国家就有可能“错过”其落后的优势本可以为其提供的爆发工业革命的机会。格申克龙也承认,这种情况,还有其他一些因素,构成了对于他的上述经济发展模型的一种限制。

除了上述理论贡献以外,格申克龙还以其对于20世纪苏联

经济问题的精湛研究而称著于世。他对于苏联经济问题的考察不仅限于经济文献资料，而且还广泛涉猎文学、历史与哲学等领域，这使他能够最大限度地克服有关研究对象的信息缺失的困难，给出许多深入透辟的分析。他在考察苏联机器生产以及整个工业生产的数量增长时，发现工业指数编制方法的不同将会导致所计算的产出增长率的不同（这被称为“格申克龙效应”），并指出在20世纪30年代苏联计划经济的统计中存在着高估产出增长率的倾向。

本书是格申克龙的一本论文集（哈佛大学出版社1962年出版），收录了作者有关欧洲经济史以及苏联问题研究方面的代表性成果。它也是国际上在有关经济史、经济增长与发展等领域受到广泛重视并且被大量引用的经典文献。全书除导言、结束语以及三个附录以外，共分14章。其中，前八章属于对经济史的研究，作者通过对俄国、法国、德国、意大利、奥地利、保加利亚等国主要在19世纪的经济发展的特殊经验进行比较分析，形成了以相对落后程度为核心概念的基本理论框架，旨在为欧洲经济史的研究提供一种新的理论模式。在结束语中则对这一理论模式提供了一个简要总结。后面的六章属于对20世纪苏联经济与社会问题的研究，由于格申克龙在很大程度上是坚持从上面所述他的经济史研究新模式的视角来审视和剖析这些问题的，故而它们与前面的各章之间在逻辑上又是浑然一体的。其中后面的三篇文章主要是通过苏维埃的文学作品来透视其社会经济的运行状况，而其最后的一篇文章“关于小说《日瓦戈医生》的评注”则堪称是文学批评的经典之作。从这些文章中，读者可以看到格申克龙严谨的治史态

度、渊博的历史知识以及卓越的理论批判与建构能力。

中国是一个后起的发展中国家，在努力完成工业化和向现代化挺进的过程中需要更深刻地认识和把握经济发展过程的内在机制，总结和吸收先进国家的历史发展经验，充分地利用后发经济的优势，以便结合自己的国情特点制定出科学的经济发展战略与有效的政策措施。在这方面，本书无论是对于中国的学术理论界，还是实际决策部门，都将具有重要的研究和参考借鉴价值。

本书的翻译工作耗时近两年。其间，得到了商务印书馆的大力支持，朱泱先生对于部分译文的校订意见令译者获益匪浅。大连外国语大学的讲师（东北财经大学博士研究生）孙成芳、东北财经大学商务外语学院的讲师（东北财经大学博士研究生）王兆刚与罗军、东北财经大学商务外语学院的讲师孙俐与韩兴华等人帮助译者翻译了书中大部分的俄文词汇与诗歌，和大部分的德语、法语、拉丁语词汇以及个别复杂语句的解析。译者在此谨对这些同志致以最诚挚的谢意！此外，我的正在美国加州理工学院攻读博士学位的儿子张承中同学帮助解决了书中意大利语的翻译，并对部分德语、法语以及英语难句协助斟酌推敲，这也是我早期家庭人力资本投资的一种回报。至于原书少数注释中的瑞典语和保加利亚语，除了原来附有英文译文的根据英文意思翻译过来以外，其他则没有翻译。这样处理并不影响读者对于全书内容的完整理解和把握。由于本书属于史论性文集，包含的语言种类繁多，涉及的学科领域广泛，翻译具有一定难度，故译者虽竭尽全力，然限于能力与水平，仍难免译文中出现错误与疏漏之处，恳请读者朋友批评指正。

（附注：本书的翻译属于译者主持承担的教育部人文社会科学重点研究基地——“东北财经大学产业组织与企业组织研究中心”的重大项目，“从物质资本密集型到人力资本密集型：中国若干典型产业的转型与促进就业政策研究”（07JJD630001）前期理论工作的一个组成部分。译者对于本书的研读与翻译以及相关文献的研究与梳理，为这一项目的研究打下了较厚实的理论基础，提供了具有重要参考价值的有关现代经济发展理论的准备以及有关欧洲工业化历史经验的借鉴资料。）

张凤林

2008 年 3 月

于大连，东北财经大学烛光园

# 目　录

# 致　谢

本人深深地感谢下列机构友好地允许我的论文重印于这部文集中：

1. 芝加哥大学出版社对于“经济落后的历史透视”一文的允许，该文原载于《不发达国家的进步》(*The Progress of Underdeveloped Countries*)一书，霍斯里茨(B. Hoselitz)主编，1952年出版。
2. 意大利米兰的《工业》(*L'industria*)杂志对于“关于现代工业化‘前提’概念的反思”一文的允许，该文原载于该杂志1957年第2期。
3. 国际经济学会(The International Economic Association)对于“社会态度、企业家与经济发展”一文的允许，该文原载于《经济进步》(*Economic Progress*)一书，莱昂·H. 迪普里耶(Leon H. Dupriez)主编，1955年于鲁汶(Louvain)出版。
4. 《经济史杂志》(*Journal of Economic History*)对于“关于1881—1913年间意大利工业增长率的说明”一文的允许，该文原载于该杂志1955年12月号。
5. 《意大利历史杂志》(*Rivista Storica Italiana*)对于“罗萨里奥·罗密欧与资本原始积累”一文的允许，该文原载于该杂志

LXXII 卷,1960 年第 1 期。

6. 哈佛大学出版社对于“俄罗斯:1861—1958 年间经济发展的模式与问题”一文的允许,该文原载于《俄罗斯社会的转型》(*The Transformation of Russian Society*)一书,布莱克(C. Black)主编,1960 年出版。
7. 哈佛大学出版社对于“19 世纪俄国知识分子历史中有关经济发展的思想”一文的允许,该文原载于《俄罗斯与苏维埃思想中的连续性及其变化》(*Continuity and Change in Russian and Soviet Thoughts*)一书,西蒙斯(E. Simmons)主编,1955 年出版。
8. 《经济学与统计学评论》(*Review of Economics and Statistics*)对于“苏维埃的重工业:以美元计量的 1927/28 至 1937 年的产出指数”一文的允许,该文原载于该杂志 1955 年 5 月号。
9. 《应用经济学》(*L'Economie Appliquée*)杂志对于“关于苏维埃俄国工业增长率的说明”一文的允许,该文原载于该杂志 1953 年 10—12 月号。
10. 哈佛大学出版社对于“苏维埃俄国的工业企业”一文的允许,该文原载于《现代社会的公司》(*The Corporation in Modern Society*)一书,马松(E. S. Mason)主编,1960 年出版。
11. 《美国斯拉夫与东欧评论》(*American Slavic and East European Review*)杂志对于“一个被忽视的苏维埃俄国的经济信息来源”一文的允许,该文原载于该杂志 1950 年 2 月号。
12. 《世界政治》(*World Politics*)杂志对于“对苏维埃小说的反思”一文的允许,该文原载于该杂志 1960 年 1 月号。

13. 芝加哥大学出版社对于“关于小说《日瓦戈医生》的评注”一文的允许，该文原载于《现代语言学》(*Modern Philology*)一书，1961年2月出版。

14. 国际经济学会允许将“俄国工业化的早期阶段”一文中的部分段落重引于本书的结束语之中。

15. 《美国统计学会杂志》(*Journal of the American Statistical Association*)对于“关于计量收入与财富长期增长的一些问题”一文的允许，该文原载于该杂志1957年12月号。

# 导　言

1 本书中的论文写作并发表于1951至1961年间的各种杂志和论文集中。对原始文章的修改被限制在最小的程度。“关于苏维埃俄国工业增长率的说明”的那篇文章(第10章)是唯一一篇在很大程度上经过改写的文章。其他论文一仍其旧,只是增加或减少了某些脚注,增加了许多细小的编辑上的变化,有一篇文章(第6章)最后的两小节被删除了,有关它的主题内容被转移到了另外一章。[①]

这样一种论文集面临着来自两个相反方向的风险:缺乏内在的紧密性和内容重复。它们都未能被完全避免,从而也许需要对于各篇文章之间相互关联的方式给予某种简要的讨论。前面的八篇论文探讨了19世纪欧洲工业发展的问题。笔者关于这一主题的一般观念早在1951年的一篇文章中就提出来了,该文现在成为本论文集的第1章。读者将会发现同样的思想在随后的几章中得到了重述,在那里它们或者成为关于这个一般主题的进一步探讨的起点(例如第2章的情况),或者成为对于单个国家(意大利、俄

① “罗萨里奥·罗密欧与资本原始积累”和“1878－1939年保加利亚工业化的某些问题”两篇文章(第5章和第8章)最初只是以意大利文发表。“关于苏维埃俄国工业增长率的说明”这篇论文(第10章)最初只是以法文发表。

罗斯、保加利亚）工业化案例研究的基础。在这些论文中占支配地位的是这样一种一般性假说：工业化过程所表现出来的十分重要的跨地区的差异，从机能上说是与相关国家在它们工业增长的“大爆发”前夕所具有的经济落后的程度相联系的。通过这种方式，欧洲的工业史就被视为一种统一的、然而却是渐进的模式。

这种一般性的研究方法必然会导致某种关于内部紧密性的尺 2
度问题。此外，一组文章不是一部专著。它代表了一系列连续的探讨。因此，它关于研究过程的描述将比对其结果的描述更清楚。后者随着论文的不同将可能变化（有时是感觉不到的）。读者也许会看到，本书结尾的结束语指出了这些变化的一部分，并且讨论了这种方法的局限性以及未来可能的研究路径。

后面的六篇文章讨论了苏维埃俄国的经济和社会变化问题。正如第 1 章所明确指出的，苏维埃的演进可以被视为欧洲经济发展的一般模式的一个特例。不过，差别也是令人吃惊的，两组论文间存在的缝隙也是不可否认的。因为在俄国，这一模式中的单个因素既被放大也被扭曲了，以至于达到了全然无法辨认的程度。导致这种偏离的原因并不一定是“意识形态上的”——就这个词的惯常含义而言。我们能够指出（如同第 11 章所述），将苏维埃经济视为“社会主义的”并不能增进我们对这个经济的理解。而其极高的增长率本身也不是它的特征性特点。相反，富有特征的是这一事实：它的急剧工业化的政策是由一个集权主义的独裁统治所倡导和维持的，并且这种集权权力的机制逐渐支配了经济过程。由此产生了令人困惑的不一致，并且实际上阻碍了（或者至少是延缓了）人们相对于一个完全实现工业化的社会所具有的规范所应进

行的精神调整。

这是在“对苏维埃小说的反思”这篇文章（第 13 章）中所阐述的主要观点，因此，它不应被近似地作为一种文学批评的努力。文学方面的批评也许可以更合理地归于本论文集的最后一篇文章。然而，读者可以考虑将“关于小说《日瓦戈医生》的评注”这篇文章与前面的一篇论文联系起来：仅仅是由于苏维埃价值体系的特有缺陷，帕斯捷尔纳克（Pasternak）在他针对集权压迫所做的勇敢的抗议中就拒绝了“物质的”进步，对于它的物质成果仅仅显示出轻蔑的态度。

尽管苏维埃的经济发展具有如此多的独特之处（*sui generis*），关于苏维埃经济的研究仍然有一些方面是与关于欧洲工业化的研究密切相关的。有关增长的数量测度对于这两组论文提供了一个共同的契合点。对此需要给予简要的解释。



3 由于苏维埃关于产出与收入的官方指数是不适当的，西方学者试图发展某些更令人满意的指标。笔者建立的一种关于 20 世纪 30 年代苏维埃俄国重工业产品用美元表示的指标体系，就属于这些努力之一。这些各自的研究在本书第 9 章中得到了总结。无论它们对苏维埃的工业化过程投以何种目光，它们都相当引人入胜地揭示了指数问题在较长的时期中（特别是在急剧增长的时期）所具有的数量重要性。由于本书所给出的关于欧洲工业史的一般研究方法是针对长期变化的过程，并且也将焦点集中于增长率较高的时期，所以更清楚地了解加权体系的变化所带来的影响将是有益的，其益处将远不限于苏维埃统计数字的范畴。

需要补充一点，一旦指数问题的重要性引起一位经济史学家的注意，他并不一定要像统计学家那样简单地将它视为我们的工具的一种令人可惜的失败。他将理解，产出指数加权中的长期变化本身就是经济史中的一个有机组成部分，从而也是一个十分有价值的历史研究课题。所以，读者将会看到，在第 9 章，除了总结本书作者关于苏维埃产出的五个统计研究之外，我们还试图把指数问题也纳入工业化的历史过程的框架。

此外，还可以公正地指出，有关苏维埃统计的缺陷的成见不仅使我们更加敏锐地对待指数问题，而且也提醒我们更加关注制定令人满意的指数所必须达到的一系列虽然简单、但却重要的一般要求。具体来说，在一些欧洲大陆国家进行的对以当前价格表示的长期国民收入数据给予通货膨胀折算的研究工作，虽然是十分令人尊敬的，可惜其当前所采用的程序却是不适当的。对这一点在本书附录 III 的一个简短评论中有更明确的说明。有关工业产出的数据比有关国民收入的数据更可利用，但是它们也能够得到充分的改进。首要的改进似乎在于数据的完全公开化。那些提供有关长期经济变化的系列统计数据的人，必须使读者能够原原本 4
本地观察统计学家的实验室。因此，本书作者关于意大利和保加利亚产出的指数（第 4 章和第 8 章）便是建立在有关原始资料的来源、性质以及计算方法的相当完整的说明的基础上，读者在附录 I 和附录 II 中可以看到这一点。①

这些统计问题的一般的重要性不应被低估。不过，在当前的场合它们还起到强调下列事实的作用：像本书具有的这种统一性

① 到目前为止，这些附录仅仅在油印的形式上可以利用。

不仅在于所探讨的主题的紧密性，而且还在于所采用的研究方法(尽管在较不显著的程度上)的严谨性。

# 第1章　经济落后的历史透视

对于采用历史的方法考察当前问题也许需要做一点解释。与 5
他们的许多前辈不同,现代的史学家不再向世界宣告什么将不可避免地发生,或者至少将会在观念上出现。我们变得更加谨慎了。预言的热情必然地连同天真的信仰一起消失了,这种天真的信仰认为历史是完全可以理解的,其流变过程是由某种极简单而又普遍的历史规律所决定的。在塞涅卡(Seneca)关于我们对于以往的知识具有完全确定性的断言与歌德(Goethe)关于历史是一本永远无法解读之书的描述之间,亦即在全知全能(*omnia certa sunt*)和不可知(*ignorabimus*)的两极之间,现代的历史相对论悄然出现了。现代的史学家十分清楚地认识到,对往事的解读(这必然是指对往事本身的理解)永远要随着史学家的着重点、兴趣以及观点的变化而变化。因而研究不再是为了在人类事件的发展过程中发现与行星的运行过程所具有的普遍存在和恒定不变特征相似的决定性。历史进程中的铁一般的必然性被抛弃了。不过,与约翰·斯图亚特·穆勒(John Stuart Mill)所称的"对先前环境的屈从"(slavery of antecedent circumstances)的消失一起,沟通过去与未来的大桥也被拆除了,而19世纪的智者曾经如此安全与自信地在其上穿行。

难道这将意味着历史对于理解当前的问题没有任何作用吗？历史研究的本质在于，将各种通过经验方法推导的假想的一般结
6 论应用于经验材料，并检验其吻合的严密程度，以期通过这种方式弄清楚某些确实存在的一致性、典型的情况以及在这些典型情况下单个要素之间的典型关系。这些都不适宜采用简便的推断法。人们所能做到的，只是从以往历史的浩瀚积淀中萃取可以应对当前材料的各类富于理解力的问题。历史研究所具有的这种作用的重要性不应被夸大，当然也不应被低估。因为，我们对于当前问题理解的深度在很大程度上将依我们的参考系的广度为转移。孤岛式研究会限制对问题的理解。不过，思想中的封闭与孤立并不仅仅限于任何特定的地理区域。更明确地说，它不仅是一个空间方面的问题，而且也是一个时间方面的问题。经济政策领域的所有决策，本质上都是关于如何将诸多相关因素结合起来的决策。而史学家的贡献则在于，指出各种潜在的相关因素以及它们所可能形成的重要组合，这些因素在一种具有更多限制的经验领域是难以被发觉的。这些就是历史研究所要回答的问题。但对它们的回答本身却是不同的事情。过去的经验无论多么丰富，历史的研究无论多么透彻，都不能免除当前一代人为寻找他们自己的回答并勾画他们自己的未来所必须完成的创造性任务。所以，下面论述的主旨不过是要指出过去的历史中曾经存在过的某些关系，而在当前的讨论中考虑这些关系将被证明是有益的。

# 落后的构成要素

我们关于落后国家工业化的大量思想都自觉或不自觉地受到了马克思的宏大理论概括的支配。根据这种概括，较为落后国家的发展道路将要遵循先进的或已经实现工业化国家的历史踪迹。“工业较发达的国家向工业欠发达的国家展示了后者未来的图景”。[①] 从某种广义上说，这一理论概括的有效性基本上不容置疑。我们显然可以富有意义地说，德国在上世纪后半叶遵循了英 7
格兰在较早时期走过的道路。但是，人们也须注意提防过于绝对地接受这一理论概括。因为它所包含的部分真实性可能会遮蔽现实存在的另外部分，也就是说，恰恰因为其落后，落后国家的发展可能在几个十分重要的方面显示出与先进国家根本不同的倾向。

本文的主要命题是：在许多重要的历史实例中，当一个落后国家最终发起工业化时，其工业化进程与更先进的国家相比将显示出相当大的不同。这不仅体现在发展的速度（工业增长率）上，而且还体现在从这些进程中产生的工业的生产结构与组织结构方面。不仅如此，在工业发展的速度与特征方面的这些差别，在相当大的程度上还是采用各种制度性手段的结果，而这些手段在已经实现工业化的国家则很少或者根本就没有类似的存在。此外，工业化进程所处的文化氛围，即它的“精神”或“意识形态”，在先进国家与落后国家之间也有显著的不同。最后，这些落后的属性在各

① 卡尔·马克思，《资本论》（第 1 版），序言。

个实例中显现的程度，看起来是与当事国的落后程度以及其天然的工业潜力直接相关联的。

我们首先通过对19世纪到第一次世界大战前欧洲国家①经济发展的可利用历史资料加以综合，来一般地描述落后国家工业化进程的少数基本要素。继而以具体的例证为基础，更详细地讨
8 论在单个国家中那些被称之为“相对落后”(relative backwardness)的东西对工业发展的影响。

一个落后国家在开始大规模工业化进程之前的典型情况，可以说是以其实际的经济活动状态及现存的工业发展障碍与这种发展本身所固有的高期望值二者之间的紧张(tension)关系为特征的。工业化所展现的机会当然要依每个国家自然资源禀赋的不同而各异。不仅如此，只要某些可怕的制度障碍(诸如农奴制或政治统一的普遍缺乏)依然存在，就没有任何工业化的可能，从而也就不存在“紧张”。假定存在着足够的可利用资源的禀赋，并且对于工业化的主要障碍也已经被排除，那么工业化本身所固有的机会将与一国的落后程度按照同一方向变化。落后国家从较先进国家能够吸收的技术创新存量越大，其工业化前景似乎就越乐观。正如凡勃伦(Veblen)所多次正确地强调的那样，对于一个进入工业化发展阶段的落后国家来说，引进的技术是保证其快速发展的主

① 如果能够超出欧洲经验的范围，比如至少在某种程度上涉及日本的工业化，那将是十分理想的。不幸的是，作者对于日本经济史的无知使其根本无法对观察范围做这样的扩展。不过，我们一定要向读者推荐亨利·罗索夫斯基(Henry Rosovsky)的杰出研究成果：《日本的资本形成：1868—1940》(*Capital Formation in Japan, 1868—1940*)(Glencoe,1961)，在那里，本书作者的研究方法对于日本产业史的有效性得到了明确讨论。

要因素之一。一直以来就有一种对落后国家的不变的嘲笑态度，认为它们之所以落后是因为其缺乏创造力。16 世纪的德国矿业工程师曾经指责英国人只是依样画葫芦式地模仿德国的方法，而在上世纪 50 至 60 年代英国人则以同样的指责来回敬德国人。到了我们自己的时代，苏维埃俄国的工业发展被说成完全是模仿的结果，而俄国则通过提出极其牵强和不着边际的理由予以反驳。可是，所有这些表面现象往往都使人忽略了基本的事实，这就是大量引进外国机器与技术所具有的偶然性以及随着时间推移相伴而生的快速工业化的机会，日益扩大了落后国家中经济潜力与经济现实之间的鸿沟。

人们经常从相对于资本品而言的劳动力廉价性角度来评价不 9
发达国家工业化的前景，并且往往是基于由此而产生的稀缺资本对富裕劳动替代的困难做出消极的评价。与此相反，有时人们又认为落后国家中的廉价劳动极大地帮助了其工业化进程。实际的情况显然要比基于简单的模型分析得出的结论更复杂。在现实中，各个产业之间的条件不同，各个国家之间的情况各异。然而，一个必须考虑的压倒一切的事实是，如果从已经切断了与土地联系的脐带从而可以适应现代工厂使用的稳定、可靠以及训练有素的劳动群体这种意义上来考察，那么落后国家的工业劳动并不是富裕了，而是严重的短缺。培养出真正名副其实的工业劳动力是一个最困难的任务，它将会拖延工业化的进程。在这方面，俄国的工业史提供了某些显著的例证。19 世纪德国的工业劳动者，很多都是在容克庄园(Junker estate)的严格训练中成长起来的，这种训练基本保证了他们更易于适应严格的厂规。不过难度也是相当

大的，人们不妨回忆一下，在19世纪末像舒尔策-加埃沃尼茨(Schulze-Gaevernitz)这样的德国作家对英吉利海峡另一侧的英国产业工人投去的既赞美又妒忌的目光，“未来的人……是为机器而出生并接受教育的……[他]在过去的历史中将找不到他的同类”。在我们的时代，来自印度工业的报告显示，那里在更加严重的程度上仍然重复着过去欧洲工业化在劳动供给领域曾经经历的困境。

在这些条件下，做出下面的论断可能是冒险的：对于已经开始的工业化，落后国家只有大量地应用最现代和有效率的技术才能有望获得成功，特别是当它们工业化的进程面临着先进国家的竞争时更是如此。使用技术先进的设备所固有的优势不会被它的劳动节约效应所抵消，相反还会被它所加强。这似乎可以解释为什么落后国家在其工业化的较早时点上，往往倾向于集中促进那些在近期技术进步特别快的产业活动领域的发展。而较先进的国家，或者是由于惯性的原因，或者是由于人们不再愿意承担大规模

10 投资计划所隐含的牺牲，反而对于继续推进其工厂的现代化表现得更加犹豫不决。显然，对这样一种政策存在着限制，其中之一就是落后国家没有能力将其扩展到那些需要特别专门的技术操作能力的产品生产领域。落后国家(尽管不包括美国)在吸收现代机床的生产方面是缓慢的。但是，像钢铁生产这样的部门，却提供了易于引进大多数现代创新的极好例子。看看德国的高炉是多么迅速地超过了英国的水平，而本世纪初在更为落后的俄国南部地区的高炉在设备上却又已经开始超过它们的德国同伴了，这些例子是富有启发意义的。反过来，英国在19世纪在棉纺产品上的优势却

是德国或者任何其他国家都难以匹敌的。

在 19 世纪的条件下，要利用现代技术，在很大程度上（如同刚刚引证的高炉案例中的情况）就需要扩大工厂的平均规模。对于大规模的这种意义上的重视，可以在欧洲大陆大多数国家的历史中找到。然而，欧洲大陆落后国家的工业化还显示了另外一种意义上的对于大规模的倾向。“工业革命”（industrial revolution）一词的使用遭到了大量的拥有正当理由的责难。可是，如果工业革命被看成是仅仅显示了工业增长率突然大幅度地增加的情况，那么几乎很难怀疑在几个重要的例证中工业发展就是以这种突然的、爆发式的、亦即“革命的”方式开始的。

间断并不是偶然的。停滞的时期（在“重农主义”（physiocratic）意义上的一个低增长率的时期）很可能终结，而工业化进程只有在工业化运动可以展开的时候方能开始，就像它所出现过的那样，沿着一个广泛的战线，从经济活动的众多行业同时发起。这部分地是因为经济过程中存在着互补性与不可分性的结果。除非煤矿同时得到开采，否则就不能建设铁路。如果要将一个内陆中心城市与港口城市相连接，单靠一根铁轨是不行的。某些行业中的工业进步的成果会作为外部经济而为其他行业所得到，而这些行 11
业的进步反过来又会给前者带来利益。考察 19 世纪的欧洲经济史给人留下的十分深刻的印象是，只有当工业发展可以在一个大规模的基础上开始时，在前工业化时期的条件与从工业化中预期可得的利益二者之间的紧张关系才能充分地增强，从而足以克服现存的障碍，解放那些推动工业进步的力量。

对于发展的这个侧面也可以运用汤因比（Toynbee）的挑战与

回应之间的关系框架来考虑。他的一般观察结论是，小的挑战常常不能产生任何回应，而当挑战的规模增加时（至少在到达某一点后），回应的规模也开始急速增加。这个结论看来好像相当适用于这里的情况。所谓挑战，在这里也就是“紧张”，只有当它充分强大以后，才能引起工业发展在付诸实施上的回应。

上面的描述旨在列出若干基本的要素，这些要素在历史上曾经是落后国家的经济环境所特有的，并且它们导致了产业的更快增长和不同的生产结构。然而，这些基本因素的作用也由于在落后国家中对某些制度手段的使用和对于特定的工业化意识形态的接受而得到增强。对于这些特定要素中的若干项，以及它们在经济落后的不同层面发生作用的方式，将在下面各节予以讨论。

16

## 银　行

法兰西第二帝国的历史为这些过程提供了相当惊人的例证。拿破仑三世（Napoleon III）的出现终止了一个长时期的相对经济停滞，这个经济停滞始于波旁王朝复辟时，它在某种意义和某种程度上可以说是拿破仑一世（Napoleon I）所推行的产业政策的结果。通过实行一种削减关税和取消进口禁令的政策（这种政策在1860年的科布登－舍瓦利耶条约（Cobden-Chvalier treaty）中达到了顶点），法国政府摧毁了数十年来保护法国工业的温室，使其暴露于国际竞争的挑战性环境中。通过取消处于停滞状态的煤、铁生产中的垄断利润，法国工业最终得以实现以有利可图的方式来取得基本的工业原材料。

拿破仑三世时期为剥除软弱的政府和强大的既得利益集团将法国经济束缚起来的紧身衣而进行的坚定努力，对法国工业的发展产生了不可忽视的影响。但是，与这些本质上消极的（虽然并不是唯一的）政府政策相伴随，法国工业也得到了一个来自于不同方向的强有力推动，这就是拿破仑三世时期产业银行的发展。

这一发展的重要性很少得到充分肯定。同时，它也没有被正确地理解为源自一个相对落后经济的特定条件的产物。特别是，有关佩雷尔兄弟（the brothers Pereire）的动产抵押信贷银行（Crédit Mobilier）的故事，经常被视为一个虽然富有戏剧性但总体上却毫无意义的小插曲。正如爱米尔·左拉（Émile Zola）富有强烈感染力的小说中的情形一样，在绝大多数情况下，这种发展所具有的实际重要意义几乎完全被人们对于那些和它相伴而生的投机狂热、腐败以及道德沦丧的关注所淹没。看来，最好还是根据事实来判断这一时期的投资银行在法国以及欧洲大部分国家的经济史中具有的真正重要的作用。

这样说来，人们当然要想到，原本为建筑数千英里铁路、开采矿山、建立工厂、开凿运河、建设港口以及现代化城市而创建金融机构的直接后果。佩雷尔兄弟的投资公司以及其他少数公司，在法国以及法国以外的从西班牙到俄国的广大区域进行了所有这些活动。而仅仅在经济景观发生这种巨大变化的几年之前，七月王朝（July Monarchy）的一位大政治家和历史学家还在对这个国家做出这样的保证：法国不需要减少对于进口铁的关税，因为按照他关于铁路建设每年预计增长大约十五到二十英里的估计，受到庇护的法国铁产品生产将完全能够满足铁路对铁的需求。

可是，少数具有高度企业家活力的人对于他们当时社会环境
13 的重要影响，也丝毫不比他们实际取得的经济成就逊色。动产抵押信贷银行从一开始就与法兰西银行业中的“旧财源”（old wealth）的代表产生了激烈冲突，其中以和罗斯柴尔德家族（Rothchilds）的冲突最为著名。正是这种冲突极大地削弱了该家族银行的力量，并且实际上成为导致它最终于1867年崩溃的主要因素。不过，却很少有人认识到，正是在这种冲突的过程中，“新财源”（new wealth）成功地迫使旧财源也采取了它的对手的政策。面对新的竞争，旧财源在银行政策上对于筹集政府贷款和外汇交易的限制无法再维持下去了。当罗斯柴尔德家族阻止佩雷尔兄弟建立奥地利安斯塔尔特－信贷银行（Austrian Credit-Anstalt）时，他们之所以能够成功，仅仅是因为他们开始想要自己来建立这个银行，并且使它不再像已经过时的银行企业那样经营，而是成为一个动产抵押信贷银行，即投身于国家的铁路化和工业化事业的银行。

这种旧有的财源向新财源信条的转变，显示了动产抵押信贷银行所产生的最深远影响的方向。此种类型的联合投资不时地出现于比利时、德国以及法国本土。然而，正是佩雷尔兄弟银行所产生的犹如火山爆发式的巨大影响，彻底改变了从上个世纪后半叶以后欧洲大陆银行业的历史。在各个国家中，以佩雷尔兄弟银行为样板而建立的银行数量相当可观。而比这种简单的模仿更为重要的是，它们创造性地采纳了佩雷尔兄弟银行的基本理念并将其结合进新型的银行即综合银行（universal bank）中，这种银行在德国以及其他大多数欧洲大陆国家已经成为占支配地位的银行形

式。在当时先进的工业国家（英格兰）中，这种动产抵押信贷型银行与商业银行之间存在着绝对差别。在本质上为短期资本融通服务的英国银行和为经济的长期投资需要融资的银行之间，存在着一个完整的鸿沟。德国的银行也许可以被视为综合银行的典范，它成功地将动产抵押信贷银行的基本理念与商业银行的短期业务活动结合了起来。

其结果，这种银行成为一种具有动产抵押信贷银行所无可比 14
拟的健全程度的金融机构，它拥有极大地超出了其资本金的巨额膨胀的工业组合投资，同时又依赖股票交易所的有利发展来保持其业务活动连续性。但是，德国的银行，以及奥地利和意大利的银行，都与工业企业建立了可能达到的最密切的关系。正如俗话所说，一个德国银行将陪伴一个工业企业存在的兴衰变迁的全过程，从摇篮到坟墓，从建立到清算。通过发明出形式上短期而实际上长期的当前账户信贷，以及设立针对公司组织内部大多数强有力的机构头寸的监督委员会制度，银行对于工业企业的支配达到了可怕的程度，它已经远远超出了对企业的和管理的决策实行金融控制的范围。

本文的目的不在于阐述这种发展的细节。我们所需做的是要将它的起源及其后果与这里讨论的主题联系起来。英格兰的工业化进程实际上没有利用旨在为长期投资进行融资的银行业。这种工业化的进程具有更为渐进的特征，它拥有先是来自于贸易和现代化农业的收入随后又来自于工业本身赢利的更可观的资本积累，从而排除了为给产业提供长期资本而发展任何特殊的制度安排的迫切性。相反，在较为落后的国家，资本是短缺的并且处于分

散状态，人们在相当大的程度上对产业活动不信任。最后，由于工业化运动的范围性还产生了对于大规模的更迫切的需求，导致了平均来说更大的工厂规模，和工业化过程向资本与产出比率较高的部门的集中。除了这些以外，在落后国家还存在着企业家人才的短缺。

正是这些环境的压力，本质上导致了欧洲大陆大多数地区的银行业发展与英格兰的情况背道而驰。欧洲大陆在为产业投资服务的银行业领域的实践必须被视为落后国家实现工业化的特殊手段。从本质上说，这里显示了那种赋予由银行的货币创造活动产生的强迫储蓄过程以中心作用的经济发展理论所具有的历史上和地域上的价值。然而，正如目前所表明的那样，对于这些手段的使
15 用必须被视为一种特例，它并不是落后国家的普遍情况，而是那些其落后状态尚未超过某种限度的国家的情况。甚至是在这些国家中，在相当长的时期中它也仅仅限于汇集和分配可供利用的资金，而银行是其主要参与者。这一环境当然不能贬低在相对于产业开发而言存在着令人失望的资本短缺的工业化初期，银行方面的这类业务活动所具有的极为重要的意义。

这些政策的后果是深远的。落后国家产业发展过程中固有的所有基本趋势，都被银行方面深思熟虑的态度极大地强调和放大了。从这种演变的一开始，银行就被主要地吸引到某些生产部门，而忽视了(如果不是完全拒绝的话)其他部门。考虑一下德国到第一次世界大战爆发之前的情况，基本上是煤矿、钢铁生产、电气和通用工程、重化工业产品成为德国银行业务活动的主要领域。纺织工业、皮革工业、食品加工业处于银行兴趣的边缘地带。用现代

的术语来说，银行更关注的是重工业，而不是轻工业。

不仅如此，事情的后果并不限于产业的生产结构。它们还扩展到产业的组织结构。19 世纪的最后三十年是以银行业的急剧集中化运动为显著标志的。这一过程实际上经历了与英吉利海峡另一侧十分相似的方式。但是在英国，由于银行与产业之间关系的不同性质，此一过程并不是与产业方面的类似发展相并行的。

德国的情况则不同。由德国产业集中化运动所显示的势头除非被作为德国银行合并的自然结果，否则将得不到充分的解释。正是银行业中的合并导致了银行处于控制竞争性企业的地位。各银行不能容忍为它们所控制的孩子们之间的自相残杀式斗争。从有利于集中化控制的角度着眼，它们始终灵敏地觉察到工业企业实行卡特尔化和合并所具有的赢利机会。在这个过程中，平均的工厂规模在不断增长。与此同时，银行的利益和它们的资助甚至 16
比以往更多地贡献于广泛存在卡特尔机会的那些产业部门。

这样，德国便从其较晚进入产业发展的领域（即晚于英格兰）而获得了充分的优势。但是，作为一种结果，德国的工业经济由于在追赶的过程中使用了特殊的方法，它的发展所遵循的路线与英国相比却有着显著的不同。

## 国　　家

德国的经验可以加以推广。类似的发展也发生在奥地利或奥匈帝国的西部地区、意大利、瑞士、法国、比利时以及其他国家，尽管在这些国家之间存在着差别。不过，这一经验绝对不能在整个欧洲大陆范围来加以推广，其理由有二：(1)因为存在着某些落后国家，人们可以发现它们具有不可比的产业发展特征；(2)因为还存在着某些国家，导致它们落后的基本要素以这样一种突出的形式表现出来，以至于促使其采用本质上不同的实现工业化的制度手段。

关于第一类国家无须多说。丹麦的产业发展也许可以对此提供适当的例证。不错，这个国家到了19世纪下半叶时仍很落后。可是，在那里却观察不到可比的工业化的突然爆发和特别强调重工业的情况。对此，必须从该国极其贫乏的自然资源和由于邻近英国市场所固有的巨大的改良农业的机会，这样两个方面来寻找原因。由于缺乏挑战性质疑，对此尚未形成具体的理论回应。

俄国可以被视为最接近于第二类国家的例子。俄国经济条件的独特特征不仅表现在它在1880年代中期，即在德国开始急剧的
17 工业化以后三十多年，出现了现代工业化的巨大迸发。更为重要得多的还在于这样一个事实：俄国的经济发展水平在起始点上与德国和奥地利这样的国家相比极度地低下。

俄国经济极度落后的主要原因是，直到1861年解放农奴时为止它仍然保存着农奴制。这一事实在某种意义上可以归结为经济落后的奇妙机制所起的作用，然而对此很少有中肯透辟的解释。在其对外领土扩张的过程中(这种扩张使它在短短几个世纪中就从小莫斯科公国转变为拥有广大土地面积的现代俄罗斯)，这个国家日甚一日地卷入与西方的军事冲突。在这种卷入的过程中，显露出在俄国政府的任务(用当代的词语来说它是“现代的”)和其军事政策不得不依以为基础的该国令人绝望的落后经济之间，存在着一个令人不解的内在冲突。结果，俄国的经济发展在几个重要的接合点上采取了特殊的顺次形式：(1)基本的事实是，政府受到军事利益的驱动承担了推动本国经济进步的主要代理人的角色。(2)经济发展因此便依军事上的迫切要求为转移，这一事实导致其经济发展过程具有一种特有的急速拉动的特征。每当军事需要紧迫时，其发展速度就加快；而当军事压力松弛时，它的发展就减慢。(3)这种间歇式的经济进步模式意味着，每当需要发动一个大规模的经济活动高潮，一种极其沉重的负担就会落在正好在这个高强度发展时期成长的一代人的肩上。(4)为了实际地争取所需要的巨大的牺牲，政府不得不将对此有抵触的人民置于一系列严厉的压迫措施之下，以免他们通过逃往东南部或东部的边境地区来逃避被规定的负担。(5)正是由于政府勒索的巨额数量，一个急速增长的时期极有可能让位于旷日持久的停滞，因为这种巨大的努力已经超出了人民的身体所能承受的极限，故而长期的经济停滞将 18
是不可避免的后果。我们所提到的这些序列，以一种纲要的形式给出了过去几个世纪中俄国经济发展的一种模式，它最适合于彼得大帝(Peter the Great)领导改革的时期，但这决不意味着它的适用性仅仅限于那个时期。

令考察这种发展的人感触最深的是，它是一个难以理解的看似荒谬的过程。尽管像在彼得大帝时期的俄国所做的那样，他们努力采用西方的技术，提高产出和人民的技能使之达到最接近于西方的水平，可是恰恰也正是由于这种努力而使俄国在其他一些方面变得离西方更远了。广泛地说，将俄国的农民束缚在农奴制下必须被理解为其在西方化(Westernization)过程中的最显著的

一面。彼得大帝并没有在俄国建立农奴制，但是也许他比其他任何人都更成功地使它发挥了作用。到了随后的时期，部分地是由于上面提到的第 2 点，部分地是由于上面提到的第 5 点，国家从积极地促进经济发展中退出来，贵族们也解除了其对于政府负担的义务，农奴则被剥夺了他们与经济发展的联系。曾经是对于国家的一种间接义务的东西，变成了一种对于贵族的纯粹的义务，因而成为了俄国经济发展中最重要的阻碍性因素。

汤因比著作的读者也许渴望将这一过程（它以农民的解放而告终）视为一种关于“退出与返回”（withdrawal and return）序列的表达。与此不同的是，他们也可以有正当的理由更宁愿将其置于“被遏止的文明”（arrested civilizations）的标题之下。无论如何，这种挑战—回应机制在思考具有此种性质的序列的时候是肯定有用的。然而应当注意，这里的问题并不是关于挑战的规模与回应的规模之间如此简单的一个数量关系的问题。至关重要的核心是，挑战的数量将会改变回应的*质量*，而这样一来，就不仅向经济运行过程注入了强有力的阻碍性要素，而且更可能导致若干不理想的非经济的后果。这个方面对于研究落后国家工业化的当前问题具有最直接的关系，我们在本文的结论意见中将再次注意到它。

19 回到上世纪 80 年代和 90 年代俄国的工业化上来，可以说，在某种意义上它可以被视为该国先前存在的经济发展模式的一种再现。国家的作用相当明显地将俄国的工业化类型与德国或奥地利的工业化类型区别开来。

农民的解放，尽管具有多方面的缺欠，却是工业化的绝对前提。它本身属于国家为了清除先前由它自己创造的障碍而采取的一种消极的行动。在这种意义上，它完全可以比得上德国的农业改革或前面提到的拿破仑三世的政策一类行动。同样，俄国在60年代的大规模司法与行政改革其本质也是在于为工业发展创造一个适宜的框架，而不是去直接促进它。

这里关注的主要之点是，与西欧的情况不同，此类活动本身并没有在这个国家引致一个私人行动的高潮。在农奴解放之后将近四分之一个世纪的时间里，其工业增长率仍然保持较低的水平。从80年代中期以后，巨大的工业高涨出现了，其时，国家所承担的前所未有的大份额的铁路建设成为一种快速工业化政策的主要杠杆。通过采取诸如向铁路材料的国内生产者实行优先订货、支付高价格、提供补贴与信贷、对新的工业企业提供利润保证等等措施，政府在直到上世纪末的时间里成功地保持了一种高的、事实上是在不断提高的增长率。与此相伴随的是，俄国的税收体制也进行了改革，从而为工业化政策提供了融资保证，而卢布的稳定和金本位制的实行则确保了外国对于俄罗斯工业发展的参与。

总体来说，一个落后经济的基本构成要素，对于90年代的俄国和50年代的德国是相同的。但是，它们在数量方面的差别是惊人的。俄国的资本短缺表现在，银行系统在为大规模工业化筹集足够的资金方面不能令人信服地取得成功。在那里，工商界的诚信标准达到了令人悲哀的低下程度，公众的普遍不信任如此强烈，以至于银行甚至连吸收本可以得到的小额资本金的希望也没有。
在一个欺诈性破产几乎被推广成为一种普遍的企业经营之道的经 20
济中，任何银行都不可能成功地实行长期信贷政策。为了提供工业化所需要的资本，就要求政府这个强制性的机器，通过它的税收政策成功地将收入从消费向投资转移。毫无疑问，在这里政府作为工业化的一个推动者（*agens movens*），是以一种远非完全有效率的方式来履行它的义务的。官僚机构的无能和腐败情况是严重的。伴随这一过程而出现的浪费是惊人的。但是，结果毕竟是，由维什涅格拉茨基（Vyshnegradski）和维特（Witte）所推行的政策取得了无可否认的巨大成功。不仅是从它们的起源来看，而且也是从它们的后果来看，俄国政府在 19 世纪所推行的政策都与中欧的银行所采取的政策十分相似。俄罗斯国家没有表示对“轻工业”的任何兴趣。它的全部注意力都集中到了基本工业材料的产出和机器的生产上。像德国的银行一样，俄国的官僚机构主要对大规模的企业和企业联合感兴趣，并在各个工业企业之间协调它曾经支持或帮助形成的政策。显然，政府对于工业化的大部分关心是以其军事政策为基础的。但是，在经济落后的条件下，这些政策却反而加强和强调了工业化的基本趋势。

比较一下奥匈君主国内部（亦即在同一政体下）的两个构成部分所推行的政策，也许可以起到进一步强调在这种情况下的这些基本一致性以及所采用的实际制度手段对于国家的落后程度的依赖性的作用。奥匈君主国的奥地利方面相对于（比如说）德国而言，是落后的，可是它却始终比它的匈牙利同伴更先进得多。因此，正是在奥地利，银行能够成功地为促进工业活动贡献力量。但是，在莱特山脉（Leitha Mountain）另一端的匈牙利，银行的业务活动却被完全证明是不适当的，并且在世纪之交匈牙利政府施加
21 了强有力的工业化政策。最初，政府显示了一种发展该地区纺织

业的浓厚兴趣。然而，看看在法国人所喜欢称呼的“事物的逻辑”(logic of things)的压力下，这种基本的一致性是如何证明自己的必然性的，以及慷慨的政府补贴是如何越来越多地从纺织业转向促进重工业的，将会使人获得教益。

## 落后的程度

现在回到基本的德国—俄国范例：前面所说的并没有穷尽关于这种相似的发展模式的所有问题。剩余的问题还有成功的工业化的后果问题，亦即落后的程度逐渐减小的后果问题。

到了上世纪末(如果不是更早一些的话)，德国银行与德国工业之间的关系出现了明显的变化。当先前的工业幼儿已经长成为强壮的成年人时，早先无可争议的银行对工业企业的控制不再能够维持下去了。这种将工业从数十年的监控下解放出来的过程，本身采取了多种方式。工业企业日益地将其与某个单一银行的联系，转变为与几个银行的合作关系。当先前的工业保护国获得了经济上的主权时，它们便采取了改变与银行联盟的政策。很多工业巨人，像没有银行的支持和对企业风险的承担就不能发展的电气工程行业，已经开始建立它们自己的银行。德国的银行曾经因之而享有其历史地位的资本短缺条件已经不复存在了。德国变成了一个发达的工业国家。但是，由一个在落后条件下进行的工业化过程所产生的具体特征却保留下来了，从而银行与产业之间的密切关系也保留下来，尽管原先那种主—仆式的关系已经让位于双方之间合作的关系，甚至变成颠倒过来的主—仆关系。

在俄国，90 年代工业发展的繁盛时期被 1900 年的萧条和随后年间的战争与国内冲突所打断。但是，当俄国从 1905 到 1906 年的革命年代中崛起以后，在 1907 到 1914 年间再次取得了一种
22 高的工业增长率，其工业化进程的特征发生了极大的变化。由政府进行的铁路建设仍在继续，但是其规模不仅绝对地减少了，而且相对于增加了的工业产出而言甚至更大程度地减少了。军事开支方面所出现的某种增长丝毫不能补偿减低了的铁路建设的重要性。结论自然是，在那个由革命前的政府领导的工业化的最后时期，国家的重要作用极大地降低了。

与此同时，俄国经济发展的传统模式所幸并未自我终结。政府活动的减少并没有导致停滞，相反却带来了连续的工业增长。俄国的工业达到了这样一个阶段，它可以甩掉政府支持的拐棍而开始独立地行走——尽管这种独立性要比同时期的德国工业所具有的独立性差很多，因为日益缩减的政府的作用至少在某种程度上为银行所取代了。

在农奴解放以后的五十年间，银行方面发生了一种重大转型。商业银行被建立起来。由于是政府履行了产业银行的职能，所以俄国的银行完全是因为国家的落后而被组织成为“存款银行”(deposit banks)，从而才与英国的银行业类型相似。但是，当工业发展步伐加快和资本积累增加时，企业行为的标准日益变得西方化了。那种令整个社会瘫痪无力的缺乏信任的氛围开始消失，从而为一种不同类型的银行出现奠定了基础。逐渐地，莫斯科存款银行由于圣彼得堡银行的发展而显得黯然失色，后者经营所依据的原则与英国的不同，而是具有德国银行业的特征。总之，当俄国的

经济落后程度为国家赞助的工业化进程所减低以后，使用一种适合于新的“落后阶段”的不同的工业化手段就成为实际可行的了。

## 迟延的工业化的意识形态

在得出某些一般性结论之前，还应提到在经济落后的环境中实行工业化的最后一个有差异的方面。到目前为止，我们一直是
把有关工业发展的特征及其制度手段方面的重要差别，与落后的 23
条件和落后程度联系起来。余下来还需简要谈谈工业化进程所处的意识形态氛围。

我们可以再一次回到拿破仑三世时期法国工业化的富有教益的故事。那些对于拿破仑三世的当权拥有经济和金融影响力的人们中的大部分，并不是各自孤立的单个人。他们属于一个相当明确的团体。他们不是波拿巴主义者(Bonapartists)，而是圣西门社会主义者(Saint-Simonian socialists)。像伊萨克·佩雷尔(Isaac Pereire)这样的人——他对现代资本主义制度在法国的传播做出如此多的贡献(也许比任何其他单个人的贡献都大)——居然是并且直到其生命终了时始终都是一个圣西门学说的炽热崇拜者，这一事实从表面看来是令人吃惊的。然而如果考虑到某些相关的联系，它就不那么令人奇怪了。

人们可能会说，圣西门实际上远不是一个社会主义者。在他关于一个工业社会的想象中，他几乎没有将劳动者与雇主区分开来。他认为他的未来社会的适当的政治形式应当是某种类型的社团国家，在其中“产业领导”将发挥重要的政治职能。然而此种论

断将很难有多大的解释力。圣西门对于他习惯上称呼的“最大多数和最痛苦的阶级”给予了深切的关注。更重要的是，圣西门学说经过其门徒（特别是巴扎尔（Bazard））的扩展与精炼，被融入了大量的社会主义思想，包括废除遗产制，建立一个计划经济体制以便指导和发展国家经济。佩雷尔所接受的实际上是对圣西门学说的这种解释。

更重要的是还应指出，圣西门及其门徒对于工业化的强调以及他们对作为组织和发展经济的工具的银行所赋予的重要任务。这一点无疑极大地影响了动产抵押信贷银行的创立者，这些创立者喜欢将他们的组织视为一种“拥有更高权力的银行”，将他们自己视为“传教士”而不是银行家。圣西门对于银行在经济发展中所起的作用的强调，显示了对这一发展所具有的问题的一种真正令
24 人吃惊——总而言之也是“非乌托邦”——的见解。圣西门这种强调的真实性，就像圣西门的思想对法国内部和外部经济事件的运行过程所产生的最有决定性的影响这一事实一样可靠。但是，这里仍有问题：为什么一种本质上属于资本主义的观念却披上了社会主义的外衣？为什么恰恰是社会主义的形式更容易为法国曾经拥有的最大的资本主义企业家们所接受？

看来，对此的回答必须要再次利用经济落后的基本条件。作为J. B. 萨伊（Say）的朋友，圣西门从未反对过有关自由放任政策的思想。舍瓦利耶（Chevalier）作为开创了欧洲自由贸易伟大时代的1860年法—英商业条约的制定者之一，就是一个积极的圣西门主义者。可是，在法国的条件下，自由放任的意识形态作为发动一个工业化过程的精神媒介却是完全不适当的。

要想在落后的国家中冲破停滞的壁垒,唤起人们的希望,将他们的精力投入于经济发展,下一剂猛药将比保证更好的资源配置甚至更低的面包价格更迫切。在这样的条件下,甚至商人,甚至一流的富于冒险和创新精神的企业家,也需要一种比高额利润预期更为强有力的刺激。为了摆脱重重的陈规与偏见,所需要的是信心,而信心——用圣西门的话说——也就是相信,黄金时代不在人类的过去,而是在人类的未来。圣西门将他的晚年时光全部贡献于形成一种新的信条,即新基督教(New Christianity),并承受奥古斯特·孔德(Auguste Comte)因为这种“对真正科学的背叛”而与之发生决裂的痛苦,并不是没有理由的。在英格兰已经足够的东西,到了法国却并非如此。

在他去世前不久,圣西门曾敦促鲁日·德·李尔(Ruoget de Lisle),一位上了年纪的“马赛曲”的作者,创作一部新的赞歌,一部“工业的马赛曲”。鲁日·德·李尔答应了。在这首新的赞歌中,这位曾经号召“祖国儿女”(enfants de la patrie)向专制统治者及其雇佣兵展开无情地战斗的人又面对“工业儿女”(enfants de l'industie)——“真正的贵族”——发出号召,他们将通过扩散工业艺术并使世界遵守和平的“工业规则”来保证实现“所有人的幸福”。



李嘉图(Ricardo)曾不为人知地鼓舞每一个人,将“上帝拯救 25
国王”转变为“上帝拯救工业”。没有人愿意贬低约翰·布赖特(John Bright)充满激情的雄辩才能,可是在一个先进的国家里有关赞同工业化政策的理性论断并不需要一种准宗教式的热情。当巴克尔(Buckle)在他的《历史》(*History*)一书中著名的一段话里,指出英格兰公众舆论向自由贸易的转变是无可否认的逻辑力量取得的结果时，他并没有多大的错。在一个落后的国家中，大规模和突然发动的工业化努力则要求一种精神状态的更新（New Deal）。那些带来这种巨大转变的人，以及被这种转变施加了压力的人，一定都会感觉到马修·阿诺尔德（Matthew Arnold）所说的话：

……扫清了舞台，
驱散了过去，
新时代到来。

最终，在社会主义意识形态支持下的资本主义工业化，将不再像它在一开始出现时那样令人吃惊了。

同样，弗里德里希·李斯特（Friedrich List）的工业化理论，在很大程度上也可以被认为是一个与圣西门主义有着十分密切联系的人，试图将圣西门主义的精神信使转化为一种在德国环境下可以接受的语言而做的努力。在这种环境下，既没有预先的政治革命，也缺少早期的国家统一，由此导致民族主义情绪成为一种更适宜工业化的意识形态。

在做了上面这些论述之后，人们也许不会再对下面这一点感到惊奇，即正统马克思主义的意识形态可能被认为在1890年代的俄国工业化过程中发挥了极其相似的作用。在使俄国的知识界能够更好地调整、适应本国资本主义的到来以及它以往对于村社组织（the mir）和农民、手工业者劳动组合（the artel）的信念的破灭上，没有什么东西能够比得了把该国的资本主义工业化视为一种历史发展的铁一般规律的结果这样的思想体系。正是这种联系在很大程度上解释了，当马克思主义思想在俄国被扩展到像司图卢威(Struve)以及在某种程度上甚至被扩展到像米留科夫(Milyukov)这样的人(他们的世界观与马克思主义的社会主义思想是背道而驰的)的时候，它所发挥的力量。不仅如此，在俄国的“绝对”
落后的条件下，还将需要比在法国或德国的环境下更强有力得多 26
的意识形态来为工业化快车的知识与精神之轮加油助力。对于制度的落后程度，似乎可以在人们关于落后的态度以及关于消除落后的方式的看法中找到它们的影子。

## 结　　论

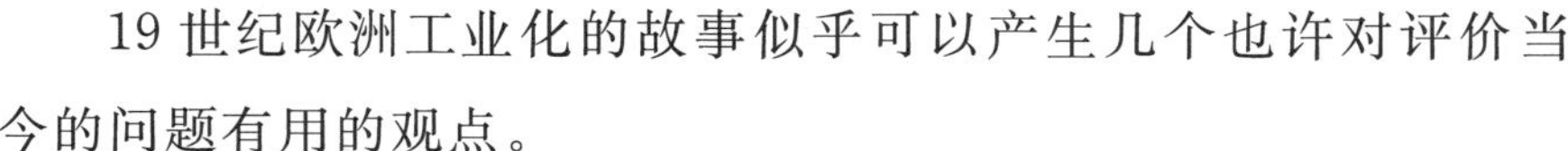

19世纪欧洲工业化的故事似乎可以产生几个也许对评价当今的问题有用的观点。

1.如果在过去一个世纪中欧洲大陆的工业化所具有的突然爆发的特征被视为落后国家特有的前工业化环境的结果，并且快速工业化的压力又被理解为是这种环境所固有的产物，那么我们将更容易正确地评价这些国家的政府在这方面所经常表示的愿望。像在国际贸易组织宪章(International Trade Organization Charter)的相关部分讨论中发挥了重大作用的口号“迅速建立工厂!”(Factories quick!)，看起来也许更有道理了。

2.同样，落后国家集中大部分努力来引进最现代和昂贵的技术的倾向，它们对于大规模工厂的强调，以及它们对于发展投资品工业的兴趣，也并不需要一定被认为是主要源于对国际声望的追求和来自于经济上的妄自尊大。

3.导致先进国家如此难以对它们的比较不幸运的同伴的工业化政策做出正确评价的因素，是这样一个事实：在每一个工业化的场合，对于先进国家发展过程的模仿看起来都要伴之以不同的、本土性的决定要素。如果说让先进国家接受前者并不容易，那么要让它们承认后者甚至更加困难。这一点对于在推行产业发展过程中所采用的制度手段而言尤其真实，而对于与之相伴的意识形态更是如此。我们从历史的回顾中可以得到一种对于落后国家工业化过程中本国因素所起重要作用的强烈感受。

27 对于过去一个世纪的历史考察，通过摧毁伯特兰·鲁塞尔(Bertrand Russell)曾经说过的“未见过世面者的教条主义”(dogmatism of the untravelled)，也许有助于形成一种关于相关问题的更广泛和更富有启发性的观点，从而用一种更灵活和相对性的方法取代那种关于什么是“正确”和什么是“错误”的绝对化观点。

当然，这里并不是要建议，当前针对落后地区的政策应当根据过去一个世纪的一般经验基础来制定，而不考虑每个个别地区的自然资源禀赋程度、气候条件限制、对工业化的制度障碍的强度、外贸模式以及其他相关因素。我们所强调的是这样一个重要事实，如果没有对于当前世纪所处的环境（它们通过诸多的方式对于这里所讨论的问题添加了新的、重要的方面）的理解，那么像19世纪这样有益的“历史课程”也不能够被恰当地应用。

由于目前落后地区工业化的问题主要涉及非欧洲国家，所以便存在着它们的特殊的前工业化的文化发展对于其工业化的潜在可能性的影响问题。对于此种文化模式的人类学研究在这方面倾向于得出相当悲观的结论。不过，也许这些结论太过于缺乏动态的眼光。但至少它们没有考虑到这些地区所包含的具体因素的特殊变动性。与此同时，过去的俄罗斯经验则确实表明，在上一个世纪的最后几十年中，一个曾经那么强烈地反对工业价值并且倾向于把任何非农业的经济活动都视为反自然的和有罪的生活模式，可以多么迅速地让位于完全不同的社会态度。特别是，拥有农奴背景的本国企业家的迅速崛起，使得那些极度强调在较后进的文明社会里企业家的才能致命地缺乏的人们不得不重新审视其观点。然而，这里还有其他问题。

在某些广泛落后的地区，那么长时期的产业发展的滞后，在连带产生前所未有的技术进步机会的同时，也创造了对于工业化的巨大障碍。产业的进步是艰苦的和代价高昂的，而医学的进步则是代价较低并且更容易实现的。就后者在时间上能够大大超过前 28
者从而产生庞大的过剩人口而言，工业革命也许会被马尔萨斯的反向革命（Malthusian counterrevolution）所击败。

与前面所述紧密联系但是其后果又具有更大重要性的是这样一个事实，工业化的严重滞后倾向于使社会紧张得以有时间发展，并且会达到险恶的程度。可以引证墨西哥的情况作为这方面一个温和的例子。在那里，已经建立起来的银行不愿意与由政府所发起的工业化活动进行合作，因为它们不信任政府的激进的姿态。然而，要讲无论在范围上还是重要性上都超过其他地方的真正恰当的例子，当然还得数苏维埃俄国。

如果本章前面所说的内容是正确的，那么苏维埃的工业化无疑将包含了在 19 世纪落后国家的工业化过程所共同具有的所有基本要素。因此，对于重工业和过大的工厂规模的强调也就绝不是苏维埃俄国所特有的。但是，在苏维埃俄国，工业化过程的这些共同特征被放大了，并且被扭曲到了不相称的程度，这倒是真的。

这里的问题既是经济上的，也是政治上的。苏维埃政府可以被恰当地描述为一种国家经济落后的产物。如果农奴制为叶卡捷琳娜女皇(Catherine the Great)所废除，或者在 1825 年十二月党人(the Decembrist)起义时被废除，那么农民的不满、从而俄国革命成功的推动力和执著的追求者就决不会发展到灾难性的程度，而该国的经济发展也就会采取一种更为渐进得多的方式。如果有什么东西可以成为“具有坚实基础的历史假设”的话，那么它似乎将是：迟延的工业革命将导致政治革命，在这个过程中，权力落到了一个使最广大的人民群众长期受其压迫的独裁政府的手中。对于这样一个政府，在出现巨大危机的时刻夺取权力是一回事，而它在长时期中保持这种权力则是另一回事。无论军队和由该政府所控制的无处不在的秘密警察有多么强大，如果相信这些物质的镇压工具足以奏效那将是天真的。只有当它成功地使人民相信它履
29 行了一种如果没有它的存在就不能履行的重要社会职能时，这样一个政府才能保持住它的权力。

工业化为苏维埃政府提供了这样一种职能。这个国家情况中的所有基本因素都向着那个方向施加压力。通过用集体化替代农奴制，将投资率推进到人民所能承受的最大限度，进而转向一种仍然属于某种长久的以往时代的经济发展模式，苏维埃政府做了任何一个依靠被统治者支持的政府所做不到的事情。不可否认，这些政策在经过了一个长时期的激烈斗争之后，导致了政府与人民

之间持久性的日复一日的摩擦。然而，也许令人感到迷惑的是，这些政策同时也得到了人民方面较广泛的默许。如果人民群众的所有力量能够被集中用于工业化过程，并且这种工业化通过为未来一代提供幸福和富裕的承诺——更重要的是——因为面对来自外国军事侵略的威胁——而被认为是正当的，那么独裁的政府将会发现在广泛的程度上无人能够对其权力进行挑战。为某种有威胁的战争进行辩护是极其简单的事，这正如冷战年代的历史所表明的那样。经济落后，快速工业化，残酷无情的独裁权力，以及战争的危险，这些变成了苏维埃俄国解不开的死结。

这里不是针对苏维埃俄国来深入阐述这一问题的地方。我们面临的问题不是苏维埃俄国的问题，而是对于落后国家工业化的看法问题。如果说苏维埃的经验教育了我们什么，那就是它直观地（*ad oculos*）显示了在我们时代的经济落后国家的现实中所固有的可怕危险。在工业进步的路途中，不存在四车道的高速公路。这条道路可以由落后导向独裁，而从独裁导向战争。在一种“两极世界”的条件下，这种险恶的后果又由于其他落后国家深思熟虑地模仿苏维埃的政策以及它们自愿或不自愿地纳入苏维埃的势力范围，而被修正和放大了。

因此，我们可以从两个世纪的历史经验中得出结论。20 世纪 30
给予我们的最重要的经验教训就是，落后国家的问题绝不单是它们自己的问题。它们同样也是先进国家的问题。不仅是俄国，实际上全世界都为俄国的农民未能获得解放以及俄国未能较早地推行工业化政策付出了代价。先进的国家承受不起因无视经济落后国家所带来的后果。不过，19 世纪的经验教训告诉我们，如果忽

视经济落后的基本特点，针对落后国家的政策就不可能取得成功。只有坦率地承认它们的存在与力量，并努力地充分发展凯恩斯（Keynes）曾经说过的“事物的可能性”（possibilities of things），而不是使其受到抑制，19世纪的经验才能够被用来防止它的继承者在20世纪所带来的威胁。

# 第 2 章　关于现代工业化的“前提”概念的反思

现代工业化的历史前提(prerequisites)这一概念,是一个相当稀奇古怪的概念。在工业化得以开始之前,某些主要的障碍**必须**被清除,某些有利于工业化发展的条件也**必须**创造出来。如果同时就其消极与积极的两个方面来看,这一概念纵使并未隐含关于工业化的历史必然性的思想,它似乎也至少包含了工业化必定要按照某种方式来进行的意思,即它将要经过某些或多或少分离的阶段。与这一概念相伴随的是这样一种思想,它认为就每一个工业化都必然要基于同样一组前提条件而言,工业的发展具有一致性。当然,这里所涵指的并不是常识意义上的那种前提概念,例如为了建立一个产业工厂就需要某些非常具体的东西。这一概念指的是长期的历史变迁问题。 31

将这一概念作为历史决定论(historical determinism)的经典例子而立刻加以抛弃并置之不理,将是轻而易举的。然而,这样做也许令人感到遗憾。确实,决定论,不论是历史的或是其他方面的,都超出了划定科学努力范围的边界线之外。关于世界的完整知识很可能告诉我们,每一个事件都是不可避免地预先注定的。然而,它也可能未向我们显示任何东西。尽管我们知道了过去,可

我们怎么就能够知道我们将要知道的东西？但与此同时，除非运用我们的头脑的产物、范式与模型来构想历史事件以及历史事件
32 的发展序列，以此来研究规律性和对规律性的偏离，否则我们将无法接近于历史的真实。可能的模型具有无限的多样性，它们中的每一个都将面临着情况变化的约束和被抛弃的可能。然而，只要我们运用某种给定的模型来想问题，那么就我们已经为那些被视为“不可避免的”事件或现象建立了某种相互关系或序列关系而言，我们都是决定论者。在这种“非自然化的”(denaturalized)意义的范围内，所有学者的工作都具有了决定论的性质，除非我们始终将决定论者限制在(可以说是)一个永远也没有终点的既建立模型、又不断抛弃它们的过程中。

所以，不论这一概念表面看起来有多么的严格，更细密地考察有关工业发展的前提问题也许是相当富有价值的。本文下面论述的目的就是要讨论这一概念的内涵，看看是否可以剔除它的教条主义的特征，以及是否可以将它置于某些更为宽泛但却不那么严格的解释性范式中。

## I

虽然所谓的前提概念似乎具有相当严格的内涵，但是那些被视为前提的个体因素却是相当随意地被定义的。人们经常地采用相当奇怪的分析程序。首先是注视像前工业化经济(例如在 14 世纪西欧的中世纪经济)的“理想类型”(ideal type)一类的东西，并强调使增长的机会在其中受到了极大限制的社会架构。随即，就

像电影片的移动一样，注意力又转移到了现代工业经济。分析场景的这种变化自然是令人吃惊的。经济进步的能量存储是巨大的：大范围的政治与经济统一的版图；确保单个人的权利和满意的产权保护的法律体系；技术知识的储备；通过取消露地耕作制（open-field system，欧洲农业实行了长达 2,000 多年的基本社区耕作制度。——译者注）和公共牧场的分配而使之成为可能的农业生产力的提高；拥有各种技能的劳动供给的可利用程度；愿意并能够进行筹划与创新的企业家群体；长期投资所需的资本可利用程度；不存在行会的限制；广泛的、具有吸纳性的市场；以及其他等等。

然后，笔锋稍微一转，一个现代经济具有的所有这些基本特性 33
便被声称为工业发展的“前提”。无疑，就落后国家的发展而言，这种做法具有相当消极的含义。在它们能够开始工业化的过程之前，它们真的能够创造所有这些条件吗？显然，上面所列举的某些因素全然不是前提，而是在工业发展过程中的某些结果。不仅如此，在某些历史条件下可以被合理地视为前提的东西，在另外的历史条件下却可以更自然地被视为工业化的产物。在工业发展的前提与对工业发展的反应二者之间的界限，似乎是相当有伸缩性的。也许可以确立某些规则，据此将相关的现象划分在这一界限的两侧。

如前所述，那种认为存在着某些工业发展的基本前提的思想隐含着这样一种观点，即对这种发展可以用一种高度的普遍性和特定的非连续性来概括其特征。让我们从有关各种前提的相当混杂的列表中，选取“资本的可利用程度”这一项，借助于这个例子在

较为详细的程度上尝试着讨论一下这一概念的性质、正确性和有用性。

当资本的可利用程度被作为一种前提时，它采取了“资本原始积累”(original accumulation of capital)的形式，这是由马克思的资本论第一卷著名的第24章所使之流行的一个概念。在那里，亚当·斯密(Adam Smith)关于预先积累(previous accumulation)的概念(这种积累概念是与厂商的生产时期相挂钩的，因而是十分具体和短暂的)，被转化为一种宏大的历史普遍法则。它指的是持续了漫长的历史时期——也许跨越了几个世纪——的资本积累，直到工业革命的警钟敲响的那一天才被召唤到了工厂建设的战场。



这一概念在大量的文献中产生了充分的反响。也许它的最后的微弱回声(主要是为了“对这个古怪的东西凑趣”)是凯恩斯将德雷克(Drake)的掠夺物视为英国对外投资的源泉[1]。我们在这里所关心的，既不是马克思对这一问题的特殊处理方法，也不是关于
34 它的更多的讨论和争论，在这些讨论和争论中，桑巴特(Sombart)为了“解决资产阶级财富之谜”[2]所做的有些夸张但却(可悲地)是如此完全不成功的努力，曾经发挥了巨大作用。马克思选择将他的概念如此紧密地与英格兰早期的圈地运动联系起来，如此强调

---

[1] 约翰·梅纳德·凯恩斯，《货币论》(*A Treatise on Money*)(London，1930)，II，第156－157页。

[2] 桑巴特(Werner Sombart)，《当代资本主义：前资本主义经济》(*Der moderne Kapitalismus：Die vorkapitalische Wirtschaft*)(Munich-Leipzig，1928)，I：2，第581页及以下各页。

对于现有财富的再分配，从而使他自己转向前工业时代的劳动积累问题，这些都是无关宏旨的。现代的研究对马克思的某些经验发现提出了大量质疑。马克思所称的原始积累的源泉——海盗行经、战争、殖民地剥削、贸易、圈地、城市地租、贵金属的流入——的相对重要性，对于我们的目的而言一点都不重要，当然一个基本的事实除外：即在不否认这一概念的基本性质的条件下，产业利润是不能被作为原始积累的一个源泉的。这确实是一个问题。

如果我们暂时是从分析的角度而不是历史的角度来考察原始积累，努力理解产业发展的模式（原始积累这一概念是其中的一个有机组成部分），那么便会提出这样一些中肯的问题：为什么工业发展应当按照这种方式进行？为什么在快速工业化的时期到来以前应当有一个长期的资本积累？为什么当这种资本被积累时它不被投资于产业活动，从而使产业增长与资本积累同步进行？在这种情况发生的场合，马克思的积累的“原始性”可以被归结为规模适中的斯密的“预付”。换言之，马克思的特殊概念不再包含任何东西。所以，如果有人想要捍卫它，那就必定要排除一种渐进的工业化的偶然性，而断言由于这样或那样的原因工业化或者将大规模地突然爆发，或者将全然不发生。关于工业化的发展一定存在着某些特殊的间断性，它使我们以适当的清晰程度来识别工业化过程的开端成为可能。

根据近年来的讨论情况，想象那些可能导致一种“或者急剧爆发、或者什么也未发生”的情况的条件并不困难。可以说，考虑到 35
单个工业企业具有的在技术上要求的最低规模，和满足技术要求的投入的可利用程度（这些投入又是其他企业的产出），人们能够

从技术上、即从一种实行工业化的经济所需要的最低资本的视角，来对此加以论证。这些关于不可分性和互补性的考虑反映了供给方面，并且在达门(Dahmén)关于发展障碍的概念中得到了特别清晰和富有创新的阐述[①]。而另一方面，与此相结合地，人们也能够从需求方面来进行论证，将沿着一个广泛战线推进的产业发展作为成功的工业化的必要条件。在产业发展的过程中，不同的产业经济部门中新企业的建立通过对于彼此产品的相互需求而支持了它们的增长。如果工业化以突然爆发的形式出现，它必然要求数量充足的资本，从而要以具有适度规模的"前工业时期的"资本积累的存在为基础。在突然爆发的场合，这些积累本质上表现为对于当前产出的要求，它们使资源从消费向投资的倾斜成为可能，而这种投资的量将大到足以支持高的工业增长率的程度。这是一个相当自成体系的观点，根据这种观点，工业化的前提和由此而产生的工业化的结果，确实在逻辑上是连接在一起的。

另一方面，那种认为许多不同因素的结合是成功的工业化的必要条件的观点，则是展现在某种不同的、尽管显然也是相关联的层面上。下面这句话也许是有意义的：只要人口的大多数仍然被一种僵硬的农奴制度排除在工业雇佣之外，工业化就不可能开始。农奴制的突然废除也许在实际上预示了工业发展的开端。这样一个开端也许被清楚地表明是足够的。但是人们不能单独依靠这样一种推理的基础，就去论证这样的产业发展对资本的要求也将是



① 达门(Eric Dahmén)，*Svensk industriell företagarversksamhet* (Stockholm, 1950)，I，第 70 页。

特别的高。为了使这种论证成为可能，人们必须要引入某些追加的考虑。农奴制的废除也许释放了某种潜在的企业家才能，某种被压抑的需求，以及其他因素等等。但是，这种间断性并非源自工业化过程的性质。

想要在马克思的讨论中找到明确地提及关于工业化时期的资 36
本积累与随后的工业化之间基本联系的话语，将是徒劳的。令人感到十分奇怪的是，他所提供的唯一解释却与废除封建约束有关，亦即与一个相当偶然的环境（从原始积累这一概念的观点来看是偶然的）有关。然而它并不具有多大的重要性。不可否认，原始积累的概念如果经过适当地重新表述，将具有相当程度的现代色彩。它证明了马克思的直觉的英明。

此外，这种直觉并不仅仅是分析性的，而且也是历史性的。我们关于现今许多发达国家的工业化过程的性质了解得越多，就越会在更大的程度上充满自信地断言：在很多情况下，工业的发展在经过某个准备的时期以后将采取一种大爆发的形式，在这个过程中，有一个相当长的时期工业发展的步伐将是异常的快。不论是考察英格兰、法国、德国、俄国还是意大利的现代产业主义历史，我们都能看到工业产出增长过程中的这种高潮。当然，实际的历史案例不可能精确地与某种分析模式的命题相一致。工业化的这些爆发式发展只能有保留地被视为真实的“开端”。因而，只要我们牢记这种必要的限制，那么就仍然可以有意义地说欧洲大多数重要的工业化都是以或多或少猛烈的工业革命的形式开始的。

在这里对这个有争论的术语稍加评论也许是适宜的。英格兰的工业革命的概念经常受到批评。所发生的事情非常类似于赫伊津哈(Huizinga)曾经说过的“有关历史的概念的膨胀”。正如文艺复兴的概念最初被稳固地锁定在16世纪,随后又脱离开这一始点而被向前移动到更早的世纪中一样,工业革命的开端也先是从18世纪转移到17世纪,进而又转移到更早的时期,在这个过程中工业革命的原始含义已经逐渐消散了。所有这些都是在尊重历史的连续性的观念下进行的,对某些学者来说,这种观念过去曾经是、并且目前可能仍然是一种时尚的概念。当前,历史的连续性至少
37 在三种不同的意义上被相当混乱地运用。连续性也许意味着某一给定的现象被追溯到很久很久以前的历史根源。作为一个一般性命题,这当然具有不容置疑的真实性,事实上它也为所有的历史研究工作提供了基本理由。然而,它关于历史发展的实际过程,特别是这一过程究竟是革命性的还是演化性的,却并没有告诉我们什么。让我们从政治史中举一个例子:伟大的俄国经济史学家司徒卢威曾经评论道,本世纪所发生的俄国的政治革命是由于安娜女皇(Empress Anne)在1730年将最高枢密院(the high aristocracy)的成员呈送给她准备签字的宪法草案撕得粉碎的结果[①]。这种观点可能正确,也可能不正确。不过,即使我们暂且假设它是正确的,一个事件的根源必须要到遥远的过去中去寻找这一事实也并不必然意味着它就是演进性的。就革命的发生而言,1905年和1917年的俄国革命确实是革命性的事件。与此同时,连续性通常又被用来显示事件在更广阔的历史规模上的周期性轮回。正是在

① 《俄罗斯社会与经济史》(*Sotsial' naya i ekonomicheskaya istoriya Rossii*)(Paris,1952),第314页。

这种意义上，人们——依然是可能正确、也可能错误地——运用像新重商主义（neomercantilism）这样的概念，特别是当它意味着向“计划的常态”回归时（就像在利普森（Lipson）那里的情况一样[1]）更是如此。这种回归被认为是在履行一种自然的模式，在这个过程中风向根据它的回路而返回。最后，连续性也被用来涵指一种极为渐进的变化，从阿尔弗雷德·马歇尔（Alfred Marshall）为其《经济学原理》一书所选择的警句“自然界没有飞跃”（*natura non facit saltus*）的角度来看，这种渐进的程度是很难觉察到的。现在，人们也许厌恶革命以及任何急剧的变化。另一方面，对于没有革命的历史人们也许感到难以忍受的沉闷。然而，问题并不在于个人喜欢还是不喜欢。同时，它也不是简单地确认正确的事实的问题。在某种意义上，速度和速度的变化都是任意的概念。就我们对待可计量的现象而言，它们都将依在决定速率和加速的过程中所使用的特定的平均化技术为转移。它们将依赖于所选择的时期的长度。这些选择反过来又必然依赖于所研究的问题的要求。对于一种研究目的来说是一种革命性的变化，到了另外一种目的下就可能被视为一种非常渐进的变化了。一个概念实际上也就等 38
于我们借助于它所能发现的东西。如果我们运用“革命”的概念首先只是理解工业产出增长率的一种突然向上的运动，此外，如果这种速度的加快（像我们确实认定的那样）可以被视为增长过程中的一种独立因素（因为这种工业化过程的重要特征倾向于随着增长

① 利普森（E. Lipson），《计划经济或自由企业》（*A Planned Economy or Free Enterprises*）（London，1946）。

速度的变化而发生显著的变化),那么经济史学家将承担不起无视工业革命的存在所可能带来的后果。实际上,历史学家从诸多有关西欧工业产出的长期指标中所熟视的这种工业革命也根本不可能被忽视,因为有如此众多的工业发展的重要因素都是与这些早期工业化中的大爆发特别相关联的。

到此为止一切都很顺利。不过,一旦提到原始积累的概念,就不那么顺利了。确实,初看起来,初始的快速增长时期的存在为这一概念提供了有力支持。如果不能确认有这样的时期,那么这个概念立刻就被废除了。实际上,进一步展开讨论是适宜的。此外还有这样一个问题:原始积累是否能够在实际事实的意义上被视为对有关国家在其高速工业增长的时期提供了实在的帮助。

## II

在我们接触该问题的这一关键方面之前,也许需要简单提及有关原始积累概念的几个特别难点。此外,这一概念还面临着“膨胀”,关于原始积累过程的开端已经不断地被向后推移到了近代最初的始点,对某些学者来说,甚至追溯到了中世纪的鼎盛时期。

经过整合的支持这一概念的大量历史材料,其实际的主旨是要表明,在某些较早的历史时期中某些人设法使自己变得相当富有。但是在漫长的历史周期中,财富不仅被创造,而且也被毁灭掉。富格尔家族(Fuggers)曾经取得了在欧洲史无前例的财富数量。这些财富大多是通过与政治权力的关系而取得的,但它们也因为这些关系而被毁掉了。15 世纪与 16 世纪交替时期在德国南

部积累的财富，书写了欧洲经济发展史上的重要一页。从南部德 39
国输出的技术与企业组织模式滋润了遥远的区域。这些活动打破了在很大程度上导致先前的欧洲经济停滞的紧缩压抑时期。但是，所有这些都很难与对于原始积累概念的任何合乎情理的理解相吻合。富格尔家族的财富消散于政治权力和战争融资，焚毁于无数战场上的硝烟，并且在西班牙的崩溃中又受到了结束其苟延残喘的致命一击。

如果我们能够暂且假定桑巴特关于城市地租是中世纪财富的一个来源的理论是对的，那么仍然会有人问：“这又能怎么样呢？”这里仍然存在着追寻从这种财富出现直到 19 世纪下半叶德国工业化大爆发时期的历史的任务。自然，没有人企图做这件工作，人们也许正确地假定我们知道答案将是什么，而无须去做过多的调查研究。换言之，原始积累的概念不仅是一个宏大的理论概括，它还是一个过于宏大的理论概括，以至于为了接受它人们将不得不舍掉诸如三十年战争对德国影响这样的同样宏大的历史细节。

所以，从有关工业爆发的遥远的历史准备时期这样的视角来考虑问题，是否就能具有很好的历史意义，是极其值得怀疑的。然而，另一方面，当原始积累的时期被缩短并且被归结为某种不那么长的时期时，其他的困难仍然存在着。人们可以从容地说，富裕的国家将更容易发动快速工业化的时期。作为一种抽象的陈述，这样一个命题是无懈可击的。然而，从历史现实来看，只有当财富聚集于那些或者本身愿意将其投资于产业的冒险活动，或者愿意并能够以一种或另外一种形式将其转移到那些直接从事产业化活动的人手中的时候，简单的财富可供利用性才能有助于工业化。无

论如何，它都必须是这样一种形式的财富，即它或者直接地或者通过某种金融转换机制能够按照这样的方式来传递。人们可以找出很多的历史事实，在其中，财富尽管是潜在地可供利用的，甚至可
40 以以一种适当的形式来加以利用，但是在实际上却没有到达工业中的企业家手中。根深蒂固的守财奴传统也许构成了一种有效的壁垒。土地所有者阶级担心工业的发展会剥夺他们在社会中的尊贵地位的考虑，也会产生同样的后果。拥有大量可支配的流动资本的商人也相当不情愿让他们的资本为工业的冒险性盈利活动所利用，因为这种活动将瓦解对他们具有直接或重要利益的包买制度（putting-out system）。总之，全然不能保证先前积累的财富将在实际上为工业投资融资所利用。

然而，这里的问题并不是对“原始积累”在它可以作为现代工业化的历史前提之前必须进一步加以限制的问题。相反，我们是要发现在什么样的特定条件下（甚至是当它原来的宏大性质被适当地修正和清除时）这个概念可能被认为是工业发展的真正前提，而又在什么样的条件下它也许难以、不可能或没有必要被赋予较大的重要性。在这个问题上，我们又接触到了前面提到的关于工业发展的前提概念的第二种含义：这就是，假定一致的工业化过程是按照这样一种方式来演进的，即工业化无论在全球的哪一个地方发生，它都重复先前在某些其他国家或地区发生的工业化过程的所有本质特征。这样一种假定似乎将会在一般的意义上导致关于工业化过程的太过简化的观点，特别是导致关于它们的初始阶段的过于简单化的观点。

当然，这并不是要在历史中再一次地释放“独特性和单个性”

事件的幽灵。前面所述已经足以表明，核心问题并不是要拒绝广泛的模式本身，而是要选择适合于该问题的模式。此外，就某种程度而言，一种统一的工业发展模式是相当合理的。无论什么地方的工业化都意味着固定资本规模的增加。它还意味着技术、经济规模的变化，农业和小手工业劳动者向工厂工人的转变，以及愿意并能够履行企业家职能的人们的出现。

欧洲的工业发展，经常地被按照依据得自英国经济史的经验 41
材料而建构的一般模式来加以描述。这种方法并非没有价值。正是因为在所有的工业化过程中存在着共同的特征，所以这种方法过去拥有、现在仍然拥有某种解释力，甚至具有预测的价值。为了某些目的而集中于工业化过程的这些一般性的方面，也许是相当有用的。但同样真实的是，就像当一般性的程度被抛到过于高的时候总会出现的那样，当人们越来越深地进入某一主题时他们必然会在这个或那个领域碰到并不适合于这种一般模型的东西。当这种情况发生时，对于历史学家来说，在拒绝忽视这些令人不快的非规则性之后，要面对两种选择。他可以将这些事情视为例外并按此种方法来处理它们。或者，他也可以通过将它们带入一种新的、尽管并不一定是更复杂的模式，来把这种对于原始模式的偏离做系统化的处理。这并不是经济史所特有的，相反，它是所有的科学进步都必须遵循的路线。也许，处理广泛而又重要的现象的历史学家有理由来特别关注这一问题，并牢记在原则上每一个所发生的历史事件都会改变随后的所有事件的过程。英格兰的工业革命，以及其他国家的此类事件，都影响了随后所有的工业化过程。

笔者有时感觉到，如果人们不再固守于一种无差别的统一的

工业化模式，而是联系到相关区域在它们大规模爆发工业化的前夕所具有的落后程度来考察其工业发展过程，那么对于欧洲工业化的过程将会获得某些新的见识和更加透彻的理解。这样一种观点具有独特的优势，它可以使我们不再把单个区域上的产业演进的关键特征视为相对于标准模式的特殊性、特质性或者例外，而是作为一个落后等级体系中的一级和一部分。这样一种观点与前工业时期的积累问题直接相关联，更一般地说，它与工业发展的前提问题直接相关联。

42 这里只要给出关于这一概念的最简要的提纲也就够了，读者可以在本书的其他地方①找到更为详尽的阐述。但是在给出这样一个提纲之前也许需要指出两个相关要点。究竟什么算是“一个可理解的研究范围”，这是任何企图解释历史的人都要面对的问题。当然，可理解性必须要用身边的问题来定义。西蒙·库兹涅茨(Simon Kuznets)曾经详细论述过，在研究经济发展中将作为一个政治实体的国家视为基本的观察区域的各种理由。他指的是这样一种事实，无论是国家内的次分割层次还是几个国家的集团，都不能构成更有意义的研究单位。他提到，数据通常只有在“国家”的层次上是可利用的。并且，他还通过说明国家能提供一种紧凑的“历史经验组合”，来证明自己论断的正确性。所有这些无疑都是正确的。

然而同样真实的是，如果人们孤立地来考虑任何一个国家，那么他们也不能够理解它们的产业发展问题。落后当然是一个相对



① 参见本书的第1章，4章，7章和8章。

的概念。它预先假定了更先进的国家的存在。此外，只有通过比较几个处于不同落后程度的国家的工业化过程，人们才有希望将某个给定的工业发展中的偶然性的因素与那些可以合理地归因于一国发展的历史滞后的因素分离开来。最后，正是因为落后国家也构成了包括更先进国家在内的一个更大的区域的一部分，所以历史的滞后是可以按照某种特别易于理解的方式被克服的。

另一个要点涉及落后程度的衡量问题。这是一个可操作的概念吗？如果人均产出或收入可以作为关于落后程度的令人满意的衡量尺度，人们距离一种令人满意的结果也就不远了。事实上，就像数据的可得性与数据质量以及指数问题远未得到圆满解决一样，人们也远未达到这个问题的满意解。尽管如此，还是必须要面对严肃的衡量问题。将不同国家的产出用某一给定国家的价格体系来反映所形成的国家排列顺序，也许会与按照另一个国家的价格体系来衡量的结果具有显著的不同。在实践中，只有一个国家组群中最先进的国家的价格体系才得到采用，因为较为落后国家 43
的产出范围更为有限，从而其可利用的价格数据也较为有限。

但是，用人均产出来定义是否够用？显然，人均产出水平也许是不利的气候条件或贫乏的自然资源禀赋的结果。用相应的资源禀赋和气候条件对产出数据加以调整，尽管并非不可能，但却实在是冒险的。此外，这些导致经济中某个属于前工业时期的部门的产出或高或低的条件，当大规模的结构变化被引进以及工业化发动以后，在某些限制范围内也会具有多多少少的重要性。

最后，还不清楚，产出（不论怎样计量）是否是对于落后程度的一个完全令人满意的衡量尺度。人们也许想用更为动态的指标来定义落后的程度。而这将需要询问，在某个时刻一个国家为随后的经济发展所创造的前提达到了什么程度。假定国家A,（比方说）它的人均产出和资源禀赋与国家B的相同，但是后者的活动人口中文盲占有更大得多的比重，这样便对其快速地获得产业技能制造了障碍。或者再假定国家B，由于宗教的原因人们都认为城市的生活方式将冒犯上帝，从而深深地植根于土地，而这种情感与国家A的居民心态却是格格不入的，在那里对于金钱方面的激励的召唤存在着巨大而广泛的积极回应。将这些因素以及许多其他具有同样重要性和关联性的因素包括进有关落后程度的概念中，难道不具有重要意义吗？可是很明显，这将是一种毫无希望的努力。并不存在一种精确的权重体系，依据它可以把各异的因素纳入一种共同的标准。同时，我们也不能确定这些权数将要对之应用的那些相关因素的精确数量。无论是多么不情愿，人们也不能不得出结论说，“落后的程度”是难以精确地计量的。但是，这种性质的结论究竟应该在多大程度上让人感到沮丧呢？毫无疑问，给出这一结论对于防止误导性的观念和虚假性的希望是重要的。可是另一方面，对于历史分析的目的而言，究竟是否需要一种高程度的精确性的问题远未得到解决。

44 这种分析的目的是与历史过程中的某些差异相联系的，而不论存在还是不存在所涉及的国家经济的某些特征。如果我们所对待的案例是足够离散的，此外，各个单独因素总起来都指向同一方向。那么，我们也许希望在不必渴求任何精确的计量的情况下，用一种从中可以得到某种有意义的、但是总体说来并非不重要的答案的方式，来处理我们的材料。实际上，当我们观察19世纪欧洲的经济状况的时候，将我们的注意力（比方说）固定在该世纪的中叶，那么很少有人会对下列情况提出疑义：德国比法国在经济上更为落后，奥地利比德国更为落后，意大利比奥地利更为落后，俄罗斯比所提到的所有这些国家都落后。同样，也很少有人会否认英格兰在这一时期所处的最先进国家的地位。不论我们是考虑产出水平，已经取得的技术进步的程度，人口的技能，其文化普及的程度，企业家的诚信标准与时间视界（time horizon），还是一些其他的相似因素，我们都会得到大致相同的回答。在实际中，我们能够根据各个国家的落后程度而将它们加以排队，甚至可以识别出具有相同落后程度的各个国家组。

对于这样排列的国家我们所能引出的主要命题是，一个国家的工业发展越晚，其工业化的大爆发在实际来临时所具有的爆炸性程度就越大。此外，更大的落后程度是与更强的追求大规模工厂和企业的倾向以及更便于形成各种密集度不同的垄断的条件相联系的。最后，一个国家越落后，它的工业化就越可能在某种有组织的指导下进行，依据落后程度的不同，这种指导的中心可能是投资银行，在国家庇护下的投资银行的活动，或者是官僚机构的控制。这样看来，欧洲的工业史似乎就不再是一系列对于“最初的”工业化的单纯重复了，而是一种逐渐地与那个初始工业化相偏离的有序的体系。

## III

为了最终返回到本文的主要问题，我们可以提出这样的问题： 45

在一个远非是统一的世界里，有关工业发展的统一前提这一概念会发生什么变化？特别是，有关前工业时期的资本积累的概念会出现什么变化？我们已经看到，使前工业时期的资本积累概念具有潜在意义的是工业发展的非连续性。我们已经指出，落后的程度越大，其工业发展将可能越具有非连续性。这将意味着一个国家越落后，其先前的财富积累就越重要吗？如果人们考虑到19世纪的欧洲资本—产出比率趋向于不断提高，从而一个国家的工业化越晚在其工业化的大高涨时期增长率就越高，并且产出每增加一个百分点所要求的资本就将更高，这个结论是否可以被进一步强化？



几乎可以没有什么疑义地断定，现实中似乎发生着相反的情况。在英格兰，工厂的建造无疑是充分得益于多种形式的私人财富资源的存在。英国发展的特征之一就是，在先前已有的显著进步的条件下私人方面拥有强烈的对工业发展进行投资的愿望。但是，在欧洲大陆的更为落后的国家，既没有成规模的先前积累也没有对工业发展的同情，能够与迟延的工业化所需的更大的资本要求相协调。在像德国这样的国家，资本的预先积累所具有的关键作用决不能被指望由任何原始的资本积累来承担，而只能被归结为银行系统信用创造政策的作用。确实，银行还汇集了当前储蓄和某些可以被转化为对当前产出要求权的先前创造的资产，将它们转移给企业，但是这并不太重要。

46 当人们接触到更为落后的区域，在那里工业化的爆发甚至更晚，并且程度甚至更猛烈，就像19世纪最后十年中的俄罗斯那样，他们就会再一次地感到难以赋予任何前工业时期的资本积累以关键性的作用。在那里，国家的财政政策必须被视为资本供给的战略性因素。这并不是说，它就是唯一可以利用的资源。资本的进口也是数量可观的。前工业时期的财富也发挥了某种作用。甚至在工业化过程的早期阶段，利润的再投资所具有的重要作用也不能被否认。有关 19 世纪俄罗斯资本形成的研究还有许多工作要做。但是这样一个重要之点似乎是很清楚的：与对新的正在崛起的工业企业的财政性融资的作用相比，所有其他的资源都倾向于变得不重要了。如果允许给出一个总的表述，那么人们也许可以说资本的原始积累并不是欧洲大陆大多数国家工业发展的前提。

所以，看起来资本原始积累的概念没有保留下什么东西。首先，它不得不因为可能被合理地应用的时期长度的限制而在时间方面缺乏适用性。其次，它又因为空间方面的因素而受到进一步削弱。人们也许想要得出这样的结论：并没有一组对于所有的时间和地点都适用的普遍前提，从而对每一个案例都必须进行独立的研究。然而，如果这种消极的结论被理解为对于这个问题要放弃比较分析的方法，那将是不幸的。上面各段所概述的基本框架似乎是开辟了不同的可能性。正如前面已经明白地表示的那样，定义落后程度的一种方法，就是用较落后的国家中所缺少的那些在较先进国家中成为工业发展前提的因素来衡量。因此，研究这个问题的方法之一，就是询问在落后条件下进行的工业化过程中发生了什么样的对于所短缺的因素的替代以及这些替代的模式是什么。

有一件事情是明确的。文盲和较低的教育水平，以及由此而产生的培训技能型劳动力和干练的工程师的困难，在某种程度上

能够通过从较先进国家的移民以及采用这些国家的培训设施来克服。这一点对于技术知识储备的缺乏同样是真实的，甚至是更重要的。技术知识可以从国外输入。然而，在这种意义上，人们可能说，在落后国家存在着一个“恰恰”不为先进国家所控制的工业发
47 展的“前提”，这就是较先进的国家的存在成为了技术支持、技能型劳动力与资本品的来源。此外，海外资本丰裕地区的存在还涉及原始积累的问题。就资本可以从国外输入而言，先前创造的国内财富的重要性被相应地削弱了。然而，可以肯定地说，其**数量**从未达到过大的程度。根据笔者的计算，甚至在 19 世纪 90 年代的俄国，资本输入也仅仅构成了出于工业化目的而使用的总资本中的较小一部分。即使为了计算这一时期的总资本形成而采取十分低的资本—产出比率，情况也是如此。另一方面，资本输入并不像先前创造的财富那样可以转化为对当前产出的支配权，这意味着投资可能并不降低当前的消费比率。同样，从国外进口资本品的机会如果是通过落后国家可能存在的先前的金银积累来实现的，也将会避免消费水平的降低。这既不是银行的信用—创造政策所能产生的，也不是政府税收—融资的支出政策所能实现的。一个实行雄心勃勃的工业化政策（就像 19 世纪 90 年代的俄国政府所做的那样）的政府，实际上是处在一种除了它之外的其他主体所无能为力的开启信贷闸门的地位，这是另外一个问题。

然而，这类考虑并不准备穷尽所有可能的替代模式。关于为什么在中欧的中度落后的地区工业化是在银行的支持下而发生的，而在东部的更为落后的地区的工业化则是在国家的支持下进行的这个问题，至少可以部分地用存在或者不存在某些前提来回

答。在 19 世纪的俄国，实际地阻止银行向工业进行投资的特别因素是，在这样一个商业诚信度如此低下，经济的、特别是商人的活动与欺骗二者被认为是如影相随的国家里，不可能建立起一个有效的长期银行信贷体系。“无商不骗”讲述了民间的经济箴言。精 48
心策划并且反复上演的破产被视为几乎是走上致富之路的正常步骤。在这些环境下，政府甚至感觉到不得不发布特别的禁令去限制银行介入长期信贷业务。

在某种意义上，俄罗斯的政府活动有效地替代了所缺少的最低可接受的诚信度这一前提。在中欧，这种前提的存在使一种不同的、更加分权化的工业化融资形式成为可能。但是，人们可以走得更远一些，去探究（比方说）在德国与俄国造成商业诚信度不同的原因是什么。可以肯定，对这个问题能够找到多种答案。例如，严重拖延的对俄国农奴的解放肯定对此有重要关系。这种劳役制度孕育了说谎与欺骗。农奴一企业家有诸多良好的理由去欺骗他们的所有者。有关农民产权的法律的不确定性，很难以一种尊重合约义务的精神去教育人民群众。此外，也许同样重要的是，在俄罗斯缺乏一种城市独立的传统。一种关于经济诚信的社会学仍有待于建立，但是几乎没有什么疑问的是，在欧洲广大地区存在的旨在提高与保持产品质量和可靠性的手工业行会的历史经验，对于形成社会的商业伦理产生了至关重要的作用。所以，人们可以指出，在像德国这样的国家，历史上的手工业行会的培训学校起到了工业发展的一种前提的作用，因为它使得通过更有效的银行政策而不是较为低效并且成本较高的官僚控制来替代原始积累这一前提成为可能。当一个敏锐的外国观察者，尤里·克里扎尼奇（Yuri

Krizhanich，一位克罗地亚民族主义者和泛斯拉夫主义者，他最先认识到克里米亚地缘政治的重要性，并建议沙皇俄国占领克里米亚半岛。——译者注)，在17世纪审慎地思考采用什么方法和手段来改变俄国的农民和手工业者的懒惰和不讲诚信的状况时，引进手工业行会的想法在他的脑海中成为最自然的解决办法。[①] 通过政府法令来创造行会的努力(就像后来彼得大帝所做的那样)，
49 不能够达到与它们在西欧的自然演进过程中所取得的同样积极的结果。因而，人们也许会说，在俄国，政府的工业化政策也不得不起到一种填补手工业行会的经验缺失的作用。

现在给出另外一个例子：在有关英格兰的圈地运动和工业进步之间关系的讨论中，原因与结果通常被混淆在一起。然而很清楚，其工业进步确实得到了在18世纪所发生的英国农业生产力提高的重要帮助。不过，在这里，不论人们有多么不情愿，政府的行动都可以再一次地被视为一种增加食品供应的前提。同样真实的是，俄罗斯南部的原始大草原向可耕地的转变也在某种程度上拓展了食品供应的基础。不仅如此，俄罗斯在19世纪的最后十年快速工业爆发的时期，是出现在致命的农业危机的条件下。在某种程度上可以说，这场危机是由下述事实引起的：工业化需要融资，并且除了其他事情以外还要有可供城市和出口需要的食品供给，而这些是通过剥夺农民的收入以及在某种程度上甚至是通过耗空资本来实现的。当然，可以肯定，所有这些过程和后来的苏维埃政



① 《17世纪中叶的俄罗斯国家》(*Russkoye gosudarstvo v polovine XVII veka*)，(Moscow，1859)，第28页及以下各页。

府的土地政策以及它对于俄罗斯农民的无可比拟的无情剥削相比，都要相形见绌。然而，苏维埃的案例只是一种非常特殊的案例，由于很多原因，革命前的俄国似乎为有关工业化过程中的特殊替代模式的讨论提供了一种更为“常态的”情况。

伴随着食品供给的增加而出现的满足新生的工业所需要的劳动供给的增加，通常也被说成是赋予土地改革以某种前提特征的因素。通过 19 世纪 60 年代解放农奴的政策以及随后的几项措施而得到深思熟虑地保留甚至强化了的俄罗斯农村公社，肯定倾向于阻止俄国工业劳动力的形成。永久地放弃土地的分配权将意味着显著的收入损失。一个在城市工作的农村公社的成员经常面临着被召回农村的命运。而在数十年当中，起身前往城市工作都要获得农村权威人士和家庭头面人物的准许。所有这些都严重阻碍 50
了一种人力流动，这种流动在任何情况下都不得不克服庞大的根深蒂固的抵触与惯性。

促使无地的劳动者从东阿尔巴(East Elbian)的庄园移动到鲁尔河流域(Ruhr Valley)的决定性因素更少在俄罗斯出现。结果，永久地依附于工厂的劳动力的增长也许比在其他情况下慢得多。但是，在某种程度上，俄国工厂中劳动力的这种缺乏却被企业在有关资本投资的规模与特征上的特殊决策所替代了。在许多工业部门中，培育可供利用的、稳定的劳动力的困难至少部分地为选择更加节约劳动的设备所抵消。同时，在其他的工业部门中，大规模的劳动力工作转换也通过引入更先进的机器设备来加以应对，这些机器的操作更简单，所需要的学习时间更短，从而更能够与预期的持久性就业相关联。通过这种方式，落后国家往往集中于最新的

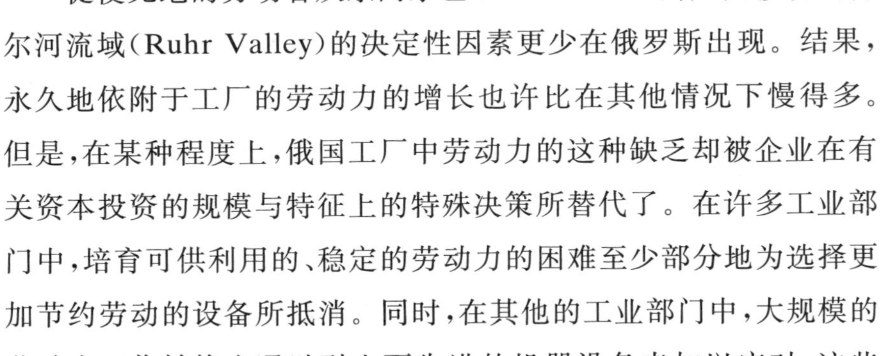

技术进步领域从而利用落后所具有的特殊优势这种也许可以被称之为基本倾向的结论，就被进一步地强化了。

## IV

本文前面所述的目的并不是要仅仅提供几个例子。同时，它也不打算规定和详尽阐述所涉及的关系。相反，本文的目的是要指出我们从历史的经验中所了解到的工业化过程具有的更大的弹性和变动性。看起来，缺少某些被视为一种工业发展前提的*一般*组合的东西，并不必然降低前提这一概念所具有的启发性意义。正是由于从这一概念开始，并且通过努力理解某一给定国家是如何着手启动它们的工业化过程的（尽管是在面临缺乏某些前提的条件下），人们才能够得出某种有差异的、但仍然是协调一致的关于在落后程度依次不同的条件下的工业化的观点。当我们观察这一过程的较晚阶段时，我们发现，在某一国家中可以作为一种前提而起作用的因素，从而在某种意义上可以视为工业化“原因”的东西，在另外一个国家中却表现为工业化的一种结果。这种情况可
51 以增强并完善当前关于工业发展的研究方法。对于这种有关工业发展的迟到的“标准化”过程，如果联系到所涉及区域的落后程度来理解，也可能会获得更加清楚的认识。

另一方面，我们当然也没想得出缺少某些“前提”在任何情况下都应被视为“落后的优势”的结论。这种优势的存在很大的程度上使得克服经济进步前提的缺失成为可能。但是作为一种规则，这个过程将是一个耗费成本的过程。探究、也许还有测量和比较

在前面所讨论的各种替代的过程中所包含的困难、紧张以及成本，将是一种富有成效的研究工作。统治者无视这种替代过程中的人力成本，也许是在三十多年的苏维埃工业化中最富有特征性的特点。

然而，与此同时，可以适当地指出，过去的历史经验能够证明有关落后国家工业化的一般前景的乐观估量是正确的。这并不是简单地涵指在面临显著的障碍和缺陷的情况下所发生的过去的工业化。通过考察历史的记录，人们不能不对落后国家在努力解决它们的工业发展所面对的特殊问题时显现出来的机敏性、独创性和灵活性，产生深刻的印象。没有任何先验的理由可以假定，今天处于其工业革命开端地位的不发达国家，在弥补其缺少在较幸运的国家里被说成是为急剧的工业增长的初始爆发“确立前提”的因素的过程中，将显示出更少的创造性适应能力。人们唯一能够希望的是，在绘制它们自己的工业进步的蓝图的时候，它们将会更加热衷于选择那些能够使它们降低成本同时又增加以人类福利和幸福来表示的收益的道路。

# 第3章　社会态度、企业家与经济发展

52 “社会态度”并不是一个十分精确的术语。对它必须施加限制。否则的话，它可能会迅速地扩展到包括政府经济政策的全部范围——这是一个非常适合于本次会议[①]中一个专门会议的题目。我们在这里实际上所讨论的是，流行的对于企业家和企业家活动的评价，也就是说，企业家活动所处的一般舆论环境，对于一个国家经济发展产生的重要影响。甚至做出这种限制以后，仍然存在着大量的问题，从而在形成任何明确的结论之前仍然需要从事大量的、耐心的专题研究。所以，下面的印象主义式的评论不过是旨在对迄今为止人们所遵循的一般思想线索提供某种简要说明，对过于轻易地接受某些抽象模型的做法提出一些警告，并且借助19世纪欧洲经济史的某些片段来说明这些警告。关于后者，重点放在工业化的早期阶段而不是成熟经济中的条件。关于欧洲的历史经验究竟可以在多大程度上被用于说明不发达国家的当前问题，除了一个简要的提示以外，其余也都不在本文的研究范围之内。



① 这里指的是1953年国际经济学会关于经济进步的“圆桌会议”。

对于当前所讨论问题的研究仍然处于它的幼年期。然而，哈 53
佛企业史研究中心(Harvard Research Center in Entrepreneurial History)在亚瑟·科尔(Arthur Cole)的得力领导下，数年中将诸多时间与精力贡献于一种“对于经济史的企业家研究方法”，并且对社会对于企业家的态度问题给予了极大的关注。在美国，关于企业家的研究主要受到来自两个方面的知识激励。它当然要极大地受到熊彼特(Schumpeter)的经济发展理论的影响，该理论赋予从事创新的企业家在经济变迁的过程中以一种关键性作用。事实上，熊彼特教授直到1950年逝世为止一直与哈佛研究中心保持着密切的联系，而熊彼特假说——以及其直觉——的思想财富相当自然地预定了很多后续研究的路径。不过，在特别早的阶段，当企业家在社会中的地位问题给在这一领域工作的人们留下深刻印象的时候，人们感觉到需要一种更为严格和系统综合的社会学框架。这样一种框架在近来的社会心理学、人类学以及社会学领域的范围广泛的文献中被发展出来，并且在由塔尔科特·帕森斯(Talcott Parsons)和团结在他周围的学者在过去二十多年中所建立的理论结构中也许可以找到它的最强有力的系统表述。

本文既没有必要、也不可能对帕森斯的体系展开一种讨论，尽管笔者感到能够胜任这一工作。但是，对某些特殊概念——就它们会影响到关于企业家的研究——并且仅仅就此而言——给予几点说明也许是适当的。[①] 关于这些概念，我们的兴趣集中于所谓

① 除非特别提及，否则下面的文献参考都来自塔尔科特·帕森斯(Talcott Parsons)和爱德华·希尔斯(Edward A. Shils)编辑的专题论文集《走向关于行动的一般理论》(*Toward a General Theory of Action*)(Cambridge, Mass., 1951)，特别是来自它的

"角色理论"(theory of roles)。社会中的单个成员被视为扮演着特定的社会角色,正是这种角色"为了大多数目的[而成为]社会体
54 系的概念单位"。①"角色的主要构成要素是角色预期",②它指的是单个人彼此预期将要扮演的角色是什么。对角色预期的遵从是通过正的和负的认可(奖励与惩罚)来实现的。角色预期和认可模式被制度化为社会的一般化的价值体系。在一个经过良好整合的社会,这些价值"被内部化为人格体系(personality system)",即它们被单个人所接受和采纳。结果,这种价值体系成为行动的关键决定因素。③

为什么这些特定的概念会吸引那些对解释经济变化过程感兴趣的人?对于这个问题的某种好奇不可以被压抑。确实,看起来这些概念本质上属于一种静态体系。然而,这个体系当然也处于进化之中。帕森斯的著述以及其同伴们的那些论述渗透着五花八

---

基本的第2部分,"关于行动的价值、动机与体系"(Value,Motives,and System of Action),它出自两位编辑的手笔。此外还需补充说明,这本论文集为愿意涉足现代社会学领域的经济学家提供了一个最便捷的入口。

① 《走向关于行动的一般理论》,第190页。

② 同上。

③ 帕森斯也许相当不愿意承认这段文字中的最后一句话是对于他的观点的正确复述。他在其他地方(《社会体系》(*The Social System*)(1951))曾明确拒绝"三十年前曾经如此流行的占支配地位的因素理论"(第493页)。然而,人们却总是时不时地在说,"价值导向"被作为"主要的参考点"(第484页),以及"本书主要是强调在一种被制度化为角色预期的价值导向模式的层面上的社会体系的整合问题"(第350页),等等。从方法论的视角来看,实质性的结果似乎是一样的,并且当价值导向被这样来运用时,它确实会在实际上发挥这种"支配因素"的作用。差别也许在于对于这种方法的局限性的更明确认识,不过这样一来,它的所属范围也就不是处在这一体系之内,而是处在它之外了。

门的警告。在《走向关于行动的一般理论》一书中曾明确说道，在通往形成这一体系的一般“规律”的道路上，工作并不远远地超出“范畴的”阶段（第50－51页）。人们被警告道，“选择或价值标准作为具体行动的决定因素在经验上的重要性，可能被认为是有问题的，并且不能预先加以判断”（第63页）。同时，还存在着“赋予行为以过多刚性”以及过高估计它在“一个给定社会中的统一性”的危险（第225页）。更为重要的是，下面这一点得到了强调：很多社会变迁的最重要火种，极为经常地源于在已经取得的社会一体化的程度上未能够保持住这种一体化。给人的印象是，该体系的静态特征已经得到充分承认。此外他还声称，“在原则上，关于旨在维持这一体系的因素的命题，同时也就是关于引致这一体系变 55
化的因素的命题”（第231页）。因而，社会的动态学被说成是包括在它的架构之内。并且，从根本上说，只有在各个价值体系之间的冲突中——在弗洛伦斯·克拉克洪（Florence Kluckhohn）的分析中它们被称为支配的（dominant）、变异的（variant）、异常的（deviant）（亦即规定的（prescribed）、允许的（permissive）、禁止的（proscribed））价值（第415页）——这种变迁的过程才能得到探索。然而，这仍然只是一种承诺。现在我们似乎可以公正地说，作者主要关心的并不是社会的变迁，而是社会的状态。[①]

① 也许将这一体系作为整体来做一点说明可以冲破压抑。该体系是作为一种社会的均衡体系而提出来的，因而引起了与经济学中的一般均衡概念的比较。但是时不时的，均衡的概念似乎被过于广泛地扩展了，以至于使它变成为与有机化的社会相共界（coterminous）的东西。进而，实际所讨论的问题并不是作为社会存在的一组最低条件的一组均衡条件，这将意味着在进入该体系的基本变量没有任何变化的情况下也可以发生最重要和最多样化的社会过程。

然而，体系中静态的和尚未成熟的动态的因素二者都激发了关于企业家研究的兴趣。这在企业研究中心所编辑的具有开创性的专题论文集《变化与企业家》(*Change and Entrepreneur*)中，得到了清楚的证明。[1] 由此，在这本书中，亚瑟・科尔赋予社会赞许程度(它是在一个既定的经济环境中为了经济利益而努力的企业家将会得到的)以明确的重要性，并且他还援引了从印度到法国的各种社会体系，在这些体系中企业家的活动是在各种不被认可的程度下艰难地进行的(第 87－88 页)。利兰・H.詹克斯(Leland H.Jenks)在他的令人鼓舞的贡献中，[2]更为详尽地考虑到角色因素，即有关那些占有一组特殊地位的人们的适当行为的规定。并且，在对待像老摩根(Morgan)或者赛勒斯・麦考密克(Cyrus Mc-
56 Cormick)这样的人物的特殊行为时，他强调指出，无论在这些个人的成长过程中偶然的因素有多么重要，如果不把他们放在他们所处社会的文化模式的背景下，就不能对他们的行动获得适当的理解(第 131－132 页)。但是詹克斯走得更远，他特别强调了个人与社会角色之间的二分法以及它们之间出现差异的可能性。他说道，正是这种差异的存在预示了重大的社会变迁正在形成之中这一事实(第 138 页)。所以，人们将会预见到作为理解企业家行为



① 哈佛大学出版社(Cambridge,Mass.,1949)。自从本书出版以来，已经过去了很多年的时光，因此引证其作者的观点并不是要表明，相关作者仍然原封不动地持有这些观点。实际上，在一个新的、蓬勃扩展的领域，这种情况是最不可能发生的。不过，我们所讨论的这本书仍然属于目前可供利用的关于企业家研究问题的唯一一部相当全面的阐述，这也是我们在这里引用它的原因。将思想与数年的研究经验结合起来而进行一种新的同类努力，将是我们所热切盼望的。

② "企业家人格的角色结构"(The Role Structure of Entrepreneurial Personality)。

和企业家作为创新者的作用的主要工具的企业家异常(entrepreneurial deviance)的概念。不过,我们很快又被圈了回来。在这种解释性的机制中,“社会的作用”以及促使预期的行为被实施的认可行动再一次地占有中心地位。我们所面对的是这样的事实,在企业家的场合,社会角色是特别“模糊不清”和“有伸缩性”的,而(撇开其他因素不说)这又被说成是下面这一事实所带来的结果:即企业家的地位“赋予它为经济结构注入新奇性的职能与机会”(第 147 页)。

最后,还必须提到在这同一本论文集中由托马斯·C.科克伦(Thomas C. Cochran)撰写的论文。[①] 科克伦的论文隶属于同一概念框架,从我们的观点来看特别令人感兴趣,因为它对于异常的行为给予了专门的重新定义。他说道,认可是为“鼓励异常的行为”而设计的(第 160 页)。这样,异常的概念就与所谓社会与个人角色之间的差异的说法相矛盾了,现在异常的行为变成与社会的角色预期完全一致了。显然,异常的含义对科克伦而言与它在其他地方是不一样的,例如,与在弗洛伦斯·克拉克洪那里的含义就不同。后者是把它定义为社会禁止的行为。[②] 而在科克伦的思想中,异常简单地与创新联系在一起,并且被视为占支配地位的价值体系的一个有机组成部分。

所有这些将把我们带到何处?难道我们在这里证实了一种新的处于初始状态的(*in statu nascendi*)社会变迁的理论吗?一个

① “美国企业家史中的角色与认可”(Role and Sanction in American Entrepreneurial History)。

② 《走向关于行动的一般理论》,第 415 页。

经济史学者怎样才能运用这种如此慷慨地供给的分析工具，去试图阐明经济变迁的经验过程，特别是去理解企业家的行为？可以肯定，对于这些问题只能给出高度尝试性的回答。

57 一个动态理论吗？它似乎承认两种形式的经济变迁。一方面，一个经过良好整合的社会（在其中，经济创新成为一种普遍接受的行为模式）将非常好地适合于这一体系。由于创新过程会产生熊彼特所说的“创造性毁灭”（creative destruction），[①]所以人们也许会猜想，在这种变迁的过程中还将会出现经济变迁的受害者的不同的个人价值观。不过，这些人或者可以被忽略，或者通过社会将他们整合到这样一种程度，使得甚至是这一变动过程的受损者也能够被如此彻底地“纳入”社会的价值标准，以至于

高度一致的命运，
以优雅的艺术为基准，
面对着威胁他的那颗子弹，
他以开阔的胸襟，
巧妙地绕过了一切必然。

即使如此，在科克伦脑海中所呈现的也是这种类型的“内在”动态机制。另一方面，还存在着一个关于企业家异常行为的原始

---

① 在这里可参见弗里茨·雷德利希（Fritz Redlich）关于他称之为“精灵式的企业家”的有趣讨论：弗里茨·雷德利希，《美国企业领导人史》（*History of American Business Leaders*）（Ann Arbar，1940），I，第 2－6 页；以及“作为精灵式人物的企业领导人”（The Business Leader as a Daimonic Figure），《美国经济学与社会学杂志》（*American Journal of Economics and Sociology*），January-April，1953。

的、具有天然本色的(nonde naturalized)概念。这个概念是由詹克斯在他关于个人与社会角色之间的差异性的讨论中明确提出的,不过很快却又完全放弃了。[1]

这两个概念当然在本质上都是有意义的。不过附带地说,也许需要注意,在科克伦的社会中熊彼特的创新概念将失去它的大部分意义。创新被熊彼特特别地视为一种“独特的经济职能”,因为环境对创新者以及创新过程存在着阻力。[2] 一旦环境的阻力被降低,“个人品格和意志力的作用必然也降低”。[3] 换句话说,在这 58
样一个社会中,专门的企业家研究为人们理解社会变迁的过程可能会提供更少的机会。无论如何,科克伦的社会与处于工业化开端时期并且背负着对于经济发展的传统阻力的沉重负担的经济,几乎没有什么相似之处。

在某种意义上,抛弃既有的价值模式的异常行为确实可以被视为一种推动经济变迁的动态力量。但是,正是在这一点上,我们的理论(不论是一般理论,还是关于企业家的理论)使我们陷入了困境。因为,虽然在某些历史情况下可以有意义地将占支配地位的社会价值体系视为当然的,可是将异常的行为视为给定的却很少能够令人满意。如果我们对待一个建立在百年传统基础上的农

---

① 需要指出,帕森斯是十分清楚这两类变迁过程的。他曾说到“体系内部的过程”与“体系变迁的过程”,并反对用一个共同的术语“动态学”将它们二者混淆起来(《社会体系》,第 481 页)。

② J.A.熊彼特,《资本主义、社会主义与民主》(*Capitalism, Socialism, and Democracy*)(New york,1942),第 132 页。另见,《商业周期》(*Business Cycle*)(New York and London,1939),I,第 100 页。

③ 见《资本主义、社会主义与民主》上述引文。

业社会,我们也许愿意承认这些传统是给定的,而不必过多地关心它们的成因是什么。但是,如果异常的价值突然地出现在经济环境中,那么要求对它们做出进一步解释的呼声就是不可抗拒的。我们不禁要问价值导向的这种变化是从何而来的:是什么东西引起了这种突然的爆发?在这一理论框架范围内,也许除了关于异常的行为与普遍接受的行为之间可容忍的紧张程度的某些隐含的以及尚不成熟的思想以外,没有为所要求的这种解释提供任何要素。一般地,异常的概念总是被谨慎地采用,而又被突然地放弃,同时重心转回到作为行动的决定因素的占支配地位的价值体系和有关企业家行为的社会认可上。这样,我们剩下的问题就集中到了社会赞同的问题上。



社会赞同对于企业家活动的涌现究竟具有多大的重要性?特别是,当一国经济已经开始了一种突然爆发的经济发展的时候,它在经济发展的关键阶段具有什么样的重要性?社会赞同的缺乏应当被视为一种严重的阻碍因素吗?它真的会以某种重要的方式影响企业家活动的内容以及促使企业家态度(这种态度可以说将影响一国经济发展的速度与特征)发生调整吗?除了以广泛的经验
59 研究为基础以外,对这些问题当然无法给予回答。在缺少这种研究的情况下,下面的评论意见只能被看作是从分散的、尽管也许是重要的历史材料中提取的具有高度尝试性的个人印象。

理论公式具有令人信服的简单性:对企业家活动的社会赞许极大地影响着它的规模与质量。有时,甚至看起来好像是,社会赞许被视为成功的企业家的一个前提。但是,在接触历史材料的那一刻必然会对此产生怀疑。人们也许会想起奥古斯丁·梯叶里

(Augustin Thierry)在其论第三等级(*Tiers Etat*)的书中关于豁达的租地农场主(*fermiers généraux*)的戏剧性的描述。尽管遭到憎恨与轻蔑，以及来自所有流行的道德与尊严的对于他们的存在的突如其来的责备，永久性地谴责与时不时地迫害，可是他们却仍然取得了经济与社会上的进步和兴旺，他们的企业家活力依然坚强如初。[①] 尽管既遭到诅咒又被认为是不可缺少的(*Toujours moudits et toujours necessaires*)，他们却仍然继续他们的活动，沉溺于他们的贪婪之中，并使其欺骗手段更加成熟。为什么即使社会不赞成也未能从法国社会的表面清除这种职能的羞耻呢？这也许是因为一个社会认可体系常常是过于软弱的，除非由国家的认可来施加，否则将难以实施，而国家的认可既可能反映、也可能不反映占支配地位的价值体系。或许是因为社会的价值体系没有被人们过于认真地对待。此外，还可能是因为在虽然被清晰地表达、但却实际无效的价值体系的背后，存在着另一种实际起作用的价值体系。可能会如此，不过我们必须小心谨慎。我们要开始考察社会行动的决定因素。如果我们开始从某些行动的存在来推论出社会的价值，我们就结束了一种恶性的循环，但同时也堵死了通往一种合理解释的道路。

让我们简要观察一下 19 世纪下半叶俄罗斯的情况。在该世纪 60 年代初农奴被解放之后，人们看到，先前的农奴以及他们的儿子辈在前所未有的规模上展开了各种各样的企业家活动，包括

① 《第三等级形成与发展的历史》(*Essai sur l'histoire de la formation et de progrès du tiers état*)(Paris,1856),I,第 108－110 页。

在伏尔加河上建造和经营商业船队这种宏大的风险性活动(还可以举出其他例子)。这里再一次几乎无可怀疑的是,他们的行动与仍然由传统的农耕模式决定的占支配地位的价值体系是不一致
60 的。上帝为人类设想的好生活(Good Life)意味着要耕作属于上帝的土地,并收获神所赐予的土地的果实。好生活肯定不包含对于富裕的渴望,不包括在遭到蠹虫与锈菌腐蚀的地球上储藏财富。在无数的谚语、童话与歌谣中,都贯穿着民间关于财富的邪恶的起源的至理名言。可是这些活动仍然在不受约束地进行着,巨大的财富得到积累,重大的企业创新得到成功的发动。

无疑,俄罗斯的企业家活动在整个19世纪的大部分时期背负着沉重的恶名。高贵的人和贵族对于除了他们自身以外的任何企业家活动完全采取轻蔑的态度。尽管也有某种显著的例外,但是它们却未能对现代的工业发展形成重要的贡献。虽然与农民决裂了,可是企业家仍然受到知识阶层的轻视。后者对于商人们追求金钱的反感甚至比来自农民的这种反感更强烈,尽管他们这种反感的根基毫无疑问也是源于农民的价值体系。在某种意义上可以说,知识阶层中的民粹主义乃是一种支持“人民的”价值标准的自觉的努力。由此便产生了知识阶层对资产阶级这个贪得无厌的阶级的厌恶。在19世纪长达数十年的时间里,俄罗斯知识圈的大人物中只有一位不具有这种消极的态度,他就是别林斯基(V. G. Belinski)。至少在某一点上,别林斯基不相信一个没有资产阶级的国家可以实现所想象的繁荣。可是与此同时,仍然是这个别林斯基,却又用他的最激烈的言辞去诋毁商人,称他们是“低级的、卑鄙的、庸俗的傀儡,他们孝敬普路托斯财神(Plutus),并且只知道

孝敬普路托斯财神”。[1]

然而，企业家本身的价值体系是什么呢？他们是超乎寻常的人吗？就其行为而言，在某种程度上可以说他们是。但是由于我们被禁止从行动来推导价值，所以我们仍然必须要问：他们是否能够在其自身的价值标准与占支配地位的价值标准不同的意义上被视为超乎寻常的。这看起来是高度不确定的。像俄国企业家独立的价值标准这类东西的发展，曾经经历了很长的时期。他们十分清楚地知道，按照人们通常所承认的标准来衡量，他们的生活将是 61
罪孽深重的，所以他们通过向教堂捐赠——“向上帝转移不义之财”（就像这些捐赠被弗拉基米尔·索洛维约夫（Vladimir Solovev）所冷嘲热讽地、虽然也许是不公正地称呼的那样），而努力认真地实行补救。把这种根深蒂固的不爽感觉归因于占支配地位的价值体系和与其相异的社会行动之间的矛盾，而不是两种价值体系之间的矛盾，将是更加明智的，它同时也与我们从书信和回忆录中所发现的证据相一致。正是在这种冲突之中出现了“悔悟的商人”的形象（它是随着农奴解放以前的时代“悔悟的贵族”的形象接踵而来的），该形象在契诃夫（Chekhov）的小说《樱桃园》（*Cherry orchard*）中曾经得到如此惟妙惟肖的刻画。他所虚构的罗巴辛（Lopakhin）的形象在 20 世纪初期的现实中似乎以商人和工业家的形式成倍地出现，这些人慷慨地为包括布尔什维克党在内的革命组织提供资金，其中，处于领导地位的纺织工业家萨瓦·莫罗索

① V. G. 别林斯基（Belinski），《书信集》（*Pis'ma*）(St. Petersburg, 1914)，III，第 329 页。

夫(Savva Morosov)是一个杰出的、虽然远非仅有的例子。

没有人能够否认,在19世纪的最后几十年中,这种环境发生了某些变化。一个企业家团体的独立价值体系实际上已经开始发展起来。人们只需要将奥斯特罗夫斯基(Ostrovski)的剧中不稳定的商人类型的专制与高尔基(Gorki)的《福玛·高尔杰耶夫》(*Foma Gordeyev*)中的更开明得多、自信得多的人物加以比较,就足够了。在知识阶层的态度中某种相平行的变化显然也具有充分的证据,因为它已经与传统的民粹主义决裂了,并以同样激进的热情转向了马克思主义的信条。然而令人感到如此迷惑的是,正是俄国的马克思主义在19世纪与20世纪之交的时期,为大多数知识界人士(他们当中的革命团体当然只占很小的比例)提供了与资产阶级的某种协调,使得他们头脑中的卑鄙的商人形象为建设者与创新者的新形象所取代。不过,人们不能不对这种发展的滞后性和不完整性留下深刻的印象。



从所有这些事实中将会得出什么样的结论呢?难道它们意味着社会对于企业家的态度以及价值体系(不论是支配的还是异常的)不重要吗?意味着它们全然不会影响到发展吗?这几乎肯定是一种错误的推论。首先可以指出,在俄罗斯,那些如此公开地不
62 赞成企业家的社会态度的广泛存在,极大地减少了潜在的企业家的数目,因而降低了该国经济发展的速度。[①] 对于这个论断的某种理由几乎是毋庸置疑的。甚至到了20世纪,俄罗斯的大学生还在对与追求实际利益特别是工商业活动相关联的工作显示出极大

① 在笔者举行的研讨会上,休·艾特肯(Hugh Aitken)经常有力地指出这一点。

的轻蔑态度。当他们来到西方的大学后，他们很快就产生了对于他们的同学的嘲笑，他们认为这些同学的态度是粗俗的实利主义。在一个俄罗斯学生的词库中，“职业生涯”仍然是一个令人羞耻的字眼儿。这种态度必然地会在某种程度上阻碍一个国家的工业化。然而，它却不能够阻止在 19 世纪 90 年代快速工业化的辉煌时期的出现，其时，它的工业年增长率已经接近于 9%。

似乎更有理由指出，挥之不去的前工业时期的价值体系以及对企业家的厌恶，对经济发展的影响与对一般的经济活动新形式的影响，是有某种差异的。它可能在某种程度上对俄罗斯——也包括欧洲工业化历史中的其他地方有过贡献——即增加了使工业化过程进入快速增长期的特殊压力。正是因为某些价值体系不易改变，以及经济发展必须冲破惯例、偏见与停滞的壁垒(其中，对于企业家的厌恶态度是唯一的重要因素)，所以，只有当工业化所承诺的利益收获随着时间的推移而出现巨大增长，并且作为一种典型的经济高涨的前提已经创造出来时，工业化才能发生。[①] 因而，一种对于企业家的逆反的社会态度，实际上会推迟快速工业化开始的时间。但是，如果我们观察一个更为长久的时期，比仅仅是使开始时间滞后这一事实更为重要的事实是，工业化过程的特征还要受到这些态度的影响。与此同时，试图简单地用社会态度的某种滞后来解释落后国家快速工业化的这些爆发，显然将是站不住 63
脚的。技术进步，以及纳克斯(Nurkse)所称的“平衡增长”的日益



① 如果我今天来写这个问题，我将不会像论述对于缺乏前提情况下的“替代模式”那样频繁地谈及“前提”。参见本书第 2 章[亚历山大·格申克龙，1962 年]。

明显的优势，还有突然的制度变迁——所有这些都将继续产生其影响。

在给出某些一般性的结论之前，让我们转移一下分析的场景，利用一点时间来考察某些其他的经验工作，这些工作受到了本文前面所述的一般理论框架的影响。它们针对的是法国，企图解释那个国家较低的经济发展速度问题。我们这里所感兴趣的主要是大卫·S. 兰德斯（David S. Landes）和约翰·E. 索耶（John E. Sawyer）的著作。[①]

其主题是简单的：法国的企业家行为的特征一直是法国经济发展中一个重要的、也许是主要的阻碍因素，而这种行为在很大程度上又是该国流行的价值体系影响的结果。仅仅提及少数几个重要方面，就将有：法国企业家被公认的对于风险和信贷约定的厌恶，他们的保守精神，他们对于激烈的竞争活动的反感，他们对于高利润而不是大规模更感兴趣，法国企业的家族特征以及它们的较小规模。正是这些方面，必须被考察并得到解释。此外，工商业人士的社会地位据说也是低下的，因而法国最有天才的人物便产



① 参见，兰德斯，“19 世纪法国的企业家与工业增长”（French Entrepreneurship and Industrial Growth in the Nineteenth Century），《经济史杂志》（*The Journal of Economic History*），May，1949，第 45 - 61 页；和“社会与文化分析中的法国工商业与工商业人士”（French Business and the Businessmen in Social and Cultural Analysis），载于《现代法国》（*Modern France*）一书，爱德华·米德·厄尔（Edward Mead Earle）编辑，（Princeton，1951），第 334 - 353 页。索耶，“现代法国社会结构中的紧张压力”（Strains in the Social Structure of Modern France），载于《现代法国》，第 293 - 312 页；和“企业家与社会秩序：法国与美国”（The Entrepreneur and the Social Order，France and the United States），载于《企业人》（*Men in Business*）一书，威廉·米勒（William Miller）编辑（Cambridge，Mass.，1952）。

生了转向“传统上受人尊敬的职业”的愿望。[1] 索耶对这种情形所补充的，从本质上说是对于旧秩序（*ancien régime*）在现代法国的文化模式中的存活能力的强调。

单纯地从一般的理论概念中寻求这些观点的来源也许有些不公平。部分地看，似乎是两位作者所选择的参照标准（*teritium comparationis*）影响了他们的思想。而就整个来说，他们所做的比较是相对于美国而言的。如果作者想要传递的全部信息是存在 64
于美国经济与法国经济之间的不容置疑的差别，那么这样一种比较毫无疑问将是相当正确的。但是，如果他们想要寻求一种关于特殊的“法国工业和商业弱点”的解释，则与美国的比较就很难再有多大意义了。正确的比较应当是相对于具有相似的领土面积、地理位置以及历史背景而同时却呈现出较高的经济增长率的国家来进行。德国是一个当然的选择对象，而对于为什么回避这种显而易见的做法至少应当提供一种解释。

一旦与德国进行比较，兰德斯所提到的大多数因素都会在德国经济中找到对应的存在。前工业化的社会价值的力量在德国要比在法国更加强大。德国的家族企业一直保持着强大的势头，其企业家的梯队程度也处于人数显得过多的较低层次，行为方式很难看出与法国的有什么不同。在上世纪与本世纪之交，有人宣称，虽然现代经济发展已经使德国经济的顶层结构发生了转型，然而位于其下的所有事物却仍然是中世纪的，这种说法当然是一种有意的夸张。不过，这种夸张的说法也有某种意义。此种说法虽然

① 兰德斯，“法国的企业家”，第 56 页。

不怎么准确，但就像适用于德国一样也适用于法国。[①]

65 当然，所描绘的这种图景无论如何是片面的。为了坚持他的论点，兰德斯不得不把法国企业家在广泛的、大多数重要领域（诸如铁路、矿山、钢铁工业、汽车生产、银行以及百货商店）中所付出的努力都置于仅起限定作用的脚注和从句中。另一方面，与德国进行比较还将显示出，在19世纪，法国企业家在某些领域中的活力毫无疑问超过了德国。关于究竟是谁最先引入百货商店的问题也许仍然是一个相当没有意思的争论，[②]但是法国对这一领域提供了一个完整的重要企业家创新系列却是不争的事实。同样无可

① 在本文最初发表的版本中，我提供的某些数字表明，在德国像在法国一样，就工业企业的数目而言，其小型工厂也是占有压倒性优势。大卫·兰德斯正确地批评了我的数据中的一个特定缺陷，然而却未能反驳我所力图阐明的要点。因为最终，我们二人都同意，在第一次世界大战之前，德国的所有工、矿企业中人数不超过10个的企业占企业总数的94.59%，而法国的相应数字为97.98%。不仅如此，特别令人感兴趣的是，这里所界定的"小企业"是真正地小，它们平均雇佣的人数在法国为1.6人，在德国为2.0人（法国的数据采自1906年，德国的数据采自1907年）。另外的一个问题是，这一时期德国现代的大规模工业确实都是由比法国的现代工业中更大的工厂构成的。但是，这与认为小店铺无论在何种重要的意义上都是法国（而不是德国）所特有的这样一种站不住脚的观点，是毫不相干的。参见亚历山大·格申克龙，"关于'社会态度、企业家与经济发展'的某些深入评论"（Some Further Notes on"Social Attitudes, Entrepreneurship, and Economic Development"），《企业家历史探讨》（*Explorations in Entrepreneurial History*），December, 1954。读者一定要参阅两个直接反对本文的引人注意的批判性评论：托马斯·C.科克伦，"社会态度、企业家与经济发展：某些评论"（Social Attitudes, Entrepreneurship, and Economic Development: Some Comments），见《企业家历史探讨》，February, 1954；和大卫·S.兰德斯，"社会态度、企业家与经济发展：一个评论"（Social Attitudes, Entrepreneurship, and Economic Development: A Comment），见《企业家历史探讨》，May, 1954。[亚历山大·格申克龙，1962]

② 参见拉尔夫·M.豪尔（Ralph M. Hower），《纽约梅西家族史：1858－1919》（*History of Macy's of New York, 1858－1919*）（Cambridge, Mass., 1943），第411页及以下各页。

争议的事实是，至少在上世纪末之前，德国在这方面仍然落后于它的西方邻居。正是一位法国大企业家，费利克斯·波坦（Felix Potin）（公认的法国价值标准并没有阻止他创造出下面这句著名的、彻头彻尾的“美国化”的短语：“首先来做生意，利润随后将至”（*Des affaires avant tout, le benefice viendra ensuite*）），他在有关零售业的创新观念在德国开始形成以前很久，就成功地实施了他的零售业的伟大创新。[①] 无论如何，当兰德斯被法国的食品零售业中广泛深入的专业化程度（这种专业化对于他来说恰当地显示出如此的非美国化）所打动的时候，他也表达了他对于同一现象出现在德国的惊奇。萨默塞特·毛姆（Somerset Maugham）正确地指出，人们要想了解一个外国，就必须至少同时再了解另一个外国。他还补充道，“阿诺尔德·本涅特（Arnold Bennett）从未停止相信，法国人以咖啡和面包卷作为早点所呈现出的一种独有特点”。[②] 这对于比较经济史的研究领域似乎是一个非常合理的忠告。

当然，在 19 世纪下半叶德国的工业增长率确实超过了法国。在可以说明这种增长速度差别的大多数因素中，有一些是显而易见的。其中一个因素肯定是，在煤炭的开采全部或几乎全部受到钢铁生产的区位牵动的时候，其煤田与鲁尔相比就显得不足了。66
家庭农业的流行所具有的对于劳动力向工业流动的不利后果，是另一个因素。当每一件事情都得到了分析并且对于所涉及的各单

① 达韦内尔（G. d'Avenel），《现代生活机制》（*Le méchanisme de la vie moderne*）（Paris，1902），第 174 页及以下各页。

② 《作家笔记》（*A Writer's Notebook*）（New York，1949），第 153 页。

个因素的权重也尝试做了分配之后，人们似乎可以发现在法国与德国企业家行为之间的某些差别所具有的非常值得关注的价值了。这一点也许对，也许不对。但是，若假定这样的差别（如果有的话）必须要由角色、角色预期以及价值导向来解释，则肯定是毫无根据的。显然，企业家行为的差异也许与占支配地位的价值体系以及社会认可程度无关。它们可能是、并且无疑实际上也是变化的收入水平、生活条件、自然资源禀赋程度以及其他等等条件的结果。

在某种意义上可以说，这同一结论甚至适用于与美国的比较。毋庸置疑，在法国与一个其经济一直在很大程度上（虽然并不是完全地）免受前资本主义传统影响的国家之间，极易识别出“支配的价值体系”上的差别。埃内斯特·勒南（Ernest Renan）曾经在下面两段有说服力的文字中注意到了这些差别：



> 我们是一个高贵的种族；我们的理想是由一些贵族（绅士）创建的，而不像美国，他们的理想是由商人、正直的资产者创建的。那些热衷于追求美国理想的人们，忘记了这个种族没有我们辉煌的过去，这个种族没有进行过纯科学的发现，也没有创造出杰作。它从来没有过高贵的精神，只有交易和财富整个地占据了它。
>
> 最美好的事情（例如：教士的职能，法官、学者、艺术家以及严肃认真的文人的职能）是与工商业精神相对立的。投身于上述活动之中的人们的第一个职责，在这里不是寻求财富，

> 不是将他们所做的一切与市价联系在一起。[①]

这些总括性的说明不能自认为绝对精确,从而人们应当提防轻易地将其普遍推广。[②] 然而这并不是问题的实质。在这里,重 67
要的是要注意,甚至在存在于美国和法国之间的“价值体系”差别这种典型的案例中,一个人也首先明确地需要保持其谨慎的和不主观武断的研究态度,然后才有可能就这些差别相对于两国间的大多数其他不可比因素而言究竟应该被合乎道理地赋予多大的重要性的问题,去形成某种想法。

从前面的讨论中也许可以得出某种结论。虽然一个严格的概念框架在构造问题的过程中无疑是有用的,但是它也时时可能引发使那些问题招致错误答案的危险。在社会科学研究中存在着一种根深蒂固的渴望:试图发现一种在所有的时间和条件下都有效的普遍方法和普遍规律。然而,这些态度必须被放弃。它们过高估计了经济现实和科学工具特性的简单化程度。当经济史学家组织和解释他的材料时,他所能希望的只是发现有限的统一性模式,这些模式虽然也许对于某些地方和某些时期具有解释的价值,但

① “当代历史哲学:法国的君主立宪”(Philosophie de l'histoire contemporaine: La monarchie constitutionelle en France),载于《二元世界杂志》(*Revue des Deux Mondes*),November 1,1869,第 93 页。

② 例如,现代的研究已经具备了充分的证据表明,甚至在 19 世纪中叶边疆地区的美国商人也对于经商的行当看不起,并想尽可能地脱离它而转到更受人尊敬的职业中去。例如可参见,刘易斯·E. 阿瑟顿(Lewis E. Atherton)的《美国中部的先驱商人》(*The Poineer Merchant in Mid-America*),University of Missouri Studies, April 1, 1939,第 30－31 页。

是却可能完全不适合于其他的地方和其他的时期。对于上面所讨论的各种概念，这一点是千真万确的。从道理上说似乎很清楚：这些概念无论是被应用于尚未出现任何发展的处于停滞状态的原始公社，还是被应用于已经相当好地形成了内在的动态因素的充分整合了的先进社会，它们获得有用性的机会都是最大的。也许令人感到矛盾的是，严格限于某种一般价值标准的分析却能够同时最有效地适合于（比方说）那伐鹤（Navaho）的印第安人（即美国西南部地区的印第安人。——译者注）和当前的美国社会。这也许说明了在人类学与现代社会学之间存在着明显的隶属关系。此外，它也许解释了那种如此频繁地被表达出来的强烈的（尽管是虚幻的）感觉，即变的越多，不变的也越多（*plus ca change, plus c'est la même chose*）。[①] 说它虚幻是因为，它忽略了概念的先验图式对于处于时空状态的发展阶段也许很少能够成立这一事实。无论如何，对于角色理论就其当前的形态以及它所隐含的所有结论而言，究竟是否对理解经济的进程（在这些经济中，经济体系正在发生某
68 种剧变。更具体地说，在这些经济中，正在经历着工业产出增长率的某种特殊的初始高涨）具有很大的用处，是允许提出严重质疑的。



但是，所做出的保留必须走得更远。前面的讨论有时看起来是在危险地绕开那种老生常谈的次序先后的问题：究竟是资本主义"创造了"资本主义精神，还是资本主义精神"创造了"资本主义？没有什么会比经济史的研究工作再一次地被拖入形而上学的深渊或至少是毫无希望的抽象论断更为不幸的了。不能这样来提出问

---

① 例如，科克伦在"美国企业家史中的角色与认可"中的论述，第 174 页。

题：社会价值究竟是重要还是不重要？首先必须要搞清楚：价值体系的恒久程度指的是什么，它们相对于什么因素做出反应以及它们的变化倾向是什么？在考虑经济转型的时期时（这种转型的本身就意味着在一个给定的社会中存在着相当高程度的价值多样性），人们最不应该做的就是去努力唤起对于某种统一的和普遍的规范体系的印象。如果像“可变性系数”（coefficients of changeability）——不论这样一种计量注定会是多么的粗糙——这样的一些事情被归属于各种不同的价值体系，人们就不能不发现此类系数的范围在实际上一定是非常宽泛的。某些价值似乎在较长的时间周期中全然保持不变。那些甚至在不利的经济条件下仍然依附于土地，以及甚至在最终被迫进入城市职业时仍然始终留恋过去并准备利用尽可能早的机会返回土地上去的农民，他们的态度肯定是由那些变化异常缓慢的价值所决定的。我们完全可以有理由地将年轻的工业国在形成可利用的、持久性的工业劳动力方面所经历过的困难，归因于此类价值的存在。另一方面，对于企业家价值则不能照搬这种说法。变化无常的企业家集团是由这样的人构成的：他们根据定义是“拥有所有的另类传统以及无关的……和超越个体价值体系的……其他所有的人”。[①] 所以他们的行动也许不受任何可识别的一套价值的指导。情况也许如上面已经指出的那样，即在他们的行动与他们所依然坚持的一般价值体系之间，存在着完全的分离。最后，尽管一套可识别的特定价值体系可以被 69

① J.A.熊彼特，《经济发展理论》（*Theorie der wirtschaftlichen Entwicklung*）（Munich-Leipzig，1926），第 134 页。

归属于企业家，这些价值也可能具有更新的起源和更大的未来变化可能，从而如果令这些价值作为解释经济活动与经济变迁的基础，似乎将是绝对不能令人满意的。

正是因为我们在历史的现实中碰到了下述重要的案例：企业家并不是作为训练有素的演员在组织良好的社会戏剧舞台中扮演着他们被预先规定的角色，而是为应对经济与社会环境中的巨大变化的挑战而进入历史舞台的，所以在对待企业家价值问题时注重考察他们与最广义的环境之间的关系就变得十分必要了。19世纪60年代及随后数十年的俄罗斯企业家和19世纪50年代的法兰西企业家，无疑都引起了巨大的经济变化，但是能够更顺利、也更简洁地解释这些变化的，在前一种场合将是农奴的解放，在后一种场合则是推行其自由化政策的第二帝国的建立，而无须任何的价值体系。

但是所有这些叙述绝不意味着通常所使用的概念框架在企业家研究领域应当被完全拒绝。经济史学家必须始终努力结合其他社会科学所供给的工具，来运用经济理论所提供的分析工具。埃利·赫克歇尔(Eli Heckscher)甚至曾经将经济史定义为由某种影响赋予其特征的东西，这种影响又是处于“在对实际事件过程的经济影响和其他影响的相互作用当中”。[①] 不过，过于热心地接受

① 埃利·赫克歇尔，“戴维·戴维松”(*David Davidson*)，载于《国际经济学报》(*International Economic Papers*)，no.2(London-New York，1952)，第126页。另见，赫克歇尔，*Historieuppfattning*，*materialistic och annan* (Stockholm，1944)，第30－31页；以及汉考克(W.K.Hancock)对于经济史的根本“混杂性”的强调，载于《牛津经济史》(*Economic History at Oxford*)(Oxford，1946)，第5页。

抽象的社会学模型也许会走向对于经济史研究中跨学科方法的价值的怀疑，所谓“角色理论”也许恰好就是一个例证。所以，我们在这里建议，应当进行一种严肃的努力，尝试着通过经验研究确立起在空间与时间方面的限制，使得在该限制范围内运用上述这种方法具有合理性和可靠性。对于这些限制的发现本身，将会促使研 70
究工作去发现其他各种命题和假说，这些命题和假说在解释那些与前述概念框架最初计划要解决的问题完全不同的问题上，可能会更有成效。到了那时，人们可能又开始希望有一种综合，即在由采用多样化的方法所产生的多样性因素之间获得一种合理的权重分配。

对于进一步研究的迫切需要将会为本文任何实质性结论的缺乏提供有效的责任开脱。不过，给出一到两个一般性的看法也许是适宜的。似乎可以说，社会对于企业家和企业家行为的厌恶态度并没有成为 19 世纪欧洲国家经济发展的一个主要阻力。这看来对于第一次世界大战之前的俄国工业化也是真实的，尽管在该国人们也许会预期到比在较先进的国家中具有更严重后果的对企业家的敌视态度。一般地，人们禁不住都会对俄国在 19 世纪中本国企业家人数成倍增长的速度，以及这些企业家的行为日益趋向于与西方的实践相一致的速度，留下深刻的印象。

当然，存在着巨大的诱惑，使我们从俄国的经验论证到不发达国家的当前条件，进而又得出某种比目前人们正在使用的那些预测更加乐观的预言。可是，屈从于这种诱惑是危险的。直到第一次世界大战以前，俄国一直从外国企业家的存在中得到了极大的好处。确实，对于外国企业家和技术人员的某种程度的敌视是显

而易见的事实。但是，这种敌视是被控制在适当的限制范围内的，并且它还起到了刺激本国企业家人才的作用。在这个方面，某些不发达国家的条件也许没有这么有利。

此外，在俄国，对于企业家的敌视性的社会态度很大程度上是源于“前工业化的”价值取向，那些通常会伴随着工业经济扩展而出现的反资本主义的态度，似乎并没有在多么显著的程度上影响到企业家的活动。正好相反，如同前面所提到的，革命前的马克思主义对于社会对企业家态度的影响大概是正面的。完全有可能，
71 在今天的不发达国家中，前工业化社会的价值的力量以及由此而产生的对企业家同情的缺乏，将比俄罗斯帝国的时代更大。另一方面，更有可能的情况也许是，这些价值将更易于与现代反资本主义的情绪和信念相结合，并且不像 1914 年以前的俄国，这样一种结合可能会在相关的政府行动与政策中实际地表现出来。19 世纪 90 年代的维特伯爵(Count Witte)的国家曾经与流行的国民态度相隔绝。但是，在 20 世纪下半叶的落后国家中，这种情况极少可能再出现。我们可以推出下面的一般结论(尽管它可能是冒险的)：社会对于企业家的敌视性态度，除非被允许变成具体的政府行动，否则将不会对工业化进程产生重要的影响。

# 第4章　关于1881—1913年间意大利工业增长率的说明

很明显，在其实现政治统一后的数十年中，意大利经济仍然处 72
于十分落后的状态，这不仅是相对于英格兰的经济水平而言的，就是相对于欧洲大陆上正在向工业化挺进的经济来说也是如此。无论人们选择什么样的口径来进行比较（它可以是关于技术设备、组织效率以及单个企业中的劳动技能的定性描述，也可以是关于某些工业部门的相对生产力的分散的定量数据，或者是工业中雇佣的劳动力的人数，国家铁路网络的密度，人口的识字率水平等等），都会得到这同一个结论。不可否认，在这个半岛的各个单个区域之间在上述这些方面确实存在着很大的差别。但是根据潘塔莱奥尼（Pantaleoni）的计算（鉴于它包含了较大幅度的误差，故而也许仅仅提供了一种关于数量排序的正确见解），在上世纪80年代后半期，即使是最富裕和最发达的意大利北部地区的私人人均财富，也远低于同时代法国全国人均财富的二分之一。①

与此同时，同样不可否认的是，到了1914年一个巨大的工业 73



① 马费奥·潘塔莱奥尼（Maffeo Pantaleoni），“意大利各地区的财产与税赋”（Delle regioni d'Italia in ordine alla loro ricchezza ed al loro carico tributario），载于《经济文集》（*Scritti varii di economia*），3rd，ser.（Rome，1910），第242，245页。

转型在意大利发生了。在这些条件下似乎可以合理地询问:当工业化进程最终在这个国家发生时,它是否以及在多大程度上暴露出与19世纪其他相对落后的欧洲国家所显示出来的相同的特征。换言之,本文作者是带着一系列的历史疑问或预期来探讨意大利的经验材料的,其中的一些问题和预期可以概括如下:

1.在经济相当落后的条件下发起的现代工业化进程,其早期阶段可能采取一种初始大推进的形式,从而显示出一种较高的工业增长率。这一时期的开端也许因为与某种国际性周期由谷底向上的转折点的重合而得到帮助,但是,这种推进就其本质而言具有特定的"长期性",从而并不与短期性的波动相共鸣:即它一旦开始便可能使该国完全避免下一个周期性衰退。

2.在这样一个初始的工业高涨的过程中,一个落后国家典型的行为倾向是更加关注生产者物品的产量,而不是消费者物品的产量,因为在这一时期的环境条件下前者正好是近期的技术进步速度最快的领域。所以,重工业便为尽可能充分地利用一个工业发展历史舞台上的迟到者所固有的优势,提供了广泛的机会。



3.除了工业生产结构以外,它的组织结构也可能受到影响,这种影响是按照充分强调各种形式的集中这一方向来施加的。

4.迟到的工业化所具有的这些基本特点,可能为诸如银行投资政策和各种国家政策等特殊制度手段的运用所强化。在极端落后的场合,政府的作用更为显著,而银行则直到某种程度的工业进步被取得之前并不参与工业化的进程。

本文在下面旨在讨论1914年以前的意大利工业化进程,看看它与我们刚刚描述过的模式究竟是一致还是不一致。这显然是一种相当窄的研究视角，此外，这里所论及的还仅仅是该问题的相关方面的一部分。

## I

本文前面所勾勒的研究方法，首先要求对于所考察时期的意 74
大利工业增长率进行某种计量。所以，需要对 1881 至 1913 年间意大利的工业产品建立某种指数，其初始年份的选择基本上取决于统计资料的可利用性。

关于这种指数的详细描述包含在本书中（附录 I）。读者在那里将会发现，除了关于原始材料和计算方法（令人遗憾的是，其中的一些相当复杂）的一个完整说明以外，还给出了对于该指数的缺陷的某种批判性评估，以及与法国和意大利学者先前沿着同一方向所做的某些尝试的比较。所以，这里只简要提及该指数所包含的六个主要系列，它们是通过将本文作者所估计的 1902 至 1903 年间的增加值作为权数来使用而组合起来的。①

毫无疑问，基本数据的缺乏与加权过程的多重不确定性将严重地减低这种计算的价值。不过，对于我们想要获得有关 1914 年以前的各个时期和子时期中意大利工业化发展速度的一般见解而

① 六个工业系列是：

(1)采矿；(2)冶金；(3)工程；(4)纺织；(5)化学；(6)食品材料。

根据从有关就业和马力的数据导出的权数而进行的另外两个不同的计算，也分别进行了比较。其结果正如下面所显示的，全部都用一种以增加值权数为基础的指数来表示。

言，这种指数似乎已经足够满足当前的目的了。

表 1 显示了整个这一时期的总指数。表 2 则给出了这一时期中六个工业部门发展的指数。

75 **表 1　意大利工业产出指数:1881—1913 年**

| 1881 年 | 54 | 1891 年 | 67 | 1901 年 | 104 | 1911 年 | 174 |
|---|---|---|---|---|---|---|---|
| 1882 年 | 57 | 1892 年 | 64 | 1902 年 | 109 | 1912 年 | 182 |
| 1883 年 | 64 | 1893 年 | 70 | 1903 年 | 114 | 1913 年 | 184 |
| 1884 年 | 63 | 1894 年 | 72 | 1904 年 | 117 | | |
| 1885 年 | 65 | 1895 年 | 73 | 1905 年 | 126 | | |
| 1886 年 | 67 | 1896 年 | 75 | 1906 年 | 139 | | |
| 1887 年 | 75 | 1897 年 | 78 | 1907 年 | 152 | | |
| 1888 年 | 74 | 1898 年 | 86 | 1908 年 | 163 | | |
| 1889 年 | 72 | 1899 年 | 92 | 1909 年 | 168 | | |
| 1890 年 | 72 | 1900 年 | 100 | 1910 年 | 169 | | |

**表 2　六个工业的产出指数:1881—1913 年**

(1900 年=100)

| 年份 | 采矿 | 冶金 | 纺织 | 工程 | 化学 | 食品材料 |
|---|---|---|---|---|---|---|
| 1881 | 71 | 22 | 54 | 62 | 9 | 63 |
| 1882 | 79 | 18 | 53 | 76 | 11 | 65 |
| 1883 | 80 | 27 | 62 | 92 | 13 | 68 |
| 1884 | 77 | 25 | 58 | 90 | 15 | 70 |
| 1885 | 77 | 40 | 61 | 94 | 17 | 69 |
| 1886 | 72 | 55 | 65 | 98 | 20 | 68 |

| 1887 | 68 | 66 | 73 | 118 | 22 | 67 |
|---|---|---|---|---|---|---|
| 1888 | 70 | 91 | 73 | 115 | 24 | 67 |
| 1889 | 71 | 119 | 71 | 96 | 26 | 69 |
| 1890 | 72 | 91 | 80 | 79 | 28 | 71 |
| 1891 | 76 | 72 | 73 | 62 | 28 | 70 |
| 1892 | 82 | 56 | 72 | 53 | 27 | 68 |
| 1893 | 80 | 67 | 85 | 58 | 26 | 69 |
| 1894 | 79 | 65 | 93 | 59 | 31 | 65 |
| 1895 | 72 | 68 | 93 | 62 | 42 | 66 |
| 1896 | 79 | 70 | 94 | 62 | 49 | 67 |
| 1897 | 90 | 77 | 93 | 65 | 56 | 69 |
| 1898 | 92 | 95 | 101 | 72 | 61 | 80 |
| 1899 | 88 | 101 | 104 | 89 | 72 | 86 |
| 1900 | 100 | 100 | 100 | 100 | 100 | 100 |
| 1901 | 103 | 103 | 105 | 100 | 102 | 106 |
| 1902 | 100 | 99 | 114 | 98 | 110 | 111 |
| 1903 | 107 | 120 | 111 | 108 | 115 | 120 |
| 1904 | 106 | 127 | 119 | 121 | 121 | 112 |
| 1905 | 108 | 170 | 124 | 144 | 132 | 115 |
| 1906 | 103 | 212 | 136 | 171 | 159 | 119 |
| 1907 | 99 | 218 | 153 | 196 | 185 | 122 |
| 1908 | 98 | 283 | 142 | 247 | 228 | 127 |
| 1909 | 93 | 346 | 136 | 261 | 257 | 128 |
| 1910 | 95 | 374 | 122 | 276 | 281 | 130 |

| 1911 | 89 | 377 | 128 | 287 | 260 | 141 |
|---|---|---|---|---|---|---|
| 1912 | 96 | 392 | 142 | 280 | 276 | 146 |
| 1913 | 98 | 381 | 134 | 272 | 281 | 166 |

76 增长所延续的一个相当长的时期被划分为若干个子时期，它的选择必然带有随意性。为了体现将大规模高涨时期分离出来的目的，对数据的考察产生了下列时段划分：

1881—1888 年：适度增长

1888—1896 年：停滞

1896—1908 年：急速增长

1908—1913 年：增长率降低

表 3 给出了对应这些子时期的指数所包含的增长率。



**表 3　1881—1913 年间以及各个子时期中意大利工业产出的年平均增长率**

| 时　期 | 百分比变化 |
|---|---|
| 1881—1888 | 4.6 |
| 1888—1896 | 0.3 |
| 1896—1908 | 6.7 |
| 1908—1913 | 2.4 |
| 1881—1913 | 3.8 |

注：此种计算是假定在每一特定子时期的第一年和最后一年之间存在着一个几何级数的增长率。

表 4 给出了对于同一时段六个工业组群的产出指数所包含的增长率。

**表 4　1881—1913 年间以及各个子时期中**

**六个指数化工业的年平均增长率(百分比变化)**

| 工业部门 | 1881—1888 | 1888—1896 | 1896—1908 | 1908—1913 | 1881—1913 |
|---|---|---|---|---|---|
| 采矿 | 0.0 | 1.3 | 1.8 | 0.0 | 1.0 |
| 冶金 | 22.0 | −3.2 | 12.4 | 6.1 | 9.3 |
| 纺织 | 4.4 | 3.2 | 3.5 | −1.2 | 2.5 |
| 工程 | 9.2 | −7.4 | 12.2 | 2.0 | 4.7 |
| 化学 | 15.1 | 9.4 | 13.7 | 1.8 | 11.3 |
| 食品材料 | 0.9 | 0.0 | 5.5 | 5.5 | 3.1 |

注:参见表 3 的注释。

# II

从前面各表所包含的数据中似乎可以得出一个十分明确的论 77
点:意大利确实拥有过它的一个工业大推进的时期。虽然关于如何确切地选择每个子时期的始点与终点年份也许还存在某些疑问,但是将这个大推进的时期放在 1896 年和 1908 年之间看来是相当合适的。在 1896 年以前,各年份的收益状况都是很勉强的:从 1892 年的低水平到 1888 年的适中水平。而在 1908 年以后,除了一个工业部门以外,所有经过指数化的工业的增长率都极大地降低了。

对于这样一个"长期"增长的时期来说,相当明显的特征是它能够轻易地度过1900年的萧条时段。在这里，粗略地考察一下韦斯利·米切尔（Wesley Mitchell）对于我们所关心的这一时期所给出的图解的“各国商业周期大纲”，[①]也许是具有启示意义的。美国和加拿大一直保持着未受1900年萧条的影响，但是在其他地方，它的影响却是严重的，特别是在欧洲大陆尤其如此。它破坏了俄国长期的工业推进的后劲，严重影响了中欧国家。这些国家由于与法国展开的长期的关税战而成为了意大利的主要贸易伙伴。几乎无可怀疑的是，这些国家吸收意大利出口的能力大幅度地降低了。与此同时，它们的工业产品在意大利市场上与其国内产品的竞争也加剧了。然而，由此而产生的对意大利工业发展的影响虽然是可以识别的，但看起来却是微乎其微的。十分相似的是，在早些年的俄国（当时正处于她的大规模工业高涨的中间阶段），对于19世纪90年代初那场严重的国际性萧条，她所感觉到的也不过是这种萧条波浪中的一点轻轻的涟漪。她的工业增长率总体来说一直未受到影响。[②]



同时，这一时期还以生产者物品在总产出中所占份额的急剧增长为特征，尽管在某种程度上这种变化必然要反映加速数的作用。这种情况清楚地显示在表2和表4中。对于六个已经指数化了的工业来说，这个份额在1896年已经达到总产出指数（使用增

① 韦斯利·米切尔（Wesley Mitchell），《经济周期：问题及其背景》（*Business Cycles：The problem and its Setting*）（New York，1927），第445页。

② 亚历山大·格申克龙，“1885年以来俄国的工业增长率”（The Rate of Industrial Growth in Russia Since 1885），载于《经济史的任务》（*The Tasks of Economic History*）（*Supplement VII*）（1947），第151页。

加值作为权数)的28%。这与1881年的水平相同,尽管1888年曾显示了更高的百分比。但是到了1908年,按照这种方法计算的 78
生产者物品的份额跃升到了43%,而到1913年又达到了47%。

所有这些情况,与本文第一部分所提出的预期都是相当一致的。这当然令人感到欣慰。然而,失望很快也就到来了。

前面所述隐含着:落后国家在其工业化初期的增长率可以被假定直接与一国的工业落后程度同方向变化。越是迟到的工业大跃进,当其出现时就可能力量越强。如果同时考虑到意大利工业化的严重滞后以及在相同时期其他国家的情况,似乎可以说,意大利在1896和1908年间的工业增长率将比人们所预期的要低。人们也许注意到,上世纪90年代的德国已经远远超越了它的初始增长时期,可是它在1888至1896年间仍然保持着接近5.5%的工业年平均增长率,而这一增长率实际上比意大利在1896至1908年间的增长率更低,只是没有低很多而已。当目光转到像瑞典、俄罗斯或日本这样的国家时,其确切的增长率都比意大利的增长率更高。瑞典的工业增长速度在1888至1896年间几乎达到了每年12%,日本在1907年和1913年之间显示了一个8.5%的年增长率,90年代的俄罗斯则以每年大于8%的速率实现其工业产出的增长。[①]

确实地说,此类比较是不可靠的,太过于相信它们是没有根据的。然而这还不是问题的全部。前面所使用的计算增长率的方法,将人们的注意力集中在每一时期的初始年份和终端年份,而没

① 德国和瑞典的增长率是利用《工业化与对外贸易》(*Industrialization and Foreign Trade*)(League of Nations,1945)一书给出的数据计算的。至于俄国和日本的增长率,参见,格申克龙,第156页。

有考虑到中间年份的历史情况。如果考察一下在1896－1908这一时期的发展过程中的指数动态，那么与其他欧洲国家工业突然
79 迸发的情况相比较，将会显示出某些差别来：尽管意大利的工业增长未经受过任何严重挫折，但它似乎是以一种更缺乏一致性和更加不平稳的方式进行的，这也许显示了更脆弱的公众信心状态和更大的企业家方面的不确定性与犹豫不决。思考一下导致意大利的工业大推进未能发挥其充分潜力的某些原因，也许是有益的。

## III

这里当然不是要提供一个可能影响意大利在上两个世纪之交工业发展的所有阻力因素的完整清单。任何起初具有贫瘠的自然资源禀赋、而后又以神秘的国家或地区特征告终的事情，都可以合理地进入这样一个清单。这样一种广泛的讨论将超过本节设定的范围，同时也许不会对于特定主题提供更多的见识。相反，本节的目的是集中于那些从前面所描述的一般发展模式的视角来看也许具有某种重要性的因素上。

如同前面所提到的，欧洲国家的历史经验似乎为下述这种一般结论提供了根据：在极端落后的情况下，国家的政策在工业发展的大高涨年间倾向于发挥一种十分重要的积极作用。在19世纪90年代维特伯爵治理下的俄罗斯的典型情况下，将政府政策视为一个主要影响该时期工业化大迸发的战略性因素，看起来从总体上说是具有意义的。而相似的情况并没有出现在意大利。不过，并不是说历届的意大利政府没有显示出对于该国工业未来的兴

趣。偶尔地，该国政府也帮助兴办某些重要的工业企业，位于特尔尼(Terni)的巨型钢铁工程(1884 年)也许是突出的例子。政府的命令确实在意大利的工业发展中起到了某种作用。那里存在着对于造船与航海的补贴政策，它始于 1885 年，[①]以后又在 1896 年以 80
某种修正的形式得到了扩展。此外，政府还部分地免除了厄尔巴(Elba)铁矿的矿区使用费。这种性质的国家帮助在那里肯定是存在的。然而令这些政策的考察者产生深刻印象的，并不仅仅是它们所具有的随意性特征，也不仅仅是它们在 1896－1908 年间的大推进时期显得过少而不是过多这一事实，而主要是政府对于工业发展的兴趣所具有的单方面性质，也就是说，它都集中在最不值得发展的工业活动部门中。

当人们从刚刚提到的那些措施转而去考虑意大利的关税时，政府工业化政策的无能便相当明显地表现出来了，关税必须被视为那些政策中实际的主要项目。人们可以正当地产生疑问：我们在总体上究竟应当对于欧洲工业化历史上的关税政策赋予多大的重要性？在某种情况下，并不是实施关税，而是放弃关税，或者至少是减低关税，开辟了通往工业化的道路。而在另外的一些情况下，关税似乎服从于政府所采取的具有极大多样性的更为直接和更强有力的措施。无论如何，似乎很难将多大的积极后果归于意大利工业大规模高涨时期的关税结构。事实上，可以更合适地将这种关税视为意大利工业化道路上的障碍之一。

---

① 参见，“关于商船的法律”(Legge concernante la marina mercantile)，载于《意大利王国法律与政令官方文件汇编》(*Raccolta ufficiale delle leggi e dei decreti del Regno d'Italia*)，LXXIX，no. 3547(December 6，1885)。

意大利保护主义的支柱有三个：粮食、棉花纺织品和钢铁。在粮食的场合，保护的大进军开始于1887年，当时对小麦的关税从某个名义上的水平提高到每公担（quintal，1公担等于100公斤。——译者注）3里拉。第一步是走得小心翼翼的。这种关税提升曾被不公正地说成是单纯为了财政的目的。[①] 立法者的心情是极其忐忑不安的。由于这一措施是不得人心的，所以不得不顶着由关于农业调查（Agrarian Inquiry）[②]的特别议会委员会起草
81 的详细报告的劝谏意见来推行。不过，由此障碍也就被打破了。随后，关税又有了进一步提高，到1895年，已经达到了每公担7.5里拉的水平，使意大利的小麦生产成为欧洲大陆大多数国家中保护最重的领域。[③] 确实，这一政策是广大的欧洲国家对世界市场

---

① 参见马利亚尼（Magliani）财政大臣的演讲，July 5，1887，载于《参议院辩论：1886－1887届会议》（*Camera dei Senatori，Discussioni，Sessione 1886－1887*）（Rome，1887），第1461页。

② “农业调查委员会的活动与农民阶级的状况”（Atti della Guinta per la inchiesta agraria e sulle condizioni della classe agricola），载于《委员会主席，斯特凡诺·亚奇尼伯爵（Conte Stefano Jacini）应委员会要求所写关于调查结果的最终报告》（*Relazione finale sui resultati dell'inchiesta redatta per incarico della Guinta dal Presidente，Conte Stefano Jacini*）（Rome，1884），XV，Fascicolo I；另见，“关税修订问题调查委员会的议事录”（Atti della Commission d'Inchista per la revisione della tariffa doganale），载于《兰佩蒂科参议员的报告》（*Relazione del Senatore Lampertico*）（Rome，1885），*I. Parte Agraria*，Fascicolo I，第184页。

③ 吉诺·瓦伦蒂（Ghino Valenti），《粮食、生产、贸易与关税制度》（*Granaglie，produzione，commercio，regime doganale*），关税与贸易协定全国委员会（Comitato nazionale per le tariffe doganale e per i trattati di commercio）（Rome，1920），第97页；以及利普曼（Liepmann），《关税水平与欧洲经济统一》（*Tariff Levels and the Economic Unity of Europe*）（London，1938），第64，68，72，81，87页。在1913年，意大利的小麦关税达到了41.5%的从价税率。而法国、德国以及奥地利的相应税率分别为34.5%、38%和36%。

小麦供给条件的变化做出反应的一部分。但是，有两件事情是必须牢记的。首先，意大利的农业拥有为其控制的调整方法，而这种方法在阿尔卑斯山脉(Alpine Wall)以北却达不到同样的可利用程度。其次，如果德国伴随其快速发展的工业能够(在经济上，而不是政治上)承受得起农业保护主义的昂贵代价，那么意大利在其更不利得多的条件下就绝不敢把其工业增长的嫩枝置于农业保护主义的严酷气候中。

但是，工业方面的关税又如何呢？至少在原则上无须怀疑，意大利的工业化可能得到了某种合理计划和实施的关税帮助。对于这样的政策的起源，需要追溯到下面的基本事实：在历史上的某个时期，煤主要是实行定点开采，一个没有煤矿的国家将不得不以(平均来说)二倍于煤矿开采国的价格去获得煤。因而，在面临工业和运输高额成本的不利条件下所从事的劳动，就将集中于那些相对于其他成本项目而言用于煤的支出将更少的工业活动部门。此外，一个落后国家，由于具有如此低的能力，也将特别强烈地感到需要促进新产品和新工业部门的产出。在这方面，广泛而又多样化的工程领域提供了最大的希望。

实际所发生的情况是，在 1878 年采用了一种主要旨在保护棉纺业和黑色冶金工业的关税。棉纺业属于一种传统产业，拥有适度的现代技术进步的步伐，因而在一个欧洲大陆上的落后国家中具有较为有限的能力。而黑色冶金生产本身则是一个消耗煤的产 82
业。虽然多种工程制造领域的产品被结合在关税之中，然而一般来说，对这些产品所征收的税率，相对于钢铁的关税而言，对于机

械工业所能提供的补偿至多只是部分的。[①]

事实上，机械工业的关税率在1887年普遍提高了。保护主义逆转的情况被消除了，同时，一个名副其实的保护性边缘地带形成了。不过，如果按价格计算的话，这个地带几乎是微不足道的。此外，还应当注意，处于关税保护之下的重要的纺织和农机部门，其关税很难超过钢铁工业的关税。还有，机器零件的关税率是相当低的，从而产生了鼓励机器组装而不是在国内生产机器的后果。最后，对于"未明确规定的"机械——即真正的创新领域——关税率是特别低的。这些情况没有一个是令人感到吃惊的，因为无论在什么地方，关税制定者通常都保护现存的有投票权的人的利益，而关于未来创新的承诺则往往被抛在了脑后。[②] 当人们去追寻议会关于1887年关税的辩论时，将会被这样的事实所打动：仅仅是出于对工程制造业的重视，发言人就认为关注凯沃尔（Cavour）所遗留下来的自由传统将是明智的。而一旦他们转向棉纺业和钢铁工业，这个传统又迅速地被遗忘了。[③] 然而这还不是故事的全部。

① 因而，举例来说，钢的税率为每公担10里拉，而铁路机车的税率为每公担10里拉，铁路车辆的税率为每公担9里拉，蒸汽机为每公担8里拉。引自，"关于批准进出口关税的法律"（Legge che approva la tariffa doganale d'importazione e d'esportazione），载于《意大利王国法律与政令官方文件汇编》（*Raccolta ufficiale delle leggi e dei decreti del Regno d'Italia*），LIII，no. 439（May 30，1878）。

② 引自，"关于关税改革的法律"（Legge che riforma la tariffa doganale），载于《意大利王国法律与政令官方文件汇编》，Parte Principale，Series 32，LXXXV，no. 4703（July 14，1887）。

③ 在众多例子当中的一个突出事例，是关税调查委员会的报告，该报告的工业部分由埃莱纳（V. Ellena）所撰写："关税修订问题调查委员会的议事录"，II. Parte Industriale，载于《众议员埃莱纳的报告》（*Relazione del Deputato V. Ellena*）（Rome，1886），第242，361，420页。

在这些争论当中，马利亚尼(Magliani)大臣曾保证，在随后的商务
条约谈判的过程中关税法中的过度部分将要被削减。[1] 然而，如
果针对这些条约所进行的一般推广成为可能，那将是：对棉纺业和 83
黑色冶金的关税基本保持不变或至多只有轻微变化。关税让步的
主要领域恰恰是机械工业的关税，在那里，于 1887 年确立的狭窄
的关税边缘地带被缩减了，在某些时候实际上被消除了。[2] 意大
利的机械工业在很大程度上将要依靠它自己的设计来发展。

此外，当人们注意到孕育着很多创新机会并且相当适合于该国条件的、同样有希望的化工领域也为 1887 年关税的制定者在很大程度上所忽视的时候，结论似乎证明，在意大利工业化的领域中政府的主要政策活动更可能是阻碍其工业化发展，而不是促进其工业化的发展。意大利政府对于该国工业大推进的参与和贡献，肯定远远低于人们基于对诸如俄罗斯或匈牙利[3]等其他落后国家

---

① 《国民议会第 1886 - 1887 届会议参议院辩论》(*Atti parlamentari, Camera dei Senatori, Sessione 1886 — 1887*)，July 9，1887(Rome，1887)，第 1621 页。附带说一下，在距此几个星期之前，为了减轻众议院由于关税不平衡所面临的困难，曾经允诺当议院在暑期过后再召集会议时将为修正机械产品的关税率提供机会。可是，这种修正从未被实施。参见，"意大利国民议会议事录：1886 — 1887 届会议众议院辩论"(Atti del parlamento，Camera dei Deputati，Sessione，1886 — 1887)，June 23，1887(Rome，1887)，第 3967 页。

② 例如，可参见，《意大利王国与其他国家之间的条约与协定》(*Trattati e convenzioni fra il Regno d'Italia e gli altri stati*)：与奥匈帝国的条约(treaty with Austria - Hungary)，December 6，1891，XII(Rome，1892)；与瑞士的条约(treaty with Switzerland)，April 19，1892，XIV(Rome，1895)，和 July 7，1904，XVII(Rome，1907)；与德国的条约(treaty with Germany)，December 3，1904，XVII(Rome，1907)；与奥匈帝国的条约(treaty with Austria - Hungary)，February 11，1906，XVIII(Rome，1930)。

③ 在其令人感兴趣的文章("意大利经济发展的南北差异"(The North-South Differential in Italian Economic Development)，载于《经济史杂志》(*Journal of Eco-*

的工业史考察所预期可能达到的程度。

84 1896—1908年间意大利工业化的另一个弱点，也可以从这样的事实中推引出来：即到那个时代为止意大利铁路建设的大规模时期在很大程度上已经成为一种过去的事情。在1886—1900年间俄国大规模工业化的时期，其铁路网络增长了70%以上。几乎无可怀疑，那个时期的铁路成为了引致该国工业水平急速提升的支柱。与此相反，在1896—1908年间意大利铁路的增长还不到10%。意大利的特殊环境有助于形成这种差别。根据1885年的法律，国有铁路的运营被委托给三个私人公司，期限为六十年。这个法律有一种预兆：可能仅仅在二十年以后这种制度安排就会被中断。由这种条款所产生的不确定性极大地影响了在1905年（这一年是人们认为上述协议可能到期并且实际上也确实到期终止的年份）之前的最后八年或十年中各公司的投资政策。部分地由于这个原因，资本在向根据1885年法律所建立的特殊投资基金流动的过程中，是踌躇不定和数量不足的。[①] 而1905年以后的真实情

---

*nomic History*），XXI，no. 3，第314页）中，理查德·埃卡奥斯（Richard Eckaus）很不情愿接受这种对于意大利关税的消极评价，因为棉纺织品和钢铁产出品的增长率比经指数化了的全部工业的平均增长率更高。但是很显然，这里所要求的是一种历史的判断，而不是数学上的计算。麻烦恰恰在于这样的事实，即不适宜的产业却被允许以其他产业为代价来快速增长。一个历史学者必须要不仅考虑到过度膨胀的棉纺业在这一时期的终端将会陷入的困境，而且也要注意到这样的事实，即昂贵的本国钢产品充斥这个国家必然会阻碍那些实际上拥有巨大潜力的工业部门的增长。如果考虑到这里所涉及的数量，那么完全可以有理由假定，在给定较低的原材料价格并且使资本配置向着正确方向转移的条件下，新兴的工业部门、特别是工程工业部门的增长率将会是实际取得的增长率的若干倍。[亚历山大·格申克龙，1962]

① 结果，该法令的一个特别条款，即强制要求铁路部门对国内的资本供给者额外提供百分之五的优先股，也一直没有产生什么效果。参见，“关于经营地中海、亚得里

况是，当铁路系统的运营重又回归国家时，出现了旨在使铁轨和全部车辆实现现代化并进一步扩展的雄心勃勃的计划。不过，这些计划都是在1896－1908年这一时期的最后一些年份酝酿成熟的，它们由于出现得太晚而未能改变其总体特征。

人们会从容地论证道，较早地完成大宗的铁路建设可能会为一国在随后年份中的工业化带来好处，因为这将把否则可能会被吸引到铁路上的工业资本释放出来。但是这一论点并没有多大的说服力。因为关于在意大利存在统一的资本市场的隐含假定，看起来确实与实际的现存条件相违背。很多大规模的投资商，他们愿意购买由政府发行或担保的铁路债券，却不情愿将其基金投入于工业合资活动。在上两个世纪之交，朱利奥·埃诺迪（Giulio Einaudi）曾经措辞强烈地抨击、鞭挞这种“百分之四崇拜”（vener- 85
ation of 4 percent）的态度。[①]将钱存到邮政储蓄系统的分支机构或合作银行的小储户，甚至更看重安全性。因此，他们的基金便转化为短期商业贷款，或者为大都市和省城的公共工程融资。在这一点上值得重视的是，1896－1908年间是以国外持有的意大利有价证券被大规模地转回国内为特征的。意大利资本市场的分割是庞大的，这里包含着大投资银行的一种特殊功能，对于这种银行的

---

亚海和西西里岛铁路网络以及建设贯通铁路的法律”（Legge per l'esercizio delle reti mediterranea，adriatica e sicula，e per la costruzione delle strade ferrate complementari），载于《官方文件汇编》（*Raccolta ufficiale*），Art. 21，LXXV，no. 3048（April 27，1885）。

① 《商业王子：意大利殖民扩张研究》（*Un principe mercante*，*Studio nell'espanzione coloniate Italiana*）（Turin，1900），第169页。将这篇由意大利共和国前总统撰写的关于企业经济史的引人瞩目的论文翻译成英文，看来是非常理想的。

作用本文在结论段中将要涉及。[①] 因此，缺少大规模的铁路投资并不必然意味着增加了工业可供利用的资本。如果俄国的情况再现于意大利，那么若其工业“推进”未能与一个对工业活动具有特别刺激作用的“铁路狂热”时期相重合，将完全有可能使其工业增长率低于它实际将达到的水平。

倾向于在同一方向起作用的另一个因素，在这里也值得一提。在 1896—1908 年这一时期的开始，意大利的政治形势并不有利于使经济平稳增长。1897 年的灾难性收成，再加上政府对于究竟是暂时停止还是减少小麦关税长时间犹豫不决，导致了 1898 年的史无前例的动荡(*anno terribile*)过程，在几个地区出现了不稳定和动荡。这些骚乱在同年五月的米兰起义中达到了顶点，随后的两年则实行了佩卢(Pelloux)政府的回归性政策。接着，出现了 1900 年的选举转变以及发生在同一年的国王被杀事件。意大利的政治史翻开了新的一页。它又被乔瓦尼·焦利蒂(Giovanni Giolitti)具有调和色彩的政治家才能投上了阴影。他的调和政策的一个有机组成部分，就是政府对于工资冲突坚守严格的中立原则。结果，
86 罢工浪潮达到了前所未有的程度。在 1901 年和 1913 年之间，只有一年因罢工而损失的工作日数低于百万大关，而在其他的年份这一数字都在三百万到四百万之间。[②]

很少有人会对受贫穷压迫的意大利劳工仅得到极为有限的经

① 另见，埃皮卡尔莫·科尔比诺(Epicarmo Corbino)，《意大利经济年鉴》(*Annali dell'economia italiana*)，V，1901－1914(Citta di Castello，1938)，第 423 页及以下各页。

② 参见，《统计年鉴》(*Annuario Statistico*)，1905－1907，第 840 页；1911，第 234－236 页；1915，第 313－314 页。

济状况改善而产生抱怨。但是，必须指出历史环境中的差别。虽然在其他国家，一个急速工业增长的时期过后大多会伴随着一个生活标准向上调整的时期，可是在意大利，这两个过程基本上是重合的。如果意大利的工业高涨再早十年或二十年发生，那么完全有可能，它将受到少得多的来自产业冲突方面的干扰。工业化的严重滞后确实会通过随后发展的加速来补偿。不过，我们刚刚讨论过的两个因素似乎表明这种一般推论的有效性需要以某些限制为界。除了后发所具有的优势以外，严重的滞后也还有许多明确的劣势——这一点对于我们时代的不发达国家也许值得特别注意。

说到导致 1896－1908 年间意大利工业化相对落后的可能原因，给出我们的最后一个观点也许是适当的。在研究欧洲大多数国家快速的初始工业化时期当中，人们发现，并不难识别某些帮助促进发展进程的特殊的工业化意识形态：英格兰的自由主义，法国的圣西门主义，德国的国家主义，19 世纪 90 年代俄国的马克思主义，所有这些看起来都在工业化过程中发挥了某种功能，并且发挥得相当好。而令类似的意大利发展的观察者产生深刻印象的是，那里没有任何对于工业化的强大的意识形态刺激。凯沃尔的自由主义(Cavour liberismo)属于一种已经过去的时代。意大利的保护主义也是一种既得利益的工具，从而未能形成一个强有力的知识运动。实际上，19 世纪的意大利处于一个马克思主义似乎已经强烈地感染着意大利的知识界广大阶层思想的时期。[①] 这种突如 87
其来的意识形态转向的某些方面确实唤起了人们将其与同时期俄

① 贝内代托·克罗切(Benedetto Croce)，《1871 至 1915 年的意大利史》(*Storia d'Italia dal 1871 al 1915*)(Bari，1953)，第 157 页。当然，克罗切本人就是最恰当的例子。

国发生的事件的比较。然而，与俄国不同，意大利的马克思主义者对于该国的工业发展问题显示出了极为有限的兴趣。尽管如此，意大利劳工运动的领导人却错误地并且在某种程度上令人感到羞愧地去支持现存的工业关税结构。所以，人们全然不清楚，这些领导人或者意大利的普通公众究竟是否具有加快业已在其国土上发生的变化的愿望。

这些无能行为带来的总体后果看来是不可忽视的。特别是，当人们考虑到意大利关税结构的不适当性时，就不能不对那些年间在工程制造和化学工业领域所实际取得的成就感到惊奇了。在这些工业部门中的意大利企业家确实值得尊敬。但是，如果人们要想发现一种至少在某种程度上成功地抵消了对于该国工业化的巨大障碍的单一重要因素的话，他们就不能不指出 1895 年以后大型的意大利银行所发挥的作用。



这些银行是在上世纪 90 年代早期灾难性的银行业崩溃之后形成或重组的。它们当中最重要的，是在德国人领导下于 1894 年建立的意大利商业银行，主要依靠德国资本，也包括某些奥地利和瑞士人的参与。①

在某种意义上可以说，这一时刻是值得称赞的。很多工业企业都因为先前的风暴而陷入困境或无助的漂流状态。它们乐于接受新来者的监护。后者的任务也并不轻松。动产信贷银行（Credito Mobiliare）和综合银行（Banca Generale）——大灾难的两个巨大

① 这些参与是在各创始人之间达成的一个协议的一部分，其目的是要阻止像奥地利安斯塔尔特—信贷银行（Credit-Anstalt）这样的机构在意大利投资领域和其他商业领域展开竞争。

牺牲品的令人恐怖的阴影——在其后的长时间中仍然挥之不去。承载着这些记忆的负担，处在一种充满不信任的公众舆论和不友好的学者目光的氛围中（他们几乎一成不变地坚持认为要保持谨慎的态度有时似乎达到了愚蠢的边缘），被指摘为外国经济渗透的一种工具，面对着不能回避的关税与补贴政策的后果，这些意大利银行与它们的德国或奥地利的同伴相比，只能享有一个更有限得 88
多的自由活动空间。在某种程度上，它们对于棉纺业和钢铁工业的兴趣是由政府决策所预先决定了的，而正是这两个工业在1908年以后发现自己陷入了困难境地。在棉花的场合，也存在着德国的影响，至少在某些年份中德国的影响也在引导意大利的银行进入一系列活动领域，而对这些活动德国本国的银行在传统上显示出极小的兴趣。此外，下述情况也是真实的：意大利银行在某些像汽车这样的创新领域中也比它们从前显示了更大的兴趣。然而，总体说来，在意大利所发生的乃是对于德国在试图克服它自己的经济落后的过程中所发展起来的投资银行业技术的一种深思熟虑的运用。

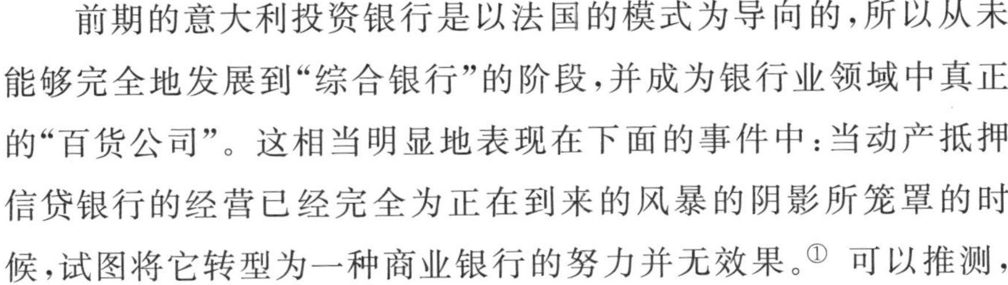

前期的意大利投资银行是以法国的模式为导向的，所以从未能够完全地发展到“综合银行”的阶段，并成为银行业领域中真正的“百货公司”。这相当明显地表现在下面的事件中：当动产抵押信贷银行的经营已经完全为正在到来的风暴的阴影所笼罩的时候，试图将它转型为一种商业银行的努力并无效果。[①] 可以推测，

---

① 马费奥·潘塔莱奥尼，“意大利动产抵押信贷银行的破产”（La caduta del Credito Mobiliare Italiano），载于《经济史研究》（*Studi storici di economia*）（Bologna，1936），第261页及以下各页。

1896—1908 年间的高涨在很大程度上是因为输入了最发达和最具成熟形式的德国银行业的巨大经济创新，而成为可能的。像在德国一样，不仅是资本，而且大量的企业家行为指导都催生了新生的、处于扩展中的工业企业。像在德国一样，政策也是旨在保持与工业企业之间的一种密切联系，在引导它进入资本市场之前对其给予长时期的培育，这一政策常常并不是要将资本存量放在银行自己的客户。[①] 像在德国一样，银行竭力去影响企业间的信贷关系，并努力使其方法现代化。像在德国一样，它们曾热衷于工业部门的“约束性生产”，这个较温和的措辞意思是减少或放弃竞争以
89 利于形成各种垄断合约。[②] 另一方面，人们在意大利将难于发现工业企业日益独立于银行的明显迹象。这种迹象在 1900 年后的德国表现得极为强烈。而它们在 1914 年以前的意大利的缺乏是毫不奇怪的，这一定是反映了该国工业化努力滞后的结果。至少在这些方面，意大利的案例相当好地吻合了处于各种不同经济落后条件下的欧洲工业化的一般模式。



① 例如可参见，意大利商业银行(Banka Commerciale Italiana)，《董事会报告》(*Relazione del Consiglio d'Amministrazione*)(Milan，1905)，第 11 页。

② 关于在所考察的这一时期中意大利银行活动的文献是极为缺乏的。与潘塔莱奥尼关于动产抵押信贷银行的重大研究相比哪怕是逊色得多的成果也没有。不过，本文作者却特别荣幸地获得了至少一部分其商业银行的档案资料。

# 第5章　罗萨里奥·罗密欧与资本原始积累

数年前,一位名叫罗萨里奥·罗密欧(Rosario Romeo)的 90
年轻意大利历史学家,被要求对自上一次战争结束以来马克思主义历史学家在意大利的贡献提供一个评价性综述。其结果,是1956年发表在《北方与南方》(*Nord e Sud*)杂志上的论文,它原来是要集中讨论安东尼奥·格拉姆希(Antonio Gramsci)的被广泛接受的观点——即关于意大利复兴运动(Risorgimento)的历史不充足性的所谓格拉姆希命题。罗密欧在他关于西西里的复兴运动的杰出著作的最后一章中已经提到了这一命题,[①]在那里他以某种含混不清和犹豫不决的方式拒绝承认他与格拉姆希观点的一致性。在1956年的论文中,罗密欧的不同意见变得更坚定和系统化了。他的批评引起了极大关注,同时也引来了大量的批评。随即,在他的第二篇文章中(在1958年发表于同一杂志上),罗密欧通过更仔细地考察意大利经济发展的某些相关方面,试图扩展和深化其论点。这两篇论文在一部关于复兴运动与资本主义的书

---

① 《西西里的复兴运动》(*Il Risorgimento in Sicilia*)(Bari,1950),第347页及以下各页。

中[①]可以方便地找到。

在这一段历史中，同时包含着该书的弱点和它的迷人之处。显然，这不是一件能够形成浑然一体的东西。就罗密欧在他的综述中所涉及的一些历史学家而言，他们所讨论的是意大利以外的
91 地区，或者是意大利复兴运动及其余波以外的时期。所以，其第一篇论文的某些内容与该书主题的联系是相当微弱的：该书的主题是在统一之后的20多年中意大利的经济发展与此前的解放运动所带来的社会与政治局面之间的联系。此外，他在这两篇论文中所表达的观点也并不总是严格一致的。如果作者能够在出版之前删去细枝末节并消除不一致性，可能会显得更为精明老道。这将涉及大量的改写，从而读者将会得到一种更一致的产品。可是，如果以这种方式来抹去该书早期形成的痕迹，也就等于向读者隐藏了某些事情：即一个独立的头脑在提出某个重要的历史问题并就有关它的讨论建立适当框架的过程中所经历的思想斗争。该书的当前形式远远达不到完美程度，但是它却充分显示了作者思想在探索中的新奇之处，这是该书最富有吸引力的特征。

## I

格拉姆希命题的本质在于指出意大利复兴运动与法国革命之间的差别。后者创造了一个资产阶级国家，赋予它一种永久性基

① 《复兴运动与资本主义》(*Risorgimento e Capitalismo*)(Bari，1959)，以下简称 *ReC*。

础，同时创造了作为一个严密实体的现代法兰西民族。[①] 雅各宾派（Jacobins）通过实行一种造成既成事实（faits accomplis）的政策将不情愿的资产阶级推上了凌驾于该国的所有力量之上的领导地位。革命的巴黎将要被农民起义所消灭，但是雅各宾的农业政策却使得法国的农村接受了巴黎的领导。它挽救了革命并使其影响长期存在。[②] 但是在意大利，行动党（Partito d'Azione）却未能仿效雅各宾的例子。自从复兴运动胜利以后，夺取政权在没有预先地向民众靠拢，或者至少在没有民众化过程（*andata al popolo*）与之相伴随的情况下得到了圆满实现，而根据格拉姆希，民众化过程将意味着“意识形态上的民主计划”和“经济上的农业改革”。[③] 与 1815 年以后的欧洲的一般情况相比较而言，意大利的资产阶级是缺乏生机与活力的，这被认为是未能将复兴运动转变为一种真 92
正革命的原因。它仍然属于一种“消极革命”，这个革命固化了意大利资产阶级在宪政上的弱点，并创造了一个国家，这个国家的民族力量仍然受到“地方独立原则和普遍世界主义”的打击。[④]

这就是格拉姆希命题。正如罗密欧在他的第一篇论文中所表明的那样，它对于马克思主义历史学家的影响是巨大的。除了一两个例外，他们都继续叹惜现代意大利史所具有的这种再明显不过的反法兰西特征，并且特别热衷于强调和阐发复兴运动是作为

① 安东尼奥·格拉姆希，《复兴运动》（*Il Risorgimento*）（Einaudi，1949），第 86 页。

② 同上，第 73，84－85 页。

③ 同上，第 65，70 页。

④ 同上，第 87，106，136，167 页。

一种受挫的农业革命的观点。

罗密欧曾埋下头来写作知识史中的一章，但是不久以后他发现自己更关心意大利的经济史。由于本文作者对前者感兴趣仅仅是因为它可以说明后者，所以我们无须考虑究竟在何种程度上，除了格拉姆希以外的其他作者对于他的命题也拥有共同的专利权。此外，关于格拉姆希的动机或对他的影响因素问题，也不是这里所十分关心的。如同罗密欧所暗示的（他是追随文图里（Venturi）的说法），格拉姆希也许受到19世纪俄国民粹主义中关于人民（即农民）和民族在概念上联系的影响。[①] 更重要的也许是这样一个事实：俄国的经验清楚地表明，革命的潜在因素可能来源于未能实行彻底而又明确的农业改革——无论它是沿着哪一个方向展开。所以，对于那些对革命拥有一种职业兴趣的人们来说，强调农民不满的因素并希望这种不满在意大利也将引发持久的革命突变便是相当自然的事情了。另一方面，对于人们天真地相信利用法国尺度得出的历史测量结果，也没有什么理由值得奇怪。那种认为法国为现代政治发展建立了“标准的”或“经典的”模式的信念，就像与之相对应的认为英格兰为现代经济发展建立了标准的或经典的模式的观念一样，已成为马克思主义文献中的特产。当然，这些命题中的每一个都只说对了一半，并且很不幸的是，在历史的算术中两个说对了一半的命题并不等于一个完全正确的命题。不仅如此，
93 在这个特定场合，两个含有部分真实性的命题彼此之间还存在着不一致。

① 参见 *ReC*，第25页。

在社会科学中经常出现的一种情况是，概念是按照或多或少总是带有模糊性的类比而形成的相似类别来建构的，然后便根据词语上的一致性进行推论，可是这些词语上的一致已经远远超出了最初的比较所想要表达或暗示的含义。“工业革命”这个名词首先是由法国学者创造的，旨在显示出在法兰西革命的政治剧变与英格兰的经济高速发展时期之间存在着一种明显的、隐喻的共处关系。[①] 虽然这一术语就其起源来看是超马克思主义（extra-Marxian）、甚至是前马克思主义（pre-Marxian）的，但是它却相当好地适合于一种视其本身为革命的政治运动体系，并相当好地适合于一种对历史过程的非连续性显示出如此强烈兴趣的经济思想体系。实际上，这种适合是如此简洁与牢固，以至于直到今天有关工业革命的概念依然常常被视为马克思主义所专有的。大量的关于这一概念的相当空洞的反对意见以及有关它的毫无意义的争论，都是源自于这种信念。

既然语言的威力如此之大，那么马克思主义者从认识习惯上倾向于将工业革命——英国现代工业资本主义的突破，和法国的政治革命视为同一序列的现象，也就不足为奇了。此外，尽管从理论的观点来看将很难解释这两个革命在英吉利海峡两端仍然保持着彼此分离这一事实，可是这种联系仍为历史唯物主义概念的一般信条所加强，这种概念强调资产阶级革命的经济基础。还有，在一种含糊不清和尚不发达的形式上，这种联系的实证的特征从未

① 贝赞森（A. Bezanson），“‘工业革命’一词的早期使用”（The Early Use of The Term “Industrial Revolution”），载于《经济学季刊》（*Quarterly Journal of Economics*），1921－1922，第 343－349 页。

被怀疑过。经济的转变为上层建筑中的革命性调整奠定了基础，而上层建筑反过来又为新的经济进步开辟了道路。在本质上，其所包含的逻辑工作是处理两个过于广泛的概念：封建主义和资本主义。资本主义的发展预定了——用另外一种人们更为偏好的说法是它**要求**——封建主义的毁灭。完成这个任务正是资产阶级革
94 命的职能。即使撇开资产阶级革命的经济原因不说，从这一命题中也可以令人信服地得出这一革命有效地促进了资本主义发展（并且成为其必要前提）的结论。

几乎没有什么疑问，存在着某种极具普遍程度的探究，在其中这样一个框架最初能够被有效地利用。但是，正如无可否认的那样，教条式地接受这些命题必然会很快地进入一种毫无意义的断言的死胡同。乏味地声称封建主义与资本主义二者都是可操作的概念，将会涉及一些难以让人接受的假设。至少，每一个概念在下述意义上都必须是绝对同质的，即它的所有构成要素可以说是同向等速的（*isodromic*）——也就是说都指向同一历史方向。封建主义的**所有东西**一定都是与资本主义发展相反对的，而资本主义的**所有东西**一定要以封建主义的所有东西被消除为前提。这个论断并无多大意义，很少有历史学家愿意接受这样一个命题。可是，一旦我们承认封建主义能够或多或少地限制资本主义的发展，这些看上去如此紧密的概念就被分解成很多并不必然一致的因素了：相对于资本主义而言某些封建主义的因素也许是中性的，而另外的一些则可能是绝对有利的。在所有这些问题中，不可避免地要产生基于共同分母亦即适当的标准、测量口径和尺度的比较问题，关于这种历史过程的任何有意义的讨论都预先假定了这种可

测量的发展(它实际上就是由这种发展所构成的)。这也就是说，它们本质上属于可以比较的概念。

此外，要假设在不同领域中存在着的被归属于“封建主义”和“资本主义”名下的情况在所有的重要方面都具有充分相似性，将需要极强的简单化信念或知识上的无所顾忌。而相信时间的推移并不能导致这种关系发生任何重大变化，其风险也不比上面的差。最后，人们一定还会问，是否“资产阶级革命”彼此真的具有如此大的相似性，以及是否在现实中作为发生于极不相同的场合与时期的事件或变化的事件序列的混合加总的某些事物，能够被有效地置于一个单一的概念之下。因此，从某个学者的笔下十分顺利地流淌出来的概念——封建主义、资本主义、革命、资产阶级或者其 95
他等等——是完全靠不住的。它们既不利于人们的系统理解，也不具有明显的可操作性。那种关于使用这些概念的人以及被强加这些概念的人都毫无疑问地知晓它们的真正含义的说法，肯定是没有根据的。正如这些基本的概念在内容与含义上不明确一样，与它们相关联的任何关系也都不能被可靠地视为对于预测未来和解释过去具有可操作的意义。

上面的讨论也许看起来过于偏离了格拉姆希命题以及罗密欧对它的讨论。然而，情况并非如此。通过详细阐述概念的问题，本文作者仅仅试图说明他所考虑的罗密欧批评的出发点。至于罗密欧本人没有完全使自己摆脱含混概念的使用则是另外的事情。当人们看到他对于阿尔多·罗马诺(Aldo Romano)关于复兴运动时期的西西里经济并不是流行着封建形态而仅仅是“半封建形

态”[①]的命题日益感到愤怒的时候，肯定会觉得奇怪。他的不满，并不是由想要消除处于看似精确的论题的伪装之下的高度印象主义的判断这种企图所引起的。他曾说道，罗马诺未能领会到，封建主义是完全可以和“生产领域”中的进步相融合的。这个观点是不容易被接受甚至被遵循的。[②] 可以说我们有各种理由来欢迎罗密欧对产出增长的兴趣，不过，在广泛的词源学与结构形态学规则之内我们每个人都是我们所用的词汇的大师，而罗密欧坚持应当采用**正确的**(correct)概念而不是**适当的**(appropriate)概念的做法则会扰乱我们的思想。所有这些都是关于武断的僵化和语义学的拜物教的极好证明(只要那些过于庞大以至于一个人难以驾驭的概念被使用，这种僵化和拜物教就会以一种不可抗拒的方式加以扩展)。确实令人感到迷惑不解，罗密欧在一种看起来是要企图摆脱概念的三棵树森林(在这个森林中有如此多的人弄得迷失了方向，这与俄国某个城市的那些传奇式的创立者十分相似，根据受到尊敬的俄罗斯讽刺作家谢德林(Shchedrin)的童话故事，他们竟然在三棵冷杉树中间迷了路。)的研究中却被诱使犯了这种教条式的错误。



96 罗密欧的命题是直白地陈述的：意大利的复兴运动没有涉及或没有导致一种伴之以为了农民利益而剥夺大土地所有者的农业革命这一令人悲哀的事实，从意大利资本主义发展的视角来看必

① 参见 *ReC*，第 66 页。

② 由于罗密欧本人是在一种不同的意义上为了刻画西西里条件的特征而使用“半封建主义”(semifeudalism)一词的，就更是如此了。参见，《西西里的复兴运动》(*Il Risorgimento in Sicilia*)，第 251 页。罗密欧在 *ReC*，第 70 页，明白地提到这一环境。

须被视为一种幸运。由于罗密欧特别偏好主要从工业产出的角度来考察资本主义，所以他要使用至少是潜在可计量的变量来进行论证。进而，便得出了统一的意大利的农业结构倾向于加快而不是阻碍工业发展的命题。更为精确地说，正是由于未能进行农业革命才使得利用农业作为一种资本原始积累的源泉成为可能。

在我们考察这一概念的性质以及罗密欧对它的运用之前，同时，在我们评价作者在建立他的命题过程中成功的可能性程度之前，也许需要给出更为预备性的评论意见。罗密欧的命题本身是作为对格拉姆希命题的否定而提出来的，而使用一个马克思主义专有的工具来完成这一任务肯定是具有某种讽刺意味的。不过，这也许更准确地表明，罗密欧不能够反驳格拉姆希，因为他感兴趣的是一组不同的问题。埃利·赫克歇尔曾经评论道，马克思主义者对经济史的贡献最终被证明是相当贫乏的，因为一般来说他们都偏好于研究所谓"基础"对"上层建筑"的影响，并且实际上总是对后者更感兴趣。[①] 对这种一般性概括也存在着显著的例外，不过格拉姆希关于复兴运动的思想并不在这些例外之中。他的兴趣具有最显著的政治性，而他对经济政策的少数提及则是相当乏味的。与此相反，罗密欧主要关心的是意大利的经济发展，他的研究值得作为对于 19 世纪后半叶意大利经济史中具有高度重要性的一章的贡献，来加以评论和判断。

本文作者最近有一个机会来表达自己关于资本原始积累概念

① "经济史中的数量测量"(Quantitative Measurement in Economic History)，载于《经济学季刊》(*Quarterly Journal of Economics*)，LIII(1939)，第 169 页。

的看法[参见本书第 2 章],而罗密欧在他的第二篇论文中提到了
97 这些看法。除了关于苏维埃俄国的主题的近期讨论的某些援引可以被加进来,以便对似乎部分地是这一概念所固有的、部分地是由于对它的教条式的理解所产生的困难提供一种追加阐释以外,在这里几乎没有什么可以或者应当再补充的了。此外,有关这个问题的苏维埃方面的讨论的不足也使得罗密欧的贡献进入人们的全部视野之中。

## II

很少有人会不同意,《资本论》第一卷 24 章是对经济发展史与经济发展理论的最富有想象力的贡献之一。但是,赞赏马克思的直觉并从这些直觉所具有的高度启发性的思想光彩中受益是一回事,将它们作为一种礼仪场合中的象征符号而不是作为一种独立分析中的工具则是另一回事。

在过去的一些年间,苏维埃的经济学家与历史学家对于资本原始积累的概念表现出了日益强烈的兴趣。在 1955 年 5 月,苏联科学院历史研究所(the Institute of History of the Soviet Academy of Sciences)召开了一个专门会议,它有时又被啰唆地表述为关于“俄国资本原始积累”的“科学理论会议”。此后,出现了几个具有不同力度的研究成果,其中的一些包含了某些令人感兴趣的材料。然而,似乎可以公正地说,苏维埃学者在知识上的过度的畏首畏尾极大地妨碍了他们对于所讨论问题的细致分界。一般地说,驳倒一个人们可能希望从中获益的概念是富有诱惑力的。马

克思主义的概念相对于这一规则也不例外。

马克思运用他丰富的独创性来进行写作，并考察了一个全然未得到探索的领域，满意地提出了一个问题，并从某种经验材料的视角就其中所包含的主要因素以及它们可能具有的相互联系提出了少数假说。正如他所惯于采取的做法那样，他是在明确地断言的伪装下给出这些假说的。此外，由于充分地了解现象的起源与本质是多么容易地在人类头脑中产生混淆，所以他更热衷于对资本主义体系散布进一步的诽谤。

马克思断定，除非预先有财富的某种积累以及这样一组人群 98
的出现，他们愿意——因为被剥夺了除劳动力以外的其他所有东西——成为资本主义企业的雇佣劳动者，否则资本主义体系将不能“开始”运行。财富显然能够从众多不同的来源而形成，并且历史的事实也确实如此。然而，对马克思来说，专注于财富形成的一种可能源泉将具有知识上与政治上的诱惑力：对小农的剥夺。用一个快速合并（*uno actu*）来解决两个性质不同的问题确实具有某种美妙之处，而能够声称“所谓原始积累不过是生产者同其生产手段分离的过程”①也确实会带来某种超科学的满足感。这里的问题并不在于马克思严重地夸大了 16 世纪英国的圈地运动的重要性。重要的问题是，他的论断实际上既与马克思本人关于这一问题的定义不一致，也和他所汇集的历史材料相矛盾。马克思曾经给出了一长串的原始积累的其他源泉，其中的大多数虽然也包含着某种野蛮的暴力因素，但是并不必然涉及为了大财富所有者的

① 《资本论》(Volksausgabe，Moscow，1932)，第 753 页。

利益而“剥夺”小财富所有者。马克思在资本原始积累的这些“其他”源泉方面所显示出来的兴趣清楚地表明，他将资本的“前资本主义”积累视为资本主义发展的一种前提，而这种前提是完全独立于工人阶级的形成的。

至于其他方面，几乎全部留有空白。马克思并没有十分详细地解释已经积累起来的财富究竟是怎么变成处于农业以外的“资本”的。他对于应当根据历史条件的差异来区分对于这种原始资本的需要不感兴趣，因为这样做将需要从数量上确定原始积累作为一种必要的前提条件的特征，而这将与他那种尊崇历史事件的模式也许具有或多或少“必然性”的精神思想与思维习惯相矛盾。公正地说，马克思也全然没有说明白究竟为什么一种“原始”积累是必需的。他也没有解释积累的“原始性”与一个体系的“开端”这一对孪生的概念怎么可能被注入一种可操作的定义。在他那里出现过不止一次转瞬即逝的暗示，向我们表明马克思运用他那运转
99 如飞的画笔曾在他的画布上添加了许多的墨彩，这些往往倾向于模糊其视图的轮廓并扭曲其图画的视线。例如，将国家从支付国民债务的利息到保护国内工业的众多杂乱无章的活动视为原始积累的重要组成部分，真的具有意义吗？相反，如果至少将国家的某些活动视为另一种情况，而不是将它们作为原始积累的一个有机组成部分，就不能获得某种见识吗？最后，如果存在着一个定义资本主义“开端”的问题，那么是否也存在着另一个定义资本原始积累的开端的问题？这些仅仅是马克思的素描中所遗留下来的未得到回答的问题的一部分，任何严格地专心于原始积累概念的人都不可能回避对于它们的探究。所以，当我们看到苏维埃的学者如

何因为仅仅拘泥于字面含义而不是其本来意思就成功地令一个被视若神明的马克思处于将他本人的概念与他们的历史研究隔绝开来的位置上，确实是令人感到惊奇的。

马克思的概念的巨大价值在于这样一个事实：它预先假定了一种经济发展的类型，这种经济发展包含着一个工业化的大爆发。正是这一假定使得所谓“开端”的概念成为一个富有意义的概念，并且正是为兴起和维持这样一种爆发所需要的巨额资本本身为原始的、亦即大爆发之前的积累这一概念提供了依据。没有工业的大爆发，这一概念将是无意义的。对于像“最初的资本”(即在资本存量开始从“资本家”的利润积累中增加以前)是从何而来这样的简单问题，将很难比 18 世纪俄国一部著名的喜剧中所提出的问题更有意义或更有趣：“最初的裁缝”究竟是跟谁学的手艺？[①] 但是，将原始积累与大爆发联系起来确实产生了几个结果。首先，它使马克思的模型变成一个十分具有现实性的模型，因为多数国家的一系列工业史实际上确实记录了这种工业大爆发事件的发生。其次，它剥去了原始积累概念的任何内在固有的必然性，不论是铁的规律或者其他什么规律，因为在那些并没有出现大爆发的场合——经济史也向我们提供了它们的存在——资本主义发展也能在没有任何特定的先前积累的条件下非常顺利地“开始”。第三， 100
它对这一概念给予了数量规定，因为“原始”资本积累或多或少将需要依大爆发究竟有多大为转移，此外还要依赖于这种大爆发的

① 令人迷惑以极的是，马克思也并没有忽略所谓“第一个裁缝”从何而来的问题。在谈到这一职业的起源时，他说到：“在一个人成为一位裁缝之前人们已经剪裁了数千年的衣服”(《资本论》，第 47 页)。

确切特征，亦即其所要求的资本—产出比率，而这一比率又要依包括技术、需求结构、新生工业的构成及其他等等在内的各种因素为转移。除此以外，还存在着那些资本融资既不是来源于“资本家”的利润、同时却又能够与原始积累有效地分离开来的（实际上应当被视为与原始积累不同的另一种）积累源泉问题。

如果人们想要在苏维埃的文献中发现试图建立一种经济发展模型，进而又确定原始积累的概念在这样一个模型中应当处于何种地位的努力，将是徒劳的。在苏维埃俄国近来关于这一主题的讨论的开始，有一篇潘克拉托娃（Pankratova）所写的文章，她在文中确实谈到了商业资本积累是资本主义生产方式的前提，因为后者需要货币财富的预先集中，并且也要以面向贸易的生产为前提条件。[①] 但是尽管有了这种认识（而且还缺少对于资本积累所具有的独立的重要性的分析），她仍然对那些并不将财富积累问题与对小生产者剥夺问题结合起来看待的人，滥用“修正主义”、“辩护士”甚至“工人阶级叛徒”的字眼儿。该作者由于方法论上的单纯，甚至没有想到要去解释为什么这两个问题决不能分开。是因为马克思就是这样说的吗？还是因为这样做在某些模型中（不幸的是，作者并没有描述这些模型）将具有重要意义？或者是因为这种联系已经由经验研究很好地建立起来了，从而如果离开了一个因素另外一个因素的存在就决不能被发现？或者是简单地因为强调这种关系乃是由利益规则——以及安全保险——苏维埃俄国的方



① 潘克拉托娃（A. M. Pankratova），“论从封建主义向资本主义转移的过程中商品生产的作用”（O roli tovarnogo proizvodstva pri perekhode ot feodalizma k kapitalizmu），载于《历史问题》（*Voprosy istorii*），IX（1953），第 62 - 63 页。

式——所规定？无论答案是什么，潘克拉托娃的风格与笔调都未能形成一种使富有成果的理论讨论成为可能的氛围。

所以，前面提到的会议带给人们更多的是混淆而不是清晰，也 101
就不足为奇了。一位主要发言者帕夫连科(Pavlenko)，乏味地重复马克思的这一命题：货币积累与“自由”无产者的创造是作为同一过程的两个方面，唯一出现的偏离仅仅在于这两个因素的巧合在历史现实中并不能够总是导致一种资本主义体系的建立这一事实。因此，他坚持认为，要使货币积累和剥夺成为一种真正的“原始”资本积累，就需要一系列其他因素的出现。[①] 这是正确的，但也是陈腐的。真正的含义乃在于，为了将原始积累转化成一种具有可操作性的、有用的陈述，人们应当进入到财富向资本的转型问题，而这至少又再一次地要求从对当前收入的要求权的创造和投资率与产出增长率的变化的角度来讨论问题。与此同时，另一位主要发言者卡芬豪斯(Kafengauz)，显然愿意一方面强调这一过程的暴力因素，另一方面又令资本原始积累能够从大规模企业创造的角度得到理解。[②] 并非没有可能，从一种试图采用真实的、而不是货币的因素来表示的原始积累的概念进行的研究操作中，将会产生一组对研究来说有意义的问题。但是，要这样做，将需要建立一种模型，在其中对于“原始的”与“随后的”真实资本将必须给

---

① 帕夫连科(N. I. Pavlenko)，“论俄国原始积累的某些方面”(O nekotorykh storonakh pervonachal' nogo nakopleniya v Rossii)，载于《历史回忆录》(*Istoricheskiye Zapiski*)，LIV(Moscow，1955)，第 382－383 页。

② “关于俄国原始积累的科学—理论会议”(Nauchno-teoreticheskaya conferentsiya o pervonachal'nom nakoplenii v Rossii)(以下简称《会议》)，载于《历史回忆录》，LIV，第 240 页。

出适当的区分，对于它们二者之间的联系也要给予阐明。此外，还需要解释：为什么*原始*积累能够按照其本身所具有的含义来对待，而不是简单地被视为一种近似于陈词滥调的“早期的冒险”。在卡芬豪斯的文章中似乎找不到试图进行这种努力的迹象。[①]

由于这两位发言者都未能提出任何理论框架，因此讨论的内容似乎颠三倒四，而没有任何明确的方向。有几位参会者利用具
102 有魔力的符号，通过指责讨论中的主要发言人及其他参与争论者没有对有关这个问题的“剥夺”(expropriation)方面的含义给予足够的重视，而试图驱除那种毫无疑问地正在监视着他们的恶魔。[②]由于讨论缺乏方法论导向，使得资本原始积累的概念任凭随意想象的摆布。有一个参会者曾提出，俄国财产所有者要求农民提供劳务或免役地税(quitrents)的权利，是一种资本原始积累的形式。[③] 此外，关于原始积累时期的历史时限问题也成为引起许多争论的主题。两位女发言者就原始积累时期究竟是先于还是后于“制造工厂”(即尚未装备有机械的大规模工场)时期的问题，产生了歧见。[④] 这个问题说起来仍然是一个有关财富转化为资本的问

① 然而，应当指出，本文作者并没有看到卡芬豪斯的完整论述，所依据的是一个总结报告。

② 参见《会议》，第 422 页(普列奥布拉任斯基(Preobrazhenski))；第 423 - 424 页(斯卡兹金(Skazkin))；第 425 页(杜布罗夫斯基(Dubrovski))。另见，库马切娃(M.D. Kurmacheva)，“关于俄国原始积累问题的讨论”(Obsuzhdeniye voprosa o pervonachal'nom nakoplenii v Rossii)，载于《历史问题》，XI(1955)，第 163 页(维连斯卡娅(Vilenskaya))。

③ 参见《会议》，第 424 页。

④ 参见《会议》，第 424 页(藻泽尔斯卡娅(Zaozerskaya))，和第 426 页(维连斯卡娅)。

题，但是它却不是被按照这种方式来描述的，从而在没有一种坚实的概念基础的情况下也就很难以有意义的方式提出来。同样，关于原始积累时期的“终点”问题也一直相当含糊。这从一位发言者断言斯托雷平(Stolypin)的改革(1906—1910)也构成了资本原始积累，[①]可以得到相当好的证明。这样一种论断的被提出，以及在俄国工业化的大爆发之后而不是之前出现的一种经济政策居然仍然在某种意义上被视为“原始的”，构成了印证所流行的混乱状态的最好证据。

然而，这种关于“迟”与“早”的颠倒，尽管看上去十分荒谬，却也并非不具有某种意义。实际上，这种讨论具有一个可以获得拯救的特征，这就是几位参会者都愿意谈及有关原始积累过程的“俄罗斯的不同版本”。[②] 这无疑是一种创新。英国和俄国在有关原始积累方面(无论是怎样定义)的经济史中的差异不可谓不显著。103
利亚先科(Lyashchenko)，一位甚至在最近的苏维埃历史研究处于十分尴尬的时期仍然设法显示出某种思想独立性的知名经济史学家，曾毫不迟疑地声称俄国的原始积累过程不同于马克思所说的发生于英国的“经典形式”。[③] 但是，一般来说，坚持马克思的普遍的“发展规律”的倾向在苏维埃的作品中一直是强烈的和根深蒂固的。这种态度无疑在很久以前就形成了，那时年轻的俄国马克

① 参见，库马切娃，第 165 页。

② 参见《会议》，第 423 页(亚科采夫斯基(Yakotsevski))；第 425 页(杜布罗夫斯基)；第 426 页(维连斯卡娅)。

③ 参见，利亚先科(P. I. Lyashchenko)，《苏联经济史》(*Istoriya narodnogo khozyaystva SSSR*)，II(Moscow，1948)，第 6 页。

思主义者反对民粹主义，并且所有事情似乎都依赖于如何表明这样一种见解：并不存在任何有关经济发展的特殊的俄国方式，从而俄国必然要重复西方世界的经验。所以，在我们的时代，甚至像潘克拉托娃这样的超级正统派学者也都加入了有关“俄国不同版本”的大合唱，[①]其意义就显得十分重要了。完全可能是日益增长的民族自强意识帮助促进了这样一种观点的传播：即俄国经济史也有它自己的权利来提供一种经典的案例。然而，不管是什么理由，人们态度的转变是明显可见的。也许这种态度转变在如今最重要的出版成果就是波利扬斯基（Polyanski）论资本原始积累的新书。[②]

从在苏维埃的文献中如此长时间的盛行的观点来看，当你读到波利扬斯基所写的下面一段话的时候将会感到奇怪：“资产阶级经济学家仍然将他们的研究限于他们视为全球中心的西方世界的范围。但是，这种观点在很早以前就变得老化背时了。在现实中，西欧仅仅提供了关于资本主义起源的一种版本。然而，俄国则提供了有关资本主义发展和稳定化的另一种版本”。[③] 即使将这种有些天真的关于俄国与西方处于等价地位的断言以及并不怎么精

---

① 潘克拉托娃（A. M. Pankratova），“农民的无产者化及其在俄国工业无产阶级形成中的作用”（Proletarizatsiya krest’yanstva i yeye rol’ v formirovanii promyshlennogo proletariata Rossii），载于《历史回忆录》（*Istoricheskiye Zapiski*），LIV（Moscow，1955），第199页。

② 波利扬斯基（F. Ya. Polyanski），《俄国的资本原始积累》（*Pervonachal’noye nakopleniye kapitala v Rossii*）（Moscow，1958）。

③ 波利扬斯基（F. Ya. Polyanski），《俄国的资本原始积累》（*Pervonachal’noye nakopleniye kapitala v Rossii*）（Moscow，1958），第4页。

明的旨在捍卫或者伪装一种对于传统上持有的学说的叛离(通过 104
将其重新命名为“资产阶级”)的策略搁在一边不说,那么对俄国版本的强调也将倾向于把俄国经济史的研究从先入之见中解放出来。[①] 确实,波利扬斯基感觉到可以比他的前辈们更自由得多地研究农奴制与该国工业化之间关系的复杂性。在研究农奴—企业家(serf-enterpreneurs)现象的时候他也受到更少的限制,并且能够强调所谓国家农民(state peasants)相对于私人所有的农奴而言在地域与社会流动方面所拥有的地位差别。他能够考虑到这种可能性:农奴主方面导致高额免役地税的压力也许有助于增加俄国工业企业中的劳动供给,从而显示了俄国封建主义在它与资本主义的关系中所具有的一种“积极”特征。然而,在其他方面,波利扬斯基的研究则不过是关于俄国的财富形成与劳动力形成两个分离部分的明智的与详尽的说明。这种说明仍然受到了苏维埃学者传统上不愿意充分地承认国家在俄国经济发展过程中所起的作用这种习惯的腐蚀。例如有一处,通过使用一种旨在使人消除疑虑的简化方法,作者警告人们不要“不适当地夸大”彼得大帝时代的国家政策。必须要避免的危险,是“向一种关于俄国封建主义起源的意识形态式的解释的让步”。[②] 由此,必然会对该作者试图从全球

① 这种对于俄国经济发展的特殊性的强调并没有阻止作者向传统观点的膜拜:“从根本上说,支配社会经济形成顺序的规律在所有国家都是一样的,并且这一命题对于从封建主义向资本主义转变也同样正确。在所有国家中,资本主义都是作为原始的资本积累的一个结果而出现的。可是,如果这一过程的结果被证明是一样的,那么很显然,这一过程自身的本质必然也是同一的。”(第 4 页)。苏维埃学者的这种习惯与惯例为人类学研究提供了丰富的素材。

② 第 178 页。

统一性的学说中摆脱出来的努力设立狭窄的限制区间。因为在很大的程度上,正是国家的特殊作用构成了有关经济发展的俄罗斯版本的实质内容。[①]

105 问题的主要之点仍然是前面已经指出的。由于缺乏一种适当的分析框架,正确地说,波利扬斯基也未能研究“资本的原始积累”问题。他所提供的是关于财富形成的早期历史以及工业劳动力的大量经验材料。此外,它关于企业家集团的出现所提供的信息要比通常的俄文资料所给予的更多。所有这些都是有益的,尽管其讨论在许多方面尚欠完整。[②] 甚至他在结论部分为了将俄国的发展不仅与英国做比较,而且也与其他几个西欧国家做比较,进而指出其异同点所进行的不成熟的尝试,也并非完全没有意义。但是,总的来说,波利扬斯基的研究也应面临与前面提到的会议上对帕夫连科和卡芬豪斯论文所提出的同样的批评。[③] 它的基本内容主要是对于俄罗斯工业发展早期开端的一种叙述。既如此,在波利扬斯基的一部被认为致力于原始积累问题研究的著作与像赫罗莫

① 类似地,苏维埃学者也未能使他们自己对于俄国乡村公社(obshchina)的保留所具有的超出俄国农民解放的意义,赋予足够的重要性。而且,上世纪的俄国马克思主义是那么如此热衷于通过表明乡村公社已经解体来击败民粹主义,以至于甚至到现在,在苏维埃的编史工作中,如果将任何严重的阻碍效应归咎于它,似乎仍然是不适当的。

② 例如,可以参见博罗瓦(S. Borovoy)在最近的一篇论文中关于国民债务所具有的财富创造功能的更为富有想象力的讨论,“高利贷、政府信贷与国民债务”(Rostovshchichestvo, kazennyye ssudy i gosudarstvenny dolg),载于由别斯克罗夫内(L. G. Beskrovny)、藻泽尔斯卡娅、普列奥布拉任斯基主编的《论俄国的原始积累问题》(*K voprosu o pervonachal'nom nakoplenii v Rossii*)(Moscow, 1958),第 497 – 537 页。

③ 参见《会议》,第 421 页(乌斯秋戈夫(Ustyugov));第 425 页(杜布罗夫斯基)。

夫(Khromov)这样的学者所写的关于俄国“封建经济”的一般综述之间,实际上就没有什么差别。[①] 由于波利扬斯基从未提出这一概念的有用性问题,所以他对于有关他的原始积累时期终端的标准而感到困惑。几乎是随意地,他将这一终端固定在 1873 年,在这一年“一场工业危机的爆发显示出俄国已经变成了一个资本主义的国家”。[②] “当然”,他补充道,“1873 年以后仍然有各种资本 106
原始积累的现象在伴随着俄国资本主义的发展。但是,这些现象[从那以后]不过是俄国资本主义发展中的一个附庸特征”。[③] 这种极端肤浅的论述也许是苏维埃学者未能有效地捍卫马克思的概念的最强有力的证据。他们遵守靡菲斯特(Mephisto,它指的是欧洲中世纪关于浮士德的传说中的魔鬼。——译者注)的戒律,设法“提取出这种精神幽灵”,以便将它从这一概念中驱除出去。结果已经被精确地预测到了:

> 尽管它已将所有这些掌握于手中,
> 却唯独没有精神纽带贯穿其始终。

所有关于海盗行经与国民债务各自作为财富源泉的重要性之间的比较,都不能弥补其对于经济发展问题缺乏一种理论方法的缺陷。没有这种方法,概念本身将不能得出任何真正的新洞见,无论人们

① 赫罗莫夫(P. A. Khromov),《论俄国封建经济》(*Ocherki ekonomiki feodalizma v Rossii*)(Moscow,1957)。

② 第 21 页。

③ 第 157 页。

关于所谓俄国版本谈论得多么多。但是，发展这样一种概念将需要勇气。其分析方式是具有危险的。令人困惑至极的是，为了从一个概念中萃取最可能具有洞察力的价值，人们又必须准备在某一点上放弃它。尽管出现了“解冻”，俄国知识界的寒暑表中的水银柱仍然远低于从事这种研究工作所需要的独立程度。

## III

上面对于俄国近来关于原始积累问题的各种观点的粗略描述，为我们讨论罗萨里奥·罗密欧所选择的这个概念的用法，提供了有益的背景。对这一问题究竟是学徒式地模仿，还是进行一种成熟和创造性的建构，两者之间的差别是相当清楚的。

虽然苏联的学者从未停止思考资本原始积累究竟指的是什么，可是罗密欧却显然使它具体化为一个总量经济学中的问题，进而用可测量的因素定义它的构成要素并决定它们之间的相互关系。之后，正是利用由此而产生的模式，罗密欧试图去考察意大利统一之后的二十五年中的经济史。这一模式中的主要构成要素显然是十分突出的。

107 在这一模式的基础，是从 1861 年到 1880 年这一时期中的大多数年份农业产出的快速增长。紧接着向上的一级，则是对这种产出增长的利用。只有它的一部分被用来满足在那个时期出现的人口增长的需要。农村人口的实际人均收入不是保持不变，就是下降了。在农业中较高的人均产出与滞后的人均消费之间的差额转变成了地租的增长。

正是因为罗密欧试图要达到一种关于这个问题的全面系统的见解，所以他并不满足于描述农业中的某些高收入仍然进一步提高这一单纯事实。至于他是否能够将这些追加增长的收入视为资本原始积累的实际源泉，则必然要依这些基金被利用的情况为转移。

所以，罗密欧的第二个立论点便是这样的：上个世纪 60 年代和 70 年代是为即将到来的工业化做准备的年份。正是在这些年间，工业发展的初始条件被确立起来。根据罗密欧，这些初始条件本质上指的是在现代经济术语中通常被称为"经济基础设施"(economic infrastructure)的东西，这是一个虽不优美但却被广泛使用的术语。其所蕴涵的思想是，只有在铁路、公路、运河以及类似的东西这些基础设施上面，工业的上层结构才能建立起来。对于这一时期的意大利来说，所面临的问题主要是如何为铁路建设供应资本。罗密欧承认用于这种目的的资本大多来自于国外资源，但是他指出，也有相当一部分是得自于农业，这是通过自愿储蓄以及课征那些税赋主要落在农业收入上面的税收两种形式实现的。

支撑这种投资的资本积累因而可以在双重意义上被视为"原始的"或"预先的"。首先是因为它先于即将到来的工业高涨，并为后者提供了准备。但是，其次还因为，在某种更特别和更反常的意义上，这里的资金并不是被直接用于工业投资的融资，而是相反，被用来创造将会为随后的工业投资和工业产出增长提供便利的各种服务设施。（在下面，关于这种原始积累的观点我们还将有更多

108 的话要说。)这个过程据说大约在统一后的第二个十年的终端结束了。1880 年和 1887 年之间的工业高涨是在农业萧条的环境中进行的。农业产出的扩张停止了,政府不得不减轻农业税,并将某些负担转移给经济中的非农业部门。

这就是罗密欧的理论纲要。作为对格拉姆希命题的一种否定,它的推理顺序是清晰的。如果一种农业革命发生,农业产出也许并不同幅度地提高,甚至可能全然不增加。无论如何,从一场革命中显示出胜利姿态的农民们将不再能够忍受政府对于他们的收入侵占。结果,基础设施的形成便被延误了,从而 1880 年代的工业高涨也就被削弱了,甚至可以说完全没有实现。

这种推理并非是不可行的,但是它却说的是某些枝节性问题。罗密欧整个论述的真实目的,既不是要对一种有关反对教条主义僵化的争论要点给予评价,他也不具备这种能力。罗密欧的书应当主要是作为一种关于意大利工业发展的研究来被评价。这种评价既涉及对于他所提供的历史证据的讨论,也包括对于他的方法(包括他的原始积累概念)的可行性和有效性的一般估价。



如上所说,罗密欧所提供的是一个关于 19 世纪意大利工业发展的模型,这个模型至少在原则上要涉及可计量的变量。从这些因素来思考问题无疑标志着意大利经济史编撰工作的巨大进步。但是,罗密欧走得更远:他付出了极大努力去填补他的模型所要求的数据资料,从而使得对此问题的处理达到了某种较少抽象的水平。在罗密欧的第一篇论文刚发表不久,中央统计研究所(Instituto Centrale di Statistca)就发表了它关于意大利国民收入长期

增长的重要研究，[①]这当然是一个令人愉快的事件。虽然这一研 109
究并不是罗密欧据以获取他的统计信息的唯一来源，可是毫无疑问，它所包含的材料充足与否仍然具有至关重要的意义。看起来很清楚，罗密欧结论的有效性在很大程度上将依赖于该研究所的研究中所提供的统计资料的有效性。

本文作者没有看到任何关于那个研究的严肃认真的批判性分析。然而确实，该研究中所包含的资料至少有一、两个地方有些令人不解。[②] 此外，从罗密欧特定的视角来看，由该研究所的资料所得出的 1880 年代令人吃惊的低增长率也确实产生了实际困难。

① 《1861 年到 1956 年意大利国民收入发展统计调查》(*Indagine statistica sullo sviluppo del reddito nazionale dell' Italia dal 1861al 1956*)，见《统计年鉴》(*Annali di Statistica*)，IX(Rome，1957)；以下缩写为 *SRNI*。

② 例如，人们对于由 1860 至 1910 年间投资与国民收入增长之间的关系所显示出来的极不规则的模式感到沮丧。看起来好像是，无论人们对于有关所涉及的时滞的假定进行多么大的改变，都不能产生一种可行的假说来解释该研究所的资料所包含的资本—产出比率变动模式(相关的资本—产出比率是根据 *SRNI*，第 251，266，270 页的资料计算的)。

更重要的，是罗密欧在他的书中提到的 1880 年代工业产出的数据问题。像他和其他人一样，本文作者也吃惊地发现，对于这一时期的增长率，在该研究所的研究结果和他自己试图计算的增长率之间存在着极大的差别(参见 *SRNI*，第 218 页，以及本卷书的第 4 章)。研究所的研究结果所包含的增长率对于 1881 - 1914 期间的所有可比的子时段都一律地偏低，尽管对于 1881 - 1888 时期我自己的研究显示了一个平均每年为 4.6%的增长率，可是研究所的研究给出的增长率却低于 1%。确实，对于终端年份的选择将会在某种程度上改变这一数值：如果是对于 1881 - 1887(而不是 1881 - 1888)时段，那么研究所的增长率将提高到 1.77%。但是，差异仍然是巨大的。至于其他子时段的差别，可以相当自然地用研究所的研究是采用 1938 年的权数而我的计算是采用世纪初年的权数这样一种差别来解释。研究所的结果中的增长率普遍较低将会进一步增强对于这种解释的可信度。不过，1880 年代的差异是如此之大，以至于难以用这些因素来解释，从而研究所的资料与我们关于这一时期的总体信息之间肯定存在着不一致。尽管如此，在未来的研究中，人们必须保留自己的判断。

在全部地利用了该研究所的资料以后，他又不得不突然地拒绝接受处于1880—1887这一时期的数据，以免他的模型所设想的结论失去历史根据。如果在1880年代没有出现任何工业高涨，那么将很难理解究竟在什么意义上前两个十年可以被认为代表了资本的原始积累和初始的预备性投资。

以上所说这些并非是要贬低该研究所的研究成果。毫无疑问，正是由于它的开拓性努力，所有研习意大利经济发展的学生都感到自己从中获益匪浅。不过确实，暂时记住在这样一个广大而
110 又困难的领域进行的第一步研究所必然会带有的不确定性，也许是更为深思熟虑的。更为真实的情况是，未来的修正也许会影响到很多量值并且改变我们在自己的分析中将要赋予它们的权重。基于本文讨论的目的，本文作者也愿意仿效罗密欧的做法，对该研究所的数据资料的大多数予以采用。不过，这样做决不意味着我们也接受罗密欧对于这些数据资料的评价。人们将会看到，对于统计资料所描绘的某些相当温和的发展，他有过分地夸大的倾向。

毫无疑问，罗密欧相当正确地强调指出了1861至1880年间农业产出增长这一事实。但是关于这种增长的程度则仍然是一个问题。就以实物计量的产出数据来看，在罗密欧所引证的资料来源与那些包含了一系列农产品产出变化的数据统计之间所存在的惊人的差异是令人感到困惑的。[①] 后面这些数据无疑构成了中央统计研究所的研究结果所给出的关于农业产出的价值估计的基础，而在基本数据中的这种差异肯定会降低这种价值指标的可靠

① 参见*ReC*，第118－119页。

性。然而，如果我们沿袭前面的做法，决定将后者作为一种完全正确的数据来加以采纳，那么将不可避免地会产生两个结论。首先，产出在这一时期（至少是在统一后的前十五年）的增长是无可争议的，这由市场买卖的农业总产出的价值数据清楚地显示出来。其次，其增长率远非是压倒性的，在头一个十年为年均 2.7%，而在 1861—1865 年间和 1876—1880 年间只有年均 2%。[①]

如同前面已经提到的，罗密欧对于自愿储蓄的增加及其在为"初始预备投资"融资中的作用，给予了某种强调。而根据中央统计研究所的研究，完全真实的情况是，储蓄率在统一之后的头一个五年几乎微乎其微，而在随后的三个五年中则提高到大约 4% 的平均水平。[②] 就我们所知道的其他国家在工业化时期和前工业化时期的这种储蓄率情况来看，很难说一个 4% 的储蓄率算是很高的。此外，与在经济发展史的其他时期曾经达到的储蓄率比较而 111
言，它也不算高。有意思的是，这个储蓄率在上世纪 80 年代的前半期达到了它的高峰，而这正是农业萧条减少了收入和储蓄的时期。另一方面，储蓄率的峰值出现于工业高涨时期当中这一事实，也显示了积累具有的"同时发生性"而不是"预先性"特点。到上个世纪的最后五年之前，那种偶尔发生过的峰值水平（6%）再也没有出现过，而那时意大利工业化的大爆发已经出现了。而在随后的十年中，储蓄率几乎提高了一倍，这意味着当意大利工业化全速前进的时候，其储蓄率大约相当于罗密欧的原始积累时期中的储蓄

① 根据 *SRNI*，第 204 页的资料计算。

② 根据 *SRNI*，第 264 页的资料计算。

率的三倍。

与此同时，也很难消除有关统一后头两个十年中实现的投资率上的某些不合意之处。总投资率（按照当前价格计算）似乎是在7.9%到9.8%之间波动。[①] 这很难给人留下深刻的印象。同时也必须注意到，在这同一时期，公共工程在国民总产品中所占的比例从一开始就是非常小的，而在随后的各个五年中则又不断下降。仅仅是在1880年代的前半期，公共工程在GNP中的份额才返回到1860年代早期的水平（这也是相当低的）。[②] 最后，如果考虑到中央统计研究所关于人均国民收入增长率（按照1938年价格计算）的研究所给出的数据，即：统一后的第一个十年年增长率为0.3%，第二个十年每年下降0.23%（即－0.23%），[③]那么罗密欧将这两个十年描绘成一个充满繁忙活动的"基础设施"建设繁荣的时
112 期，也是令人难以接受的。人们从所产生的这五组数字或比率中得到的总体印象是，在这些"准备性质的"年代无论发生了什么样的经济转轨，都还没有大到足以以任何实际有意义的方式来影响经济总量的程度。

在某种程度上，这一困难由于罗密欧特有的原始积累概念而

① 根据 *SRNI*，第249，264页的资料计算。

② 根据 *SRNI*，第249，264页的资料计算。公共工程占GNP的百分率如下：

| | |
|---|---|
| 1861－1865 | 2.8 |
| 1866－1870 | 2.1 |
| 1871－1875 | 1.9 |
| 1875－1880 | 1.6 |
| 1881－1885 | 2.8 |

③ 根据 *SRNI*，第251页的资料计算。

又进一步加重了。如果他采用一种较窄的概念，他将在财富形成与它随后转化为投资基金之间面临某种断层。进而，没有人会期望有关国民收入的数据能够在与“生产性投资时期”相区别的“积累时期”中显示出重大变化。但是，从单纯地创造对于未来国民产品的要求权角度来看，罗密欧的概念涉及对于当前收入要求权的创造，即原始地积累的基金在当前被倾注到旨在为经济的基础设施融资的投资中。在这些条件下，人们将期望看到高的资本—产出比率(适合于铁路建设条件)。此外，尽管铁路取得利润较慢，它们的建设和运营却必然会提高经济范围内的增加值总量。然而，统计数据会令这两种预期失望。如果我们坚持先前的做法而不对这些数据提出疑问，那么结论本身将表明，罗密欧所称的原始积累过程在现实中也许比他所想象的那样具有更少的数量上的重要意义。

既然关于这个问题已经敞开了话题，那就必须进一步展开。罗密欧建议的模型具有极好地排序的优点。“最初的事情必须最先出现”似乎是贯穿于整个模型：那里有一个准备时期，在这一时期中为随后的增长创造前提条件，然后增长本身才出现。按照这种观点，经济发展将呈现为一种非常具有逻辑上和方法论上排列顺序的现象组合。也许是因为考虑到他自己的模型，罗密欧相当赞许地引用了萨波里(Sapori)的如下论述，“在最后的分析中逻辑与历史是一回事和同一件东西”。[①] 但是，克利俄(Clio)并不是一

---

① 参见 *ReC*，第 112 页。至于在其他方面，萨波里的所说至少是令人感到迷惑的。它是简单地意味着历史学者必须要通过一套假说来研究他的材料，并且这些假说还必须具有形式上的(尽管可能不是实质上的)一致性吗？如果这样，那当然是相当令

位于净利索的家庭主妇（克利俄指的是希腊神话中的女神，在这里隐喻：历史事件的发生并不是那么刻板地遵循规则的。——译者
113 注）。虽然作为最大程度的近似，将增长的准备时期与“实际发生的事情”分离开来是有益的，并且来自19世纪欧洲经济发展的某些经验材料也确实可以按照这种方式来有利地加以组织。然而，同样真实的是，在那些具有显著落后程度的欧洲国家的工业史中，对工业化的准备与工业化本身往往是更紧密得多地相互交织在一起。这与一种普遍观察的印象是密切相联的：一个国家在其工业化出现大爆发的前夕所具有的落后程度越大，越有可能发生这样的情况，即那些在落后程度较低的国家中作为工业发展前提而出现的因素在这里则是或者不存在，或者只发挥一种次要的作用。可能的情况是，在这样一些国家，所缺乏的“前提”为其他因素所替补了，从而很多在较先进的国家可以有意义地被视为工业化前提的因素，到了较落后的国家就变成了其工业化的结果了。因此，人们能够指出在较落后的国家中很多所谓的“准备时期”往往是与工业高涨同时出现的。人们在实际上甚至被引到这样一种说法，即正是因为这种不同时期的合并构成了急速工业化的实际前提。换言之，完全可以相信，在落后国家，如果在工业高涨发生之前真的存在一个纯而又纯的准备时期，那么它就将使得这种工业高涨化

---

人满意的。不过，萨波里显然是想表达更多的意思，并且暗示每当统计材料与这些假说不一致进而对其产生证伪的威胁时，历史的逻辑必须存在。这里存在着魔法，并且——谁知道呢？——甚至也许拥有某种像格式塔（*Gestalt*）一类词语表示的意义，唯一的例外是，人们很难理解对于收集支持他的模型的材料那么具有耐心和恒心的罗密欧是怎么可能与萨波里享有同样的观点呢？而萨波里本人也怎么可能与罗密欧享有同样的观点呢？

为泡影了。这种看似矛盾的结论完全是由于人们拒绝承认经济落后所具有的“逻辑”复杂性的结果。意大利的工业化也许为这些关系提供了最好的说明。将导致意大利在1896—1908年间的经济大爆发时期工业增长率下降的一个因素，严格地归于在这一时期开始以前就已经基本完成的铁路系统建设这一事实，看起来是一个相当稳健的历史假定。如果与铁路建设相伴随的需求能够保持
下来，那么在1896—1908年这一时期也许很有可能出现一个更高 114
的工业增长率，这个增长率将与当时意大利经济的相对落后程度更加一致。①

从前面的评论中将会得出什么结论呢？我们的目的并不是要寻找关于罗密欧对意大利经济发展的一般评价的例外。当他强调

① 本文作者不禁感觉到，罗密欧对于工业化进程中的需求和市场作用问题的考虑有些过于轻率。一方面，关于工业消费品从法国和英国的大量进口表明了一种庞大的国内市场存在的说法（*ReC*，第108页）不一定就是正确的。如果没有购买力从较高收入者向较低收入者的预先转移，对国外产品的需求常常不能被转化为对国内产品的需求。另一方面，罗密欧所引用的纳克斯的论述，即在最终的分析中市场只能由生产来扩大，肯定也不能被理解为在任何条件下生产都将会发现它的市场（*ReC*，第105-106页）。由农民所代表的国内市场可能对于工业化来说将变得不重要——事实上是一个起阻碍作用的力量——如果有某种其他主体（例如国家）愿意并能够引致工业生产同时又为所生产的物品创造市场的话。这是发生在落后国家的工业化过程中的替代模式之一。此外，国家的需求并不是唯一可能的此种模式的替代。与稳定乐观的预期相适应的企业家活动和长期维持的彼此对于投资品的需求，也能够作为对于农民需求的有效替代。虽然这种替代常常是极有可能发生的，不过也没有任何保证来使它们在实际上一定发生。如果它们没发生，工业增长率将可能面临不利局面，然而，那种得以维持的增长率肯定将仰赖于从国内市场所扩散的需求的存在。所以，这种与意大利国内市场的潜在重要性相矛盾的案例将不能从某种一般命题的角度来论证，而应当从下列可能性来考虑：即（由于更有效因而更加）优越的对于国内市场的替代物将是（或者实际上也是）可供利用的。

将意大利转变为一个现代工业国家——地中海沿岸上唯一的一个——并且面对着真正难以克服的障碍——的辉煌的成功努力时，罗密欧的论证是拥有十分坚实的基础的。他在这方面的案例具有如此强大的说服力，以至于甚至他为了支持这一案例而对科林·克拉克(Colin Clark)非常不可靠的数据加以引证都不会使其逊色多少。[①] 但是这并不是问题的要点所在。最终，任何事情都将倾向于在历史的荡涤中产生出来，从而考察一个过程的结果将不可能对于它的早期阶段提供更多的启发。而正是后者是我们这里所关注的问题。

115 罗密欧观察在实现统一之后的头一个二十五年中意大利经济发展的方式，对于指出在那个时期究竟完成了哪些转变也许是有益处的。但是，时刻注意这种演变过程的不足与缺点，至少也具有同样的益处。这不仅仅是要贬低政策的作用——虽然这些政策必须被批判——相反是因为有关意大利工业化的缓慢与滞后这样的非常正统的问题仍然悬而未决。这个问题的核心之点，亦即所有的事物都向其收敛的焦点，是对于1880年代工业高涨的估价问题。对这一时期，罗密欧自己相当“谨慎地”将其特征化为一个“稳健地、快速发展的”时代。[②] 但是，他又继续用相当浮夸的语言去描述它，并且毫不迟疑地将他的书中论述这一时期的那一章冠名为“大规模工业的诞生”。

我们知道，1880年代并没有产生意大利工业发展的大爆发。

① 参见 *ReC*，第197－199页。

② 参见 *ReC*，第188页。

对于它的到来，这个国家不得不再等待十五年，而那种认为这种“大爆发”的规模正是因为来得较迟而并不像它所可能有的那样大的观点，看来也是经得起考验的。然而，为什么 1880 年代的经济高涨未能发展成为具有特征性的初始工业化高潮呢？存在着多种可能的答案，农业的困境也许是其中之一。但是罗密欧本人却坚持“这种危机的作用是加速了工业资本投资”。[①] 我们在其他地方也观察到，极为落后的农业国在农业萧条的条件下可能出现令人产生最深刻印象的工业爆发，1880 年代后期和 1890 年代初期的俄国便在这方面提供了最明显的例证。像经常出现的情况一样，这里的问题是一个补充和替代的问题。所以，人们将会看到，一个可能的解答必须要在罗密欧所利用的那些材料中去寻找。

当然，罗密欧有理由将对土地所有者的当前收入课税并将其用于当前的基础设施投资这种攫取收入的过程，称为“原始积累”。但是，他这样做，并没有使我们忘记可以从马克思的直觉中提取出来的另外一种也许更为基本的原始积累概念。这一概念尽管在原则上相当具有可操作性，却像所有涉及强迫储蓄的过程一样，更难 116
以得到统计上的证明。但是人们将会看到，至少有一个重要的推断已经被相当好地建立起来，它绝不会因为任何概念上的重新定义而受到影响。那种关于意大利没有能够在最适宜的人手中形成在有利的时机可以为工业企业家所利用的充足的、预先的长期财富积累——亦即它的积累间断了——的推断，对于理解那个时代意大利的经济形势具有根本的重要性。这并不是意大利所特有

① 参见 *ReC*，第 175 页。

的，其情形也与其他那些工业化起步较慢的国家相类似。不过，它却蕴涵着这样的意义：原始积累的基本概念所拥有的巨大认知价值经常是消极的。在这个案例中，它就使人们确信这一概念不适合于意大利的经济条件。因此，意大利的工业发展(如果它确实已经发生了的话)，必然要利用某些原始积累的替代物——以便找到某些足以能够将国民收入的大部分份额转化为投资的途径。由于他对其所描述的过程保留原始积累的名称，罗密欧实际上掩盖了这样的事实，即它恰恰是资本原始积累的一种**替代物**。如同前面已经表明的，由统计数据中所清楚地得出的结果是，曾经有过的替代在数量上是微弱的。一个大推进要求一种大规模努力：不论是国家，还是某些金融机构，抑或是二者同时，都必须愿意从事这种努力。

本文作者感觉到，罗密欧在总体上未能意识到，在 90 年代以前意大利政府以及相关的银行的政策的不适当性或错误导向将有多么严重。尤其是，我们将很难接受他对政府有关钢铁的政策的赞许。他认为如果没有国内钢铁保护意大利的工程制造业就不能发展的观点，是一个最值得怀疑的论断。无论是事实还是理论推理都显示了相反的情况。昂贵的和低效的钢铁工厂的建立阻碍了意大利机械工业的提升，那种认为由于机械工业更适合于意大利的条件从而可以不用对其实施适当关税保护的论断，看来是理解错了一种理性政策的宗旨与含义。[①] 不幸的是，罗密欧仅仅在他
117 谈及由国家对钢铁工业强有力的扶植而产生的对意大利关税政策

① 参见 *ReC*，第 194－195 页。

的影响时，[①]才是绝对正确的。当罗密欧充满信心地论证意大利的关税政策也促进了棉花业甚至保护了粮食生产的时候，他则是错误的。人们可能认为，在意大利的条件下，大量的国家干预将是顺理成章的，并且事实上是最理想的。同时又进一步感觉到，如果政府对于经济事务完全无所作为，也许会比实际发生的情况更有利。确实，罗密欧看来是受到了他自己模型的结构或者毋宁说是其伦理学的过分影响。将那个时代所做的所有事情都视为一种对于意大利工业的福音，或者具体来说，将论断扩展到这样一种程度，以至于保持外汇管制（*corso forzoso*）与解除外汇管制都同样地被赞赏为对工业发展的一种促进，[②]将是不对的。此外，过于自信地得出这样的推论也是无益的：即认为小型企业在意大利工业中所占的支配地位可以由劳动力形成过程和技术工人的培训来解释并得到证明。[③] 如果 19 世纪的工业史确实告诉了我们什么的话，那么在落后国家的大规模工业高涨中所出现的企业和工厂的大型化显然是具有至关重要意义的东西。正是在大型工厂里面，才能证明有可能实现节约，并且通过用机械与组织创新二者来替代高素质的劳动达到最有效地使用可供利用的技能的目的。正是大型工厂与企业，能够抵消对于落后国家经济发展的多重弱点和障碍。但是，要兴建与维持这样的企业，将需要一种够规模的资本供给，而这种规模的资本供给不论是当时的意大利政府还是其银行都难以提供。如果人们考虑到在 1880 年代价格水平不是稳定

① 参见 *ReC*，第 184 页。

② 参见 *ReC*，第 191 页。

③ 参见 *ReC*，第 191 页。

就是在下降,[①]那么将很难理解罗密欧怎么可能将这些年份视为一个充满通胀压力和严重的强迫储蓄的时期呢?[②] 正如罗密欧所
118 说,绝对真实的情况是,银行尚未实施调整以支持快速的工业发展。[③] 由此推知,要实现一种工业化的大爆发,国家就必须取代相应的银行业职能,并且还应在所要求的规模上做到这一点。然而,这并没有出现。结果,一个重要的历史机遇便失去了,本应由仍在持续的创建基础设施的需要所推动和维持的一个工业高涨实际上却没有出现。

因而,在很大程度上,将本文作者与罗密欧的立场区分开来的,是如何对他的模型所产生的结果进行解释的问题。但是本文前面所说的所有的话都不能贬低这一模型本身所具有的认知的价值。它代表了试图将可操作的概念组织起来、并根据其有机的相互联系去观察意大利经济发展史上一段意义深远的时期这样一个创造性的和富于想象力的努力。毫无疑问,它开辟了通向现代经济史的道路,而人们可能唯一地希望罗密欧将继续沿着这条他曾经如此顺畅地进入的路线展开他的探索。

① 参见 *ReC*,第 178 页。

② 参见 *SRNI*,第 251 页。

③ 参见 *ReC*,第 161 页。

# 第6章　俄罗斯：1861—1958年间经济发展的模式与问题

农民的解放处于本文所考察的这一时期的开端。关于在改革 119
的前夕农奴制究竟是由于经济原因而瓦解，还是它的生命力和生存能力本质上仍未受到伤害的问题，一直是引发众多争论的主题。但是，甚至像本文作者这样的倾向于后一种观点的人也必须承认，俄国经济中非农产业部门的发展确实是以农奴制的废除为前提的。

然而，这样说决不意味着促进经济发展是解放农奴的首要目标。正像19世纪欧洲农业改革的大多数真实情况一样，俄罗斯改革的创始人或者认为工业化是不理想的，或者至多也是认为它是可有可无的。所选择的实际改革程序反映了这些态度。他们通过很多方式去牵制而不是促进经济增长。首先，农奴解放涉及如何确定土地所有者让给农民永久使用的土地亩数的问题。毫无疑问，在这个国家广大的区域内（特别是在黑土地带（black-earth belt）），农民所得到的土地要比他们在改革前通常被分派的土地少得多。其次，作为对土地分配的补偿，还有一个农民需要支付多少数量的免役地税（*obrok*）的问题。确实，一旦这些地税的数目
被确定下来，农民随后对土地的获得（这被称之为赎买过程，据此 120

土地的使用权被转化为土地的所有权)就变得非常容易,并且往往不再产生任何对农民的追加负担。可是,其初始的地税被定得远远高于当时的土地市场价格。俄国没有效仿此前不久进行的欧洲农业改革的一个先例,即1848年奥地利的农业改革,在那里,农民的义务几乎是根据“衡平权利”(equity)或地籍的价值(远低于它们的市场价格)来决定的。

也许可以指出,刚刚提到的俄国改革的两个特点为随后的工业化提供了有利的氛围。农民持有土地的不足连同对他们的家庭所施加的沉重财政负担,预期将会促使他们逃离乡村,从而便会为新生的工业提供劳动供给储备。如果这种改革和随后的立法措施没有通过加强乡村公社(无论它在哪里存在)建立起对土地逃离的严重壁垒,那么实际上也会产生这种后果。

一个英国自耕农当他发现圈地的成本过高时,可能会出卖他的农场,并用所得资金去从事农业以外的企业性投资,或者,在最坏的情况下,去从事仅只补偿他的转移成本的活动。一个俄罗斯的农民如果要离开乡村公社,不仅必须放弃他对于土地的权利,而且还不得不根据赎买程序的条款额外地付出常常是数额高昂的货币,只有在这之后才能获得离开的自由。而一个家庭成员若想要永久地离开村庄,也必须要得到一家之长的同意方可成行。在乡村公社对于土地的定期重新划分是根据一个家庭实际可支配的人力来进行的场合,一个家庭成员的永久离开必然会减少该家庭在下一次土地划分中所可能得到的土地数量。在土地相对稀缺的条件下,一家之长准许这种离开的意愿不可能,而且一般来说也绝不会很强。这样,作为取得稀缺要素(土地)的前提条件,单个家庭就

不得不保留其多余的要素（劳动），没有什么能够比这一事实更明
显地暴露出乡村公社行事的非理性方式了。另一方面，家庭成员 121
愿意永久地切断与土地的联系并坚决地转向非农业方面谋生，自
然也是这些制度安排负面影响的结果。

人们经常声称，俄国解放农奴的过程遵循了“普鲁士模式”(Prussian model)。似乎是列宁第一个使这一思想流传开来。这种类比很难说是恰当的。俄国改革的最显著特征在于，它牢固地建立起拥有土地的农民阶层，而不是一个无地的劳动者阶级，并特别谨慎地使农民依附于他们的土地。肯定地说，这样做，除了别的因素之外主要是为了满足贵族们对廉价劳动的需要。但是，这里再一次地显示出与普鲁士改革的相似性是相当表面化的和靠不住的。与普鲁士的容克贵族不同，俄罗斯的贵族很少显示出对于他们的财产进行技术创新的多大兴趣。农奴制的传统也许是导致这种情况的部分原因。在这些环境下，由改革法令(Reform Act)所确保的财产所有者可以得到的廉价的劳动也许并不是一种理想的天赐赠品，因为它将抑制他们引进那些倾向于产生节约劳动效应并提高农业产出的资本密集度的耕作方法改良。

虽然向城市的永久移民是困难的，暂时的移动对农民家庭成员来说则要相对容易得多。不过，甚至在这种情况下，由村庄管理机构的负责人和家长授予准许权的制度规定，也为克扣在城市挣得的某些收入份额创造了各种条件。对某些已离开的成员保留要求并强迫他们返回乡里的权利，肯定为各种形式的压榨和勒索提供了广大空间。如果考虑到长久的传统和根深蒂固的惰性在任何情况下都会阻碍向工业的移民，那么俄国政府通过赋予乡村公社

和米尔(Mir,沙俄时代的一种村社组织。——译者)在解放农奴的过程中以及在其后的乡村生活中如此强大的作用,也为俄罗斯永久性工业劳动力的形成创造了严重的障碍。

122 如果农民经济所面临的双重压力——土地不足和财政负担沉重——通过引起一种离开土地的稳定的、大规模的移民可以被避免,那么这种压力本身就必然起到了一种阻碍该国经济演进的作用。农民经济不能够提高它的生产力,因为其在税后和赎买支付后的收入不允许进行足够的投资,甚至这种低水平的收入还时常导致资本耗空。此外,对于土地重新划分的预期也妨碍了土地改良,即使他们在资金方面具备了可能条件。这种重新划分所具有的平均主义性质防止了单个家庭被分派持有的土地的集中,排除了耕作方法和轮作制度变化的可能,甚至在农民的无知与惰性并未构成对这些改良的实际障碍的场合也是如此。

在长期中,农民可利用土地的稀缺连同人口的增长,意味着农民的经济地位的稳步恶化,尽管存在着乡村公社和贵族土地上的个体农民对土地的购买,以及在1880年代为了对此种交易进行融资而成立的专门组织。

确实,就其被分配的土地更多一些同时所承受的财政负担更轻一些而言,那些国家农民(state peasants)的地位要比先前的农奴的地位更为有利。而所谓的皇室农民(imperial peasants)则处于这两个群体之间。不过,这些差别并没有大到足以有理由对国家农民和皇室农民给予不同评价的程度,特别是从长期来看尤其如此。他们也受到了乡村公社的限制性影响,并且,他们的农场的经济发展也受到了政府行动的约束,它所实施的经过深思熟虑的政策要将这些农民的负担拉到与先前的农奴所承受的负担相一致的水平上。

应当补充说明，从其减少了农民义务的实际负担这一角度而把在农奴解放到第一次世界大战之间这一段时期中成为富有特征性的事件的土地价格的长期上升说成是对农民提供了救济，将是错误的。在大部分欧洲区域中，农民土地的市场价值都倾向于大
大超出其资本化收益的价值。不过，在俄罗斯这种倾向特别的强。123
甚至当农产品价格正在下降的时候，土地的价值也在向上运动。由人口增长所刺激起来的农民对土地的渴望，可以在很大程度上来解释这种差异。因而，土地价值的升高远非是救济农民经济，而不过是他们的不稳定的地位的一种表现。

几乎没有什么疑问，对于农民经济产出增长的抑制以及由此而产生的对于农民对工业产品购买力的限制，将是一个国家工业化的严重障碍。它们从一开始就使得令农民对工业品的需求产生一种对工业增长的强大推动力成为不可能。这一点显然为大多数民粹主义的学者所清楚地看到。他们的结论是，俄罗斯的工业发展是不可能开始的，如果开始了，也必然要陷入“内部市场”的浅滩之中。

这种预期并没有使民粹主义者感到害怕，因为他们反对工业化并对其社会后果感到担心。然而，这种预期并没有实现。到了 1914 年，俄国已经在工业发展的道路上取得了长足的进步。导致民粹主义者预言失败的原因在于，他们未能看到经济发展过程所固有的多重伸缩性与可调性。农民经济日益增长的购买力实际上可能成为工业化的一个动力。但是，它仅仅是一系列各种可能的

因素中间的一个。

在像俄罗斯这样一个落后的国家中，经济发展可以被视为一系列试图发现——或创造——对于那些在更先进的国家中曾经真实地促进了经济发展而在俄国的落后条件下却又缺乏的要素的替代品的努力。此类替代对于理解最初的缺陷被克服从而一种可持续的工业增长过程发起的方式，具有关键的意义。正是这些替代的事实决定了俄罗斯工业发展的特殊模式。

但是，工业化过程也是一个使落后程度逐渐降低的过程。在这个过程中，先前所缺乏的要素将变得更加明显，并且在经济体内部取得日益增长的重要性。曾经被徒劳地视为可以作为工业发展
124 的“前提”或“原因”的东西，逐渐变成了它的结果。在现代工业化的历史中，考察原始的替代在履行了它们的职能之后究竟在何种程度上因而变得陈旧并且消失，以及它们又在何种程度上被保留并且继续在随后阶段的发展模式中占据支配地位（尽管对于它们的特殊需要不再存在），将是一件十分迷人的工作。

在这篇篇幅不大的文章中，本文作者当前被指定的任务是就过去一百年的俄国经济史——一个史无前例的经济变革时期——提供一种研究背景。显然，我们所能做的不过是选取这一变革的某些重要方面来加以讨论。也许在前面各段中所论及的过程可以实现这一目的。

在我们所要评论的这一具有较长跨度的时期中，创新与不合时宜似乎通过多种方式，以永远变化的形式并且在不同的层面上发生着聚合与分离、彼此的相互尾随与替代。本篇论文的剩余部分将致力于从这些关系的角度去尝试着考察俄罗斯工业化的独

特性。

# I

在革命以前的时期俄罗斯工业化的大爆发，基本上是与 19 世纪 90 年代这十年相吻合的。因而，在这种巨大的努力最终出现之前，这块土地几乎等待了三十年。这没有什么可吃惊的。如果要人们能够预期到农民改革对工业增长产生直接和即刻的影响的话，那将要求这一改革采取完全不同的形式。此外，即使这一改革是被精心设计来促进工业化而不是阻碍它，某个缓慢增长的预备期几乎也是不可避免的。由农奴解放所唤醒的司法与行政改革从根本上为现代企业活动创造了一种框架。但是，至少具有同样重要意义的其他变化，却来得缓慢得多。交通方面的急剧改良是至关重要的。为了理解某些铁路的建设必须要先于快速工业化的时
期，人们没有必要去设想由一队牛群拖拽着巨型锅炉穿过乌克兰 125
的深陷的泥泞之地去达到顿巴斯的高炉建设工地这样一幅戏剧性的、可悲的图景。铁路对于维持一种与工业化中的经济的需要相一致的出口水平是不可缺少的。铁路材料必须要从国外进口，这反过来又意味着追求一种对刺激国内工业只有很少作用的自由的对外贸易政策。此外，一个急剧增长的时期不可能简单地因为工业化的制度壁垒消失了就在一夜之间完成。这样一个时期需要来自很多方面的相互补充的努力的同步发展。各单个工业部门增长的构成要素必须要相互调整，只有当许多这样的“发展模块”（development blocks）（用埃里克·达门巧妙的措辞来说）被建立起

来时，开始发动大推进的舞台才搭成了。

几乎没有什么疑问，农奴解放以后的数十年可以被视为进行这样一种准备的时期。而且，只有从历史回顾的角度它们才能被这样来看待。为民粹派所始终坚持不懈地强调的内部市场的不足，也许会将这一急剧增长的时期的到来推延到一个遥远的、不确定的未来。所以，19 世纪 90 年代工业大高涨中的战略性因素必须从政府的政策转变上去寻找。在 19 世纪 60 年代曾经如此明显地存在的对于工业化的畏惧已经消失了。工业发展实际上已经被承认为一种中心目标。一旦这种局面出现，农民需求问题便失去了它先前可能具有的重要意义，而它与工业化的关系也被完全地倒转过来。这就好像是一个旋转舞台在运动，向人们展示了一种全新的场景。农民对工业品的需求的增长不再是一个成功的工业化的前提条件。相反，对于这种需求的削减变成了目的。减少农民的消费将意味着国民产品中有日益增大的份额可以用来投资。它意味着增加出口、稳定通货、从国外得到数额更大和更便宜的贷款的机会，以及对于偿付外国贷款所需的外汇的可利用性。

维什涅格拉茨基和维特领导下的俄罗斯国家将农民置于极为沉重的财政负担的压力之下。它任该国的农业经济自行发展，相
126 信将牧场转变为粮食生产地以及在那些按这种方式耕作而不是租给农民的地产上出现的生产力的某种温和提高，足以支持工业化的过程。人口当然在急剧地增长。在 19 世纪 90 年代的末期，俄国的农业所生产的按人口平均的面粉类谷物，比三十年前的情况还要低。如果考虑到出口的增加，那么国内可供利用的谷物就更少了。政府政策的核心原则就是要克扣农民产出的一个更大的份

额，而不是采取实际的步骤去增加这个产出。

因此，政府的预算政策便有效地**替代了**内部市场的不足。在整个 19 世纪 90 年代大规模的铁路建设的继续，为政府维持对工业产品的需求提供了方便的机制。与此同时，政府还通过五花八门的方式，或者直接向工业提供投资资金，或者鼓励和帮助工业投资。政府的行为所起的作用，相当于在其他国家中通过一种日益增长的自由市场拉动，或者通过由信贷创造抑或影响先前积累对当前收入的要求权而产生的强迫储蓄所起的作用。

然而，这些还不是在这一时期中所发生的替代过程的全部。俄罗斯政府远非是无区别地鼓励所有工业部门的发展努力，而是将它的主要注意力集中于钢铁和机械工业的产出。铁路所具有的战略意义和总体的政治考虑肯定促使了政府沿着这一方向而行动。但是，正如也许可以从与其他国家的比较中得出的推断那样，这仅仅是事情的一部分。在某种意义上可以说，这种对于某些工业部门的集中也是替代过程的一种发散。

俄国在它的工业大爆发出现的前夕面临着许多软弱无力的因素。它的企业家人数奇缺，他们的时间视界常常是很有限的，商业习惯是落后的，诚信标准普遍不高。劳动力向工业的流入由于对
农业所施加的制度安排而极不充分。其所可以利用的劳动力又是 127
缺乏教育的，拥有不安分和不定性的习惯，经常试图通过酗酒去消除失败与孤独的感觉，随后便是缺勤、低生产力以及反抗工厂纪律的规则。像其他许多具有相似条件的落后国家一样，俄罗斯也拥有少数优势，其中之一就是它能够从更先进和更有经验的工业国家借用技术。唯独在这一领域，俄国能够保证与其他国家处于同

一水平(如果不是超过它们的话)。它能够集中于现代技术,因而它的工厂设备尽管在总量上还很少,但是从其平均构成来看却可能更为先进。但是,从先进国家大规模地引进技术,就其本身的性质而言也意味着资本对劳动的一种替代。所以,正是现代的西方技术使得俄国的企业家能够克服其不适当的劳动供给以及此外还普遍存在的劳动者素质低下的缺陷,这恰恰是在一个落后国家条件下的理性行为。

这并不是说,缺乏适宜的劳动供给这一事实本身没有构成俄罗斯工业化的一个障碍。引进一种劳动节约型技术的过程也许意味着更低的单位产品成本,不过企业家可能仍然认为由此而产生的节约不足以证明他们使其工厂重组和现代化的努力是正确的。只有当他感觉到成本的减低将导致一种巨大的产出扩张从而总利润十分显著的时候,他才能采取积极的决策。但是,即使在劳动节约型创新的条件下,产出的大规模扩张也将要求劳动力的大幅度增加。因此,除非人们预期到所需要的劳动力能够在工资率没有较大提高的情况下出现,否则,决策仍将是不利于创新的。所以,问题并不在于俄罗斯在工业无产者形成方面所经历的困难没有构成一个产生麻烦的障碍。相反,这里的核心问题是,政府对于与引进现代技术相伴而生的日益增长的产出中一个相当大比例的需求的保证,创造了这样一种局面:在其中劳动供给在数量与质量方面的不足与缺憾被抵消了,从而仍然能够允许存在一个较高的工业增长率。

研究这一时期的历史学家不能不对外国技术同化的这种过程
128 的两个方面产生深刻印象。可以当然地认为,在整个 19 世纪技术

都是倾向于变得愈益劳动节约型的。这对于单个工业部门是真实的，甚至对于整个工业经济更是如此，因为出现技术进步的那些工业的日益增长的份额导致了资本与劳动比率特别急速地提升。当然，广义地说，俄国的企业家确实将不得不在事实上接受西方的技术。但是，如果他们想要控制资本—劳动比率提升的话，他们也完全可以去努力取得在西方工业化早期阶段所建成的老一代设备。至少他们可以从其技术进步并不很快的那些国家来进口技术。可是，实际上所发生的情况正相反。在 90 年代的经济大爆发时期，在俄国进口中占支配地位的不再是英国的技术，而是更先进的德国技术。并且工程师和企业经理们的目光又日益地转向美国，因为在那里甚至更加资本密集型的设备已经被生产出来。因此，存在着各种不同的可供选择的技术，而我们显然没有任何理由断言实际做出的选择不是理性的。

另一方面，如果将这种技术获取过程视为一种单纯的模仿，也将是错误的。确实，在 19 世纪的最后十年，俄国人还很少有机会能够生产包含了某些（比方说）美国和德国机械或设备性能的设备（在几十年以后这已开始成为可能了）。但是他们也相继地分别来处理那些向现代化更新的过程和那些保持原有状态不变的技术，这常常就发生在同一工厂内。虽然俄国的高炉迅速地变得更大并且技术更先进，可是高炉装料程序却并未受到这种发展的影响，仍然由工人手推独轮车来完成这一操作任务。在工业部门的工作与农业中的相类似，从而，在可以由一种无技能的和不固定的劳动力来履行的场合，就允许继续采取这种工作方式。

最后，还有一个关于大规模的问题。大规模，在广义上当然是

一个大爆发的概念所固有的。但是俄国的工业化，像上一个世纪许多其他落后国家的情况一样，也是以单个工厂和单个企业同时
129 具有大规模为特征的。对此有很多原因。其中之一是，19世纪的技术典型地有利于大工厂，接受最先进的技术也就意味着接受了越来越大的工厂。国家出于好的或者不那么好的理由而对于工业企业的促进，也明显地表现出了对于小企业的毫无兴趣。大企业是一个更大的获取不义之财的来源，官僚机构的腐败往往强化了这个已经基于重要的经济原因而存在的趋势。同样，俄国政府也几乎不去制止工业内部强烈的卡特尔化运动，这种运动在90年代的经济大突进之后形成了势头。但是我们这里感兴趣的是，工厂与企业的大规模也必须被视为一种特殊的替代过程。管理的与企业家的人才的缺乏由于工厂的规模化而得到了补偿，因为它使得较窄分布的可供利用的企业天才能够扩展到工业经济的广大领域。



这些发展的结果和余波是什么呢？从纯数量的角度，即工业产出增长的角度来说，经济的推进确实是巨大的。整个90年代的平均年工业增长率为8%左右，而在其最后的几年中甚至还高于这个水平。西欧的主要国家中没有任何一个曾经有过与此相似的高变化率。然而，极其迅速的转变也产生了各种类型的失调。在所产生的那些相互滞后和紧张的现象当中，经济中先进的工业部门与相对停滞的农业部门之间的不协调也许是最为严重的。当然，这决不意味着其他方面的问题不重要。

这种特殊的替代过程倾向于强化由其所产生的经济结构的异质性特征。不论在整个工业部门本身，还是在单个工厂和企业内

部，都呈现出新结构与旧结构之间的鲜明对比。技术作为工业大突进过程中的一种战略性因素，意味着某些工业部门将实现现代化，而另一些工业部门则不是。在一个工厂里面，基于建造金字塔时曾经使用过的工具的古老的操作过程，与代表 19 世纪发明创造最新成果的生产方法并肩地使用。这就不可避免地反映到劳动力内部的人的反差上面。

但是，这种反差显然已超过了劳动力的范畴，它们扩展到了管理层。技术负责人（在俄国的工厂里常常被称为总工程师），也许 130
与他们的西方同伴没有区别。但是对商业经理或企业家来说情况则很可能要变得复杂得多。他能够理解并且也愿意利用新技术的经济优势，但与此同时，他的态度和行为方式与那些俄国前工业时期的企业家又几乎没有什么差别。就其与消费者、供应商、信贷机构以及竞争者的关系而言，这绝对是真的。此外，他与政府官僚机构的关系需要采取特殊的、常常是极不正当的行动。他在与一个向他的企业提供机械设备和技术知识的德国厂商打交道时的方式，和与财政部（从那里他将取得补贴和供货合同）的官员打交道时的方式，将不得不判若两人。在俄国的落后条件下爆发大突进，不能不产生多重的压力、紧张与不协调。从社会学视角对于这些针对落后机制的经济背景而出现的紧张进行研究，将会开辟一个具有丰富的经验发现和分析性理解力的领域。

在大爆发的过程中几乎是不可避免地产生的这些不一致，可以被视为随后的俄国工业发展阶段所面临的问题。然而，撇开所有这些不说，更重要的是农奴解放所没有解决、并且其严重程度又恰恰为快速工业化的政策所加剧的那个问题。工业化要求政治稳

定，可是，工业化由于其代价又主要由农民来承担，本身又构成了对政治稳定的一种威胁，进而也威胁到工业化政策的连续性。政府的预算政策对于内部市场不足实行替代的直接后果，是工业产出的增长。而在更长的时期中，其后果则是更为复杂的。

## II

上世纪 90 年代俄国所发生的是现代工业化的巨大高涨。然而，它的某些方面却完全与现代化不沾边。在俄罗斯史前的几个
131 时期，其经济发展似乎遵循了某种奇怪的模式：国家的军事利益引导政府发动一种快速突进的经济增长。在这个过程中，沉重的负担被强加到该国的农业人口头上，将俄国的农民置于农奴制下是与这种经济发展政策不可分割地联系在一起的。这种负担是如此地沉重，压力是如此地大，以至于在许多年以后当经济大爆发的浪潮逐渐趋于平息时，这个筋疲力尽的人口仍然不得不从曾经施加给他们的压力和压榨中缓慢地恢复生息。

几乎没有什么疑问，俄国政府转向一种急速工业化的政策与其军事考虑具有极大的关系。确实，在这种新政策出台之前并没有直接的军事败绩。但是，1877 年对土耳其的战争，虽然在多瑙河河谷和巴尔干山脉的战场取得了胜利，却在柏林输给了英国（也许还有德国）。在柏林会议期间，特别是它的戏剧性的时刻，俄国政府有很多机会和理由来反思，与二十五年前的克里木战争前夕相比，它并没有为与西方国家的任何军事冲突更充分地做好准备。所以，在短期中，俄罗斯的反应便是将它的扩张主义政策的矛头从

欧洲转向中亚和远东。由于采取某种更为长远的观点，并且受到与中欧结成的军事同盟的进一步促进，该国政府便转向一种急剧提升本国经济潜力的目标。

在 19 世纪 90 年代，一种重新恢复的农奴制显然在政治实践领域已无立锥之处。并且也不存在对于这样一种措施的任何需要。随着亚历山大三世（Alexander III）统治下的保守主义时期的到来而推行的农村行政管理改革，赋予中央官僚机构以充分的对于农民征税的权力，这至少在一段时期内是可能使农民处于温顺依从的状态的。乡村公社对于税收支付的联合责任是有用的，虽然远非是不可缺少的。向间接税的大幅度转移进一步提高了政府
在相对价格与通货稳定条件下对工业化的支付能力。政府的财政 132
政策能够履行在较早的年代由农奴制所履行的职能。

19 世纪 90 年代的经济大爆发到 1900 年便终结了。关于那一年的萧条曾经有各种解释，诸如生产过剩危机、金融崩溃、对于国外经济倒退（特别是中欧）的反应等等。然而，相当清楚的是，位于事情表象背后的因素乃是农村人口税收支付能力的耗竭。农民的忍耐达到了它的极点。随后的年份便以乡村中日益增长的动荡为特征，直到与日本战争的愚蠢行为将分散的火种煽成 1905 年革命中农民起义的燎原烈焰。所有这些都与俄国经济发展的传统模式极其相像：一种迅速的高涨浓缩于一个相对短的时期中，并且终止于停滞的年代。但是，19 世纪 90 年代工业大爆发并不只是简单地重复先前的经济发展系列，它包含有更多的东西。将这些相似性看作是传统模式在革命前的俄国的回光返照，似乎是更可行的。因为其差别像相似性一样也是十分重要的。此外，在这个广

泛的意义上，新与旧看起来又奇妙地混合在一起了。伴随着具有特定含义的俄国过去的复苏，俄国的经济发展也被同化为一种渐进的、但仍然具有一般性的欧洲工业化模式。

将 19 世纪 90 年代的高涨与更为久远的过去历史中的相似事件明显区别开来的，有两个（也许是三个）主要因素。其中之一刚刚被提到。在 19 世纪 90 年代的十年间，俄罗斯政府为了工业化的目的而避免推行任何具有深远意义的制度变革，这虽然在短期中有助于工业化过程，但是从长期来看却变成了工业化持续发展的一种严重障碍。无论是地方长官（*zemskii nachal'nik*）制度，还是在 19 世纪 90 年代为保留和保护乡村公社而采取的追加步骤，显然无论如何都无法与农奴制相比拟。一个对工业化政策做出坚定承诺的政府居然破例地去保护乡村公社，看来是令人迷惑不解

133 的。但是，除了这种制度安排所具有的财政方面的价值以外，人们还认为它的存在也有助于国家内的政治稳定。这两方面的理由均无说服力。对于联合承担税收支付责任这样一种制度，是很容易找到令人满意的替代性安排的。而随后年份中的事件也清楚地表明，乡村公社实际上是助长了反抗而不是控制人们的情绪。废除这种公社仍然为俄国的工业政策遗留了一个问题，但它是一个先于快速工业化时期的问题。

另外一个因素是积极的。以具有充分耐久期的固定资本创造为基础的现代工业化，并不像早期的更为劳动密集型的经济发展大爆发那样容易带来持久的停滞时期（这里的“停滞”当然应简单地理解为极低的、甚至是负的增长率）。资本密集型经济的复苏能力与它的历史上的前辈相比具有极大的优势。最后，一种现代工

业化还以更充足的人力资本投资为特征。具体来说,在一个相对短的时期中,它将倾向于在企业家与管理态度以及(尽管在一种更小的程度上)技能劳动力等方面带来显著的变化。所有这些意味着,俄国的经济大爆发的影响强有力地扩展到未来,并且这种工业化的过程能够以一种递减的边际费用并采取更有效率和更少依赖于国家支持的形式重新开始。

这便是在 1905 年革命到第一次世界大战之间俄国工业增长的本质性特征。这也是一个相当快速增长的时期(大约为年 6%),尽管其变动率仍然低于 19 世纪 90 年代。在这些年间,工业化不再可能成为政府主要关心的问题。战争与革命极大地收紧了预算能力。在革命的冲击下,赎买费(此外还有联合责任制度)被取消了。最初作为财政大臣、随后又成为内阁元首的科科夫采夫(Kokovtsev),推行了一种谨慎的节俭政策。铁路建设仍在继续,
但是规模大大缩减了。曾经计划的军火工厂建设也年复一年地往 134
后推。在 18 世纪,彼得大帝的逝世以及国家从一种积极的经济政策中的退出,导致了当时经济发展的厄运。但是在 20 世纪的俄国,维特伯爵的倒台和他的政策的放弃并没有阻止新一轮的工业活动爆发。

政府在经济政策领域中最重要的行动就是斯托雷平反对乡村公社的立法,没有什么事情能比这一事件更清楚地印证政府态度的变化了。为了根本扭转仅仅在几年前才推行的农业政策,斯托雷平在 1906 到 1914 年的改革通过一种简单和冒险的程序使得农民切断他们与乡村公社之间的联系成为可能,即允许农民取得对土地的个人所有权,在这个过程中常常发生农民用他们先前被分

配的许多零散的土地换取单一的集中控制的土地的情况。

毫无疑问，这个改革的很多方面对于乡村公社中不太富裕的成员是苛刻的和不公平的。也有各种证据表明，政府态度的大转变是由政治考虑所引起的，也就是说，是由从先前的革命期间农民起义中得到的深刻教训而引发的。从政府的观点来看，这一改革对工业发展过程的后果是意外的事，尽管某些自由主义的术语（这里的“自由”是在这一术语的欧洲含义上来使用的）被用来为这一改革辩护。

然而，这一改革对于工业发展的潜在积极影响是无可争议的。改革的发起者们尽管在政府内部尖锐地对立，却都拒绝接受家庭或居民户所有权的概念，在这种制度下离开乡村的农民的土地所有权被授予了一家之长。现在，农民家庭成员向城市的不受伤害的流动的道路第一次被打开了。有史以来第一次，俄国巨大的农民团体也可以像他们的西方同伴那样，出卖土地并运用所得收入去在农业之外谋求他们自己的事业。1914 年的战争自然打断了

135 这一改革的实施，但是它的初始效果却是显著的。那些感到离开乡村将能够使他们提高其农场的生产力的农民，以及那些一直渴望离开农村的农民，都抓紧利用这个使他们受益的分离程序。这是俄国在走向西方化道路上的一个重要步骤。

上面所述，是这一改革对我们这里的讨论具有主要意义的方面。彼得大帝统治所带来的经济停滞的严重性又为农奴制的遗产所加剧。彼得大帝时代国家机器的极度现代化使得政府拥有更为强有力的手段去将农奴身份强加在农民头上，并有效地对付逃离农奴地位的企图。与此同时，俄罗斯的领土扩张也不断征服更遥

远的地区，使其边界向更遥远的地方扩展，而边境地区曾是众多的农民逃离压迫的避难所。正是在这样的条件下，作为标志着政府从对于国家经济生活的积极指导中退出的顶点，准予贵族和绅士免除劳役的敕令颁布了。这个法令最终切断了农奴制与经济发展之间的原始联系，将农奴制永远地定格为经济进步的一个主要绊脚石。至于它的历史地位及其“自由化”特征，彼得大帝三世的帝国敕令(1762 年)与斯托雷平的改革有某种相似之处。不过，尽管有这些相似，却正是这两种措施之间的差别应当被视为不同历史环境对比的标准。彼得大帝时代的经济大爆发并没有导致持续的增长。俄国经济发展的传统模式得以充分地自我发挥作用。相反，在 19 世纪 90 年代高涨之后，国家的退出则是以一项旨在进一步推动而不是阻挠工业进步的措施为标志的。

在 1906 至 1914 年间俄罗斯工业化发展的西方化，本身表现出相当多样化的方式。如果使用先前采用过的术语，那么我们可以说其替代模式是快速变化的。在某种程度上，银行填补了国家留下的真空地带。通过这种方式，银行的信贷创造政策和对企业的某种指导便继续起到了替代俄国资本与企业家短缺的作用。但是，这种替代模式往往也与中欧国家所流行的模式相似。银行的
信贷政策还起到了替代自发的内部市场的某种作用，不过，几乎没 136
有什么疑问的是，90 年代工业创造的后果之一就是这样一种市场的逐渐形成。

从达门关于将处于最终完成状态的发展集群与处于开始阶段的发展集群区分开来的二分法观点，再一次考察在我们所讨论的这一时期与 1890 年代之间所发生的变化，也许是相当诱人的。

1906－1914 年间，是以伴随着金属加工业的快速超前发展而出现的煤、石油和金属相对短缺为特征的。在当前的俄国历史编撰中存在着一种固执的并且被极度加强了的倾向，即把这些短缺视为在基本原材料工业中实行垄断政策的结果。如果仍然遵循达门的方法，我们也许可以更合理地指出，在第一次世界大战前的那些年间，俄国工业结构是以特有的比例失调为特征的，从而为了另一个工业大爆发的到来，其工业也许要再一次地经历一个动态准备时期（尽管是在一种更加高得多的水平上）。当然，这样一种大爆发从未实现。不过，这里的核心问题在于，将 1906－1914 年间看作是一个形成新的发展集群的时期，也许有助于解释为什么这些年间的增长率没有比它实际所达到的水平更高。它不能解释在外部对工业的支持明显地降至以往规模的某个百分比的情况下所实际达到的高增长。所以，如果将这一时期视为由落后程度减低所产生的影响起作用的时期，并且在这种意义上将 19 世纪 80 年代末到大战爆发之间的整个发展过程视为两个根本不同但是又相互联系的部分的组合体，是更富有意义的。19 世纪 90 年代的大爆发为随后在变化了的条件下增长的连续性提供了准备。

在 19 世纪 90 年代能够十分明显地观察到的许多紧张与摩擦因素，在第二个时期重又出现了，当然是采取一种充分修正和调和的形式。毫无疑问，在企业家的观念方面出现了巨大的进步。如果没有这种进步，特别是如果没有俄国工商界人士在诚信方面的普遍提升，银行就决不能起到作为工业厂商长期信贷供给者的重要作用。企业家态度的普遍现代化，无疑使得单个企业家之间的
137 活动联合和他们的关系更少具有差异性。而政府作为经济当事人

之一所具有的重要性的降低也导致了同一方向的结果。

自从 19 世纪 80 年代后半期以来，俄国永久性的工业劳动力存量有了大幅度的增长。与此同时，在 1905 年以后，在实际工资和工作条件两方面更为明显的改善也成为重要的事实。工厂和矿山中的外国工程师和领班重要性的减弱也导致了摩擦的减少。对农民的严重压迫也得到缓解。与 19 世纪的最后十年形成鲜明对比的是，可供国内消费利用的面粉农作物产量比人口增长得更快了。1906 至 1914 年间的工业化呈现给人们的，不再是一幅与时间赛跑并且累进地将人口的体力与精力消耗至可忍耐的极限程度的图画。

然而工业化过程中的这些松弛因素与“正规化”因素并不掩盖下列事实，即就 19 世纪 90 年代工业大爆发的其他方面而言，在极端落后的条件下的工业高涨仍然支配着随后时期的发展过程。上升中的产业的组成部分会继续地促进同一产业部门。像以前一样，要求大规模的压力既是生产方面的特征，也是组织结构上的特征。前面提到的走向卡特尔化的运动，必须被视为这种对于大规模的继续强调的一部分。正如在俄罗斯西面的国家中实际发生的那样，银行的政策倾向于加速这个过程。在这个意义上，它们是官僚机构先前所推行的政策的真正继承者。并且像官僚机构一样，无论是基于好的理由还是坏的理由，它们也倾向于强化和加速这一过程。投资于小企业将会束缚银行的组织与管理权力，就像它在官僚机构的场合已经被证明是难对付的一样。其他的理由就更少值得人们敬重了。就像许多国家公务员在他们与大企业的公事关系中发现了个人发财致富的机会一样，银行也极为经常地促进

资本增长、兼并以及通过垄断协议来调解，因为它们已被证明是丰
厚的利润来源，甚至当它们不为增长过程所需要时，也是如此。还
138 有，当所有的事情都被说到和做到以后，最重要的还是在于下面这
一点：对于大规模企业的强调作为落后条件下的工业化的本质要
素以及其成功地实行的基础，在国家撤出以后仍可能被保留。

第一次世界大战以前的俄国，无论从什么数量指标来衡量，都仍然是一个相对落后的国家。经济中过高的农业部门比重和较低的人均国民产出水平，使其远远低于和落后于邻近的德国。然而，就其在第二个时期的工业化的一般模式而言，俄国似乎复制了德国在19世纪最后十年所发生的过程。人们也许可以猜测，如果没有那次战争，俄国将会继续行进在日益趋向于西方化的道路上。

揣测在这一发展的过程中可能会发生什么并非是毫无意义的。落后程度的减低是一个复杂的过程。正如已经指出的，落后的某些构成要素很快就消失了。另外的要素则较为顽强地抵制变化。从而，工业化的伟大学校在它教育工人之前往往首先教育了企业家。而经济中工业部门的影响如果渗透到农村并且开始影响农民的态度，将需要更长的时间。就后一个方面而言，在革命前的俄国仅仅看到了这种影响的些微迹象。不过，农业转轨以某种加速的方式继续进行的可能性是非常之大的。

除了旧有的态度在经济发展的冲击下会得到或快或慢的修正以外，还有特殊的制度与经济因素在工业化的过程中创造出来，这些制度与经济因素从先进国家的视角来看常常是令人感到奇怪和难以理解的。但是它们却是构成落后地区工业化的要素。从目的论的角度来说，它们中的一些在履行完使命之后就消失了。例如，

俄国政府在 19 世纪 90 年代的经济高涨以后,确实就离开了经济舞台。而再一次极为可能出现的情况是,银行对俄国工业的支配也不能持续很长的时间了。资本短缺程度的日益降低,企业家素 139
质的进一步提高,以及工业企业十有八九可能出现的实足的增长,将会在适当的时候使工业厂商的地位增强到不再需要银行来指导的程度。这就是 1900 年以后德国所发生的情况。而事物的自然发展过程也许会推动俄国工业沿着同一方向运行。即使如此,如果德国的例子具有预测上的价值,俄国的银行也并不必然被转变为英国式的商业银行。它们将保留其长期投资的利益,在这个意义上,俄国经济也将保留其在经济发展的早期阶段所形成的具体特征。甚至更重要的,对于大规模的强调,工业产出的特殊构成,工业结构内部卡特尔和托拉斯的重要性,在这些年间都可能增加而不是减少。欧洲发展的令人遗憾的一个方面是,落后国家被先进国家同化的过程绝不是单方面的。在某种意义上说,当落后的程度减低以后,落后国家往往变得更像是先进国家。而正是因为落后国家在其工业化的过程中被迫采用了十分现代化的技术和经济工具,在长期中又导致先进国家在某些方面使它的经济向落后国家的经济趋同。例如,将德国与英国经济在 1900 年时的结构与随后几十年中的结构做比较,便可以证明这一点。

在上两个世纪之交前后的俄国工业发展,常常被贬低为“人工的”过程。维特伯爵曾经严词批驳这种责难,认为其毫无意义和无足轻重。重要的是,在这一过程中,不论是人工性的程度与方向,还是自发性的程度与方向,在一个适当长的时期内都被观察到了。如果考虑到在工业化大爆发之前的俄国所流行的经济条件,那么

将很难否定俄国的发展也完全符合欧洲工业化的一般模式(如果它被正确地设想为一种渐进的而不是统一的模式的话)。

140 我们之所以要推测俄国的经济发展如果不被战争和革命所打断,可能会经历什么样的过程,唯一的目的是要对支配革命前俄国的最后一个工业化时期的一般产业趋势进行更深入的探讨。这里的问题仍然是:战争与革命是否一定不能被理解为先前的工业发展的结果。某些苏维埃的历史学家肯定倾向于认为不能。如果我们能够把大战爆发的主要责任强加到俄国资产阶级的头上,此外,如果我们能够表明它发动战争是为了应对所面临的经济利益的压力——简言之,如果俄国工业化的过程本身已经播下了未来的军事冲突的种子——那么,如果为了阐释俄国工业化的过程及其前景就把这场战争从这一过程中抽象掉,实际上也就等于把这一过程本身也抽象掉了。某些俄国制造业者实际上也许欢迎对于他们的产品的战时订货。不过,资产阶级的这种利益在实际中究竟通过什么机制转化为皇帝及其政府的决策的,对于这个问题仍然是完全不清楚的。

上面所描述的观点似乎过分地夸大了俄国资产阶级的政治重要性,并且有以具有各种可行性的推测来代替历史真实之嫌。更有说服力的观点也许是,认为政府把一场较为短暂并且会取得胜利的战争视为巩固其统治同时转移革命危险的一种机会。于是又产生了这样的问题:我们究竟在多大的程度上可以说先前的工业发展导致了又一场革命大变动。

当然,俄罗斯帝国的社会与政治结构确实由于其多重的严重缺陷而受到打击。对于其统治的反对在知识分子阶层几乎是普遍的，就是在工商界人士中肯定也相当广泛。从 1912 年，也就是勒拿（Lena）采金地发生令人恐怖的大屠杀那一年以来，工人的罢工运动再一次形成势头。在社会大厦的底层，积淀着农民由来已久的不满，他们从来就没有承认过土地的贵族所有权制度的合理性。农民对土地的渴望是孕育骚动的温床。村民们的情绪无疑又受到反对乡村公社以及它的解体威胁的煽动。在某一时期爆发一种新 141
的革命暴力行动绝不是完全没有可能的。

然而，当人们将 1914 年以前若干年份的情况与 19 世纪 90 年代做比较时，显然存在着惊人的不同。在更早的时期，工业化过程本身连同它给农民带来的压力年复一年地增强了农民的愤怒与不满情绪，直至大规模动乱的爆发几乎成为不可避免时为止。然而，随后时期中的工业繁荣没有任何类似的后果。农民的境况得到适中的改善，它们是无可争辩的事实并且得到了广泛的扩散。这些改善不是先于一场革命，而是紧随其后，因此倾向于帮助缓解紧张局面。斯托雷平的改革肯定是一种刺激剂，但是在初始的高涨过后它们的贯彻实施必然要以某种更为渐进得多的方式来进行。

同样，劳动者的经济地位也在明显改善。随着罢工运动的复兴经济问题似乎占据了压倒性优势。当然，可以肯定，在这一时期的特殊条件下，任何工资冲突都倾向于采取一种具有政治冲突特征的形式，因为政府政策和军队的既定干预总是站在管理者一边。但是，这决不意味着舆论氛围和劳工运动内部的情绪变得更加革命化了。如同欧洲国家的历史（例如奥地利或比利时）所表明的那样，尖锐的政治斗争是劳动运动形成时期的显著特征，而这种运动实际上（虽然并不总是在所使用的语言上）已经经历了改革。几乎

无可怀疑，那些年间俄国的劳动运动在缓慢地转向修正主义和工联主义路线。如同在西方国家里所实际发生的那样，争取国家杜马中普遍和平等的公民权以及争取内阁对国家杜马负责的斗争（它们或迟或早总会发生），都可能进一步加强了这种发展。重复地说，我绝不是说要否认在这个国家中存在着许多不稳定的政治因素。它们显然存在着。但是在这里关乎重要的问题是，从这个国家工业发展的观点来看，战争、革命或者由此而产生的威胁可以被合理地视为外部的现象。在这个意义上似乎可以说，俄国在第
142 一次世界大战的前夕其工业增长已经完全走上了趋向西方化，或者更准确地说，趋向德国化的道路。俄国经济体系中的“旧东西”明确地让位于“新东西”。而创造出另一套新奇的东西并将它们与俄罗斯经济史中旧有的成分相混合，使之融入奇怪的同时又是强有力的苏维埃工业主义的溶液之中这一任务，则落在了最终从1917 年革命中诞生的新政权头上，这个革命是由那场战争所带来的苦难和战败后所蒙受的羞耻而催生的。



## III

1917 年革命通过让俄国农民夺取贵族的土地，重新唤起了他们心中古老的希望。此外，在内战结束以后，当新经济政策（NEP）的妥协措施付诸实施时，农民们发现他们自己与战前的年份相比，被极大地减免了应向国家负担的义务。最终，民粹派们所说的“内部市场”似乎变成了现实。

如果革命仅仅改变了农民的地位，那么人们也许会想象到一

种缓慢而稳定的农业产出增长和一种可能稍微高于农业的工业增长率。这如果不是由于其他理由，就主要是因为很多产业活动已经持续地从农业转向城市工业的结果。农民需求这种增长的势头必然导致俄国工业的构成向着更加注重“轻”工业的方向而变化。由此推测，投资率将要降低，工业产出的总体增长率因而也要下降。显然，正是从这些方面来考虑，斯大林在整个 20 年代设想着俄国工业发展的进程。

然而，除了农民所起的作用以外，革命也建立了一个控制大规模工业的独裁政府。农民的需求，如果说有效地改变了相对价格结构和工业构成的话，它本身也不是通过一种市场机制来表现自己的，而是不得不反映在政府的决策中。可是，这些决策既可能是适当的，也可能是不适当的。在整个新经济政策时期，这个问题本身在很大程度上是以所谓剪刀差危机（scissors crisis）的形式表现出来的，即表现在这样一种事实上：政府所支配的工业坚持实行对 143
农业不利的贸易条件。同时也看不到倾向于更加重视消费品工业的任何转移，如果有什么可说的话，那就是当新经济政策接近终点时，重工业在总产出中的份额与战前相比在某种程度上要更大一些。

确实，在实行新经济政策的大部分时期中，高的工业增长率掩盖了那些困难，使它们未能形成不可抗拒的势头。只要问题是主要使用战前的设备和战前的劳动以及技术去重建战前的工业，那么资本—产出的增量比率就会很低，消费者物品供给的急速增长就会使人们的不满保持在可控的范围内。当俄国工厂已经达到了其战前能力时，并且其产出的进一步增长开始要求更大得多的规

模的投资基金时，上述形势必然要发生变化。

毫无疑问，这是苏维埃俄国经济史上一个至关重要和关键的时刻。向一个较低的工业增长率进行调整，在任何情况下都是困难的。在20年代后期特定的俄国条件下，它又为政治因素所加剧。为了防止过大和过于突然的工业增长率的下降，无论是自愿储蓄还是政治上强迫的储蓄，都是必需的。但是，农民经济的储蓄是低的，因为尽管出现了所有那些改善，农民收入的绝对水平仍然十分低下。提高税率带来了反抗的威胁。而在经历了剪刀差危机从而卖给农民的工业品的价格相对于农产品价格不得不**降低**以后，再提高工业品的价格将很难为实际的政治关系所允许。新经济政策的遗产，连同它们的低税率、对工业品贸易条件的向下压力以及未能按时促使工业产品结构向有利于消费者物品的转移，本身将会在一种通货膨胀压力的局面中显示出来，这时农民们过于庞大的购买力相对于过小规模的可供利用的消费品形成了压力。

由农民所支撑的内部市场数十年来一直被认为是工业化的自然的和自发的形式。经过上面的说明人们也许值得怀疑，在仍然
144 十分落后的条件下单凭农民的需求是否能够维持任何适当的工业产出增长率。过低的需求增长率可以被证明将不足以解决发展过程所固有的不可分和互补性问题。没有一个强大的外部经济（就这一单词的广义而言）流量，新兴的工业企业也许会发现它们自己将背上相对于成功运营来说显得过于沉重的生产成本负担。看起来真是有点令人迷惑不解，工业能够更好地满足一种旺盛的而不是微弱的需求增长。

然而，眼前的问题是不同的。农民经济地位的变化极大地提高了俄国农业的变动弹性。在某些条件下，更高的每个农户平均产出将导致农民对工业品需求的某种增长，而不论从工业的视角来看这种增长合适还是不合适。而在另外的并且较为不利的条件下，农民经济通过将谷物转化为他们自己可消费的产品，并且拨出更大份额的土地去生产用于家庭纺织的纤维性农作物，就能缩减它与外部市场联系的范围。对于拥有微弱的市场传统的俄罗斯农民来说，逃向更大程度的自给自足本身就代表了一种针对 20 世纪 20 年代后期流行的经济条件所做出的迅捷和本能的反应。当粮食的出售开始下降时，相对于一个较低的工业增长率所做的不可避免的调整似乎要转变成一种负增长率的威胁，以及导致国家非城市化和农村化的不良兆头。

由此而标志着新经济政策时期终结的经济危机，同时也就是具有头等重要性的政治危机。不能维持对城市的食品供应，数百万农民日益增长的不满以及通过它们的无形扩散而形成的强大压力，似乎导致了苏维埃专政的毁灭。确实，这个国家的政治体制变化本身将不能解决经济问题。通货膨胀的压力仍然在呼唤一种解决办法。一个真正代表农民的政府也许可能增加税收，借此在农村购买力与可供利用的工业消费品规模之间建立起均衡，并且同 145
时扭转农产品销售下降的倾向。这是可能出现的情况。这样一个政府也许要去发现和寻找外国信贷，并将其运用于从国外进口消费品——由此将使得税收的增加更少引起反感。通过这种方式也许解决了眼前的问题，但是工业增长的问题将是另外一回事。如果拒绝一个国家经济结构方面的更为基本的变化，那么对于重新开始工业增长的条件将是相当不利的。

回顾历史可知，对苏维埃政权持续掌权的威胁似乎被随后所取得的不容置疑的成功所掩盖了。正是在这种威胁的压力下，斯大林经历了一种急剧的思想转变，并开始了第一个五年计划的冒险。作为一种短期措施，第一个五年计划的目的是要通过在提高工厂能力的基础上增加消费品生产来打破非均衡状态。它是一个冒险的计划，如果我们考虑到它的未来实现将意味着国民收入的更大份额从消费转移到投资，从而它又需要以形势的进一步（虽然是暂时的）恶化为前提，对此就会一目了然。还有，按照地道的俄罗斯传统，它也是一种跟时间的赛跑。如果苏维埃政府能够在一个几年的相对短时期中将农民的不满控制在有限范围内，它也许能够以对农民不那么苛刻的贸易条件向他们提供数量充足的消费品，从而它就能够消除这些危险，将乡村与城市的关系建立在一种新的、更健康的基础上。



与1905年革命后的帝国政府没有两样，苏维埃政府也敏感地意识到农民对它的敌视。按照一种极其相似的方式，它急切地渴望在农村发现或至少创造出某种程度的支持，这种支持也许会帮助它在即将到来的困难年份完成任务。斯托雷平曾把赌注押在了“铁腕与克制”上，期望处于乡村公社之外的富裕的农民采取某种措施去化解大多数人的反抗。经过某些调整之后，集体农庄最初
146 也被设想履行同一职能。它们被设想来将公社的思想疫苗有限制地注入乡村的个人主义氛围之中。只要集体农庄的数量保持在较低水平，就可能向它们提供足够的国家支持，从而集体农庄的成员便具有了实在的利益优势。

然而，这些计划并没有成功。另一方面也可以说，它们太过于

成功了。农民们的反抗实际上证明比预期的要大得多。从革命和内战中显露出胜利的农民与帝国时代顺服的臣民是完全不同的。其所经历的艰苦的斗争形成了他们自己的逻辑。在这种“自上而下的革命”(revolution from above)(这是斯大林对它使用的术语,而它也许可以更正确地被称为“自上而下的反革命”(counter-revolution from above))的过程中,苏维埃政府原先的计划迅速地变得陈旧过时了。农民们对于通过革命的方式夺取的土地的顽强捍卫激起了政府的全力进攻。农民被打败了,结果产生了完全或近乎完全的集体化。

集体化为困扰人们的非均衡问题提供了一种意想不到的解决办法,它也确立了苏维埃经济政策巨大转变的实际起点。但是,它也深刻地影响了政府有关工业化的计划的特征。一旦农民被成功地迫使进入集体农庄的机构,一旦以“强制交纳”的形式榨取较大份额的农产品而又不必为用工业消费品来补偿而过分操心的情况成为可能,20 年代后期所面临的困难便克服了。政府可以放开手脚了。不再有任何理由可以将第一个五年计划视为快速工业化的一个独立的简短时期,这个工业化的目的也不再是缓解工业消费品的短缺。一个通过一系列五年计划去实现永久的工业化计划现在已提到议事日程。原先被设想为一个简短的时期的东西,现在变成了一个新的巨型工业化大爆发——俄国工业发展史上最宏大和最长久的工业大爆发的初始阶段。

对苏维埃工业史的任何历史审视,都必须从描述将新经济政 147
策时期与在五年计划指导下的超级工业化时期联系起来的最近的因果链条开始。这样一种描述给出并解释了所发生的变化的精确

的时间顺序。讨论必须从苏维埃政府面对给定形势下的压力和紧急状态所寻求的答案这一角度来进行。不过，将全部重点都放在事物演进的这些方面也许是不够的。其他的力量，虽然可能不那么显眼，却也起到了决定这一发展过程及其后果的作用。在20世纪30与40年代之交所发生的许多事情，都是那一特定的历史时刻的产物。但是，不论这一变化有多大，也不论这一过程的时间间断性有多么猛烈，其深刻的历史根源和广泛的连续性都不能逃避历史学家的目光。

如果彼得大帝获得再生，并且被要求仔细地考察一下俄罗斯（比方说）在本世纪30年代后半期的情况，他也许会因为语言和技术方面所发生的变化而在最初遇到某些困难。他也许会感到大清洗的审判过于麻烦和冗长。他也许会责备斯大林由于缺乏男子汉气概而拒绝亲身参加将现代的近卫军（*Strel'tsy*）处死的行动。然而，他理解这一局面的本质不会耗费多长时间。因为在苏维埃与彼得大帝统治下的俄罗斯之间实际上存在着惊人的相似之处。



到目前为止，我们还没有谈到对外政策在形成苏维埃经济政策模式中的作用。然而，决不能忘记俄国惨重地败给德国正是苏维埃政权诞生的摇篮。至于外国对于俄国内战的干预，不论是多么的不认真，肯定都被留在了长期淡忘的记忆之中。20世纪20年代见证了苏维埃与外国的外交和商业关系的逐渐改善。不过，紧张也反复地出现，1927年，在与英国发生外交冲突的过程中军事危险就成了广泛谈论的话题。至于德国，尽管俄国支持德国国防军（*Reichswehr*），那里仍然是欧洲的军事真空地带。1930年以后，随着魏玛共和国的开始解体，俄国的担心与俄国的野心二者同时日益集中到了德国。直到希特勒掌权以后,这种野心才被挫败,而一个军事进攻的威胁又开始年复一年地显现出来。几乎无可怀 148
疑,像从前经常发生的情况那样,在苏维埃时期的俄国,工业化是其国家对外政策和军事政策所履行的一种职能。然而,如果确实是这样,人们也许会指出,在新经济政策的后半期所面临的不稳定性将比单纯来自于通货膨胀压力的不稳定性更大。正如上面已经指出的,甚至当货币的非均衡被成功地排除之后,如果新经济政策的持续仍不能导致一个快速工业化的时期,那么要求修正这些政策的压力无论如何也要付诸实施。

一位复活的彼得大帝,将会在查尔斯十二世(Charles XII)和阿道夫·希特勒之间发现充分的军事行动上的相似性,而不论他多么地偏好他那个时代的文明而蔑视 20 世纪的野蛮。而俄国乡村的巨大转变也不会使他产生多少困惑。他将迅速地承认集体化与他那个时代的农奴制之间在功能上的相似性,并且,他将赞赏集体化是实现同一目标的一种更有效得多、也更有力得多的形式——无偿地向经济中的非农产业部门提供粮食,同时又向政府的公共工程提供劳动流量,而这都是苏维埃政权通过工厂与集体农庄之间特殊合约这样的制度安排实现的。一旦人们向他解释,在苏维埃时期与他自己那个时代之间在农业体制所耗费的人类成本(human cost)方面存在的数量差别主要是在其间的两个世纪中人口过度增长的结果,那么他将毫无疑问地默认在为集体化的斗争中所耗费的巨大人类成本。虽然为俄国农业中牲畜动力的消失而不免感到遗憾,但是他甚至能够理解在"大屠杀"的过程中牛群的减少实际上却帮助了工业化的任务,因为这导致可供利用来养

育人口的每单位土地的平均大卡量极大地提高了。无论是在工业化时期的较早阶段对技术的令人生畏地强调，还是对于重工业的坚定不移地关注，都不会令参观者感到惊奇。确实，彼得大帝不时地被赋予奇异的想象，并且试图着手在俄国生产威尼斯的镜子和
149 法国的哥白林双面挂毯(French Gobelins)，但是他的政策的主要路线却与法国重商主义具有如此大的区别，其本质在于增加俄国的军事力量。

这样一种在第一次世界大战之前似乎就已经被陈列于历史博物馆中的经济发展模式，在苏维埃俄国重又复出了。可是，苏维埃快速工业化的经验所具有的这种不合时宜特征——或者不如说是滞后于历史发展时间表，并没有妨碍它取得极大的成功。相反，将古老的压迫措施与现代的技术和组织相结合反倒产生了强大的效力。在落后的条件下实行工业化的所有优势都得到了彻底的利用：采用西方技术进步的成果并集中于外国技术渗入最多的那些工业活动部门，巨型的工厂和为保证大规模的外部经济流量而沿着一个广泛的战线同时展开的工业化。

固然，曾经存在着夸张的趋势。在很多场合，较小的工厂规模是更为合理的。此外，过于宽广的战线还不断地产生瓶颈，而经济的过度的官僚化也吸收了可利用人力中的一个不适当的份额。可是，毕竟其工业产出增长的结果在现代俄国工业化的历史上是空前的。确实，苏维埃的官方指数夸大了增长速度。其所宣称的20%或更高的年增长率实际上从未实现过。然而，现在却可以根据美国经济学家和统计学家所采用的计算方法来估计，其结论是，在实行第一个五年计划之后的头十年，苏联的年平均工业增长率

大约处在 12%到 14%之间。这一增长率在第二次世界大战爆发
前的几年中下降了，但是到 1945 年以后又回升了。甚至在战后重
建时期结束以后很久，它的高水平仍然持续存在。在 50 年代前半
期，工业产出仍然保持着每年 13%左右的增长。只是在它的后半
期这一增长率才开始下降，而且下降得十分缓慢。为了衡量苏维 150
埃工业化努力的强度，人们必须要把这些增长率与在 19 世纪 90
年代维特领导下所取得的高增长率（8%）进行比较。

苏维埃经验的成功经常被描写为“社会主义”制度有效性的一种证明。这是苏维埃俄国的领导人在谈到他们的成就时所喜欢采取的方式。另一方面，由于关于社会主义基本无效率的流行断言，也广泛地存在着不愿意承认苏维埃工业快速增长这一事实的情绪。这些在很大程度上是一个语义学的问题。例如，如果按照阿纳托尔·法朗士（Anatole France）关于社会主义的定义，将有：社会主义就是仁慈和公平（*Le socialisme c'est la bonté et la justice*）。那么斯大林领导下的俄国是否能被归结为一个社会主义国家，至少是值得怀疑的。一个历史学家几乎没有什么理由纠缠于这些结论，因为他甚至可能发觉自己在讨论彼得大帝是不是一个社会主义者的问题。同时，这里也不是解释为什么按照本文作者的观点，在关于这个问题上的马克思的意识形态或者任何社会主义的意识形态与苏维埃政府所发动的巨大的工业转变之间拥有极为微弱的关系（如果确实有的话）的地方。

更重要得多的问题是，苏维埃的工业大爆发的特殊性质以及维系这种大爆发的经济机制问题。基本的情况是两极并列：一方面是工业产出总量增长了接近六倍，另一方面，在 50 年代初期的

实际工资水平仍然远低于 1928 年的水平，并且农民的实际收入与 1928 年的情况相比甚至可能显示了一种更大程度的下降。通过强制地压低人口的消费水平，并且令消费品领域承担由计划过程所发生的错误和失算带来的主要冲击，苏维埃政府成功地调动资本和人力资源用于资本形成，因而保证了它所关心的那个经济中单一部门的快速增长。苏维埃领导人始终宣称(苏维埃的经济学家也不断地重复这种论调)，按照马克思的观点，投资品产出的增长率必然要比消费品产出的增长率更高。在苏维埃的环境下援引马克思几乎没有什么意义，因为在那里不存在有关消费品的任何
151 特殊的市场销售问题。不过，作为对于苏维埃政府不是根据经济必然性而是基于**政治选择**所实际采取的政策的一个描述，这种宣称还是相当正确的。它隐含地意味着，由于产量增长，所以扩张产量的投资率也要增长。换言之，国民产品中一个越来越大的部分被分配到了非消费品的生产中。正是这些关系构成了苏维埃工业发展的本质。这成为一种战略杠杆，它使得苏维埃政府对于落后国家的每一种优势的利用都达到了它的所有前辈所不曾知晓的程度。

# 第7章 19世纪俄国知识分子历史中有关经济发展的思想

本文被指定的题目所承诺的远远超过了其内容所能兑现的程 152
度。我们在这里所能做的一切，是要发现某种重要的标准并将它应用于所选定的材料部分，希望通过这种方式可以为讨论提出一个令人感兴趣的问题。这显然是一个极为任意的做法，它所包含的一系列决策应当加以说明。

首先，俄国知识分子历史指的是什么？这个概念是模糊的，但是因而我们也就习惯于从字面意义上将它解释成在俄国所通行的另外两个不同的名称（也可以说是用词不当），即“俄国知识界（Russian intelligentsia）历史”和“俄国社会思想史”。让我们就在这种意义上来接受这一术语，但是我们也应当清醒地认识到，这样一来我们也就隐含地决定主要是讨论那些顶尖人物，如果用19世纪的话语来说，他们乃是为俄罗斯的知识分子提供“心智养料”的人。从特定的经济视角来分析这份养料的大卡含量，并尝试去考察在这一过程中除了热量以外它还产生了多少光，确实是很诱人的。然而也很显然，由此一来，重点也就从那些由于这样或那样的原因而被排除在知识界的神殿之外的学者身上转移开来了，尽管这些普通的凡人仍然有充分的理由值得引起我们强烈的、甚至是

更强烈的关注。如果本文是一篇关于俄国经济发展或在过去一个
153 世纪中俄国经济思想的论文，那么这样一种重点安排显然是不适当的。它似乎适合于一次专门研讨俄国知识分子历史的会议的主题框架。甚至在做了这样的限定之后，这里所讨论的主题仍然过于广泛。知识界的奥林匹斯山（Olympus）上的诸神甚至比荷马史诗（Homer's）中的诸神更为众多。我们究竟能够对诸神中的每一位给予多大的注意力，将必须依他们对这里所讨论问题的重要性为转移。

问题就在眼前！它在这里被设想成是在俄国经济史的实际流程与我们学者所认为是理想的、可能的或不可避免的俄国经济发展方向之间进行的一种对比。这无疑是一种非常狭窄的方法。不过，评估思想与事件之间的紧密关系，观念与现实之间的紧密关系，也许在某种程度上有助于评价在这一时期的俄国知识分子历史中包含着多大的生命力与活力。所以，我们将从对俄国经济发展的一种简要的、因而必然是提纲挈领式的描述开始，然后再转而讨论相关的文献。



## I

在彼得大帝的政策中达到了顶点的俄国重商主义，标志着一个相对较快的工业发展时期的到来。将欧洲作为一个整体来观察，很难将重商主义政策视为一种完全一致的现象。但是俄国的重商主义，由于它在强力政策与经济发展之间具有紧密联系的特点，由于它明确地强调工业化而排斥农业，以及对于适当的消费品

工业只给予少量的关心，就使得它比起它在西方国家的同伴来成为一种更具有清晰可辨性的统一的政策体系。大概地说，导致这种情况的原因在于：首先，在政府政策与该国的产出水平和经济技能之间存在着巨大差异。其次，缺乏较为发达的既得利益和理论思想。换言之，俄国的落后状态成为了决定俄国重商主义特征的主要因素。但是与此同时，也正是该国的落后状态解释了俄国与 154
西方之间仍然存在的其他不同之处。西方国家的重商主义政策是在一种农奴制基本上消失或处于瓦解状态的环境下推行的。而在俄国，农奴制则成为重商主义政策运行机制中一个必不可少的齿轮。当这些政策接近尾声时，农奴制也失去了它与该国经济发展的联系，开始表现为（并且以比以往更加强劲的方式形成为）阻碍该国经济增长的主要力量。

关于在叶卡捷琳娜女皇统治下的俄国究竟算不算是一个落后国家的问题，曾经经历了四十多年的讨论，当代的苏维埃编史工作倾向于对此给予否定的回答。就陈述的目的来说，这种观点对于下列事实的忽视并不具有多大的重要性：像在 18 世纪的数十年中城市人口近乎稳定不变的事实，或者与西方可比的技能以及诚信标准在俄国的缺乏，以及对工业产品的广泛市场的缺乏（例如，它曾导致所生产的生铁产品大部分用于出口）。重要的是，在 18 世纪的最后二十五年中英国的工业增长率经历了一个大高涨，而革命后的法国也经历了一个急速工业发展的时期，尽管这种发展的速度到 1815 年以后未能持续下去。与此同时，在叶卡捷琳娜统治下农奴制区域的扩大，农奴们法律地位的急剧恶化，以及政府从重商主义政策的退出，不仅永久固化了农奴制，而且使它达到了一种

前所未有的范围和严重程度。无论在这个世纪的最后十年中俄国的实际经济落后程度如何，动态地看，正是在这一时期确立的基础导致了后来在 19 世纪前半期俄国经济的落后程度不断地加剧。

对于那个时期的俄国工业增长率，不能利用高度精确的统计数字来确认。不过，几乎没有什么疑问，这一增长率总体来说，将是非常低下的。诚然，在纺织工业的某些部门发展还是较快的。但是在其他领域，特别是炼铁工业，几乎看不到进步的迹象，其产
155 品很难保持与人口增长相同步。然而作为一个一般命题，声称俄国的相对经济落后在 19 世纪前半期以令人不可忽视的程度扩大了，也许是有些冒险的。

某个国家一旦经历了这样一种差距扩大的过程，就没有理由期望——在上一个世纪的条件下以及欧洲文明范围内——特殊的经济落后机制会在某一点上发挥作用，从而依该国的落后程度为转移，通常的经济发展模式之一在这些条件下将会再造出它本身。如果重复我们在其他地方所说过的话，[①]那么，在一个落后国家中的形势可以被描述为其实际能力与潜在能力之间的一种紧张状态。因为，与一个国家的落后状态增加相同步，其为克服落后而进行的持续努力所可以利用的潜在优势也在增长。基本的理由在于这样的事实：迟延的经济发展蕴涵了吸收高度发达的外国技术的机会，同时又从国外所发生的资本低廉化过程得到了额外的好处。随着紧张的积累，越来越可能达到这样一点，此时蕴涵在快速发展之中的优势将大大超过经济落后状态所固有的对于进步的阻碍因

① 参见本书第 1 章。

素。显然，紧张可以从两个方面被人为地增加，即刻意地去消除这些阻碍因素同时又刻意地去创造经济发展的诱导因素。这个过程在某种程度上是非连续的，这不仅是因为刚刚提到的刻意的行为具有突变性，而且也是由于**在19世纪的条件下**“大规模”中所固有的优势是特别强劲有力的。因此，经济发展要么作为一种充分地利用了工厂的规模经济效果和“平衡增长”所固有的经济效果——即大量的工业部门的同时发展——的快速的工业化迸发，要么全然没有发生。也可以指出，在产出的资本密集度长时期持续增长的条件下，工业化过程越晚，为打破惯例和停滞所需要的爆发性突然增长就会越急速。换言之，我们前面所谈到的紧张在这种条件 156
下将变得特别地大。

上面的提纲挈领式叙述似乎说明，它包含了一个关于在 19 世纪的许多欧洲国家（诸如法国、德国以及奥地利）中经济落后是如何被克服的这一问题的普遍化观点。但是，这同一模式本质上也适用于俄国的经济发展。

农奴的解放无疑是扩展紧张并借此促进随后的经济发展的一个决定性步骤。至于它没有立即导致一个快速工业化的时期，这首先必须由废除农奴制所采取的方式来解释。此外，在一种极端落后的条件下，国家对资本的供给成为工业化过程必不可少的一部分，因而直到 19 世纪 80 年代中期政府制定出深思熟虑的工业化政策之前这一过程是不可能开始的，而正是这一政策导致了 19 世纪 90 年代工业增长的巨大爆发。在远远超出西欧国家的落后条件下，凭借投资银行来保证资本供给基本上是不可能的，在俄国，这一职能在很大程度上由国家担当起来了。

由不同机构推行的政策所具有的这些相似性，显示出在落后条件下存在着一个共同的经济发展模式。在所应用的制度手段方面存在着的作用的不同，只是反映了相对落后程度的不同。如果观察一个足够长的时期，当落后程度的逐步减低成为可能时这些差别将趋于消失——而这在俄国确实成为了可能——即逐步地从利用政府融资向投资银行融资过渡。

无论哪一种工具的运用都意味着人民消费水平的暂时降低。在这两种情况下的目的，都是要取得一种比在没有政府干预或银行作用的情况下更高的投资率。强迫储蓄（通货膨胀）和税收通过实现一种暂时的收入再分配可以起到同样的作用。俄国的经验极
157 为清晰地证明了这种事件发展序列。19 世纪 90 年代和第一次世界大战爆发前这两个时期，是其具有高增长率的时期，而在此前的时期则是以对消费水平的充分抑制为特征的，在此后的时期中生活水平的改善又清晰可见。

总之，可以说，俄国经济史的主要趋势重现了我们在西方经济史上所熟悉的事件发展序列，至于所观察到的相对于这些序列的偏差则可以相当好地纳入到一种已相对于落后程度做过调整的普遍性的欧洲大陆经济发展模式。这个过程的显著特征就在于，不论是在俄国还是在其他什么地方，都利用了迟到的经济发展所固有的优势。

上面的概述绝不是想说，俄国的经济发展由于切实地遵循了某种发展演变的铁的规律而是一种**必然**发生的过程。我们想要说的是，实际的发展似乎与某种模式相一致，而这些能够观察到的一致性和统一性确实有助于我们理解事件的进程。事实上，历史的

理解本质上就在于形成此类模式。遵循某个确定路线的发展并不排除另外的路线存在的可能性，但是它确实告诉我们，推动俄国经济发展沿着其实际路线前进的力量真正是强大的。所以，似乎完全有理由提出这样的问题：我们究竟能够在多大程度上，在 19 世纪俄国知识分子历史中那些杰出人物的著述里发现对这些力量——或者更具体地说，对那些结合在一起产生了俄国经济发展实际模式的单个要素——的明确认识。这正是本文下一节要讨论的问题。

## II

俄国学者都喜欢把拉季谢夫（Radishchev）说成是“第一位俄罗斯**智者**”。他们所指的无疑是他坚持了知识阶层信条中的两个主要规定：即憎恶奴隶制和深切关心农民的福利。无论拉季谢夫摆老资格的做法具有多大程度的真实有效性，在从波索什科夫（Pososhkev）的《论稀缺与财富之书》（*Kniga o skudostii bogat-* 158
*stve*，发表于 1724 年）到他的《从彼得堡到莫斯科旅行记》（*Puteshestvie iz Peterburga v Moskvu*，发表于 1790 年）这段将近 70 年的短暂时期中，他的态度都发生了令人吃惊的变化。几乎很难想象波索什科夫和拉季谢夫是从同一土壤中涌现出来的。

波索什科夫的兴趣基本上是围绕着一个问题——俄国的经济发展。他总体来说是一位动态哲学家，因为他更加关心有关俄国经济的给定数据的**变化**。他的主要注意力放在了这一经济的技术与商业效率的提高上面。新兴工业的引进和它们被安置在经济上合理的区位，地理探险的组织化，通过采用拥有良好管制的学徒制的西方手工业行会的框架对俄罗斯手工业进行改革，通过采用专利法鼓励创新，吸收外国技能和技术，鼓励节约，采取措施提高产品质量同时提高商业活动中的诚信度，让儿童去工作，采取强迫措施将赤贫人口转化为生产性就业——所有这些都反映了受到经济结构急剧变化的影响的一种头脑的存在，以及从这一视角去思考大多数社会与经济问题的愿望。[①] 因此，像司法改革这样的问题也主要是从它对于人们的税收支付能力的影响以及他们逃往国外或进入边境地区的倾向的视角来考虑的。同样，农奴制并未直接引起波索什科夫的兴趣。实际上，很难将他视为农奴制的反对者。他更为关心的是，为了防止大农奴所有者占有中下层地主们的农奴，需要采取哪些法律步骤。超出这些以外，他将承认贵族和绅士与政府可以彼此相互为争夺劳动力或生产农奴而展开竞争。实际上，如果从波索什科夫的著名的短语“地主不是农民的永久占有者”[②]得出一种攻击农奴制的印象，将是十分牵强的。它毋宁说是一种威胁，即如果领主（*pomeshehik*）的农奴制被利用来损害政府
159 在经济发展中的利益的话，那么就要用国家的农奴制去取代它。与此相类似，他对于农民福利的关心也主要是从政府的财政需要及其提高经济的生产力的愿望角度来表达的。[③] 我们似乎可以正确地猜测到，如果波索什科夫在彼得一世统治的后期（那时，他关

① 波索什科夫（L. L. Pososhkev），《论稀缺与财富之书》（*Kniga o skudostii bogatstve*）（Moscow，1951），第 150，148－149，146，142－143，140，128，117－118，110 页。

② 同上，第 178，182 页。

③ 同上，第 182－183 页。

于农民的政策所带来的灾难性后果已经变得相当明显了）不再著书立说，那么他在这个问题上的论述甚至会变得更明确。

而拉季谢夫对农奴制的反对则与上颇不相同。对于人占有人的制度的道德义愤和对于农民悲惨命运的深切同情交织在一起。他用最激烈的言辞去形容贵族们对粮食的囤积：它由劳动所生产，它饱含着农民的悲伤与失望，承载着上天的诅咒。[①] 与他所说的这些相比，拉季谢夫没有谈及的东西甚至更为重要。对经济增长的关心已经成为过去，对产出水平与经济技能的关心也已经过去了。人民的福利不再是一种达到目的的手段。事实上，它成为一种目的，而且它本身还是一种终极目标。“如果谷仓满而肚腹空，公民何来之幸福？”[②]与此同时，有关经济进步的论述则只有关于“贸易繁荣”的零星词句，和在“关于中国贸易的通信”中的简要评论，他认为从中国进口纺织品将令人遗憾地减少西伯利亚对国内纺织品的消费。[③]

在这种意义上可以说，拉季谢夫看起来确实是几代俄罗斯知识分子的鼻祖。在经济政策领域，对农民生活条件的深切关注和对俄国工业发展的缺乏兴趣，似乎成为俄国知识分子历史上一个相当长时期的特征。波索什科夫的严厉苛刻以及他对于国家的顶礼膜拜让位于一种人道主义观点。至于所发生的这种变化在较长的时间里几乎一直得不到承认，或者至少没有被视为一个问题，则

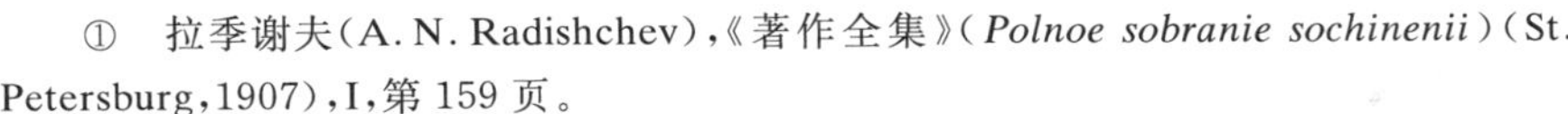

① 拉季谢夫（A. N. Radishchev），《著作全集》（*Polnoe sobranie sochinenii*）（St. Petersburg，1907），I，第 159 页。

② 同上，I，第 161 页。

③ 同上，II，第 240 页。

可以由一系列原因来解释，但是其中最重要的原因也许在于：在叶
160 卡捷琳娜女皇统治以后，农奴制的废除变成了经济发展的一个必要前提条件。大致地说，彼得大帝使俄罗斯文明达到了这样一点，在这里重新恢复他自己的工业化方法将不再属于可行的政策中的最优方案。在我们的时代，它将要求通过某种史无前例的战争而导致文明的崩溃以及建立布尔什维克专政来实现这样一种恢复。至少在原则上可以说，拥护农民的解放并没有预先决定未来经济发展的方向。然而在现实中，俄国知识分子历史中的很多例子都超出了这样一种不明朗的态度。十二月党人，即“贵族帮”，曾被期望成为“农民的解放者”，用普希金（Pushkin）的话来说，它提供了第一个恰当的例子。

与彼斯捷尔（Pestel）和屠格涅夫（N. I. Turgenev）一起，拉季谢夫对于工业发展无所谓的态度似乎让位于另一种完全相反的态度了。这看起来也许有些奇怪，特别是对屠格涅夫，他也许是那个世纪中最强有力的“主张采用西欧文化的人”（Westerner）。“如果人们自问俄国人民应该朝着哪个方向前进，那么我会说这个问题已经由事实得到了解答；它应该朝着欧洲文明前进”。[①] 但是，这句话的含义真的是说向欧洲文明的挺进就一定意味着该国的工业化吗？对于一个主要以经济学家为职业的人以及一本最迟也是在1847年出版的书来说，人们也许可以期望如此。可是，除了偶尔提到的一个论点（例如，认为俄国的工商业在过去的二十五年中未



① 屠格涅夫（N. I. Turgenev），《俄罗斯与俄罗斯人民》（*La Russie et les Russes*）（Paris，1847），III，第 4 页。

能取得多大进步[1])以外,人们将会发现,试图去寻找作者任何有关工业进步的评价都是徒劳的。确实,在思考农奴制对俄国的不良影响方面,屠格涅夫并没有忘记它对于工业发展的阻碍作用:"至于工厂和手工业工场,奴隶制的存在比在农业方面更加地令人不快;在工作缺乏自由的地方,繁荣与兴旺也并非是完全不可能 161
的。"[2]不过,在这一段话的中间作者却突然抓住了他本来所要表达的思想,因为他又继续写道:

> 另外,即使当奴隶制不再存在了,可用于开垦和种植的大片土地的存在仍然将阻碍制造业的大发展:因为对于工人来说,只要有其他的工作,只要土地给他们提供了更加方便的资源,他们就不会将自己关到工厂里边工作。[3]

如果某人认为刚刚引证的这段话表达了对于下面这一事实的某种遗憾,即自由土地的可利用性由于限制了向制造业工厂的劳动供给而成为工业发展的一个障碍,那么他的这种认识将立刻被纠正。因为紧接着他将会读到:"然而,俄国政府如同所有的政府一样,它大力鼓励工厂和手工业工场以损害国家的真正利益为代价来兴建工业。"[4]

在对尼古拉一世(Nicholas I)统治的许多潜在的以及实际提

---

① 屠格涅夫(N. I. Turgenev),《俄罗斯与俄罗斯人民》(*La Russie et les Russes*)(Paris,1847),III,第 20 页。

② 同上,II,第 167 页。

③ 同上,II,第 167－168 页。

④ 同上,II,第 168 页。

出的责备中，这个具体论述是最不值得关注的，对此我们也没有多大兴趣。重要的问题是，在屠格涅夫看来，甚至这一时期的政府对工业的少量关注也被视为与“真正的国家利益”相冲突。

彼斯捷尔关于这一主题的看法常常更不容易得到简洁地说明，因为它们在某些方面处于一种变动不定的状态。特别是，在他的《俄罗斯的真理》（*Russkaya Pravda*，它是一部关于俄罗斯法典的著作。——译者）与更早的《实用经济学原理》（*Prakticheskie nachala ekonomii*）之间，相当明显地存在着分歧。还有，屠格涅夫与彼斯捷尔二人观点之间的近似性也是无可否认的。像屠格涅夫一样，彼斯捷尔也接受自由劳动与奴役性劳动相比拥有更高效率的原理，尽管农奴的实际解放过程被认为渐进比骤变更好。这种立场是在《原理》一书中给出的，在《俄罗斯的真理》一书中又得到重述。[①]

强调渐进性不应当被视为彼斯捷尔对于农奴制采取了一种更
162 为友好的态度。正相反，论述农奴制问题的这一段几乎是《俄罗斯的真理》中唯一的一处地方，在这里文体的实际风格突然被放弃了，寻常不带个人情感的彼斯捷尔几乎达到了拉季谢夫那样狂热的雄辩程度。似乎可以正确地说，十二月党人在道德与经济基础两方面对于这样来排除农奴制是一致同意的。[②] 但是废除农奴制

① 参见，彼斯捷尔（P. I. Pestel），《十二月党人社会政治与哲学著作选集》（*Izbrannye sotsial'no-politicheskie i filosofskie proizvedeniya dekabristov*）（Moscow，1951），II，第16－18，119－120页。

② 参见由多米纳尔－扎波尔斯基（M. V. Dovnar-Zapol'skii）所做的一个总结，《十二月党人的理想》（*The Ideas of the Decembrists*）（Moscow，1907），第156页及以下各页。

以后的阶段将如何呢？关于这个问题，我们的《原理》一书作者有两种想法。

首先，他就制造业的发展提供了某些说明，这些说明可以被视为点出了这一主题中真正有意义的东西。特别是，他呼吁引进手工业行会以便确保技术操作技能和产品的高质量。这一论述就像是完全回到了波索什科夫那里。而他关于由政府机构来控制市场以防止假、冒、伪、劣产品销售的建议，也是如此。正是在这一点上直接涉及了一个国家的落后程度问题，以及在那些"工厂尚处于一种胚芽状态"并且企业家的无知处于严重状态的国家中需要由政府采取教育措施的问题。在这一点上，与汉密尔顿(Hamilton)和李斯特的论述相比较，似乎只需要一个步骤就可以把彼斯捷尔与主张发展幼稚工业的论点隔离开来，并且由此至少谈到在经济落后条件下经济发展的一个方面。但是，这一步却没有被做到。事实上，在该篇论文(它像《俄罗斯的真理》一样，偶尔地也出现零碎或不完整的片段)的其他段落，我们发现了总体上完全不同的态度。在劳动力便宜的场合，引进机器被说成是不合理的，因而只有富国才能承担得起生产的机器化。彼斯捷尔并不十分清楚他采用了两个虽有联系但却相互区别的论点——要素的相对稀缺与无能力维持一种高投资率——但是很显然，在他看来，俄国的工业发展是不可行的。实际上，在历数了各种困难(根据萨伊，这些困难都是法国在引进机器的过程中所经历过的)之后，他指出这样一种政策对于俄国是"异想天开的"。[①] 所以，关于国际分工的标准化论

① 彼斯捷尔，《十二月党人社会政治与哲学著作选集》，第 28，65，66，68 页。

断是适用的，并且最终是建立在农业国比工业国享有更大的独立性这一推测基础上的。[①]

163 《俄罗斯的真理》以一种相当一贯的方式反映了这一态度。这里不再关心政府对于产品质量和技能开发的关注，手工业行会也因为被视为无用和不公正而遭到拒绝。与私有土地产权相并列，每一个俄国公民对于土地分配所拥有的不可剥夺的权利被视为新秩序的一个基本条件。因而，不仅将它纳入到一种乡村公社的形式，而且还通过向从城市逃离的人给予奖励引入了一种对工业发展的特定的制度壁垒。最后，彼斯捷尔措辞强烈地反对贵族们对于财富的统治，认为它“比封建的贵族统治要更有害得多”。政府必须谨防这样一种“政治集团”本能地建立起来，一经发现它的存在就必须予以摧毁。这种对资产阶级的攻击与其他措施相比，也许更清楚地显示了彼斯捷尔对于工业社会的厌恶。[②]

对于十二月党人的某些经济论点，是不难从亚当·斯密和萨伊，甚至更直接地，从曾经在俄国执教过的德国经济学家（最著名的有施托希（H. Storch）和赫尔曼（F. B. W. Hermann））那里，找到思想渊源的。施托希的教学所具有的影响尤其显著。此外，施托希还顺利地将关于制造业在农奴制条件下不可能在俄国得到繁荣发展的论断[③]与下面这种强有力的观点结合起来：即认为俄国不应寻求工业化的道路，这特别是因为一个工业国家的“垄断地位”

① 彼斯捷尔，《十二月党人社会政治与哲学著作选集》，第 63，64 页。

② 同上，第 98，108，110，134，141 页。

③ 施托希（H. Storch），《政治经济学教程》（*Cours d'économie politique*）（Paris, 1823），IV，第 264 页，III，第 184 页。

是暂时的，而一个农业国家的“垄断地位”则是“永久的”。[①] 追求任何其他的政策都意味着重犯重商主义的错误，即将工业置于优先于农业的地位。[②]

我们在这里并不是要声称古典经济学的影响仅仅表现在对于屠格涅夫和彼斯捷尔的观点的决定性影响。相反，这里所感兴趣的是要指出：(1)由于他对于为工业发展制造障碍的关心，彼斯捷尔也许比他从施托希和赫尔曼那里学到的走得更远；(2)通过采取这种立场，他也大大地超过了拉季谢夫。对农业主义的强调，对资 164
产阶级的厌恶，以及限制形成一种永久性工业劳动力的愿望——这是十二月党人为俄国知识分子历史的下一个阶段留下的遗产。在被认为是理想的东西与实际发生的东西之间的差异，实际上变得非常之大。

如果在某种意义上拉季谢夫与十二月党人是一个时代的开始，那么在另外一种意义上十二月党人则代表了一个时期的结束。虽然打开了 19 世纪知识分子的历史，然而他们却成为 18 世纪的宫廷政变系列中的最后一个环节。对他们来说，夺取政权并重组国家是迫切的实践任务。结果，他们的建议中包含了对于他们的大多数(如果不是全部的话)追随者来说都相当难以接受的要素。彼斯捷尔在“官方的得体行为”(Vyshnee Blagochinie)这一冠冕堂皇的名义下所提出的建立无所不在的秘密警察的建议，以及明确认可特务行为和秘密调查，便是这方面的一个极端例

① 施托希(H. Storch)，《政治经济学教程》(*Cours d'économie politique*)(Paris, 1823)，III，第 79，82 页。

② 同上，III，第 214 页。

子。[①] 与此同时,他们那种关于自己所建议的东西并不仅仅属于灰色的理论说教,相反,其措施可以被立即付诸实施的感觉,肯定会引致他们去思考那些对于纯思想理论学者来说更少具有重要性的问题。废除农奴制的渐进过程,也许反映了必须要取得贵族们对于这场改革的支持(至少是减少他们的反对)这一要求。但是,它也可能反映了对于下面这一事实的承认:即在贵族经济与农民经济通过劳动、资本、此外也许还有企业家能力而纠缠在一起的条件下,突然地以斩钉截铁的手段来解决困难问题将会产生一种经济危机(如果不是一场灾难的话)。随着十二月党人起义的被粉碎和尼古拉一世政权的建立,俄国的知识分子开始逃避对于紧迫的现实问题的密切关注了。至少在紧随其后的几十年中,所发生的变化是不利于人们全神贯注地思考经济发展问题的。经济专题论文开始从俄国知识分子"必读"的书目中消失了。如果说十二月党人的"弟弟"(正如克留谢夫斯基(Kliuchevski)曾经对叶甫盖尼·奥涅金(Eugene Onegin)称呼的那样)仍然在热衷于炫耀他关于
165 亚当·斯密的知识的话,那么用奥加廖夫(Ogarev)的话说,"十二月党人的孩子们"则把主要的兴趣转移到了其他方面。的确,形而上学与美学,即使并没有与圣西门主义相结合,在很多方面也恰恰成为社会问题讨论的框架。但是,那种争论集中于非经济学领域,并且在车尔尼雪夫斯基(Chernychevski)时代之前黑格尔的命题就已经被审慎地用于有关经济发展问题的阐释——或者说,使人



① 彼斯捷尔,《俄罗斯的真理》(*Russkaya Pravda*)(St. Petersburg, 1906),第110-112页。

头脑困惑了。无论如何，仅仅是在这四十年的后半段，此类问题才重新被捡起来。

作为这一时期举足轻重的人物，别林斯基反映了这种变化。他的西方主义（Westernism）作为一种规则并没有下降到经济利益的低层面。当然，别林斯基特别喜欢从人道和道德的视角来讨论农奴制问题，可是关于它的经济含义（就更不必说它的灾难性后果了）却完全不在他的视界之内。由于这一原因，对于这一规则的一个特定例外将是相当有趣的。这是指别林斯基在 1847—1848 年间参与的一场争论，争论的一方是博特金（Botkin）与安年科夫（Annenkov），另一方则是赫尔岑（Herzen）。它所讨论的主题是，赫尔岑的《法意书简》（*Letters from Avenue Marigny*），特别是其对待资产阶级的态度。各自的立场通过对抗双方的两个祈祷而简洁、洗练地表达出来：赫尔岑说“上帝将俄罗斯从资产阶级那里拯救出来”，[①]而博特金则说“上帝赐予俄罗斯一个资产阶级”。[②] 别林斯基关于其态度的一个反思甚至包含在一篇公开发表的文章中，这是他在去世之前所写的最后一篇——或者不如说是口述的文章。[③] 在这里，他对于赫尔岑的消极观点采取了温和的反对态度。不过，那些无保留的书信则显示出，别林斯基——在他生命的最后日子里——是多么严肃地就这一问题而进行着斗争。在

① 安年科夫（P. V. Annenkov），《安年科夫及其朋友》（*P. V. Annenkov i ego druz'ya*）（St. Petersburg，1892），第 611 页。

② 同上，第 551 页。

③ 别林斯基（V. G. Belinski），《三卷本著作选集》（*Sobranie sochinenii v trekh tomakh*）（Moscow，1948），III，第 840 页。

1847年12月写给博特金的书信反映了这些斗争。由于不愿意完全脱离赫尔岑的立场，别林斯基寻求反复地对资产阶级这一概念进行定义，他将富裕的资本家与资产阶级区别开来，开始是对商人进行谩骂，而末了却给出了一个极其不同的说法：“我不属于那些
166 将资产阶级是邪恶的这一命题当作公理的人，……在我表明现实中一个国家没有中产阶级而能够实现繁荣之前，我将不同意这个命题。到目前为止我所看到的是，国家如果没有中产阶级将注定要永远处于卑微的境地。”①但是，在仅仅两个月之后写给安年科夫的信中，他甚至采取了一种更强硬的立场：

> 我们最值得信赖的朋友[赫尔岑]和我们的斯拉夫文化优越论者(Slavophiles)，极大地帮助我放弃了对于人民的神秘的信仰。人民何时何地曾经自己解放过自己？所有的事情总是由单个人来做的。当我在我们关于资产阶级的争论中称你为保守主义者的时候，我是一个二等的傻瓜，而你则明白你正在谈论什么东西。当我在我的最值得信赖的朋友面前述说俄国将需要一个新的彼得大帝的时候，他攻击我的观点是一种异端邪说，并且说人民本身必须自己解决他们的全部问题……现在很显然，在俄国贵族转化为一种资产阶级之前……，俄国内部的文明发展过程将不可能出现。②

---

① 《哲学著作选集》(*Izbrannye filosofkie sochineniya*)(Moscow，1948)，II，第550页。

② 《安年科夫及其朋友》，第611页。

从诸多方面来看,这是一个独一无二的陈述。对资产阶级的承认隐含着对工业的强调,而与此同时又祈祷一个仅仅意味着工业化政策复兴的新的彼得大帝——这些观点不仅意味着放弃了十二月党人的土地立场,而且也标志着对于工业化过程中特殊的政府政策的一种承认。

毫无疑问,这一陈述也意味着完全的失望情绪,即认为一个俄国的资产阶级将不可能与贵族并肩成长,而只能从后者当中繁衍出来。这种情绪偶尔也可以在博特金那里看到。[①] 此外,如果完全忽视在别林斯基给博特金的信中所体现出来的对于商人的狂热谴责,也将是不明智的——作为"低级的、卑鄙的、庸俗的傀儡,他们孝敬普路托斯财神,并且只知道孝敬普路托斯财神"。[②] 然而,毕竟似乎可以公正地说,在当时俄国知识分子阶层的重要人物中间,"狂暴的维萨里昂(Vissarion,这是别林斯基的名字。——译者注)"是最接近于具有一种工业眼光的,人们也许会说他对该国经济发展提供了一个正确预期。

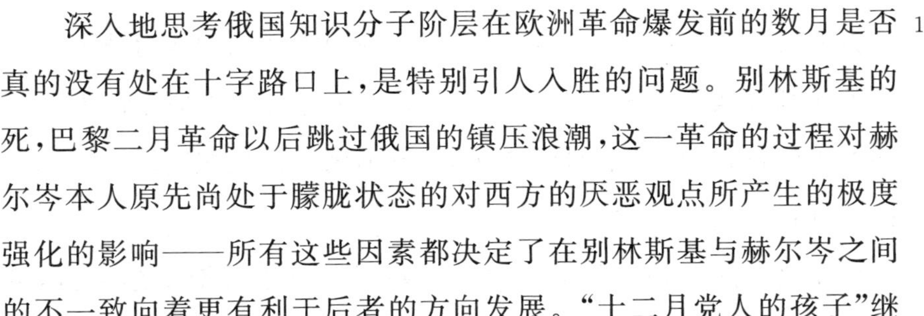

深入地思考俄国知识分子阶层在欧洲革命爆发前的数月是否 167
真的没有处在十字路口上,是特别引人入胜的问题。别林斯基的死,巴黎二月革命以后跳过俄国的镇压浪潮,这一革命的过程对赫尔岑本人原先尚处于朦胧状态的对西方的厌恶观点所产生的极度强化的影响——所有这些因素都决定了在别林斯基与赫尔岑之间的不一致向着更有利于后者的方向发展。"十二月党人的孩子"继

① 《安年科夫及其朋友》,第 523 页。

② 《书信集》(*Pis'ma*)(St. Petersburg,1914),III,第 329 页。

承了他们的传统，并将它转变成为民粹主义者的社会主义。对于这一传统所具有的价值的深入质疑的简要评论被忽略掉了。然而，它的存在却是重要的，如果我们并不是单纯地复述关于这些传统产生与持续存在的理由的某一种解释的观点，而是企图超越它，那么别林斯基的异端立场将值得给予极大关注。

再回到赫尔岑，在本文的范围内对于他的考察，既无可能也没必要超出他与他的前辈的关系以及表明他对于俄国经济发展这一主题的一般立场这个范畴。说反对农奴制的斗争将赫尔岑与拉季谢夫和彼斯捷尔团结起来，当然是不言自明的道理。问题在于，赫尔岑关心的是农奴制废除以后会出现什么。拥护乡村公社作为农业组织的理想形式，即认为村社形式的经济组织摆脱了领主权力的观点，确实构成了关于俄国经济发展的一种解释，一种关于俄国农业社会主义的特殊版本。但是这种解释的新意究竟是什么？彼斯捷尔在事实上（尽管不是在名义上）已经将乡村公社纳入到他的《俄罗斯的真理》计划之中。赫尔岑关于这一问题的思想是来自于哈克斯特豪森（Haxthausen）和斯拉夫文化优越论者，而彼斯捷尔的著作则确实不为他所知。不过，如果我们关心的是知识发展的基本倾向，而不是特定的影响问题（更不用说优先权问题了），那么这一点是无关宏旨的。

赫尔岑的另外一些论述也富有新意。对于彼斯捷尔来说，俄国追求一条不同于西方的经济发展道路的问题并没有提出来。认为俄国本质上仍然属于一个农业国的观点，基本上是关于国际劳
168 动分工的一般经济规律——对于东方与西方都有效——的结果。

诚然，正如我们所看到的，彼斯捷尔也曾经说过旨在加强和保护俄罗斯经济的农业特征的法律措施，但是在某种意义上这不过是企图为对俄国与西方都适用的共同经济规律的运用提供支持。相反，俄国的过去不同于西方，因此俄国的未来也不需要追随西方走过的道路。下面一段话以最简洁的形式表达了这种观点。关于“所谓西方”，赫尔岑说道：

> 在俄国……任何东西都不具有我们在其他国家所遇到的那种惯例、凝固状态以及确定性结果的印记，这些东西是人家通过长期的劳动为他们自己的生活方式（这种生活方式在某种程度上是与他们的观念相对应的）创造出来的。
>
> 不要忘记，俄国还对于阻碍西方发展的三个灾难性源泉保持着无知态度：天主教、罗马法，以及资产阶级的统治[机械]。这极大地简化了问题。我们将把你们与即将到来的革命联系在一起。[但是]要这样做，我们不需要穿越那些你们已经涉过的沼泽，我们不需要将我们的力量消耗于[你们那种]政治形式的落日余晖之中……我们没有理由去重复你们寻求解放的史诗般的故事，在这种解放的过程中你们的道路由于已经成为了历史的遗迹而变成了进步的障碍，从而我们将不能在未来采取唯一的步骤。你们的劳动和你们所经受过的苦难为我们提供了教益。历史是极其不公正的。后来者不吃前人嚼过的馍，而是[有权]享用前人经验[餐桌上]的丰盛菜肴。人类的所有发展都不过是在年代上不断扬弃[的一种

表现]。[①]

这是一段值得注意的论述。人们并不需要询问俄国在该世纪的中叶是否已经达到了一个可以据此来指责欧洲惯例的、和凝固不变的工业革命模式的适当的优势地位,也不必中止对这样一种指责所反映出来的傲慢和自大而产生的惊奇。在某种意义上可以说,甚至拒绝西方的发展过程对于俄国的适用性也并非如此惊人。虽然它是与彼斯捷尔相关联的一个创新,可是它至少在原则上与早期的斯拉夫文化优越论者们的思想无任何关系。[②] 令人感到如
169 此惊奇的是,赫尔岑在这里以清晰明了的态度承认即将成为俄国经济发展的一个本质要素的东西所具有的重要性。落后所具有的优势被提升到了普遍存在的规律的程度,或者说至少成为人类历史的一种普遍现象。这里再一次地显示出,看来只需要一个步骤就可以将赫尔岑与关于下面这一问题的询问分离开来:俄国的工业发展由于其后来者的地位是如何不同于西方的工业发展的。但是,这一问题从来就没有人提出过。对资产阶级的憎恨与对无产阶级(它经常被赫尔岑视为一种农业劳动力[③])的恐怖,阻止了有

---

① 赫尔岑(A. I. Gertsen),《著作与书信全集》(*Polnoe sobranie sochinenii i pisem*),列姆卡(M. K. Lemke)编辑(Petrograd,1919 - 1925),VIII(1854 - 1887),第151页。着重点为本文作者所加。

② 在上面引文中的赫尔岑(Herzen)的三组合(天主教、罗马法以及资产阶级)相当奇妙地为伊万·基列耶夫斯基(Ivan Kireyevskii)的三组合(罗马教堂、罗马文化以及一个通过暴力建立的国家)所匹配。参见伊万·基列耶夫斯基的《两卷本著作全集》(*Polnoe sobranie sochinenii v dvukh tomakh*),格申森(M. Gershenson)编辑(Moscow,1911),I,第184页。

③ 赫尔岑,《全集》,VII,第276页。

关俄国工业发展可能性的任何严肃思考。理论解释仍然集中于乡村公社。“落后的优势”被视为不仅体现在工业发展的模式上，而且也体现于从农奴制时代向社会主义时代前进的机会当中。结果，保留旧有的东西，而不是轻易引进新东西，逐渐被视为后来者立场观点的本质。当车尔尼雪夫斯基采纳赫尔岑的观点并虔诚地重复后者的做法，即虽然持有理解俄国经济发展的钥匙却偏偏又拧错了方向时，将需要大量的绞尽脑汁的辩证推理来把新的和旧的东西说成实际上是一回事和同一种东西。不过，在我们考察车尔尼雪夫斯基对这个问题的论述之前，也许需要给出几点预备性评论意见。

几乎没有什么疑问，赫尔岑在 1848 年以后的思想代表了他先前的对手即斯拉夫文化优越论者的主要观点。诚然，在有关正统观念、谦卑、农民暴动、对外政策以及其他等等问题上，仍然存在着多数重要的分歧。不过，就身边的具体问题来说，则基本感觉不到有什么差别。霍米亚科夫(Khomyakov)也认识到了落后所具有的优势，并且实际上愿意将它们应用于比期盼农业社会主义的出现更为具体得多的现象。早在 1845 年，他就写道：“对于铁路，像
很多其他事情一样，我们是特别幸运的。我们没有将精力耗费于 170
实验上，从而扭曲我们的想象。我们可能并且应当摘取别人劳动的果实。”[①]他甚至变得更加明确而具体：他曾说，引进便利的技术所具有的优势还因为不会受到技术进展的最新阶段即舒适的道路

① 霍米亚科夫(A. S. Khomyakov)，《著作全集》(*Polnoe sobranie sochinenii*)(Moscow，1861)，I，第 420 页。

网络所妨碍，而得到补充的好处。[①] 他继续写道：

> 我们在接近一个半世纪当中一直在模仿欧洲，我们将继续这样做，并且在长时期中都将利用欧洲的发明。可能，我们在很多方面也为欧洲提供一种样板的时机也到来了，不过，它曾经取得的知识成就是不可能变得对我们完全无用处的。[②]

并非没有可能，霍米亚科夫个人对技术的兴趣在某种程度上决定了他的观点。因为毕竟他本人就是一个“无声的蒸汽机”(silent steam engine)的发明者。当这个机器碰巧被送到伦敦的世界博览会(World Exhibition in London)上时，据说曾引起周围地区居民试图考虑向政府请愿。[③] 也许更重要的是，霍米亚科夫意识到了铁路所具有的军事上的重要性。“当所有其他国家铁路纵横交错从而能够迅速地集中和转移他们的军事力量时，俄国也必须达到同样的水平。这是困难的，费用昂贵的，但可惜也是必不可免的”。[④] 那些斯拉夫文化优越论者比起俄国知识阶层中的任何其他团体来，都有更充分的理论准备去正确评价国家强权利益和强权政策的重要性。固然，他们关于彼得大帝的看法并没有显示出这样一种评价。可是，在对历史与当前问题的评价之间，总是存

---

① 霍米亚科夫(A. S. Khomyakov)，《著作全集》(*Polnoe sobranie sochinenii*)(Moscow，1861)，I，第 424 页。

② 同上。

③ 扎维特涅维奇(B. S. Zavitnevich)，《A. S. 霍米亚科夫》(*A. S. Khomyakov*)(Kiev，1903)，I，第 243 页。

④ 霍米亚科夫，《著作全集》，I，第 420 页。

在着巨大差异的。就强权政策事实上很难与 19 世纪下半叶的俄
国经济发展动因割裂开来而言,斯拉夫文化优越论者们对问题的
探索实际上比赫尔岑更为深入。所以,毫不奇怪,与赫尔岑或奥加 171
廖夫(他作为赫尔岑的经济专家,将自己的任务限于以一种不经意的、也许是半讽刺的语言来赞同政府的铁路建设计划[①])相比,霍米亚科夫对作为迟到的工业高涨前提条件的铁路给予了更多的关注。

然而,在其他方面,霍米亚科夫与赫尔岑之间的区别几乎是无法辨别的。尽管霍米亚科夫并不认为自己是一个社会主义者,但是他却乐于指出在俄国的农民与手工业者劳动组合和傅立叶的法伦斯泰尔(*phalanstères*,法国空想社会主义者傅立叶幻想建立的社会主义社会的基层组织。——译者注)之间,存在着相似性。[②]

在苏维埃的圣徒名单中,车尔尼雪夫斯基被授予两个令人尊敬的头衔。他是一位"伟大的革命民主主义者",同时又是"伟大的俄国经济学家"。第二个头衔比起第一个更有特色也更为含混。人们全然不清楚,车尔尼雪夫斯基对经济分析做出了什么独立的贡献。不过另一方面,情况也确实是,根据他所掌握的经济文献的知识以及他对于经验性经济问题的兴趣,他应当属于本文所考察的经济学家当中的杰出者。尤其无可怀疑的是,他的经济学识以及他对于经济问题的理解能力无尽地超越了奥加廖夫,后者在前一代人中曾经对经济学给予了最大的关注。然而,对于经济发展

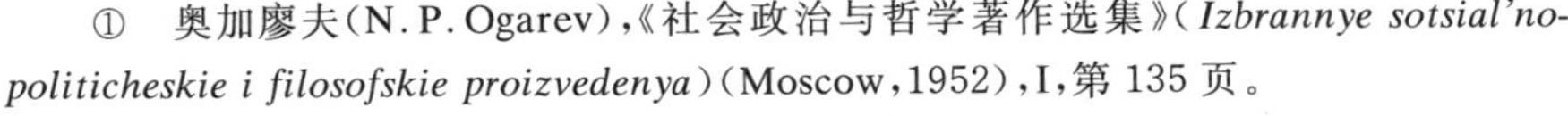

① 奥加廖夫(N. P. Ogarev),《社会政治与哲学著作选集》(*Izbrannye sotsial'no-politicheskie i filosofskie proizvedenya*)(Moscow,1952),I,第 135 页。

② 扎维特涅维奇,《A. S. 霍米亚科夫》,I,第 300 页。

问题，车尔尼雪夫斯基似乎只是在承袭赫尔岑。

车尔尼雪夫斯基并未简单地忽视工业发展。他将很多时间耗费于资本积累和生产过程机械化的主题上面。

> 俄国进入了资本被应用于经济生产的经济发展阶段。[①]
>
> 我们决不能向自己隐瞒这样的事实：即迄今为止几乎很少出现经济发展的俄国，正在急速地进入经济发展之中。到目前为止几乎仍然完全处于那些只有当经济和商业活动得以加强时才能显示其力量的经济规律的影响之外的我们的经济生活，已经开始快速地受到这些规律的支配了。也许，我们也将很快地进入竞争规律充分有效地发挥作用的领域。[②]

172 在铁路时代，似乎是不可能忽视正在发生的变化的。车尔尼雪夫斯基完全清楚，俄国农民将受到铁路网络增长的深远影响，诸如由此而产生的粮食价格的增长和对外贸易规模的扩大。工厂生产的布料将进入农家小屋，但是：

> 无论这些变化是什么，我们都不要贸然去触及神圣的和所保留的习惯，这些习惯是我们的过去遗留给我们的。它的所有悲哀都为一种无价的遗产所赎回——让我们不要贸然去攻击土地的共同使用——目前西欧土地耕作阶级的福利正是

---

① 《经济著作选集》(*Izbrannye ekonomicheskie proizvedenya*)(Moscow，1948)，I，第148页。

② 同上，第108页。

依赖于它的采用所带来的巨大恩惠。他们的例子也许为我们上了一课。[①]

乡村公社必须要保留，尽管大转变即将到来。任何读过车尔尼雪夫斯基关于后者的论述的人，都会获得有关一种非人格化的、几乎是自然力的过程的感觉。乡村公社作为所有的传统事物的正宗象征，在过去的传统迅速地让位于创新的时候怎么能够得以保留呢？黑格尔的辩证法对此提供了回答："就其形式而言，发展的最高阶段是相似于其最初阶段的。"[②]从地质学、动物学、语言学、军事史、经济保护主义史、时尚演变史等等所产生的一长串类比，被排列起来用以说明这个"公理"。在早期阶段，直白的语言变得扭曲了，只是到了后来又放弃了这种扭曲。报复并不能保护国内工业，但是经过了一个实行保护主义的重商主义时期之后，自由贸易的时期又使人类返回到了起始点。如果"全部的物质与精神世界"的进化都是从属于这一规律，那么，在土地所有权的领域内能够保持住唯一的例外吗？[③] 所以，乡村公社并不是一种时代错误的存留物，它是发展的一种不可避免的结局。确实，俄国从未知晓中间的阶段，这一阶段毕竟是黑格尔的"公理"(axiom)或"法则"(law)中的一种本质环节。但是，这恰恰是问题的所在。由于她的极端落后，俄国是能够跳过这一中间阶段的。一个接一个的例

① 《经济著作选集》(*Izbrannye ekonomicheskie proizvedenya*)(Moscow，1948)，I，第 108 页。

② 同上，第 697 页。

③ 同上，第 715 页。

173 子被引证，以表明技术进步的渐进性以及落后国家吸收其最新的和最完善形式的技术的能力。在对赫尔岑关于落后的优势问题做了这些详尽的阐述之后，车尔尼雪夫斯基通过引用赫尔岑的下述词句来结束自己的讨论："历史就像是一位老祖母，她热爱年轻的孙儿们。对于后来者她给予的不是骨头，而是骨头的精髓，而西欧在企图打破这类骨头时却严重弄伤了她的手指。"[①]

像赫尔岑一样，车尔尼雪夫斯基也是处在对于事物的重要方面获得理解的起点上，并且，他也像赫尔岑那样选择了离开。这样做，在很多方面对于他来说要比对于他的前辈更加困难。赫尔岑从未过多地关注技术进步的任何问题。车尔尼雪夫斯基则将技术变化引入为了证明俄国的落后所具有的优势乃是在于保留了乡村公社的机会而进行的严格推理之中。为了摆脱明显的表象是需要一种极大的努力的，车尔尼雪夫斯基小心翼翼地避免使用依附于现代工业装置的例子，而偏好于从未开化的人学习如何使用火柴的活动中和拉丁人的手稿中选取他的例证。



虽然在关键的方面车尔尼雪夫斯基追随了赫尔岑，但是两位作者之间的差别也不必混淆。对车尔尼雪夫斯基来说，乡村公社不仅是一种土地租佃的形式。他喜欢将它视为一种由结合起来的成员重新组织的生产形式。[②] 一个重要后果是，现代技术因而能够进入重组后的乡村公社，而车尔尼雪夫斯基极为重视农业中的

① 《经济著作选集》(*Izbrannye ekonomicheskie proizvedenya*)(Moscow，1948)，I，第 727 页。

② 同上，第 213 页。

技术进步。[①] 至于乡村公社的保留也许会妨碍农业引进现代技术这一点，则遭到了强烈否定。如果说农业在过去极为缓慢地采用机械，那么其原因并不在于乡村公社，而是在于农民人口的贫困。[②]

关于制造业情况又如何呢？令人吃惊的是，这位“伟大的俄国经济学家”关于这一主题竟然谈论得如此之少——如果我们对维 174
拉·帕夫洛夫纳（Vera Pavlovna）的梦想加以提炼（因为我们完全可以这样做）的话——他仅仅同意由国内工业生产的工厂商品产量增长比工厂生产能力增长更为重要这个观点，以及认为“对工厂实行直接保护的有用性问题，人们不应该过多地考虑我们的工厂与外国同类产品生产之间的关系，而应该考虑它们与将要在我们的工厂里找到工作的人们的福利之间的关系，特别是更要考虑各个工厂对国内工业同类产品产出的影响”。关于后者应当得到保护这一点，作者并没有提出任何疑问。[③]

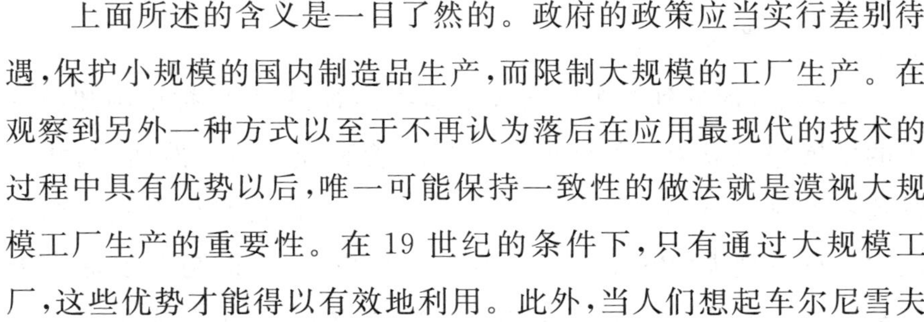

上面所述的含义是一目了然的。政府的政策应当实行差别待遇，保护小规模的国内制造品生产，而限制大规模的工厂生产。在观察到另外一种方式以至于不再认为落后在应用最现代的技术的过程中具有优势以后，唯一可能保持一致性的做法就是漠视大规模工厂生产的重要性。在 19 世纪的条件下，只有通过大规模工厂，这些优势才能得以有效地利用。此外，当人们想起车尔尼雪夫

① 《经济著作选集》（*Izbrannye ekonomicheskie proizvedenya*）（Moscow，1948），I，第 288 页及以下各页。

② 同上，III：2，第 418 页。

③ 同上，第 42 页。

斯基在他的《约翰·斯图亚特·穆勒的〈政治经济学原理〉注释》中，曾倾向于甚至将西方的工业化和铁路化也视为一种相对短命的过程，并指出新形成的资本在贸易和工业中只会得到越来越少的应用因而将倾向于转入农业投资，[1]与此同时，在工业中感到不满的大规模生产单位也偏好于农业，那么，他的思想就完全清楚了。俄国的工业化，以及基于同样特征的俄国经济发展，始终处于车尔尼雪夫斯基的视野之外。所以，毫不奇怪，我们的作者为什么如此频繁地强调在实际经济政策问题上与斯拉夫文化优越论者们的一致性，尽管在那些将他们与主张西化的人们区分开来的“更为模糊的”问题上他拒绝与前者站在一起。确实，由于车尔尼雪夫斯基在早期的被监禁和随后的被流放，在很早的时期就割断了他与
175 俄国经济现实的直接联系。如果他在 60 年代和 70 年代的其余时间仍然处于俄罗斯的欧洲区域的中心，那么他的观点很可能经历某些转变。可以说，在俄国人的思想与俄国的实际发展之间所存在的差异，也许在任何地方都没有像在车尔尼雪夫斯基的著作中表现得那样清晰和显著。



实际上，依据到此为止所述的这些内容，将难以把俄国知识分子的发展想象成为其经济演进的指导者和预见者。然而，当我们继续考察时，一位非同寻常和独一无二的人物将有权引起我们的注意。皮萨列夫（Pisarev），他像别林斯基一样（但与车尔尼雪夫斯基不同），尽管其兴趣是在科学与历史方面，却主要成为一位文学评论家。虽然在这一时代的俄国的文学评论必然要涉及社会

[1] 《经济著作选集》（*Izbrannye ekonomicheskie proizvedenya*）（Moscow，1948），III：1，第 301 页。

问题，经济发展问题一般来说仍然处于评论家的视野之外。所以，除了少数几个关于我们所讨论的问题的不连贯的评论以外，我们不能够指望在皮萨列夫那里发现更多的东西。不过，我们在这里确实能够发现极为有价值的记录。

本来源自一种以这样或那样的方式来注重强调集体主义的思想线索，并且受到车尔尼雪夫斯基的特别影响，可是皮萨列夫却拥有强烈的个人主义态度，这不能不令我们感到吃惊。至少在 1863 年以后，皮萨列夫看起来越来越成为一个工业发展的吹鼓手和一种经过启蒙的资本主义的辩护士。遵循着俄国的传统——或许也是 19 世纪的一般传统——这些观点作为某种一般规律的发散而表达出来：

> 在历史的过程中有很多革命。政治组织与宗教组织消失了，可是从所有这些革命中产生的资本相对于劳动的统治却丝毫未受到影响。历史的经验和类似的简单逻辑使我们坚信，强大而又聪明的人民将总是战胜低能而又愚蠢的人们……因此，对于有教养的和富裕的阶级统治劳苦大众这一事实的日益增大的愤慨，将意味着摇撼一种自然规律的不可摧毁的铜墙铁壁……当我们遇到了这种秩序的某种不可避免的事实时，所要求的将不是愤怒，而是某种使这种不可避免的事实向有利于人民的方向转变的行动。资本家拥有知识和财富。这两个素质确保了他们对劳动的统治。但是，究竟这种统治将会给人民带来灾难还是福利，将完全依赖于环境。如果资本家受到某种不明确的教育，那么他将变成一个吸血鬼。

> 然而，如果你赋予他以完整的、坚定的、人道主义的教育——这同一个资本家虽然不会在实际上变成一位仁慈的慈善家，
> 176 但是却可以成为一位有思想的、讲究计算的人民劳动的领导者，也就是说，成为一位比任何慈善家都更有用一百倍的人。[①]

这些话真像是在详尽地阐述别林斯基关于如果没有一个资产阶级俄国就不能繁荣的断言。当然，皮萨列夫远远超过了别林斯基。别林斯基对于专业训练是相当不感兴趣的，“扔掉你的政治经济学和统计学吧。任何专业知识都会使人变得肤浅和堕落。只有思想在它的最普遍的意义上必须成为人们研究的主题。”[②]而对于皮萨列夫来说，正是日益增长的专业化知识构成了社会与经济进步的重要内容。托尔斯泰(Tolstoy)笔下的聂赫留朵夫所犯的错误，恰恰在于他在没有事先获得一种实际的专业知识的情况下就去要帮助他的农民。[③] 这种知识的扩散将能够解决所有问题：

> 所有聪明的年轻人都将生活在一种充满理智的状态并且他们的视野将变得庄重而又深思熟虑——这样的时刻将会到来——而且它已经为期不远了。到那时，拥有一笔农业资产的年轻所有者将会按照欧洲流行的方式来运作它。这个年轻

① 皮萨列夫(D. I. Pisarev)，《著作与六卷本全集》(*Sochineniya, Polnoe sobranie v shesti tomakh*)(St. Petersburg, 1897)，IV，第 132 页。

② 别林斯基，《通信集》，I，第 89 页。

③ 皮萨列夫，《著作与六卷本全集》，第 237 页。

> **的资本家将建立我们所需要的工厂**，并且按照所有者和工人两方面利益的要求来组织它们。这就是所需要的全部。一个好农场和**一个好工厂**便构成了人民最好的、也是唯一可能的学校。[①]

在上面所述的内容以外，皮萨列夫还提出了富于深刻洞见的思想。他认为，除非是处在一种工业充分发展的环境中，否则，在农业中引入现代生产方法将是极其困难的。[②] 其结果，将不仅与一个主张工业发展比土地集体化和工业中的社会问题更重要的人的情况相同，而且也与那种对现世中有关经济发展的突出实际问题（其中的某些事情则完全为车尔尼雪夫斯基所回避了）拥有深刻见地的人的预见相一致。

上述来自皮萨列夫著作的引证，可以加倍地用来显示同一种 177
思想趋势。然而另一种情况也是真实的，即我们可以在他那里找到大量的反映极不相同的思维方向的引文。实际上，皮萨列夫的不一致常常是摇摆不定的。这里有足够的理由将这种对于既往的思想常规的第二次短暂偏离和一位俄国知识分子历史上的重要代表人物承认工业发展和经济个人主义哲学的意愿，记录下来。皮萨列夫承认西方经济发展的内容对于俄国的适用性，他走得如此之远，以至于全然没有注意到在俄国的这种工业化过程中落后的机制可能会导致并非无足轻重的差别。如果皮萨列夫除了尊敬拉



---

① 皮萨列夫，《著作与六卷本全集》，III，第 305 页。着重点为本文作者所加。

② 皮萨列夫，《哲学与社会政治论文选集》（*Izbrannye filosofskie i obshchestvenno-politicheskie stat'i*）（Moscow，1944），第 184，212，235 页。

赫梅托夫(Rakhmetov)的形象以外,也能接受车尔尼雪夫斯基关于后发优势的思想,那么其结果实际上将是超乎寻常的。

然而,皮萨列夫未能看到俄国经济发展的一个重要方面,对此,从随后的知识分子历史的角度几乎没有任何批评的价值。当我们接近于我们所考察的这一时期的终点时,我们并没有遇到对于落后所具有的优势的强调,相反却碰到了对于落后的**劣势**的关注。从60年代末开始,无视某种重要的工业发展的事实已经几乎变得不可能了。但是流行的态度却显示出,在俄国特定的落后条件下工业化的后果及其本来特征必定是特别有害的,并且在这样的条件下工业进步不可能走得更远。

本节的剩余部分将用来简要地说明这一点。拉夫罗夫(Lavrov)虽然强调俄国资本主义的“借来的”(borrowed)性质,但是却声称资本主义发展在俄国的迟到意味着一种退化的、降格的资本主义形式的重要性:

> 我们现在不仅经历着从我们的农奴解放前经济向一种资产阶级经济的转变。这种转变就其本身而言,并非如此地糟糕。但是如果与整个文明世界站在一起,我们就处于向最高的、亦即最丑陋的资产阶级经济形式进行转轨的状态。它是这样一个阶段,在这里,资本家变成了大金融家,少数的股票交易大王成为国家经济生活的统治者,资产阶级发展成为金
> 178 融贵族。这种转变为大众的经济生活带来了灾难性的发展后果——[它是]西欧社会主义兴起的真正原因。但是,对我们

来说，事情将比任何其他欧洲国家更为糟糕得多。在西欧，资产阶级经济是一步一步地逐渐发展，与发现和发明的过程相并行的。在某种程度上，西欧资产阶级经济的发展是惠及整个普罗大众的……只是在不久之后，人们才看清楚，资产阶级经济就其实质而言是敌视广大群众的。这一经济在达到它的当前阶段以前经历了几个发展阶段，而在当前，劳动与资本利益的矛盾和不可调和性则以赤裸裸的、冷酷无情的形式表现出来……

与我们一起，农民得到了解放——因而一种资产阶级经济的发展成为了可能——而此时在西欧，这种经济已经取得了它的最新形式。可是，根据资产阶级经济的永恒不变的竞争规律，任何个人或任何民族的经济一旦被拖入资本主义经济的循环之中，都注定必然要采取这一经济的最高和最发达的形式。因而，我们从农奴制经济没有经过任何中间阶段就进入了拥有股票交易大王、特许权所有人、不法商人等等的经济。不难理解，这种秩序立刻就逆转过来走向敌视全体人民利益的方向。它对于我们的财产所有者，我们的小资产阶级，以及人民大众，都是不利的。只有一小撮无聊和骗子在社会普遍贫困与破产的基础上积累起他们的惊人的财富。[①]

① 拉夫罗夫(P. L. Lavrov)，载于《进步》(*Vpered*)，no. 16(September 1, 1875/August 20, 1875)，第 491 页及以下各页。

因此，由于俄国较晚地出现在工业舞台上，她的工业化只能对该国经济带来负面影响。

给出我们关于米哈伊洛夫斯基(N.K.Mikhailovski)著述[①]的最后的说明，也许是更为自然的。此人在诸多方面总结了我们这里所关心的俄国知识分子历史的长期历程。尼古拉一恩(Nikolai-on)(这里对于他的观点给予优先考虑)严格来说并不属于我
179 们迄今为止所讨论的人物范畴。他像沃龙采夫(Vorontsov)一样，本质上属于一个经济学家，而不是知识阶层的一般领导者。但是，关于俄国经济发展的具体特征，他的著作却提供了一种另外的和重要的观点。

尼古拉一恩对我们的问题的贡献是什么呢？由于在80年代和90年代初期进行写作，他甚至超过了拉夫罗夫，不得不当然地将资本家的渗透这一事实以及自1861年以后的三十年经济史，视为“一种具有高度损害的过程”。可是在对这一过程的分析中，他并没有使自己仅限于评论资本主义的退化问题，而是本质上采用马克思关于资本主义发展的矛盾性的方法来对待这一问题。一方面，随着产出的增长，“资本主义企业雇佣的工人人数相对于产品

① 在这里简要地提及米哈伊洛夫斯基(Mikhailovski)对于陀思妥耶夫斯基(Dostoyevsky)的《群魔》(*Demons*)的评论也许是适当的，因为它是那么清晰地阐明了几乎令人难以置信的民粹主义者反工业主义的态度。米哈伊洛夫斯基责备陀思妥耶夫斯基将他的注意力牢固地集中在那个无足轻重的犯罪狂热者团体，而俄罗斯眼下正在为到处突然出现的铁路、工厂和银行弄得混乱不堪。真正的魔鬼(它全然没有行凶杀人)——占据并毁灭(*mirnye i smirnye*)——占有了这个国家，并摧毁了它所有值得保留的东西；参见，《著作集》(*Works*)(St. Petersburg，1888)，II，第309－310页。如果与这些态度相比较，那么在德国像容克(Junker)领导的农场联盟(*Bund der Landwirte*)这样的一个组织看起来也像是一个工业促进协会了。

的价值必然要下降”，[①]劳动收入在总收入中所占的份额必然要减少。撇开其他因素不说，这乃是生产的机器化程度提高的结果。另一方面，资本主义工业也摧毁了农民土生土长的产业活动。国内市场缩小了。资本主义生产必然要求一种广泛的、日益增长的位于本国经济以外的市场。当然，就本文的范围而言，对这一思想线索给予最简略的描述也就够了。从马尔萨斯到凯恩斯，有效需求不足的概念以这样或那样的形式贯穿于现代经济理论之中。在马尔萨斯那里，也像在尼古拉一恩那里的真实情况一样，讨论直接指向一个农业国家的工业化问题。我们这里所感兴趣的是这些思想在俄国环境下的特殊应用。尼古拉一恩充满信心地认为，由于她的落后性及其经济发展的突然性，在俄国，资本主义发展的一般问题似乎采取了一种更为激烈得多的形式。俄国的资本主义生产并未增加总产出的价值。它仅仅将生产从农民的棚舍转移到了工厂。农民除了加倍地耗用土地以外别无他能。在收入萎缩的条件下，他们没有办法改进农业生产技术，而同时却面临着使用未曾开垦的土地和现代技术的美国人的竞争。[②] 与此同时，农民们税收负担的增加又进一步减低了国内市场的能力。在资本主义发展的 180
框架内，工业出口实际上是摆脱资本主义曾经促使经济进入的死胡同的唯一出路。但是正是在这一点上，在经济落后的条件下实行的工业化所具有的劣势不可避免地表现出来。俄国工业是在高

① 尼古拉－恩(Nikolai-on)(丹尼埃尔松(N. Danielson))，《论我国的后农奴解放时期经济》(*Ocherki nashego peroformennago khozyaistva*)(St. Petersburg，1893)，第 183 页。

② 同上，第 129 页及以下各页。

关税壁垒的庇护下建立起来的。要与这些国家展开竞争,俄国工业既缺乏必要的知识也没有技术设备。① 所以,她的工业注定要崩溃。1891 年的大饥荒就是这种不适当的工业化政策的灾难性后果,它是为放弃一种在漫长的数百年俄国经济生活中被奉为神明的原则——乡村公社而付出的代价。②

由此可见,甚至宽容地引入马克思的理论,也并不一定导致对于该国经济发展的看法的急剧转变。一个不同的群体也吸收了马克思的理论,但是他们却设法得出完全不同的结论。对这个群体进行讨论将超出本文的范围,不过在这里进行下述大胆的推测也许是适宜的:他们所产生的结论上的差别更少地源于所采用的理论结构方面,而更多地是源于对该国正在发生的实际经济变化的不同反映。尼古拉一恩的书对俄国的工业发展怀有极度悲观的预期,该书的问世恰逢俄国处于大规模工业高涨的起点时刻。90 年代随后年间极高的增长率以及 1905 年革命以后增长的复苏,有力地驳斥了这种预言。在提醒人们注意到预言与事件之间的这种显著差异之后,该对我们的综述做一个总结了,这样做也许并非完全不适当。

## III

181 俄国的知识分子历史与其经济史的分离着实令人感到困惑。

① 尼古拉-恩(Nikolai-on)(丹尼埃尔松(N. Danielson)),《论我国的后农奴解放时期经济》(*Ocherki nashego peroformennago khozyaistva*)(St. Petersburg, 1893),第 213 页。

② 同上,第 331,375 页。

当然，这种分离的程度在我们所考察的这一时期中也是变化的。在某种意义上可以说，1861 年提供了一个重要的分水岭。如果农奴的解放确实是俄国经济发展的一种必要前提的话，那么知识界对农奴制的憎恶至少导致了对于一种迈向工业化道路的长期步骤的接受。此外，那里还存在过别林斯基具有先见之明的思想火花的暂短闪烁。1861 年以后。思想与现实之间的分离急剧扩大，对此，皮萨列夫曾徒劳地尝试着将它们再联系起来。但是，当俄国的工业化聚集起来能量以后，这个过程就或者被忽视，或者被视为一种暂时的、并且也是令人悲哀的过程了。与此同时，在 1861 年之前和以后的思想与态度的基本连续性也不能完全被否认。俄国经济发展的道路是不能依靠思想预见的辉煌之光来照耀的。尼采(Nietzsche)曾经评论说，赫西奥德(Hesiod)的黄金时代与青铁时代实际上指的是同一时期，只是从两个不同的视角来观察而已。[①]猜想一下那些对社会学(也许还有哲学)文献感兴趣的人们一定会看到什么，也许是十分诱人的，因为俄国知识界的黄金时代似乎远逊于经济学家的辉煌。这里的问题并不在于知识界的预言家们总是揭示出并未实现的真理。因为我们都知道，他们的预言——或愿望——也许能够实现，并且这里我们也无意暗示已经发生的就必然要发生。但是，他们受到的另外一种指责，即他们已被证明未能抓住正在推动俄国经济沿着一种他们所反感的方向发展的各种力量的性质。尽管他们关于俄国经济演进的特殊性思考了很多，

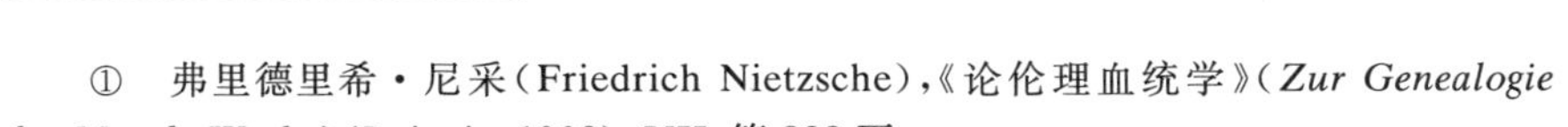

① 弗里德里希·尼采(Friedrich Nietzsche)，《论伦理血统学》(*Zur Genealogie der Moral*, *Werke*)(Leipzig，1902)，VII，第 323 页。

可是他们仍然不了解那些极大地增加成功的工业化机会的特殊性。结果，如果从它的知识分子历史的视角来考察，俄国经济史似乎在很大程度上是无法理解的。不过，确认在思想与经济现实之间存在着一道鸿沟是一回事，而努力找到引起这种鸿沟的原因则是另一回事。

182 从某种程度上说，社会主义思想和理想在俄国知识分子中间占据支配地位这一事实，可以提供一种解释。文图里在他论俄国民粹主义的不朽著作中，本质上将其视为一种社会主义思想的分支。至少从 19 世纪 30 年代以后，西方社会主义思想的影响具有无可否认的强大势头。甚至连皮萨列夫和博特金这样的人，都未能完全逃脱这种影响。19 世纪的社会主义大多具有两方面的特征：(1)对于分配而不是生产具有强烈的兴趣，以及(2)对西方资本主义发展的后果持有批判态度。接受工业发展，也就意味着审慎地接受西方工业化的弊端。舍尔古诺夫(Shelgunov)在其 1861 年的著述中，以清晰的文字表明了这种态度："欧洲觉醒了；她已经认识到她的疾病。俄国也觉醒了，但是她从沉睡中醒来难道仅仅是为了再有意识地重复欧洲曾经无意识地走过的道路吗？"[①]因而，赞同工业化也就意味着审慎地承认"无产阶级的癌瘤"(像这个短语所通常具有的含义那样)，意味着赞同乡村公社的毁灭和一种传统生活方式的根除，意味着支持一种显然包含着诸多社会主义道德因素的价值体系的败坏。结果就像乌斯片斯基(G. Uspenski)

① 舍尔古诺夫(N. V. Shelgunov)，《著作集》(*Sochineniya*)(St. Petersburg, n. d.)，第 I, XXV 页。

如此生动地并且令人震撼地描述过的那样，它被一个工厂城镇的恶行与堕落所取代。这种将经济进步作为“服务于未来世纪的工具”，而不是作为对于那种水平低下和令人羞愧的经济（正如康拉德·利林谢瓦格尔（Konrad Lilienschwager）的诗中所辛辣地讽刺的那样[1]）的一种帮助的冷血的概念，是与俄国知识分子当中所有根深蒂固的观念相冲突的。所以，毫不奇怪，甚至像卡韦林（Kavelin）这样一个始终未受到社会主义影响的人，也真诚地关注俄国的工业发展。他对于公社的土地所有制所具有的限制性因素进行了大量的思考，可是，他却不仅从解放农奴将有利于工业进步的观点退缩了，不仅提出了防止“工业震颠性谵妄”的警告，而且还将乡村公社视为“人民力量的巨大蓄水池”，鼓吹以某种重组的形式使其存续下来。尽管他也承认，欧洲和美国所“如此强烈地引为
自豪”的“工业发展的奇迹”，但是迅即又要求人们将注意力转向 183
“这一过程的不利的一面”，即它的社会后果。[2] 甚至也许更不值得奇怪，马克思也倾向于完全采取车尔尼雪夫斯基的基本态度（这在很大程度上使后来的俄国马克思主义者陷入窘境）。马克思不仅在 1877 年明确地指出，除了工业发展的成功将需要“大量的农民转化为无产者”这一自明之理之外，他的经济发展理论对于俄国将不再具有适用性；而且，在他 1881 年写给查苏利奇（Vera Zasulich）的那封著名信件的草稿中，他还明确地将有关乡村公社的讨

① “我们是进步学派/不是疗养院/我们服务于未来/而不盲目资助穷光蛋。”见多布罗留波夫（N. Dobrolyubov），《诗集》（*Strikhotvoreniya*）（Moscow，1948），第 138 页。

② 卡韦林（K. D. Kavelin），《论当前问题，著作集》（*Publitsisitka*，in *Sobranie sochinenii*）（St. Petersburg，1898），II，第 163，164，177，181，184 页。

论与落后国家的优势问题结合了起来，并设想出一种与“[资本主义]生产方式的积极后果”相一致的乡村公社的发展和转型道路。确实，在谈到落后国家的经济发展时，马克思指的是急剧性（俄国正是按照这种急剧的方式引入现代金融制度的），而车尔尼雪夫斯基更偏好于躲进人类学的窠臼，以便得出同样的结论。但是这仅仅会起到强调马克思与车尔尼雪夫斯基之间具有显著的密切关系的作用。[1] 虽然联系到其社会主义和一般人道主义的立场来解释俄国知识分子所采取的态度，也许具有重要的意义，但是很难有理由得出结论说：由于他们未能采纳马克思的特定的社会主义而使得他们看不到（更不用说预见到）俄国工业发展的进程。正如尼古拉一恩的例子所表明的那样，以及马克思关于这一主题所散布的思想进一步证实的那样，有关俄罗斯工业化的任何立场都可以从马克思的理论框架中推引出来。



但是，使用社会主义作为一种解释不可避免地提出了一个进一步的问题。毫无疑问，俄国知识分子思想的主流并不是因为遵循了什么铁一般的规律而显示出社会主义的特征的，因为并不存在任何这种铁律。那么，为什么俄国从西方引入的是社会主义而
184 不是边沁的功利主义呢？如果不将俄国知识分子历史的特殊偏好与该国的落后状态结合起来，这会再一次面临极大的困难。对此可以从几个方面来考察。

首先，对于经济领域中落后要素的作用，存在着类似意识形态

---

① 卡尔·马克思与弗里德里希·恩格斯，《俄国对欧洲的威胁》（*The Russian Menace to Europe*），布莱克斯托克（P. W. Blackstock）和奥瑟里茨（B. F. Hoselitz）主编（Glencoe，III，1952），第 216－217，222－223 页。

对应物的某种东西。在一个落后的国家中，凄惨的物质贫穷与现代的人道主义思想并存着，而后者在很大程度上是在经历了巨大的经济进步以后并且在这种进步的基础上，在其他地方所发展起来的。在波索什科夫与赫尔岑之间做一个比较可以说明这一点。

这直接导致了第二点。到目前为止，我们一直能够维持着经济落后与政治落后之间的人为分离。后者与俄国实际经济发展的关系是一个最复杂的现象，我们在这里无须关注它。但是，其现代形式的政府发展的迟缓，也就是说，其专制政体的保存和规范的政治舞台的空缺，意味着俄国的知识分子被强制地排除了积极专注于实际问题的可能性。因此，他们便被推入了抽象思想的领地，这种抽象思想在与现实的接触中尚未调整好，它采取了日益明显的激进主义的形式，而这种思想中的激进主义反过来又导致了行动中的激进主义。在没有政治压迫的情况下，为了得出对于资产阶级作用的一种积极评价，也许不用耗费别林斯基的毕生精力。皮萨列夫的"虚无主义者（nihilists，隐喻民粹主义者。——译者注）"都是对自然科学研究感兴趣的人。而出现下述情况并不是温和主义者、甚至狂暴的皮萨列夫的过错：俄国在政治上的落后使得她的青年人的精力偏转到了其他渠道，而民粹主义者既没有在思想上成为边沁的功利主义者，也没有在实践中成为化工厂或钢厂的管理者，相反却实际地运用他们的科学知识来制造用于对政府进行恐怖袭击的炸弹。

第三，恰恰是因为这个国家的落后，以及由此而导致的人们的价值模式缺乏一种意义重大的逐步变迁的局面，西方社会主义便轻而易举地与农民的价值导向体系结合起来，这种价值体系强调

庄稼汉劳动所具有的价值，而将那些不直接与土地耕作相联系的活动视为有罪而加以拒绝。这一时期的俄国社会主义是确实符合它的民粹主义（narodnichestvo）这一名称的，因为它在极大的程
185 度上采纳了充分蔑视贸易和工业事务的农民（narod）的价值导向。

最后，在产品的资本密集度日益增加以及强调前面所述意义上的大规模这样的 19 世纪条件下，落后国家的经济发展还隐含着以人民所承担的牺牲来表示的工业发展大爆发所具有的高昂代价。俄国工业化所具有的暂时的不利后果必然要比较为先进的国家中的情况更为严重，将 1890 年代俄国的消费水平变化与（比方说）18 世纪最后十年的英格兰做一比较，可以完全证实这种差别。无论这些牺牲是多么的短暂，要人们接受它们都必然是困难的（如果不是不可能的话），因为在人们的思想中占支配地位的是对于农民悲惨状况的同情以及对于尽可能快地改善其地位的热切渴望。

因此，对于为什么没有能够承认甚或理解俄国经济演化的性质这个问题，俄国的社会主义学说的力量至多也只是提供了部分的解释。

下面这种情况也许可以比其他任何东西都能够更清楚地说明这一点。即：如果俄国的知识分子愿意的话，他们是能够从西方的社会主义那里吸取大量的可以直接应用于本国工业进步的思想观点的。马克思就是我们所考察的这一时期中明显的（尽管也许并不是最重要的）例子。圣西门信条与法国、德国以及其他西方国家的工业发展之间的紧密联系是一种历史上有案可查的事情。在俄国也确实有人为圣西门学说的这一方面所吸引。人们仅仅需要提及像韦尔纳茨基（I. Vernadski）、贝佐博拉佐夫（V. Bezobrazov）、

坚戈博尔斯基(Tengoborski)以及其他人的名字就足够了。将投资银行用于工业发展的目的肯定诉诸了他们的想象。在某种程度上甚至可以说,由于莫尔德维诺夫(Mordvinov)著述中所表现出来的类似的观念,他们继续发展了一种更为本土化的俄罗斯传统。但是,不论是莫尔德维诺夫,还是我们刚刚提到的这组人群,他们都不适合被纳入这里所考察的俄罗斯知识分子历史的范畴。也许在这方面只有奥加廖夫显示了圣西门主义影响的某些痕迹,然而, 186
十分重要的一点是,他有关信贷机构的兴趣是限于农业领域,而不是工业。[①] 此外,甚至也不清楚,究竟是圣西门还是蒲鲁东(Proudhon)启发了奥加廖夫的想法。因此,人们不能指责俄国的知识分子盲目地全盘接受西方的社会主义。他们只是拿过来适合于他们的基本预定倾向和偏好的东西。然而,这种预定倾向和偏好的根基,又是深深地嵌入该国农民的价值体系以及总体的落后状态之中的。

从前面对于不发达国家的当前问题的综述中,可以得出某些结论。似乎可以说,俄国知识分子的特殊的世界观,即对于农民福利的深切和直接的关注,以及不情愿接受工业化,并不必然地限于19 世纪的俄国。我们到目前为止一直忽略了这些态度对于俄国经济发展的影响。在某种程度上,这种忽略是有道理的。俄国的专制政府有效地将知识阶层的大多数人排除于直接参与政治决策之外。他们的思想不能转化为行为。由于同样原因,他们也就始终不能影响(更不用说决定)俄国经济发展的性质。这种经济发展

① 奥加廖夫,《社会政治与哲学著作选集》(n.37),I,第 740 页及以下各页。

的特性部分地是非个人的经济力量作用的结果，部分地是近乎政府追求其他目标的决策所偶然带来的副产品，部分地则是深思熟虑的政府政策的结果。尽管如此，知识阶层的态度却不能不产生某种负面的影响。虽然车尔尼雪夫斯基不能影响政策，但他却能够——并且也在实际上——影响了数千俄国大学生的态度。他们不愿意塑造自己成为从事实际工业工作的人，他们蔑视追名逐利的“野心”，同时，他们偏好于未受到任何货币报酬因素所玷污的纯知识——这种“东方人特有的”态度无疑又在极大程度上为俄国知识界的普遍思想观念的全部要旨所强化。[①]

187 毫无疑问，这种态度在某种程度上起到了阻碍经济发展的作用。它们属于落后所具有的特殊**劣势**，并且倾向于减低本文第一节所讨论过的“紧张”程度。



但是，今天的落后国家中的知识分子的作用与上一世纪俄国的情况相比已经极为不同了。他们不再被命定般地无所作为，或者仅限于消极地抵抗。他们能够并且也确实施加了大量的直接影响。如果这里所描述的俄国知识阶层的观念和态度真的是在很大程度上来源于该国的极端落后状态，那么我们也可以提问：是否这同一种模式就不可能在今天的国家中再复制出来，并且构成它们的工业化的重大障碍？由于诸多原因，在 20 世纪的条件下落后国家所具有的优势不如它们在 19 世纪时期的更强。假如这些落后所具有的**递减的优势**与迟延的经济发展所具有的**递增的劣势**结合

① 在这里，阅读一下普林斯·奥博连斯基（Prince Obolenski）关于他和他那一代人在进入大学时用来选择职业的标准的生动描述，将是有益的；参见《往日随笔》（*Ocherki minuvshego*）（Belgrade，1931），第 82－83 页。

在一起的情况变得明显的话，那么有关我们时代的落后国家工业进步的预期就将是凶兆了。

在某种意义上，知识阶层与工业进步之间一种迟到的和不稳固的协调在俄国是通过 18 世纪和 19 世纪的俄国马克思主义实现的。几乎无可怀疑，这种令人迷惑不解的协调本身与落后条件下工业化的一般历史模式相当好地吻合在一起。此外，它与不发达国家的当前形势也具有一种天然的关系。

# 第7章附录 俄罗斯经济思想中的现实主义与乌托邦:一个评论

188 这些评论意见的目的并不是要对前面的文章进行总结。① 这样做没什么必要;每一个人都有自己的立论根据。本评论更不想去就这些文章中的这个或那个论点来展开争论。如果没有其他的事情,我作为会议参加者和主席的双重身份将有效地阻止我采取这种行为方式。相反,本文的目的是要指出由前面所述的关于从拉季谢夫到斯大林的俄国知识分子历史中有关经济发展的思想的传说所引发的某些普遍性问题,并对它们进行简要的讨论。

我所思考的问题与下述各点相关:(1)在这种知识分子历史中的连续性与非连续性问题,特别是这个问题:即在19世纪最后的几十年(甚至也许还包括1917年)所能观察到的那些变化是否真

① 在1954年3月于阿尔登大楼(Arden House)举行的斯洛伐克研究与社会科学研究委员会的联合委员会(Joint Committee on Slavic Studies and the Social Science Research Council)会议上,就俄罗斯思想中的连续性与变化问题,本文作者曾对索罗门·M.施瓦茨的文章"民粹主义与早期俄国马克思主义论俄国经济发展的道路"(Populism and Early Russian Marxism on Ways of Economic Development of Russia)、奥利弗·H.拉德基的文章"切尔诺夫与1918年以前的农业社会主义"(Chernov and Agrarian Socialism Before 1918)以及亚历山大·埃利希的文章"斯大林关于苏维埃经济发展的观点"(Stalin's Views on Soviet Economic Development),进行了评论。

的像人们所乐于假定的那样具有深远的意义;(2)对苏维埃俄国的官方意识形态就其与该国经济发展的关系而言所具有的广泛重要意义的一种估计;以及(3)意识形态在处于充分落后的条件下进行的经济发展中的一般作用。

正如索罗门·施瓦茨(Solomon Schwarz)在他的文章中所说的,1890 年代的俄国马克思主义者在他们与民粹主义者的争论中取得了不容置疑的胜利。在某种意义上可以说,这是一个很平常的陈述。它在当时的意识形态背景下肯定是一种胜利。公众舆论的导向是十分明确的。但是,在那场事件过去半个世纪或更长的时间以后再去观察那个胜利,人们将不得不对它的姗姗来迟而感到奇怪。为了使俄国的知识界能够正视一个已经持续了几乎四十年的过程,竟然需要经历九十年代的重大发展。约翰·涅斯特罗伊(Johann Nestroy)的不朽感叹"啊,一个骗局!"(Ah, der Leim!)在这里实在是恰如其分的。

严格地说,胜利也不是马克思主义理论所赢得的。正如我在 189
我的论文中所要努力表明的那样,①马克思主义有助于使它既拒绝又接受俄国的工业化。尼古拉一恩排他性地运用了从卡尔·马克思的知识武库中拿来的武器,而马克思并没有责备他瞄错了目标。真实的情况刚好恰恰相反。我们也许可以把马克思自己关于这一主题的思想究竟有多少是受到了民粹主义革命家关于即将到来的夺取政权的虚假希望的影响,或者是在多大程度上受到了他的强烈的德国民族主义的影响的问题暂时搁置起来。在这里重要

① 该文现为本书的第 7 章。

的问题是，民粹主义者的混淆既不是由严格意义上的马克思的经济学所引起的，也不是由他的历史唯物主义概念所导致的，而恰恰是由无可辩驳的经济事实所具有的强硬压力所造成的。那些比他们的对手更早一点儿愿意观察这些事实的人们，偏好于诉诸马克思的理论的不同方面，并称自己为马克思主义者或“马克思在俄国的学生”，他们将不掩盖实际所发生的事情。

施瓦茨的文章恰如其分地指出了在转变的过程中公开发表的统计数字的重要性。在这方面具有同样重要意义的是奥利弗·拉德基(Oliver Radkey)所强调的：切尔诺夫(Chernov)为了建立他的农业社会主义品牌是多么轻易而又顺畅地以他们的修正主义的形式接受了马克思主义的概念。马克斯·韦伯(Max Weber)从叔本华(Schopenhauer)借用来的、经常被提及的一段话——马克思主义并不是一架马克思主义者任何时候都能驾驭的双轮双座马车，而讨论马克思主义本身就具有危险——在这里将不可避免地浮现在人们的脑海中。我们可以有把握地断言，90年代的俄国马克思主义也是一种“反思”，只是所反思的并不是阶级利益，而是相对于该国经济发展的某个“给定”特征进行调整的知识分子的情感偏好与爱好。

使其同胞在三十多年的经验积累的基础上确信类似狂犬吠日那样的徒劳并不能改变她的进程，这很难算得上什么令人震撼的成就。基于同样的理由，人们也不必对为了使事实更合乎人的口味而采用的特别的文字标签和概念戏法给予过多的关注。不过，除此以外，还应当考虑的是，所取得的胜利一直是极其特别地不完整。之所以如此，似乎有很多原因。

在很多方面，斯大林，也就是这些文章中所讨论的人物系列中的最后一个环节，构成了一种向波索什科夫的回归。经济行为与思想训练的模式在当代苏维埃的现实中重新复苏并获得了再生，这是今天的俄国的悲剧。但是与此同时，几乎无可怀疑的是，俄国民粹主义的诸多特殊要素被俄国马克思主义中的布尔什维克阵营所接收过来，并且在列宁和斯大林的思想与行动中具体体现出来。

这里所涉及的不仅是农民的不满，大多数（尽管不是全部）民 190
粹主义者的革命希望都是与此相联系的，而列宁在深思熟虑地设计革命战略时也利用了这种不满。列宁确实巧借了民粹主义的雷霆般怒吼，在农民为了夺取渴望已久的贵族们的土地而爆发的起义的高潮中，布尔什维克夺取了政权。不过，另一个事实同样重要。民粹主义不愿意接受俄国的经济发展连同其专制压迫，这为一种激进主义的思想提供了环境，该激进主义思想在无政府主义和拥有无限权力的被尊为神圣的雅各宾式的国家两极之间，艰难地摇摆着。在实践中，它为灾难性的“与时间赛跑”创造了客观背景，同时，它还制造了一种显示出矛盾特征的最复杂组合的道德氛围：自我牺牲精神，英雄主义，热爱人民，连同为了目的可以不择手段的观念以及从伪造帝国宣言到暗杀阴谋的任何方法都被认为是同专制主义的绝对邪恶作斗争的正当手段的思想。民粹主义的后面这些特征被布尔什维克的思想与实践所继承和吸收进来，这是无可否认的事实。也许有人会指出，这些考虑本质上具有政治的性质，它属于一个经济学家如果不想受到惩罚也许就不能冒险涉足的领地。他要这样做的唯一理由将是，在这些政治方面的问题与民粹主义者有关经济发展这一主题的或者深厚的悲观主义或者

高度的乌托邦观点之间所存在的联系，是相当明显的。

然而，在俄国的思想中也存在着基本连续性的另一方面，它从我们的观点来看更重要，并且与我们的主题更直接相关联。为什么为了给俄国公众舆论上一节简单的有关经验事实的课程，就需要选择马克思主义这一媒介物呢？施瓦茨又一次正确地评论道，只要“曼彻斯特的自由主义者”(Manchester liberals)或“李斯特保护主义者”(List protectionists)宣讲同一简单的真理，那么他们的说教就是在对牛弹琴。而在马克思主义的场合则是不同的情况。

拉德基简要地提及这个问题，知识分子“并不愿意被锁定在落后于西方的状态，从而只能成为社会主义者”。对于这种解释有一些问题需要说明。自从俄罗斯的伏尔泰主义者(Russian Voltairians)出现以来，接受“西方思想的最后遗产”这种愿望肯定在俄国广泛流行，并且我们有很多证据(包括特鲁别茨科夫(Trubetskoy)教授的论述)表明，这一时期的俄国大学生确实将马克思视为“西方社会科学的最后遗产”。虽然如此，这种观点也仅仅说对了一部分。它有忽视先前的知识分子历史全部过程的倾向。当拉德基指出 19 世纪民粹主义者的社会主义所具有的发育不全和混淆不清的特征时，我并非不同意他的观点。但是，尽管如此，它的力量和对于国民的主张与情绪所产生的影响仍然是无可否认的。似乎可以断定，一种公众舆论不可避免的转移之所以采取了马克思主义的形式，是**因为**民粹主义已经成为了它的先驱。字面争论的激烈
191 程度并不能遮蔽我们对于俄国知识分子发展历程所具有的连续性这一重要事实的认识。马克思主义在宣讲要默许工业化发展的同时也表明，社会主义的目标不必随着乡村公社的瓦解而一同放弃。

但是，也许我们可以更进一步，将俄国马克思主义的胜利崛起与这个国家经济发展所处的特殊阶段联系起来。正是由于在考虑工业化历史进程的时候我们常常是始终注视着英格兰的情况，所以就有一种假定 19 世纪的工业发展本质上是与经济自由主义的意识形态联系在一起的倾向。然而，这远非是普遍的情况。相反，我们可能冒险地得出下面这种判断：与工业化过程相伴随的特定的意识形态将倾向于根据一个已经处于其经济大高涨前夜的特定国家的落后的程度而变化。

我在我的文章中曾提及，圣西门学说在与拿破仑三世政权出现以后法国所经历的工业发展精致迸发的关联中所起的作用。一个生机勃勃的资本主义发展居然由一群公开声称是社会主义信条的狂热支持者的大企业家所维系，这个谜注定仍然要使人迷惑不解，除非我们假定在一个落后国家中需要一种作用力极强的意识形态药方，去克服停滞和按照常规行事的壁垒，并且诱导对于一种通常总会使人口中的大多数群体蒙受某种暂时的物质牺牲以及必然会产生传统价值和信仰丢失的政策的普遍支持。在德国的场合(那里比法国更落后)，通过令国家主义意识形态服务于工业化进程，使得圣西门的学说得到了有效的增补(如果不是被替代的话)。

在比德国还要落后得多的俄国，这同一职能由更致命的马克思主义的学说来履行，看来是与一种普遍性的欧洲模式相当吻合的。也许是这种联系，而不是长期的社会主义传统，有助于解释马克思的学说在 1890 年代对于人们所产生的吸引力，这些人(像斯图卢威，在某种意义上还有米留科夫)预先倾向于接受这种学说既非个人性格所使然，也不是基于一般的哲学信仰。将这种成本高

昂以及在很多方面显示出冷酷无情(对于那些田园诗般的日子而言)的工业化进程,不是描述为一种深思熟虑的决策,而是描绘成经济发展的铁一般规律的一种结果,这显然是为了抚慰知识阶层——一个传统上始终为各种负罪心理所困扰的群体——遭到扭曲的道德良心。他们都是“无罪的负疚者”——正如那句俄罗斯短语所说的那样:无辜的受罪人与冤屈者(*bez viny vinovatye*)。对于所有那些已经悔悟的19世纪的贵族的后继者,对于已经悔悟
192 的商人、工厂主,特别是已经悔悟的知识分子,对于所有那些有负疚感的天真无邪的、并且对海外的工业化潮流感到莫名其妙的人,马克思主义提供了一种受到欢迎的救助。同时,对于那些主要关心通过工业化进程来增进本国的文明程度以及出于民族主义考虑而想往工业化的人们来说,马克思主义似乎也是最方便的工具。

我提到了这样一个事实:当经济落后程度伴随着工业化的进程而在俄国逐渐减低时,生活标准的暂时降低开始让位于生活标准的改善,同时,政府融资在工业化中的运用也开始为投资银行的利用所取代。在第一次世界大战爆发之前的时期,90年代巨大高涨的结果开始显示出来,俄国显然正在迈向其经济发展的一个新阶段。我们也许可以并非过于冒险地指出,经济与制度领域中落后的这些等级,在某种程度上是与意识形态领域中的类似过程相平行的。

《路标》(*Vekhi*)这一专题论文集的出版(1909年)以及它对于知识界传统信条的广泛攻击,通常被归因于从1905年革命失败的警醒之后所出现的普遍的反动气候。确实,该论文集的责难并未唯一地指向马克思主义;同时,也不能说对工业化态度的修正是七

位作者所**主要**关心的问题。似乎仍然有理由指出，《路标》反映了一个基本的事实：作为该国不断推进的工业化的一个结果，马克思主义对知识界思想的支配地位被削弱了。拉德基暗示，斯托雷平的改革对于俄国农业社会主义产生了致命一击。如果这一改革过程没有被打断，这种打击也许将成为决定性的。马克思主义的社会主义前景则不那么暗淡，因为工业劳动力的持续增长必然要加强社会民主党和工会的力量。不过，这一过程是与正统马克思主义的观念对于知识界吸引力的某种下降完全相容的，尽管这种下降的速度并没有因为专制政权的顽固政策而加快。这样，就从两个方面为俄国非社会主义的、资产阶级的意识形态的发展奠定了基础。为了理解这里所讨论的知识分子运动的重要意义，这些过程是值得一提的，尽管它们当然地由于大战的爆发和革命而被中止并且逆转了。

因此，由于诸多原因，马克思主义在革命前的俄国所取得的胜利既不是完全的，也不是决定性的，像人们所常常认为的那样。那么，刚刚提到的逆转的情况如何呢？布尔什维克革命难道没有构成第二次胜利，并且这一次难道不是马克思主义在俄国的完全和最终的胜利吗？这是流行的见解（*communis opinio*）所声称的，并且由于该论文集的出版而得到了证实。在我看来，似乎亚历山
大·埃利希（Alexander Erlich）的文章在表明（至少是间接地）这 193
种胜利的范围也许被轻易地夸大了这一点上，起到了举足轻重的作用。当然，这样说并不是要否认马克思主义在苏维埃俄国已经被抬高到——或降低到——绝对垄断地位这一明显的事实。但是甚至在这方面，一个在某种程度上更为深刻的观点将清楚地揭示

出，苏维埃俄国在既有的学说名义下所发生的许多事情实际上与马克思主义很少或者根本就不沾边，无论我们多么宽厚地想象马克思主义这个词的含义，都是如此。苏维埃政府能够从唤起对一种不变的基本信仰体系的印象当中获取充分的政治优势，这一点是相当清楚的。同样清楚的是：接受那种深思熟虑地误导人的印象，就将会妨碍我们自己理解苏维埃意识形态的重要变化过程，以及理解这种意识形态与政治和经济决策之间的关系，这种决策在将近四十年的过程中开辟并塑造了该国的经济。

几乎多数人都同意，在这些决策当中，20 年代后半期为了踏上快速工业化和农业集体化的道路所采取的政策占据了中心地位。从某种普遍意义上说，那个决策似乎与人们所接受的马克思主义学说的一般要旨具有广泛的一致性。但是，只要我们尝试着将新经济政策时期终结时的巨大变化归因于马克思主义的影响，我们就必然会因为许多事实难以与这样一种解释相吻合而感到困惑。苏维埃俄国在 20 年代针对采取什么样的基本政策所展开的争论，显然并不是马克思主义者与非马克思主义者之间的争论。这是由那些从青少年时代起就接受马克思主义信条的教养并沉浸其中的人们所从事的争论。说斯大林是一位比（例如说）布哈林或普列奥布拉任斯基（Preobrazhenski）更好的马克思主义者，这在苏维埃清洗审判的环境下是很有意义的，可是脱离了它就将毫无意义。埃利希在他的论文中所做的极好的描述是，斯大林关于工业化主题的思想与其对待农民的态度出现了大裂痕。

在断言需要保留联合（*smychka*）以后，在坚持农业增长率要超过工业增长率以后，在使民粹主义关于国内市场的基本主张得

以延续以及谴责了对他的旨在利用农民的休养生息的计划的反对者之后，斯大林开始实行一种与他先前的观点相矛盾的政策。是什么引起了他转变其思想？肯定不是有关马克思偏好于大规模农业单位的迟到的回忆。埃利希正确地指出了向城市提供的粮食数量的灾难性减少所具有的重大意义。可能的情况是，在接近新经济政策时期的末尾，由于俄国工业已经达到了战前的生产能力，并且形成了相当的通货膨胀压力，俄国经济已经走向了一种死胡同，这时提高价格或提高税收的传统措施在政治上是难以容忍的，从 194
而不能被用于打破僵局。有关大规模投资努力的冒进想法在这个不几年的时期内被压缩了，为的是从商品的层面突破困境——因为从货币层面来寻求出路将是不可能的了——这似乎也就是第一个五年计划的初衷。集体化维持在适中的限度内，其目的——不像斯托雷平的改革那样——是要通过在乡村为该政权建立某种根基来支撑工业发展计划。当农民对集体化的痛苦抵抗具有演变成一场全面的内战的危险时，集体化政策的性质便改变了。它从一种逐渐渗入的运动演化为一种对农民的正面攻击。一旦这场巨大的赌博赢了，一旦俄国使自己摆脱独裁统治的重大机会失去了，并且农民被牢固地束缚于集体农庄的狭窄框架内——一旦土地上生产的产品可以为政府所擅自占用，却只给予极少的以工业品来表示的补偿——一种旨在在该国重建货币均衡的有限制的工业化计划就变得不再重要了。工业化能够并且它实际上也确实成为了它本身的目的，或者不如说，成为了加强苏维埃政府对内与对外权力的一种手段。

在今天，确实有一种从静止的观点来考察苏维埃知识分子历

史的倾向。这样一种观点也许在任何时候都是不适当的，而当它应用于一个发生了急剧变化的时期时，尤其不能令人满意。当社会运动从一种纯粹知识分子的活动向一种有组织的运动进而向“权力”舞台过渡时，与这种运动相结合的意识形态可能要经历充分的变化，迈勒德尔（R. Mayreder）对此所作的说明给人留下了深刻的印象。在这个具体的案例中，所发生的变化确实是重大的。马克思主义意识形态的基本信条遭到了激进的修改。人们也许仅仅提及关于伟大人物在历史上作用的观点、国际主义原则、国家的衰而不亡（marcescence）——以及利他主义思想这样一些马克思主义大厦的支柱，并根据这种眼光来思考斯大林无耻的个人崇拜、苏维埃俄国的极度沙文主义、苏维埃国家的过度膨胀以及经过审慎考虑的一种实行广泛的收入差别的政策。确实，所有这些都被苏维埃纳入到了一种意识形态的体系中，而这种意识形态仍然在马克思主义的名义下发展着。对通讯工具实行垄断的集权主义独裁政府当其努力创造一种有关人们的意识形态具有坚定一致性的虚假印象时，不必担心有关意识形态不一致的指责。斯大林在他的《社会主义经济问题》一书中，愚笨地、但同时却也执著地试图在显然不适合于马克思关于经济规律的概念的条件下，来保持这种概念，这生动地说明了这个政权赋予意识形态的稳定性以多么大的重要意义。但是，所有这些并不能阻止学术界舆论明确认识到，
195 苏维埃意识形态的名字已经长久地变成了声音和烟雾（*Schall und Ranch*），尽管——继续引述歌德的诗——被迷雾所遮蔽的东西与神圣之火无关。确实无关，因为十月革命并没有带来一种马克思主义的完全胜利。恰恰相反，人们更乐于指出，在一种极为真

实的意义上，布尔什维克掌握政权的开始也就招致了俄国马克思主义意识形态的终结。

这样，人们不禁要考察通常所认为的、并且被广泛宣传的意识形态在其与俄国经济发展的关系中所具有的辅助特征。当然，这里的问题不是一个在“唯心主义”或“唯物主义”之间进行选择的形而上学的问题。斯大林的统治欲念也有一种意识形态和它自己的价值体系。如果没有它，当形势发展到1920年代后半期的情形时他的反应将会完全不同。相反，如此令人吃惊的是，在最近的一百五十年中，支配俄国知识分子可见的历史流变的不同思想观念能够对该国的经济事件序列和经济变迁过程产生某种决定性影响的，可以说是少得可怜。不同意这种观点的人也许想指出，那种对于解放农民——从拉季谢夫开始到1861年——的持久的呼喊。在某种程度上，这一观点可以被完全接受。不过，它的正确性仅仅限于指出了知识界态度对于促进解放农奴运动所具有的重要意义，而在众多相互竞争的影响农奴解放的因素当中，知识界的态度只是一种。所以，人们一定不要过高估计这种态度所具有的重要意义。

也许对俄国知识分子经验的一般重要意义说几句话可以补充我们的结论。在我的文章的最后一节，我强调了反工业的意识形态（特别是反工业的社会主义）与经济落后的一般条件之间的关联性，并表达了这样一种观点：虽然在俄国这种意识形态对工业发展的阻滞作用总体来说始终限于温和的程度，然而它在我们今天的不发达国家中却可能更为强烈得多。我们现在可以进一步超越这篇文章里所述的论点。如果我们当前的评论完全正确的话，并且

由于先前的知识分子历史以及该国特定的经济落后状况使得知识界对工业化的赞许采取了马克思主义的形式，那么也许可以期望，我们今天的落后国家的工业化将可能同样会在某种相当激进的意识形态的支持下进行。从广义上说，这将仅仅是 19 世纪欧洲国家所发生的事情的一种再现。

然而，其情形在一些重要的方面将是完全不同的。正如以前所提示的那样，在这种激进的意识形态与工业化之间的联系往往只是现代经济发展快速爆发的第一阶段的特征。圣西门主义在上
196 世纪 50 年代的法国是一种强有力的力量，而它在随后的四分之一世纪中就死亡并被埋葬了。马克思主义的影响在俄国 1905 年革命后也处于衰减阶段，不仅如此，马克思主义意识形态本身由于修正主义要素的注入还进入了一种转型状态。几乎没有什么疑问：这些变化是工业化进行得十分成功的结果。我们能够假定这种工业化与马克思主义意识形态之间的特定联系在落后的国家中也将是一种暂时的现象吗？我们能够当然地认为先前的模式将会在当代的落后国家的条件下原原本本地再现它们自身吗？这里我们必须再一次地指出在 20 世纪与 19 世纪之间存在的差别。一方面，人们经常声称要求尽快提高消费水平的压力在不发达国家特别地强大，而某些观察者（例如，拉格纳·纳克斯）则指出“国际示范效应”，其含义是不发达国家极度渴望尽快地采取先进国家的全部消费模式。如果考虑到任何可持续的工业化努力将必然要求消费水平的某种暂时*下降*，那么理想与现实之间的这种不一致就可能发展到足以引起人民痛苦的严重程度。在人口过剩的压力十分沉重的不发达国家，这一后果注定将是特别严重的。作为这种不一致

的一个偶然性的副产品，国民大量的信任将被转移到贫困化日益增长的理论，消费者福利的暂时下降将被视为来自于一种资本主义工业化必然规律的不可阻挡的潮流，因而便强化了人们对于马克思主义理论的正确性的信仰。

另一方面，正如前面已经指出的那样，这些国家的知识阶层是处于一种干实事而不是仅仅对事务进行哲学理论归纳的地位。鉴于马克思主义的影响在俄国也许最终引起了青年人去学习工程而不是哲学或语言学，这些文章中所讨论的意识形态类型在现代的不发达国家至少在某段时间内也会成为决定人们行为的主要因素，特别是，马克思主义的影响可能会直接转变为实际的政府政策。不仅如此，它将可能是一种强烈的受到从苏维埃俄国输入的意识形态的影响和扭曲的、具有完全不同标记的马克思主义。俄国的马克思主义从一开始就非常早地卷入一种修正主义的方向。俄国在第一次世界大战的冲击下所发生的事情，可以被视为由外部环境所带来的一个悲剧性事件。可是，今日的落后国家中的发展由于其内部力量更为连续地发生作用的结果，也可能遵循俄国的路径。

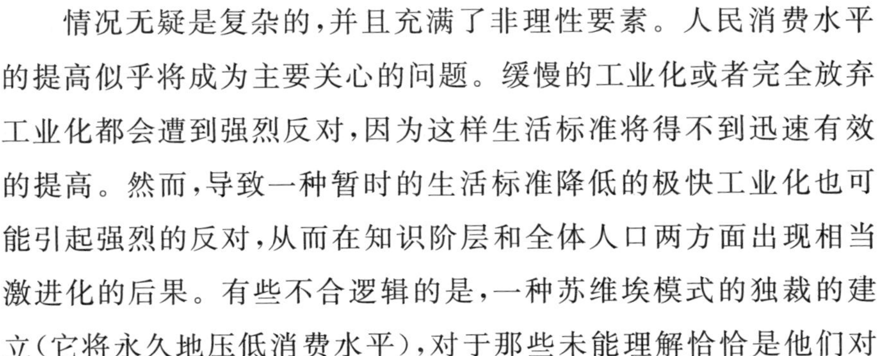

情况无疑是复杂的，并且充满了非理性要素。人民消费水平的提高似乎将成为主要关心的问题。缓慢的工业化或者完全放弃工业化都会遭到强烈反对，因为这样生活标准将得不到迅速有效
的提高。然而，导致一种暂时的生活标准降低的极快工业化也可 197
能引起强烈的反对，从而在知识阶层和全体人口两方面出现相当激进化的后果。有些不合逻辑的是，一种苏维埃模式的独裁的建立（它将永久地压低消费水平），对于那些未能理解恰恰是他们对

于人民贫困状况的真正同情和马克思主义的意识形态这二者将成为这样一种独裁的第一个牺牲品的人来说，却可以作为一种天然的解决办法而开始隐约地出现。

因此，很难从俄国的经验中推引出对当前的不发达国家条件有意义的东西。历史的经验教训在任何时候都是靠不住的，也许在我们这种场合尤其如此。但是，这样说决不意味着俄国的经验没有向我们揭示那些可以值得去考虑的可能性。

如果快速工业化和它的完全不存在这两者都确实会孕育着致命的危险，那么至少将会提出下面的问题：是否可以期望一个足以长到能将人均消费曲线转为上升的快速工业化的时期，来打破工业化与激进的意识形态之间的这种致命联结。如果完全可能用西欧工业化的历史经验来使这种形势“标准化”，并且消除集权主义独裁的危险，那么实质性的问题将是通过从先进国家慷慨地注入资本来最大限度地减少一个高投资率必然会强加在其人民肩上的负担。实行这样一种过程无疑会包含着巨大而现实的风险，所以如果更强硬的政治家拒绝基于不确定的历史类比而行事的话，那么一位历史学家将不会感到任何奇怪。并不是要建议他们应该采取行动。然而，也许可以提醒他们注意吸取更广泛得多和更有效得多的人类历史教益。在一种无论是采取行动还是不采取行动似乎都可能导致灾难性威胁的场合，政治家们的选择将限于各种不同的行动方式之间。

# 第8章　1878—1939年间保加利亚工业化的某些问题

有一个国家，那里的人总是在核实原因，而不去考虑结果。

——引自伊塔洛·卡尔维诺(Italo Calvino)

《树上的男爵》(*Il barone rampante*)

下面关于第二次世界大战前保加利亚工业发展所涌现出来的 198
问题的讨论，也许并不直接证明适合于巴尔干半岛的其他国家。不过看起来，保加利亚的情况对于在各种不同的落后条件下进行的欧洲工业化的一般模式也可能提供某些新的视角。所以，可以想象，按照一种迂回的方式来思考保加利亚的经济演变也许会产生一些可能对于研究整个巴尔干半岛的经济史有用的问题。

本文论述范围狭窄，自然排除了任何系统性的论述，而必须满足于表明某些统计计算的结果，并进而将它们置于一种可行的解释框架之中。本论文分为两部分：第一部分给出工业变化的统计数字，第二部分则对这种变化给予一种历史的解释。

# I

人们经常表达的一种观点是，保加利亚在从土耳其那里争取
199 了国家解放到从德国人统治下解放出来这个期间的经济生活，本质上是以人民的惰性和事物的停滞为特征的。与此同时，19 世纪的最后二十五年又被说成是包含了保加利亚“资本主义”的诞生。自从布拉戈耶夫（Blagoev）——保加利亚的普列汉诺夫（Plekhanov）——的早期年间，保加利亚的马克思主义学者就强调他们所保持的观点反映了该国经济的一种重要转型。他们欢迎效率变化，将其视为在保加利亚建立社会主义的必要前提。资本主义这一概念对于任何合理的理论操作来说也许显得过大了，这就为随后将马克思主义概念在一种有关保加利亚工业化的分析中所具有的预见性或解释性价值加以标准解释，提供了某种机会。此外，关于马克思主义作为经济落后条件下的一种特殊的工业化意识形态，也还有更多的话要说。然而，在这个问题上具有重要意义的是，要始终保持不受轻易的普遍归纳或概念的夸张的干扰，并建立一些适当的经济变量，借此探究这种经济演进在其发生时所具有的性质。所谓的国家鼓励的工业领域（state-encouraged industry），本身就非常好地显示出适于这种研究目的。

通过从 1894 年开始、以后又持续到 1897 年、1905 年、1909 年和 1928 年的一系列立法措施，保加利亚对于她的领先的工业部门（制造业和采矿业）给予了特别优惠的待遇。国家给予的利益是多方面的，其中特别包含了长期税收减免，免税进口机器、原材料和

燃料的权力，降低铁路运费，无偿地分配土地用于工厂建设，以及确保在政府合同方面的优惠。这些措施所具有的数量意义我们后面将要谈到。重要的问题在于，通过这种方式政府在一系列工业企业中形成了一种普遍的利害关系，并使它们承担提供包括像产出、原材料成本、燃料和动力、就业和资本这样的数量资料在内的异常详细的统计信息（包括数据）的义务。包括在政府鼓励计划内的企业的范围，随着一次又一次的修正而变化。然而，有关私人工业部门相对重要性的政策似乎没有什么重大变化。无论如何，通过将一、两个工业分支部门（诸如采矿业、海盐生产以及铁路维修工厂）排除在外，人们总能够得到一个系列，该系列即使在时间过 200
程中不具有绝对的一致性，[①]也将呈现出对于本文的研究目的来说已经足够的均匀性。[②]

在下面所给出的数据的基础上，似乎可以建立一种工业产出增长的指数。关于这一指数建立方法的一个更为详细的描述，连同基本数据的列表和对于所利用的资料的引证，请参见附录 II。

---

① 1929 年面粉厂的情况是一个例外。

② 关于立法措施方面的信息，特别是关于国家鼓励的产业的产出变化范围的信息，可参见：《第十八届普通国民议会第一次正式会议第 26 次会议的速记记录》（*Dnevnitsi*（*Stenograficheski*）*na osmoto obiknovenno Narodno Súbranie*，*Púrva Redovna Sessiya*，*XXVI Zasedanie*），November 25，1894（Sofia，1895）。该议案的正文部分是由盖肖夫（I. E. Geshov）提供的，第 636 页；克里斯托·T. 鲁塞夫（Christo T. Russeff），*Die Fortschritte der staatlich unterstuetzten Fabriksindustrie in Bulgarien*（Halle，a. d. s.，1914），第 71－76 页；《第二十二届普通国民议会第一次正式会议关于法律与决议的附件："关于鼓励国内工业的法律"》（*Prilozheniya kúm Stenografskite Dnevnitsi na XXII obiknoveni Narodno Súbranie*，*Púrva Redovna Sessiya*，*Zakoni i resheniya*，"*Zakon na nasúrdchenie na mestnata industriya*"），II（Sofia，1928），第 144－149 页。

而在这里给出一个极为简洁的提要也许是适宜的：

1. 由于感觉到 1909 年以前的年份的数据过于不完整和不可靠，所以完全有理由不将它们包括进所限定的 1909—1937 年这一时段的指数时期。对于这一时期的初始年份和终止年份进行了计算，此外也对 1929 年做了计算，这三个年份都是就业水平相当高的年份。

2. 净产品价值（以当前价格计算）是通过从产品价值中减去原材料和燃料成本以及还有所使用的电力的成本（这是针对 1929 和 1937 年两年），而计算出来的。显然，这个结果仅仅代表了对于制造业创造的增加值的一种近似估计（附录 II，表 6、7、8）。

3. 数据是针对 10 个独立的工业部门来计算的，正如从正文所包含的某些表格中将会看到的那样。对于相当贫乏的保加利亚的价格信息做了细致的查阅，以便决定究竟用什么来作为对十个组别中的每一组中的完成品和关键性的重要投入的一、两个对全局有意义的价格或相对价格的表示。总体来说，对于 1909 年无可供利用的价格，从而不能不用 1908 至 1912 年间的平均价格来顶
201 替。如果被选择用来表示某一组别的价格不止是一个，就采用某种简单的平均形式。鉴于可供利用的数据的性质，对于十个组别中的每一组分别计算了两个价格指数：一个是针对 1909 至 1929 年这一时期，另一个是针对 1929 至 1937 年这一时期。这两组指数在它们 1929 年的衔接处被接合起来（参见附录 II，表 10、11、12）。

4. 所得出的指数被用来对以当前价格计算的各个组别的净产出价值进行平减（deflating）。作了三次平减，产生了以不变价

格表示的 1909 年、1929 年和 1937 年的净产出价值。以不变价格表示的产出总和给出了工业总产出的价值，连同对于工业总产出的一个价格指数，该指数隐含了对以不变价格表示的价值和以当前价格表示的价值的比较（参见附录 II，表 13、14、15）。

5. 这样一种程序的诸多缺点是显而易见的。除了范围上的偏差以外，有关基本数据报告的质量从一个工业部门到另一个工业部门必然也是相当不同的，这尤其将依企业流行规模的不同、特别是各个厂商总体“现代化”的程度的不同而各不相同。特别是，所选择用来对以当前价格计量的产出数据进行平减的方法远非是理想的价格指数，因为理想的价格指数是一个组别内的所有产品的价格应当适当地按照下述两种因素加权：(a)它们在给定年份的产出，由此产生一个竖立在基年权数基础上的产出指数；(b)它们在基年的产出，由此得出一个竖立在给定年份权数基础上的产出指数。对于所采用的程序可以做出的所有辩白是，所选择的价格在几种场合看起来都相当好地反映了组别内的总体价格变动。一种简单而又相当透明的方法与一个建立在大量的由不一致或不适当的加权体系所结合而成的未经特殊规定的商品基础上的指数相比，是具有某种优势的。另一方面，也必须注意，对于 1929 年（尽管不是对于 1937 年）来说，由于缺乏适宜的价格信息，四个部门的产出价值不得不使用一般价格指数来平减。总体来说，这里所计算的指数不能声称达到了极高的精确性，可是它却以足够清晰的程度显示了该国工业演进的主要特征。

表 1 显示了 1909 年到 1937 年之间工业产出规模的变化。如果停滞指的是增长率接近于零或至少不超过人口增长率（它在所

202 **表 1 国家鼓励的产业的工业净产出**(按不变价格计算,1909 年=100)

| 基期权数的年份 | 1909 | 1929 | 1937 |
| --- | --- | --- | --- |
| 按 1909 年价格 | 100 | 335 | 460 |
| 按 1929 年价格 | 100 | 324 | 444 |
| 按 1937 年价格 | 100 | 388 | 455 |

注:另见附录 II,表 14、15、16。

考察的保加利亚这个时期接近于每年 1.4%)的话,那么看一眼该表就足以排除任何有关保加利亚工业产出出现停滞的想法。[①] 正如在表 2 所能看到的,表 1 所包含的产出增长率充分地高于人口增长率。

**表 2 年平均工业产出增长率:1909 年,1929 年,1937 年**

| 基期权数的年份 | 1929/1909 | | 1937/1929 | 1937/1909 | |
| --- | --- | --- | --- | --- | --- |
| | a | b | | a | b |
| 按 1909 年价格 | 6.23 | 7.85 | 4.05 | 5.60 | 6.56 |
| 按 1929 年价格 | 6.05 | 7.63 | 4.01 | 5.47 | 6.41 |
| 按 1937 年价格 | 7.02 | 8.84 | 2.01 | 5.56 | 6.52 |

注:这里的增长率是运用各个时期的第一年和最后一年而在复利的基础上计算出来的。在标为“b”的两个估计中,通过将所涉及的时期长度缩减为四年而较为武断地将 1912—1913 年的巴尔干战争和第一次世界大战的因素考虑进来了。值得注意的是,在 1912—1913 年间,年龄处于 20 到 60 岁的保加利亚男性公民几乎有 90%都应征入伍了。参见,瓦尔特·维斯—巴滕斯泰因(Walter Weiss-Bartenstein),《保加利亚国民经济状况》(*Bulgariens volkswirtschaftiche verhaeltnisse*)(Berlin,1917),第 261 页。

---

① 参见中央统计局(Glavna Direktsiya na statistikata),《保加利亚王国统计年鉴》(*Statisticheski Godishnik na Tsarstvo Búlgariya*),XXXI(Sofia,1939)(以下对这一出版物将只标出《年鉴》、卷数和出版年代)。人口增长率的计算依据的数据得自于《年鉴》,XXXI(1939),第 21 页。

如果根据与其他国家的增长率进行比较来判断，特别是如果在某种程度上再考虑到由第一次世界大战（就不必提及巴尔干战 203
争了）及其后果所引起的混乱与阻碍情况，以及大萧条的致衰效应，那么这些增长率堪称相当之高。可是，另一方面也必须看到这里所单纯考虑的保加利亚工业中的“国家鼓励的部门”，即使不是代表了非常顶尖的企业，也是代表了这一时期保加利亚工业企业中经过精心挑选的群组。领先企业的进步率必然要比整个工业的相应比率高出许多，因为后者注定要包含大量的落后或停滞的企业。进一步地说，肯定有这样一种推断：一个国家的工业化速度在其早期阶段是直接与其经济落后的程度相联系的。这看起来至少是适合于工业化的“初始”大爆发的情况。几乎没有什么疑问，在本世纪的开端保加利亚是欧洲大陆最落后的国家之一。如果保加利亚在 1909 到 1937 年间一直在经历着这样一种工业发展的大高涨，那么人们将有理由期望这样一个时期将以比表 2 所显示的更高的增长率为特征。对于整个工业来说确实如此，而对于工业进步的排头兵企业来说尤其如此。

像大多数历史概念一样，有关工业发展的初始大爆发的概念也难以给出过于精确的定义。从 19 世纪欧洲工业史所观察到的这种大爆发的某些特征显然是数量方面的——诸如工业产出曲线的突然折弯便显示了一种增长率的充分加速。如果这种高增长率在整个的国际性萧条时期都维持势头不减，或绝对不递减，那么关于这种现象是一种大爆发的推断就得到了进一步加强。然而，仅仅从定量的角度来定义一种大爆发将是不适当的。根据我们从其他国家的经济史了解到的全部情况来看，我们必须也要预期在快

速工业发展的过程中将发生工业结构的显著变化，事实上，应当将其视为这一过程的一个有机组成部分。正是工业进步的各种互补性和不可分性，常常导致早期的工业发展只能遵循一种非连续的
204 路径。但是，正是从其他国家借鉴大规模技术所具有的巨大优势，使得这样一种大爆发成为可能。这实际上是通过集中工业经济中那些世界最新的大多数技术进步特别强烈地展开的部门以及创新的储备（其类型并不要求拥有过高技能的劳动力）已达到可以为落后经济迅速采用的领域，而实现的。其结果必然是以往流行的稀缺关系的一个重大变化。由于采用了节约成本的创新，先前少量生产且高价出售的商品，现在以递增的数量和递减的价格生产出来。另一方面，在大爆发以前作为工业产出发展的主要依靠的那些商品，现在则以更低得多的比率来增长，它们的价格则倾向于提高（在这两种情况下，价格的提高和降低都是指的相对意义，而不是绝对意义）。

记住上面这些论述，我们就可以再返回到表 1 和表 2 的数据。在这两个表中，三行中的每一行都指的是一个不同年份的价格体系。换句话说，第一行对所有三个年份的产出的计量是以 1909 年流行的价格——它也就意味着稀缺关系——为基础的。而另外两行则分别以 1929 年的价格体系和 1937 年的价格体系为基础。上一段所述意味着我们可以预期，从大爆发之后的时期中出现的价格体系所得出的一种指数，与基于大爆发开始之前的时期或它的最初阶段的价格所计算的指数相比，将蕴涵着一个更低得多的增长率。这些计量上的不一致属于众所周知的指数问题，它们也是令统计学家和理论经济学家感到头疼的问题。相反，它们的存在、

量值以及在时间过程中的变化，则是经济史学者特别热衷地感兴趣的一个主题，他们将其视为经济变迁过程的一个有机组成部分。不幸的是，如前所述，这些比较的价值在这里由于借助于某些方法进行平减以便得到一个一般价格指数，而受到了限制。这不仅是一个美丽的瑕疵。它仍然未能完全充分地解释在由三个价格体系所产生的指数之间为什么几乎未发现不一致的问题。如果在相当程度上导致成本减低的重大技术进步在 1909 年到 1937 年之间在保加利亚发生了，那么按照 1937 年价格计算的产出增长率将远低于基于 1909 年价格得出的结果。更详细地观察我们所考察的这一时期保加利亚工业的结构，将完全证实这一点。[①] 205

① 这里顺便给出另一种仍然是从总体俯瞰的高度来观察保加利亚的工业过程，但是却能够得出同一结论的说明。一位保加利亚经济学家的计算产生了关于 1880 年至 1939 年间每一年工业固定资本的总投资数据：贝罗夫(L. Berov)，“论保加利亚资本主义工业化速度的问题”(Kúm vúprosa za tempovita na kapitalistcheskata industrializatsiya na búlgariya)，保加利亚科学院(Búlgarska Akademiya na Naukite)，《经济研究所公报》(*Izvestiya na Ikonomicheskiya Institut*)，VIII，nos. 3－4(Sofia，1954)。这些数据也是以 1939 年的不变价格来表示的。对这些年投资数据应用一个每五年为 25% 的折旧率，将能够首先得到一个对 1909 年保加利亚工业资本存量的估计，继续按照同一程序又可以得到其在 1937 年的工业资本量估计值。通过使用柯布—道格拉斯型的生产函数将这些数值与 1937 年的工业总生产和劳动数据联系起来，以及与 1909 年的工业总生产和劳动的估计值联系起来，似乎是令人感兴趣的：产出等于生产力因子乘以指数为 k 的劳动，再乘以指数为(1－k)的资本存量。如果对于 k 取各种不同范围的数值，并解出在某种程度上显然具有相当武断性的所谓生产力因子，那么就会取得一个相当令人吃惊的结果，该结果总结在下面的表式中(另见附录 II，表 18，表 19，表 20，以及最后的计算)。

1909 年到 1937 年生产力因子(F)的变化：

$$\frac{F_{1937}}{F_{1909}}=\frac{\text{产出}_{1937}}{\text{劳动}_{1937}^{k}\cdot\text{资本}_{1937}^{(1-k)}}:\frac{\text{产出}_{1909}}{\text{劳动}_{1909}^{k}\cdot\text{资本}_{1909}^{(1-k)}}$$

| | $1-k=0.25$ | $1-k=0.35$ | $1-k=0.50$ | $1-k=0.75$ |
|---|---|---|---|---|
| 百分比 | 6.85 | 8.47 | 10.90 | 15.12 |

206 表 3 显示了在国家所鼓励的工业部门范围内，按照工业企业来分组的劳动生产力。很明显，在**领先的**保加利亚工业部门中，每个工人的生产力在几乎三十年的时期中实质上保持不变。确实，计算每个人时的生产力将比计算每个工人的生产力会得到在某种程度上更有利的结果，因为工人每日的工作小时数已从本世纪初年的十到十二个小时减少到了两次大战之间的大约八小时。[①] 这对于大多数劳动力意味着工作日长度至少下降了 20%。不过，由
207 于工作时数的下降本身常常并且也极为可能地是由导致长期生产力提高的因素所带来的，所以还不清楚究竟应该对于工作时数的减少打多少折扣(如果需要的话)。

---

该时期的这些变化总体上蕴涵了下列的平均每年变化率(%)：

| | $1-k=0.25$ | $1-k=0.35$ | $1-k=0.50$ | $1-k=0.75$ |
|---|---|---|---|---|
| 百分比 | 0.24 | 0.29 | 0.37 | 0.50 |

很容易看出，这里生产力因子的变化是相当微弱的。换句话说，在这一时期中产出大约 4.5 倍的增长主要是由于所使用的劳动和资本量增加引起的。广泛地说，这个结论尽管有很多缺点，并且其程序具有不可靠性，然而却可以作为对先前形成的判断的一个证实：保加利亚工业生产函数中生产力因子的微乎其微变化，正好是与其建立在归属于具有适当长度的指数时期的始点年份和终点年份的权数基础上的各指数之间实质上并不存在差异这一点，相对应的。

① 在 1909 年，国家鼓励的产业部门中大约有 63%的工人每天工作十到十二个小时；大约有 29% 的工人每天工作超过十二小时以上。参见，米哈伊洛夫(N. Mikhailov)，“1909 年国家鼓励的产业部门”(Nasúrchavanata ot dúrzhavata industriya prez 1909)，载于 *Spisanie na Búlgarskoto Ikonomichesko Druzhestvo*，XVIII，nos. 9—10(Sofia，1914)，第 586 页。第一次世界大战以后，八小时工作日被采用了(June 24，1919)。参见，安杰洛·福扎里尔(Angelo Fozarile)，*Bulgaria d'oggi nei suoi aspetti sociali，economici，commerciali e finanziari*(Milan，1929)，第 263 页；另见，苏联科学院(Akademiya Nauk SSSR)，《保加利亚史》(*Istoriya Bolgarii*)，II(Moscow，1955)，第 583 页。

**表 3　每个工人工业净产出:1909 年和 1937 年**

（按 1909 年不变价格计算）

| 工业部门 | 1909<br>(a) | 1937<br>(b) | (b/a)·100 |
|---|---|---|---|
| 金属 | 1,378 | 1,069 | 77.6 |
| 陶器 | 1,130 | 3,392 | 300.0 |
| 化学 | 1,954 | 2,432 | 124.5 |
| 面粉 | 7,172 | 5,805 | 80.9 |
| 其他食品材料 | 4,334 | 2,408 | 55.6 |
| 纺织 | 1,275 | 1,366 | 107.1 |
| 木制品 | 963 | 867 | 90.0 |
| 皮革 | 2,798 | 4,005 | 143.1 |
| 造纸 | 1,490 | 2,131 | 143.0 |
| 能源 | 47,372 | 277,290 | 585.3 |
| 工业总体 | 2,057 | 2,139 | 104.0 |
| 除能源以外的工业总体 | 1,974 | 1,867 | 94.6 |

注:本表根据附录 II 中的表 2 和表 13 数据计算。

**表 4　国家鼓励的工业的结构:各工业部门**

**净产出的份额(%):1909 年和 1937 年**

（按 1909 年价格计算）

| 工业部门 | 1909 | 1937 |
|---|---|---|
| 金属 | 5.99 | 5.22 |
| 陶器 | 6.38 | 13.56 |
| 化学 | 4.12 | 6.75 |

| | | |
|---|---|---|
| 面粉 | 23.08 | 8.87 |
| 其他食品材料 | 19.16 | 9.38 |
| 纺织 | 25.27 | 35.20 |
| 木制品 | 5.31 | 1.05 |
| 皮革 | 5.43 | 3.66 |
| 造纸 | 1.10 | 2.20 |
| 能源 | 4.15 | 14.11 |
| 总计 | 100.00 | 100.00 |

注:本表根据附录 II 中的表 13 数据计算。

至于其他方面,表 3 的数据必须要与单个工业部门在国家鼓励的全部工业部门产出中所占的相对份额数据联系起来加以解释。同时用 1909 年价格和 1937 年价格计算的这种数据,在表 4 和表 5 中给出。首先,对这两个表做一简要比较将有助于我们进一步巩固前面所获得的印象。表达指数问题所具有的经济重要性的一种方式是指出,应用后一个价格体系(与前一个价格体系相比)对于那些可以被描述为“特定的新兴”(specifically new)工业部门来说,将产生相对较低的产出百分比份额。用本世纪前半叶一个落后国家中的工业转型来说,人们将假定金属生产与加工以及化学生产本身发挥着“新兴”工业的作用。所以,具有相当重要意义的是,当用 1909 年价格而不是 1937 年价格来表示时,无论是金属工业还是化学工业都未能构成总产出中的一个较高的百分比。

**表 5　国家鼓励的工业的结构：各工业部门净产出的份额(%)：1909 年和 1937 年** 208

（按 1937 年价格计算）

| 工业部门 | 1909 | 1937 |
|---|---|---|
| 金属 | 10.00 | 8.81 |
| 陶器 | 4.87 | 10.47 |
| 化学 | 5.09 | 8.44 |
| 面粉 | 15.85 | 6.16 |
| 其他食品材料 | 23.40 | 11.56 |
| 纺织 | 25.01 | 35.22 |
| 木制品 | 6.23 | 1.25 |
| 皮革 | 4.51 | 3.08 |
| 造纸 | 1.60 | 3.21 |
| 能源 | 3.44 | 11.80 |
| 总计 | 100.00 | 100.00 |

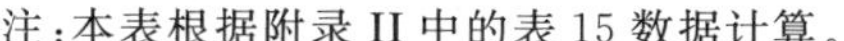

注：本表根据附录 II 中的表 15 数据计算。

然而，真实的情况是，构成我们的产出指数基础的价格基数是相当薄弱的。不仅如此，我们至少还可以想象得到，由于垄断合约的不均匀影响以至于遮蔽了实际发生的技术进步，“标准的”价格结构可能也会受到如此的扭曲。不过，只要看一下所包含的各工业部门的相对份额，关于这一点的任何疑虑都将被有效地排除。无论你是在这两个表的每一个表中来比较金属工业与化学工业的数据，还是按照当前价格来进行这种比较（将表 4 的第一列与表 5 的第二列做对比），结果都逃不脱这样的结论：在这两个工业部门

中都没有发生与总产出相关联的重要进展。它们从一开始就较小,而在所考察的这个时期中又始终保持相对较小的规模。唯一两个记录了劳动生产力巨大进步和它们在整个工业中的相对重要地位有了明显提升的工业部门,是陶器和能源生产。按照 1937 年价格,这两个工业在 1937 年合起来达到了总产出的四分之一。而按照 1909 年价格计算,它们在总产出中的份额甚至还要高一点儿。不过,对于这种发展的重要意义也不要估计过高。它似乎将完全因为纺织工业的革命而变得相形见绌。一般来说,这个“特定的传统”(specifically old)工业部门,在落后国家所有的工业化大
209 爆发中发挥了一种日益递减的作用。事实上,人们几乎总是愿意说,一个国家越落后,将其工业发展的大爆发定义为纺织工业丧失其支配地位的过程就越贴切。如果在保加利亚工业化的过程中有什么工业部门衰落的话,那就是食品材料生产工业,特别是面粉厂,它在 1909 年时本身就占了工业总产出的将近四分之一。[①]

为了完整描绘保加利亚工业化的图景,可以补充关于工业企业平均规模的某些数据。表 6 显示了 1909 年到 1937 年之间出现

① 面粉工厂在保加利亚工业中所具有的独特重要性揭示了落后国家初期工业化过程的一个有趣的方面。人们通常假定资本—产出比率在早期阶段将倾向于提高。就这种工业化意味着从一种具有相对较低的资本—产出比率的纺织工业时代向一种具有相对较高的资本—产出比率的铁路时代转移而言,这样一种预期似乎是相当有道理的。然而,在那些直到现代工业化真正开始之前面粉厂工业一直支配着工业发展总体局面的场合,现代工业化将倾向于减少面粉厂工业的权重。基于同样的理由,它也许将倾向于减少整个工业的平均资本—产出比率。因为落后国家的面粉厂工业中的资本—产出比率超常地高,这首先是由于其使用的设备的低效率,其次也是此种工业具有的高度季节性特征的结果(面粉厂在一年 12 个月中有大约 8 个月处于停止运营状态)。

的每个企业工人人数的百分比变动情况。造纸工业中的企业数目 210
实际上非常之少，因而，即使该行业中每个企业工人人数有大规模的增长也很难对总体情况产生影响。至于其他行业，实际出现的此类增长都是相当温和的，并且除了造纸行业以外，纺织工业显示了其每个企业平均工人人数几乎翻倍的一种最强有力的运动，这种现象再次具有重要的意义。

**表 6　每个企业工人人数的变化：1909—1937 年**

（设 1909＝100）

| 工业部门 | 百分比变动 |
| --- | --- |
| 金属 | 80.2 |
| 陶器 | 37.4 |
| 木制品 | 39.7 |
| 纺织 | 185.3 |
| 皮革 | 103.9 |
| 面粉 | 86.8 |
| 其他食品材料 | 130.1 |
| 化学 | 157.9 |
| 造纸 | 479.7 |
| 能源 | 161.1 |
| 工业总体 | 126.0 |
| 除能源以外的工业总体 | 130.1 |

注：本表计算所依据的数据，来自《年鉴》（*Godishnik*），II（1910），第 253，255 页；XXXI（1939），第 384—389 页；另见附录 II 中的表 4。

通过对表 7 中 1909 年与 1937 年之间每个企业的产出规模做

一比较，可以得到一个极为相似的结果。尽管在表 7 和表 6 之间存在某些差别，然而我们关于前者所说的话本质上也适用于后者：企业规模的变化总体来看很小，而正是纺织工业——如同实际所发生的那样，成为这种变化的主要受益者。

**表 7　1937 年每个企业净产出规模的变化：按 1909 年的不变价格计算(1909＝100)**

| 工业部门 | 百分比变动 |
|---|---|
| 金属 | 62.2 |
| 陶器 | 112.4 |
| 化学 | 196.3 |
| 面粉 | 69.8 |
| 其他食品材料 | 72.4 |
| 纺织 | 198.4 |
| 木制品 | 35.7 |
| 皮革 | 148.6 |
| 造纸 | 685.6 |
| 能源 | 65.1 |
| 工业总体 | 131.0 |
| 除能源以外的工业总体 | 123.1 |

注：根据附录 II 中的表 13 和表 1 计算。

作为总结，将在接近于我们所考察的这一时期的末尾的保加利亚的工业结构与第一次世界大战后的德国的工业结构进行比较，也许是有益的。从本文前面所述的观点来看，用由雇佣工人人
211 数和设备的马力数来表示的纺织工业相对地位作比较可能是有利

的。为了进行这样一种比较，确定保加利亚由国家鼓励的工业部门的范围的特定标准是欠妥的，因为在德国并没有相对应的同类情况。因此，对两个国家，是采用雇佣人数超过五十人以上的工厂（在德国叫“Betriebe”，在保加利亚叫“Zavedeniya”，都是企业或工厂的意思。——译者注）来分析。相关的数据不是年复一年地报告的，而是包含在专门的调查数据当中。对保加利亚选择了 1934 年的调查数据，而对于德国选取的是 1925 年的。比较包含在表 8 中。

**表 8　德国和保加利亚的纺织品制造业在工业中的地位**

（超过 50 个工人以上的工厂）

| 工业部门 | 雇佣工人数占纺织业工人总数的百分比 | | 设备马力数占纺织业马力总数的百分比 | |
|---|---|---|---|---|
| | 保加利亚 1934 | 德国 1925 | 保加利亚 1934 | 德国 1925 |
| 金属 | 21.1 | 70.2 | 24.9 | 198.4 |
| 机器与运输设备 | 39.9 | 109.0 | 31.1 | 113.2 |
| 精密工具 | 0.6 | 45.5 | 0.2 | 41.6 |
| 陶器 | 8.1 | — | 54.7 | — |
| 木制品 | 5.9 | 29.3 | 3.6 | 23.3 |
| 纺织 | 100.0 | 100.0 | 100.0 | 100.0 |
| 皮革 | 1.2 | 7.6 | 2.0 | 9.2 |
| 橡胶等 | 5.1 | 6.6 | 13.2 | 7.7 |
| 食品、饮料、烟草 | 53.5 | 44.2 | 62.2 | 49.1 |
| 服装等 | 3.8 | 32.3 | 1.1 | 6.7 |
| 化学 | 5.1 | 27.4 | 6.0 | 73.0 |

| | | | | |
|---|---|---|---|---|
| 造纸 | 14.2 | 41.7 | 23.6 | 69.4 |
| 建筑 | 39.0 | 64.7 | 0.7 | 27.3 |
| 能源 | 1.1 | 11.0 | 133.2 | 25.2 |

注：数据得自于《年鉴》，**XXXI**（1939），第347页（在保加利亚被指定为能源生产的产业部门也供应水、冰以及用于照明的煤气）；此外还来自于《德意志帝国统计年鉴》（*Statistisches Jahrbuch fuer das DeutscheReich*）（Berlin，1930），第89页。

1934年确实不是一个非常适合比较的年份。那一年标志着保加利亚处于萧条的谷底。其国民收入、工业产出以及工业投
212 资——全部达到了它们的最低点。正如一直以来的情况那样，生产者物品从衰退中所遭受的打击要比消费品所遭受的更大。可是，对于更适合的年份来说其数据却又不容易得到，并且尽管对于商业活动的萧条状态已经做出了某种考虑，然而似乎相当清楚，纺织工业在保加利亚的主体工业系统中享有一种意味深远的至高无上地位。[①] 虽然在一个发达国家，例如德国，金属加工机械的建造

① 将表8中适当的德国数字与保加利亚在1937年与国家鼓励的工业部门相联系的数字两者之间做比较，将面临着在两种情况下都缺乏最低工厂规模的问题，但是它却避免了与所选择的萧条年份相联系的一些困难。对于下面表式中的保加利亚数据，参见附录II中的表2。

德国的纺织品制造企业在雇佣50人以上的工业企业中的地位，保加利亚的纺织品制造企业在国家鼓励的工业部门中的地位

| 工业部门 | 雇佣工人数占纺织业工人总数的百分比 | | 设备马力数占纺织业马力总数的百分比 | |
|---|---|---|---|---|
| | 保加利亚 1937 | 德国 1925 | 保加利亚 1937 | 德国 1925 |
| 金属与机械 | 18.9 | 179.2 | 30.1 | 311.6 |
| 陶器 | 15.5 | — | 47.2 | — |

在总量上远远超过了纺织品的生产，并且其他“新兴”工业相对于
纺织业也是获得了长足的进步，然而在保加利亚甚至连这样一种
演进的影子也没有。这就又一次加强了前面已经得出的结论，并
且本论文的描述部分所给出的材料也可以最恰当地总结如下。在 213
本世纪初年到第二次世界大战爆发前几年这一段时期，保加利亚
的工业产出经历了适中的增长，可是这种增长并没有显示出通常
与在相当落后的条件下出现的一个工业发展大爆发相联系的特定
的质量。因此，需要我们阐发和解释的主要问题，并不是缺乏增长
的问题，而是缺乏结构变化的问题。

## II

人们也许会一开始就否认问题的存在。实际上，如果假定本文的所有读者都愿意与作者持有同样的关于结构变化作为工业增长过程的一种共生因素的预期，那将是过于乐观了。确实，对于主

| | | | | |
|---|---|---|---|---|
| 木制品 | 4.7 | 29.3 | 10.6 | 23.3 |
| 纺织 | 100.0 | 100.0 | 100.0 | 100.0 |
| 皮革 | 3.6 | 7.6 | 11.3 | 9.2 |
| 食品材料 | 21.0 | 44.2 | 142.7 | 49.1 |
| 化学 | 10.8 | 27.4 | 21.1 | 73.0 |
| 造纸 | 4.0 | 41.7 | 28.6 | 69.4 |
| 能源 | 2.9 | 11.0 | 366.5 | 25.2 |

看起来很明显，就所涉及的雇佣工人人数而言，上表完全证实了正文中的表 8 所得出的结果。至于设备的马力数，我们必须考虑到前面已经给出的论点：食品材料工业中所使用的大马力应当被视为一种落后而不是进步的表现。

要以当地的原材料为基础，即主要由国内农业供给原材料的工厂来说，想象其对于工业产出每年都有一个适中的少量增加将具有充分的启示意义。极高的增长率几乎总是不变地令人民承担超乎寻常的牺牲，但这不仅仅是唯一的情况。显而易见，对于一个试图模仿甚至要超越某一发达国家工业结构的落后国家来说，还有一些“人为的”东西。另一方面，对于一种演化又存在着“自然性”，在这个演化的过程中工业始终植根于农业生产，而繁荣的农业则乐于吸收新兴工厂生产的产品。不幸的是，在解释事件发展的过程中，主观偏好和先入之见会产生误导。有诸多充分的理由可以说明，为什么没有过度骚乱和冲动的一种恬静的工业演化的美好图画很少在历史现实中再现出来。通常的规律是，一个高度落后的国家显然是与其工业发展的高度“人为的”措施相联系的。这里所考察的案例对这一命题间接地给出了一种经过奇妙折射的观点。其要点是，决定了实际出现的产出增长的大部分的保加利亚消费品工业，竟然令人吃惊地极少依赖国内原材料，特别是由保加利亚农业所生产的原材料。这在表 9 的一组国家鼓励的工业部门中显示出来。

214 **表 9　在所选的国家鼓励的工业部门中，进口原材料和燃料在总消费中所占份额：1909，1930，1937 年**

| 工业部门 | 1909 | | 1930 | | 1937 | |
|---|---|---|---|---|---|---|
| | 原材料 | 燃料 | 原材料 | 燃料 | 原材料 | 燃料 |
| 金属 | 93.1 | 66.6 | 86.9 | 55.2 | 82.5 | 35.8 |
| 陶器 | 40.9 | 37.7 | 59.0 | 3.0 | 38.3 | 5.7 |
| 化学 | 76.0 | 17.9 | 46.3 | 7.0 | 50.0 | 5.3 |

| 面粉 | 0.1 | 57.2 | 2.6 | 47.4 | 0.3 | 50.4 |
|---|---|---|---|---|---|---|
| 其他食品材料 | 31.5 | 46.4 | 9.1 | 24.5 | 7.9 | 5.1 |
| 纺织 | 60.5 | 32.7 | 80.1 | 10.9 | 56.2 | 21.2 |
| 木制品 | 31.8 | 26.3 | 6.7 | 25.1 | 2.8 | 8.3 |
| 皮革 | 67.2 | 46.4 | 75.8 | 10.0 | 75.0 | 17.2 |
| 造纸 | 85.7 | — | 64.2 | — | 78.9 | 4.4 |

注:1909 年的数据来自《年鉴》,II(1910),第 274—276 页;1930 年和 1937 年的数据来自《年鉴》,XXXI(1939),第 384—385;388—389 页。如果能给出 1929 年而不是 1930 年的数据将更好,然而遗憾的是,有关这较早一年的数据难以将原材料和燃料的来源分开。

这是一个富有启发性的表,需要将它对照本论文第一部分所给出的统计数据背景来加以阅读和理解。能够被期望依赖国内农业提供原材料的工业,主要是食品材料工业、纺织工业以及皮革工业。此外,木制品工业和造纸工业也将是国内林业产品的天然消费者。面粉工厂实际上主要限于研磨加工本国生产的粮食(包括稻谷脱壳)。至于其他食品工业部门,在 1909 年使用进口原材料的比重也不可忽视,但是到 1930 年和 1937 年则下降到了极低的比例。然而,正如上面表 3、表 4 和表 5 所显示的,正是食品材料工业在 1930 年到 1937 年间经历了劳动生产力的急剧下降,尽管它在工业总产出中所占的份额极大地降低了。在整个这一时期中,该行业的平均年增长率对于面粉工厂来说是 2.0%,对于其他工厂则是 3.0%,这与全部工业总体平均为 5.6%的增长率形成了对照。甚至是在"无突发性"的保加利亚的发展中,食品材料工业显然也是属于一种工业努力的前现代化的形式。特别地依赖于农

业生产的工业，总体来说是一种导致经济退化而不是经济进步的媒介。然而，另一方面，纺织工业和皮革工业则呈现出一幅完全不同的图景。1908 年这两个工业的进口原材料比重都是较高的，并且在随后的二十年中它甚至还有进一步的增加。诚然，在大萧条年代政府通过超常的国际收支政策措施成功地减低了纺织加工工业进口原材料的份额，可是甚至到 1937 年这一份额仍然大大地高于 50%。皮革工业的原材料需求有四分之三是靠国外供应的。对于造成这些情况的原因，并不难找到。它显著地昭示了这样的事实：落后国家中的农业由于过于落后已经不能为工业加工提供适宜的原料了。皮革工业几乎无法使用那些由于缺乏最低的有关牲畜饲养的适当保护标准而被污损和因皮下硬瘤导致穿孔的皮革。同样，落后国家本国的羊所产生的羊毛对于很多工业用途来说往往显得太过于粗糙。所以，丝毫也不奇怪，在 1909 年，该行业所使用的羊毛几乎有一半是从外国进口的。[①] 而这一数字在 1912 年甚至更高得让人难以忘记。[②] 最后，保加利亚的林地（它们中的大多数为国家或公社所控制）也没有得到精心护理，同时还缺乏去往林地的适当道路。所以毫不奇怪，它们不能为造纸工业提供适当的基础。这一工业虽然规模较小，却相当地现代化，故偏好于主要依赖进口原材料。只有木制品工业能够减少进口原材料的份额，并限于几乎唯一地使用国内原材料，该工业部门的产出到 1929 年以前始终按照相当低的 1.58%的比率增长，随后经历的一



① 《年鉴》，II(1910)，第 276 页。

② 《年鉴》，IV(1912)，第 188 页。

场崩溃又使它进一步降低，到 1937 年已经低到了 1909 年的水平以下。

我们并不一定要按照普遍有效的原则去思考。毫无疑问，一
个小国如果得天独厚地位于能够导致具有巨大吸收能力的市场和 216
受过适当教育的、有进取心的、拥有适度富裕程度的农民的外国商业路线上，那么它就能够将它的经济发展集中于农业上，以实现其农业出口的重大质量改进，同时将其工业发展逐渐移到依靠本国农业供给原材料的基础上。然而，如果在一个远离了可以提供各种销售计划的大市场的国家里来预期这样一种发展，似乎是完全没有道理的。援引保加利亚的数字，在这个国家里，1910 年时只有 28.5%的农村人口会读书写字。[1] 人们必须记住，在 1913 年，也就是保加利亚解放以后的三十五年，保加利亚农业中所使用的犁有 80%仍然属于最原始的木制犁[2]（二十年以后，即 1934 年，木制犁的数量仍然超过铁制的犁[3]）。所以，希望在一个极端落后的国家里的工业能够从它的农业中展翅腾飞，几乎是不现实的。通过间接的刺激并经过一段适当的时滞之后，作为持续的工业化进程的一个结果，农业实际上也有希望实现现代化。但是首先，这种发展序列是以预先假定工业与农业环境相脱离为前提的。这个结

① 《年鉴》，XXXII（1939），第 35 页。

② *Spisanie na Búlgarskoto Ikonomichesko Druzhestvo*，XXVIII，April – May，1927（Sofia），第 7 页。

③ 叶戈罗夫（Pawel Egoroff），“论农业企业的组织特点”（Eigentümlichkeiten der Organisation des landwirtschaftlichen Betriebes），载于亚纳基・圣・莫洛夫（Janaki St. Moloff）主编，《关于保加利亚农业的社会经济结构》（*Die sozialökonomische Struktur der bulgarischen Landwirtschaft*）（Berlin，1936），第 165 页。

论看起来对于本世纪初欧洲大陆的许多落后国家都有效。至少，除保加利亚以外的其他巴尔干国家的经济发展，可以按照这个一般结论所指出的模式而有效地前进。

上面几段中基于表 9 给出的数据所进行的论述，不过是进一步说明了对本文第一部分末尾提出的问题进行解释的可能性。对于像为什么某一种结构变化未能实际出现这样的问题，惯常的回答方式是说这种变化的特殊先决条件或前提不具备。几乎没有什么疑问，关于工业发展“前提”的众多讨论，就其方法论的合理性与精巧性而言都是不值得注意的。一般来说，作为一种必要和充分
217 条件的真正的前提概念在历史研究中究竟有多大意义，是极其值得怀疑的。很多在工业发展的必要前提条件的名义下漂浮的东西其实并不是前提条件，而仅仅是事情发展的本身：劳动、资本以及企业家并不是工业化的前提，它们不过是形成工业化的素材。撇开同义反复不说，历史的必然性指的是什么？什么样的行动计划将能够保证一种确定的联系具有必然性？我们如何能够将通常总是与大多数其他因素结合在一起的一种“前提条件”的充分性分离出来并加以计量呢？通常在一种有关前提的绝对严格的外观下所呈现的东西，在现实中将具有较少的说服力：从对某个区域（也许是最先进的国家）的经济发展的研究中，涉及因果序列的模型被建立起来，而对于它们所具有的某种程度的可行性也得以确认。当然，完全不允许将这种模型中所包含的原因要素描述为具有特殊含义的“前提”一词。可是，我们也不反对这样来研究欠发达国家的经济史：首先记住一系列这样的前提，然后观察那些似乎在发达国家中作为原因力量起作用的因素究竟存在还是不存在。相反，

这正是获得历史洞察力的标准方法。但是危险也是巨大的。它容易把从先前研究中所发现的一系列问题转变为一种卤莽而又自信的预期，即无论工业化在哪里发生，同一前提的存在都是注定可以发现的，而它们的缺乏则必然会阻止工业发展的出现。这种教条式地相信历史会绝对重复的态度在任何环境下都将是不幸的。当它开始模糊观察者的视野并促使他们将明显的差别歪曲成不可能的相似时，它就变得特别不能令人容忍了。马克思主义关于保加利亚工业发展的分析，对于比较方法同时所具有的价值和危险都提供了丰富的证据。

在俄国马克思主义的强烈影响下，马克思主义文献在 1890 年代初期第一次出现于保加利亚。就这样它形成了双重模仿。它将俄国马克思主义者坚持资本主义发展必然性的立场移植到保加利亚，同时又愿意假定由马克思所描述的工业化的过程将会从本质 218
上在保加利亚再现其自身。这个问题绝不是意味着一个纯粹理论问题甚或一个经济政策问题。它包含了这个国家社会主义的未来。其立场得到了毫不含糊的阐述："社会主义在保加利亚传播的快慢将依我们的资本主义发展得快慢为转移"。[1] 但是，"在我们的时代支配所有民族的自然规律……是现代资本主义生产"。[2] 因此，"当代人类的自然发展的规律将导致我们走向社会主义"。[3]

① 布拉戈耶夫(Dimitúr Blagoev)，《社会主义是什么，它在我们国家具有可能性吗？》(*Shto e sotsialism i ima li toy pochva u nas？*)(Turnov，1891)；最初以布拉塔诺夫(D. Bratanov)的笔名出版，重印于《著作》(*Súchineniya*)，I(n. p.，n. d.)，第 500 页。

② 同上，第 480 页。

③ 同上。

出于他们对工业化的积极态度，保加利亚的马克思主义者与保加利亚知识界中受到李斯特影响的那些较小群体紧密地站在一起，这些团体从“国民生产”和“国民生产力发展”的角度来思考问题，它们在1880年代晚期出版了《产业》杂志，稍后一些时期又接受了盖肖夫(I. E. Geshov)的领导和他的工业促进政策(这一政策在较早时期就被提到)。[①] 然而，后者对于工业发展的兴趣与正统马克思主义中处于领导地位的代表人物的思想相比，似乎是显得苍白和软弱无力的。虽然布拉戈耶夫愿意高度赞赏盖肖夫在他参与斯托依科夫(Stoikov)内阁的三年期间(1894—1897)为工业发展所做的事情，但是他也严厉地批评他未能推行极端的保护主义，以及拒绝支持保加利亚的大规模工业企业并显示出对保加利亚农民经济状况的关注。[②] 在对于资本主义发展的热情以及准备使用一切政府政策工具去实现这一发展方面，作为一个纯粹资本主义企业
219 家并且在兰开夏的纺织工厂受过训练[③]的盖肖夫，是难以期望与社会主义者布拉戈耶夫相竞争的，后者是俄国大学生们所进行的革命运动的产物和普列汉诺夫的追随者。对于1890年代的俄国马克思主义者来说，有很多因素特别适合于将一种在极端落后的



① 参见布拉戈耶夫，《我的回忆录》(*Moi vospominaniya*)，(Moscow-Leningrad，1928)，第59页；约瑟夫·罗特席尔德(Joseph Rothschild)，《保加利亚共产党》(*The Communist Party of Bulgaria*)(New York，1959)，第16页；盖肖夫，《回忆录与论文集》(*Spomeni i studii*)，保加利亚科学院(Sofia，1928)，第329－339页。

② 参见布拉戈耶夫，《保加利亚的经济发展，工业还是农业?》(*Ikonomichnoto razvitie na Bulgariya，industriya ili zemedelie ?* )(Verna，1902)；重印于布拉戈耶夫的《著作》(*Súchineniya*)，VII，第425，655－667页，特别是第656－658页。

③ 保加利亚科学院，*Ivan Evstratiev Geshov*，*Vzgliady i deynost*(Sofia，1926)，第15页。

国家中进行的不得人心且难以承受的工业化，变得更合乎人们的口味。几乎没有什么东西能够比对事物必然性的坚定信念更容易增强人们去促进某些事件过程的愿望了。① 这种基本态度的自然结果就是，在评估保加利亚的现代工业发展以及讨论它的前提的过程中，出现了一种相当过度的乐观主义。

布拉戈耶夫关于这种发展的出发点曾经明白地写道："[1878 年]解放以后，保加利亚变成了一个独有的小规模生产的国家：城市的手工业者摆脱了手工业行会的管制，农村则开始摧毁扎德鲁加(zadruga)家庭（古代南部斯拉夫人、克尔特人的家长制家庭公社。——译者注）和封建的大地产(Chiflitsi)，而土地被分配给为数众多的小农生产者。通过这种方式，保加利亚在解放以后立即使自己拥有了发展资本主义生产的必要条件"。②

在其与本世纪初年保加利亚工业化政策的反对者（在他们当中，港口城市瓦尔纳(Varna)州的商业会所的呼声最强烈）展开的论战中，布拉戈耶夫虽然同意，廉价而又拥有技能的劳动力、广泛

① 正如克罗切有一次曾经评论道的，"人的意志只有当它被知晓为符合上帝的意志或事物的必然性时，才真正感觉到了自由"。贝内代托·克罗切(Benedetto Croce)，《1871 至 1915 年的意大利史》(*Storia d'Italia dal 1871 al 1915*)(Bari，1953)，第 161 页。

② 布拉戈耶夫，《社会主义与保加利亚工人问题，关于我们国家的社会主义的反驳》(*Sotsialismút i rabotnicheskiyat vúpros v Búlgariya*, *Kúm oborvaniyata na sotsialisma u nas*)(Plovdiv，1900)；重印于布拉戈耶夫的《著作》，VI，第 220 页（着重号为本文作者所加）。在 1906 年过后不几年发表的另一项研究中，布拉戈耶夫甚至更强烈地表达了这一观点："保加利亚在她获得解放之后变成了一个小资产阶级掌握资产并进行生产的国家，这是建立资本主义生产方式的出发点和必要条件。"见《对保加利亚社会主义历史的贡献》(*Prinos Kúm istoriyata na sotsialisma v Búlgariya*)(Sofia，1906)；重印于布拉戈耶夫的《著作》(1960?)，XI，第 73－74 页。

的市场以及可供利用的资本也是工业化所必不可少的，可是他仍
220 然对此采取泰然处之的态度。保加利亚的农业难道不是工业劳动力的充裕储备吗？工业难道不知道它自身市场的开拓就是在工业发展的进程中完成的吗？难道俄国和日本不是通过利用发达国家的资本市场来实行它们的工业化的吗？[①]

下述问题在某种程度上仍然是没有定论的：一种完全独立的小农究竟在何种程度上是在土耳其的统治下涌现出来（特别是通过对于农业领地（*spakhiya* fiels）以一种瑞典式的方法"回归"到18世纪末的状态以及通过1850年代的改革这样的方式来实现[②]）的，以及俄土战争期间，尤其是战后不久发生的保加利亚农民对于土耳其人所有的土地的占有，究竟在多大程度上对这一最终结果产生了影响。[③] 不过，解放以后保加利亚的很多土地都属于保加利亚的小农这一事实，是完全得到公认的。在本世纪初年，所有保加利亚耕地的85.7%都属于拥有不超过75亩土地的农场。[④]

① 布拉戈耶夫，《保加利亚的经济发展》，见《著作》，VIII，第452页及以下各页。

② 参见伊万·萨克卓夫（Ivan Sakazov），《保加利亚经济史》（*Bulgarische Wirtschaftsgeschichte*）（Berlin-Leipzig，1929），第172－197页；另见"关于土地的法律"（Zakon za zemite），April 21，1858，载于克里斯托·冈代夫（Christo Gandev）和加拉布·萨拉波夫（Galab Salabov）主编，*Fontes Turcici Historiae Bulgariae*（Sofia，1959），第14－39页。

③ 毫无疑问，柏林会议通过的、旨在保护土耳其产权的条款（条约的第12条；参见《外交档案》（*Archives Diplomatiques*），deuxième série，1882－1883，Paris，VI，第291页。）在实施中遭受了巨大的阻力；随后实行的正规的国家赎买程序（1880－1885）也仅仅影响到曾经是土耳其所占有的土地的极小一部分。苏联科学院，《保加利亚史》（*Istoriya Bolgarii*），I（Moscow，1956），第378－379页。

④ 保加利亚科学院，波波夫（Kirill G. Popov），《1911年保加利亚经济：统计调研》（*Stopanska Búlgariya prez 1911*，*Statisticheski izsledvaniya*）（Sofia，1916）。

这显然是一种相当不同于英国的情形。一个相信工业发展具有统一模式的人，由于在保加利亚的背景下看不到任何与英格兰的圈地运动相类似的事情，也许会得出悲观的结论。然而，情况却不是这样。即使是在目前，也就是布拉戈耶夫的著述发表半个世纪之后，一位现代的、相当博学的保加利亚马克思主义史学家在讨论他的国家在上世纪后半叶的经济史时，仍将保加利亚的解放比拟为“14 和 15 世纪中英格兰的封建体制的瓦解”，他发现英国的圈地运动在这里以高利贷的形式再现出来，而用他的话说，高利贷最终将使得保加利亚的农民变成仅仅是他们的土地的虚拟所有 221
者。[①] 高利贷在那时被纳坦(Natan)视为资本原始积累在保加利亚的一种特殊形式，而资本原始积累这一概念是由马克思在《资本论》第一卷第 24 章所阐发的。[②] 实际上，布拉戈耶夫在他的时代并没有忘记强调这一因素对他所可能具有的至关重要的意义。[③] 这里不便于分析马克思的这一概念作为一种历史研究工具所具有的意义和有效性。[④] 它在这里被提及只是因为它是下面这样一种观点的一个有机组成部分，即在 1878 年以后的保加利亚已经拥有了一种迅猛的工业发展所必需的所有重要前提。所缺少的唯一事

① 参见纳坦(Zhak Natan)，“论保加利亚的资本原始积累问题”(*Kúm vúprosa za púrvonachal'noto natruprane na kapitala v Búlgariya*)，载于保加利亚科学院，《经济研究所公报》，nos. 1－2(Sofia，1954)，第 30－33 页。

② 纳坦，《保加利亚经济史》(*Stopanska isotoriya na Búlgariya*)(Sofia，1957)，第 259－261 页。

③ 例如可参见，布拉戈耶夫，《保加利亚的经济发展》，见《著作》，VII，第 533 页及以下各页。

④ 参见本书第 2 章和第 5 章。

情就是这种发展本身。本文前面一开头作为格言引述的伊塔洛·卡尔维诺的怪诞诗句实际上似乎是颇为贴切的：所有的原因均已具备，可是结果却没有发生。

这种过度的乐观主义特别易于反映在对保加利亚“资本主义制度”进展的夸张估计中，是并不奇怪的。甚至在第一次世界大战之前，布拉戈耶夫与季米特洛夫（Dimitrov）就谈到各种类型的雇佣劳动者人数有 40 万之多（不包括他们的家属）。[①] 这在 1910 年只有 430 万人口的一个国家中足以令人产生深刻的印象。[②] 可是几乎没有什么疑问，这一数字在相当大的程度上被夸大了，此外，绝大多数的工人又是被雇佣在那些与现代工业发展（至少是与关键的战略性工业部门）几乎没有什么关系的活动中。奥斯卡·安德森（Oskar Anderson）在二十年以后，即接近两次世界大战间隔期的末尾所发表的著述指出，“按照西欧国家所理解的产业工人一词的含义”，保加利亚“真实的”产业工人数目将不会超过 4 万人以
222 上很多，除此之外，“也许需要再加上 4 万从事烟草加工的季节性劳动”。[③] 想要观察到为现实所证明的预期这种愿望使得对实际上所发生的进步进行识别面临着困难，此外，它还遮蔽了保加利亚工业增长所特有的结构问题。

至于其他方面，刚刚提到的当代的诸多分析已经被证明不是

① 纳坦，《保加利亚经济史》，第 362 页。

② 《年鉴》，XX（1928），第 13 页。

③ 奥斯卡·安德森（Oskar Anderson），《保加利亚国民经济结构及其总体状况》（*Struktur und Konjunktur der bulgarischen Volkswirtschaft*），安德烈亚斯·普雷多埃尔（Andreas Predoehl）主编，（Jena，1938），第 12 页。

缺乏根据的，就是过于夸张的。无疑，保加利亚农村的高利贷甚至在该国解放之前就引起了人们的严重关切，但是这在本世纪的初年却特别突出地表现出来。某些贷款形式已被证明是特别有害的。令人感到惨痛折磨的事实是，普遍存在着利息的支付在很短的时间内就会急剧地超过本金数目的情况，从而人们将会陷入一种无法抗拒的与日俱增的债务之中。[①] 然而，甚至在第一次世纪大战之前，通过信用合作社和政府支持结合在一起的行动，已经在相当的程度上减轻了上述弊端，并引进了规则化的抵押信贷形式。战时和战后的通货膨胀进一步减轻了债务负担。确实，大萧条的灾难性后果使得保加利亚的农业在新的债务负担之下喘息，为了稳定当时的形势显然需要采取一系列的特殊法律措施。但是，这是一个总体上完全不同的历史局面，而有趣的是，在 1930 年保加利亚农民对私人所欠的债务还不到总债务的 10%。[②] 所以，那种认为高利贷将导致与英国的圈地运动相类似的所有权关系的结构变化的观点，肯定将被证明是错误的。保加利亚农业的特征本质上依然如故。如果说有什么是不一样了，那就是中小型农场在整个农业中所占的份额甚至有了某种程度的提高，这部分地是斯坦博利斯基(Stamboliyski)所推行的土地改革和 20 年代早期安置越境难民的结果。在 1934 年，总耕地面积有不超过 5.9%属于拥有超过75亩土地的农场，而这个比率在1897年是13%，在1903年 223

① 康斯坦丁诺夫(N. Konstantinov)，“高利贷”(Likhvarstvoto)，载于 *Spisanie na Búlgarskoto Ikonomichesko Druzhestvo*，XIV，nos. 3－4(1910)，第 161－182 页。

② 阿森·柴卡罗夫(Assen Tschakaloff)，“关于保加利亚农业欠债问题”(Die Verschuldung der bulgarischen Landwirtschaft)，圣·莫洛夫主编，第 184 页，脚注 12。

是12%。[1] 所以,保加利亚的小农仍然无可争议地占有着他们的农场。预期的剥削并没有出现。

同样,所有那些关于保加利亚手工业者毁灭的论述——另一个有关保加利亚资本原始积累的夸大其词的证据——也未能阻止保加利亚到1936年仍然有69,232家手工业企业,并雇佣着至少134,932名工人。[2] 几乎无可怀疑,在解放以后的几十年中,保加利亚手工业者的地位是相当困难的。但是,现在完全不清楚,这些年间所发生的手工业者地位的下降究竟是否是成功的工业增长的预兆,或者是否总是与它完全相关联的?保加利亚手工业者所经受的困难的根源,在极大的程度上必须要从这个国家摆脱奥托曼帝国(Ottoman Empire)的行动本身来寻找。19世纪普遍接受的一个观点是,民族自决与经济进步必须齐头并进。奥匈帝国解体的经济灾难揭示了一种信念的虚假性,在这种信念中统一与解体被不假思索地混淆起来。奥托曼帝国的经济与社会落后性是不容置疑的。然而,康士坦丁堡和邻近地区作为保加利亚手工业产品的市场所具有的重要性,也确实是巨大的,这尤其是因为向土耳其民用与军事当局供货的缘故。正是后者的丧失影响了在解放以后



① 斯瓦斯科·扎戈罗夫(Slawtscho Zagoroff),“关于保加利亚的土地占有状况”(Die Grundesitzverhaeltnisse in Bulgarien),圣·莫洛夫主编,第90页。多林斯基(Dolinski)教授是一位关于保加利亚农业问题的杰出专家,他甚至给出了一个更低的数字,即持有七十五亩以上土地的农场所拥有的土地只占总土地的3.6%。N.V.多林斯基,“保加利亚农业的结构变化”(Strukturni promeni v Búlgarskoto zemedelie),载于*Spisanie na Búlgarskoto Ikonomichesko Druzhestvo*,XXXVII,December 1938(Sofia,1939),第619页。

② 安德森,第13页;《年鉴》(1939),第73页。

的时期保加利亚手工业工人的经济条件。另一方面，对于所断言的作为工业进步的一个前提条件的保加利亚手工业的"毁灭"，则显示出未能理解落后区域工业化的特殊的结构模式。在一个像英 224
格兰这样工业转型主要表现为纺织工业现代化的先进国家中，新工厂不得不打破来自手工业和包买商体制的竞争。可是在更为落后的国家中，企业家、银行、政府则偏好一般来说一直未受到手工业或国内工业染指的领域。在这个意义上，实际出现的保加利亚手工业的衰弱可能仅仅使保加利亚工业偏离其最优发展路线。不加分析地照搬英国的经验将会面临很多风险和不确定性，而所获收益可能微乎其微。另一方面，如果在适合于保加利亚落后程度的框架内来考察保加利亚手工业的真实故事，那么对于解释我们所面对的保加利亚在没有结构变化的情况下的增长问题确实具有某种——虽然也许有些过小的——贡献。

从这个插入的结论中，人们需要返回到保加利亚的农业以便寻求进一步的解释。小农在保加利亚的农业中保持其支配地位这一事实，不能被简单地视为工业劳动供给过少或具有间歇性的一种标志。无论你对"隐蔽性失业"这一概念的使用做了多么大程度的合理保留，它看起来都非常恰当地适合于保加利亚的情况。根据帕维尔·叶戈罗夫(Pawel Egoroff)的杰出研究成果，在保加利亚的农业(指狭义的农业)、牲畜饲养、玫瑰种植、果园以及蔬菜地实际工作的人—工作日总数在 1930—1934 年达到了 3.55 亿，而在 1926 年基于保加利亚农业有效率的就业人口所计算的可供利用的人—工作日数大约为 5.64 亿。因此，该国的农业人口中大约有 37%属于过剩人口。用叶戈罗夫的话说："在不改变当前农

业生产加工的过程，也不通过任何努力去实现劳动力在农场的更加合理的利用的情况下，至少有 720,000 个目前在保加利亚农场中处于休闲状态的劳动力可以被有利地雇佣于其他行业”。[①] 叶
225 戈罗夫在他的计算中假定了一个 10 小时的工作日，可是他对于在收割季节的劳动需求高峰期是如何进行调整的(如果有的话)，却没有给出明确的说明。此外，人们也不能简单地断言每一个“多余的”劳动力都将实际偏好于抛弃这种“隐蔽性”，公开地并且持久地进入到工业就业中。像其他欧洲国家一样，保加利亚的小规模家庭农场在对其劳动力产生向城市外流(landfluecht)方面与大地产相比具有低得多的效率。结果仍然是，在大约 700,000 多潜在的外流者(landfluechtlinge)与在保加利亚现代工业中实际就业的 40,000 左右人数之间存在的差异如此之大，使我们极难接受那种认为劳动短缺可能成为阻碍该国工业发展的一个因素的观念。

然而，这一结论决不意味着该国农业的特殊特征不会妨碍(撇开促进的一面不说)其工业化。在这方面至少有两个相关的考虑是重要的。保加利亚农业的一般状况在本文前面已经进行了讨论。需要补充的是，其农业人口的人均可利用土地从 1900 年的大约 2.6 公顷稳步地下降到 1934 年的 1.5 公顷以下。到 1934 年，

① 帕维尔·叶戈罗夫(Pawel P. Egoroff)，“关于农业劳动问题”(Die Arbeit in der Landwirtschaft)，圣·莫洛夫主编，第 151－153 页。该作者补充道：如果采用 1934 年(而不是 1926 年)的人口数据，那么将会使过剩的人口数据提高到一百万以上。然而，另一方面，如果考虑到农场中的人口将其劳动力投入于农业以外的领域，这一过剩人口的数字又将被减少。所以，最初关于有七十多万人口对于农业产出的贡献等于零的估计可能将保持不变。

农场的平均规模不足 5 公顷土地。并且，耕地还不是连在一起的，而是（经常及其分散地）分割在平均来说大约只有 0.37 公顷的零碎地块。从本世纪初到 30 年代，每公顷土地的主要谷物产出的收益几乎保持不变。当到了 30 年代最终出现工业用谷物的某种扩张时，这种扩张主要不是以面包谷类为代价（像人们可能推论的那样），而是以饲料类谷物为代价的，从而便减弱了转换型产品的产出基础。最后，每单位土地的收入甚至在大萧条爆发之前就已经开始下降——每亩收入在 1926 年几乎比 1911 年至 1915 年降低了 25%，而随后这种下降仍在继续。显然，上面所描述的这样一种农业不仅（如前所述）不能作为一种有效的原材料基地，而且也 226
不能对国家工业化提供足够的需求拉动，这不论是对消费者物品而言，还是就农业机械、化肥以及运输工具等等而言，都是如此。

第二个考虑甚至更重要。保加利亚农业在经济上的软弱无力是与它直接或间接、公开或隐蔽地阻止政府实施支持工业化的政策的政治能力结合在一起的。这正是第一次世界大战之后的三年里（1920 年 3 月到 1923 年 6 月之间）所出现的情况，当时，政府由以农业工会主席斯坦博利斯基为代表的激进民粹主义所掌握。不过，同样真实的是，在斯坦博利斯基之前和以后，这个国家没有任何一个政府能够承担得起推行这样一种经济政策的后果：即为了工业化的目的而将主要负担压在其农业人口的身上。不仅是农民直接的经济利益，而且还有他们全部的社会价值体系——追求均等的精神气质——它们本身都反对建立大规模企业。人们只需回忆一下对于有关鼓励工业的第一个议案的猛烈攻击，就可以得到一种对于工业特别是外国资本的厌烦的强烈程度的估量。盖肖夫在他捍卫这一议案的过程中，不得不极为谨慎地行事，他指出，由结合起来的手工业匠人所形成的企业也能够参与分享法律所带来的好处，而最重要的是，日益扩张的工厂对农业原材料的需求必然会提高相关的产品的价格。[①]

给定这种情形，政府努力去鼓励那些至少在原则上可以被辩解为有助于农业生产扩张的工业部门，也是自然的。至于在实践中，这些工业部门与农业之间的联系远不如官方声明中所宣称的那样明显，则完全是另外一回事情了。事实仍然是，在决定国家鼓励的工业模式方面，政府并不是一个真正的自由人。任何通过公开的歧视来支持具有战略性重要地位的工业部门的做法都是不可能的，而通过各种管理活动实践的隐蔽性歧视措施，无论它们是属

227 于何种措施都注定要支持那些被认为是植根于该国农民土地的工业部门。几乎无可怀疑，这些对政府政策的特殊约束极大地帮助人们理解了这种无结构变化的经济增长现象，从对这一时期进行定量考察的观点来看，此种现象成为一种如此令人感兴趣的问题。



在保加利亚特殊的条件下，可供利用的资本是最重要的稀缺性供给要素。在主体的工业中，可能带来巨大结构变化的工业部门主要是那些同时以高资本—产出比率和相对较高的初始资本进入要求为特征的部门。在给定该国农业的落后状态及其人口贫困状况的条件下，很难期望自愿储蓄能够提供所需的资本安排。诚然，甚至在保加利亚解放以前就已经积累了某种商业财富，并且在

---

① 《第十八届普通国民议会第一次正式会议第 26 次会议的速记记录》（见本章前面第 238 页脚注②），第 637 - 643 页。

其后这种财富还在继续增长。可是，这个财富的持有者在总体上却是反对工业化的，这正如某些商会强烈地反对盖肖夫的政策所显示的那样。[①] 关于保加利亚的资本主义初始或原始积累过程的所有论述，都不能改变这种可供利用的有限财富并未转移到工业企业家手中的事实。在保加利亚实现现代工业化的任务，不能靠采取专门适合于最先进国家的方法来解决。如果在其他落后国家中工业发展的历史对于理解保加利亚工业史可以起到“课程”或者至少是指示灯的作用的话，那么这个问题就可以这样来提出：在落后的国家中，很多可以被合乎理由地视为更先进的国家工业发展“前提”的事情的缺乏是一个明显的事实。但是，同样也明显的是，在很多重要的案例中，这些前提的缺乏并没有阻止工业发展的出现。因为，这里的前提并不是这一词汇在绝对意义上的含义。换言之，对所缺乏的因素寻找某些替代物，根据落后程度的不同以及诸多特殊条件而适当地改变它们，已被证明是可行的。结果，当观察者不断地从一个国家走到另一个国家时就会发现，依次地跨越
不同的经济落后程度将会呈现出全面的替代模式。所以，保加利 228
亚工业化所面临的问题也许可以在本质上表述为：该国未能发现适合于它的具体条件的替代模式。

当先前积累的财富不能转移到工业企业家的手中并转换为对当前国民收入的要求权，从而生产要素不能被从消费品工业吸引到生产资料工业的时候，依靠外国贷款、由专门建立的银行从事的信贷创造活动或者国家预算机制（或者是在这三方面要素的某种

① 布拉戈耶夫，《保加利亚的经济发展》，第 430 页及以下各页。

不同程度组合),就成为所使用的替代措施。也许可以正确地说,一个国家越落后,它就越可能强调国家而不是投资银行的作用。从这些一般理论概括的观点来看,保加利亚政府对于该国工业化已经做了什么以及它还差什么,将具有基本的重要意义。

**表 10 与资本存量相联系的国家对工业的支持:1912 年(1,000 列瓦)**

| 工业部门 | 国家支持 | | | | |
|---|---|---|---|---|---|
| | 资本(a) | 通过削减关税和运费(b) | 通过减税(c) | 总计(d) | (d/a)100 |
| 矿业 | 2,600 | 27 | 42 | 68 | 2.6 |
| 金属 | 3,260 | 119 | 82 | 201 | 6.2 |
| 陶器 | 7,600 | 25 | 166 | 191 | 2.5 |
| 化学 | 4,000 | 345 | 88 | 433 | 10.8 |
| 食糖 | 5,900 | 206 | 111 | 317 | 5.4 |
| 啤酒 | 9,000 | 63 | 70 | 133 | 1.5 |
| 纺织 | 16,000 | 986 | 323 | 1,309 | 8.1 |
| 木制品 | 4,200 | 32 | 43 | 75 | 1.8 |
| 皮革 | 2,750 | 311 | 70 | 381 | 13.9 |
| 面粉 | 16,500 | 49 | 430 | 479 | 2.9 |
| 其他食品材料 | 5,200 | 10 | 30 | 40 | 0.8 |
| 能源 | 6,500 | — | 28 | 28 | 0.4 |
| 总计 | 85,610 | 2,209 | 1,501 | 3,710 | 4.3 |

资料来源:迪莫夫(D. Kh. Dimov),"1912 年国内工业从国家和其他机构中获得了多少支持?"(Kakvo e poluchila mestnata industriya prez 1912 god ot dúrzhavata i obshtestvennite uchrezhdeniya?),载于 *Spisanie na Bulgarskoto Ikonomichesko Druzhestvo*,XVIII,nos. 9—10,(Sofia,1914),第 547 页。

保加利亚的政府鼓励工业计划，正如本文第一部分所描述的 229
那样，是从罗马尼亚和匈牙利的法令全书中学来的，它无疑是在处理一个十分困难的问题上的一个十分令人尊敬的尝试。不过，这种支持在实际地提供给工业时，其更引人注目的方面是它的提供方式的五花八门性，而不是所提供的数量。一位保加利亚的经济学家曾经计算了在 1912 年适中的条例下，国家支持所提供的总价值及其与相关行业资本存量的联系。他的结果显示在表 10 中。应当承认，这里的资本存量数据是不确定的。然而，如果将所接受的政府资助与工业企业产品价值联系起来，会得到一个十分相似的结果。这显示在表 11 中。很显然，政府对保加利亚工业支持的规模是限制在相当适中的范围之内的。尤其是，从事金属生产和加工的工业所享有的资助实际上很少。

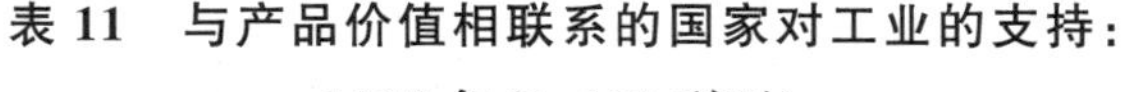

**表 11　与产品价值相联系的国家对工业的支持：**

**1912 年**(1,000 列瓦)

| 工业部门 | 产品价值(a) | 支持总量(b) | (b/a)100 |
|---|---|---|---|
| 矿业 | 1,667 | 68 | 4.1 |
| 金属 | 3,399 | 201 | 5.9 |
| 陶器 | 4,139 | 191 | 4.6 |
| 化学 | 3,436 | 433 | 12.6 |
| 食糖 | 3,149 | 317 | 10.0 |
| 啤酒 | 5,429 | 133 | 2.4 |
| 纺织 | 22,767 | 1,390 | 5.7 |
| 木制品 | 1,292 | 75 | 5.8 |
| 皮革 | 6,235 | 381 | 6.1 |

| 造纸 | 772 | 56 | 7.2 |
|---|---|---|---|
| 面粉 | 49,226 | 479 | 1.0 |
| 其他食品材料 | 3,249 | 40 | 1.2 |
| 能源 | 1,377 | 28 | 2.0 |
| 总计 | 106,137 | 3,711 | 3.5 |
| 除去面粉业以后的总计 | 56,911 | 3,232 | 5.7 |

资料来源:《年鉴》,IV(1912),第 187—188 页。

230 详细地讨论保加利亚的关税政策将超出本文的范围。这里指出下面一点就足够了:从最初的柏林条约(Berlin Treaty)[①]第 8 条款(通过施行先是 8%、随后是 14% 的从价关税)的束缚下走到最终获得制定特别进口关税的权力(它是通过 1905 年缔结的商业条约而最终取得的),使这个国家耗费了几乎 30 年的时间。然而,如果人们想要在保加利亚的关税中找到任何证据,以表明其关税结构受到了想要在受保护的工业范围内实现重大变化的愿望的影响,那将是徒劳无益的。相反的情况倒是真实的。对食品材料、纺织以及皮革工业的日益增强的保护是与对机械生产的保护的降低相并行的。[②] 因此,保加利亚的政府对该国工业化的贡献至少可以说是不显著的。在巴尔干战争爆发之前,以超过 2.5 亿列瓦的成本[③]来建设大约 2,000 公里长的铁路网络,并取得价值约 3,600



① 《外交档案》,第 291 页。

② 瓦尔特·维斯－巴滕斯泰因,《保加利亚国民经济状况》(*Bulgariens volkswirtschaftiche verhaeltnisse*)(Berlin,1917),第 168－202 页;特别要参见第 191 页上的表。

③ 波波夫,第 376 页。

列瓦的全部铁路车辆，[①]这样一个十分艰巨的任务是由一个并未将其铁路建设时期作为促进工业活动的特殊手段的政府来完成的。保加利亚政府在这同一时期中接受的外国贷款数量(以净收益来表示)超过了铁路建设成本的大约 2.5 倍。[②] 比较而言，实际用于工业鼓励计划上的数量是相当微不足道的，这从表 11 中显而易见。几乎无可怀疑的是，集中于对外与军事政策的导向实际上阻碍了这个国家对工业发展的严肃关注。

国家鼓励的工业部门在吸引外国资本方面并非是完全不成功的。在我们编制指数的时期的初年可供利用的数据表明，在 1909 年，这些工业部门中的固定资本投资达到了 6,440 万列瓦。[③] 如
果将流动资本也包括进来，总量可以被估计为大约 7,200 万列 231
瓦。[④] 在这个总量中，有 1,460 万列瓦，或五分之一，是来自外国的供给。比利时的资本占有支配性地位，达到外国直接投资的 70%。比这一投资总量更重要的，也许是它的分布。在那些年中，比利时的资本与比利时的工程师正在东欧和南欧广大的区域内建设公共设施服务的工厂，他们在保加利亚投资的大部分是从事电力能源生产。至于其他部门，得到大多数外国资本的是食品材料

① 波波夫，第 377 页。

② 莱奥·帕兹沃尔斯基(Leo Pazvolsky)，《保加利亚的经济地位》(*Bulgaria's Economic Position*)(Washington，1930)，第 36 页。

③ 《年鉴》，II(1910)。

④ 根据米哈伊洛夫的文章“1909 年国家鼓励的产业部门”(本章前面第 245 页脚注①)第 589 页的数据，流动资本大约达到固定资本的 12.7%。然而，需要指出，米哈伊洛夫的绝对数字并不与上面正文中给出的那些数字完全相符。

工业和——在更低得多的水平上——纺织工业。[1] 十二年以后，当第一次世界大战的硝烟散尽，外国直接投资的73%都集中到了食品材料工业(不包括能源生产)。[2] 外国资本对保加利亚其他工业部门的利益或微或无。没有什么指标显示，在随后的数年间这种情况发生了任何重要变化。外国银行在保加利亚出现得相当早。1905—1906年，分别由德国、法国和奥地利建立了三个重要机构。其中，在迪斯康托·格塞尔斯哈夫特(Disconton－Gesellschaft)领导下的信贷银行看起来对保加利亚的工业发展提供了相当的承诺。第一次世界大战以后德意志银行(Deutsche Bank)在索菲亚分支机构的建立(1922年)，也值得一提。在这同一时期，保加利亚本国的银行业获得了毫无疑问的增长。无论是外国银行还是本国银行，都显示了对工业企业的某种兴趣，但是承诺近乎零。在这两组银行中都没有表现出任何企业家的活力和金融上

232 的大度，就像德国银行在1914年以前的意大利所明显地表现出来的那样。尤其是，德国银行以往对于能够为技术进步提供广泛空间的新工业部门的兴趣，在保加利亚也并没有表现出来。

作为对本文前面所述的概括以及部分地对其加以扩展，人们也许试图对在本文第一部分末尾提出的问题给出一些尝试性的回答。

1. 这个国家的贫穷和经济落后实际地排除了它的工业发展

---

① 《年鉴》，II(1910)第261页。

② 鲁文·格奥尔基耶夫(Luiven Georgiev)，“外国金融资本对保加利亚的渗透”(Pronikvaneto na chuzhdiya finansov kapital v Búlgariya)，载于保加利亚科学院，*Ikonomicheska Misúl*，no.2(Sofia，1956)，第120页。

沿袭较先进国家的模式的可能性。

2. 由于这个原因，在保加利亚讨论诸如所谓资本原始积累的过程这类因素，将很少具有现实意义。

3. 在特殊的保加利亚条件下，像 19 世纪最后二十五年所发生的那种手工业衰退，非但没有为工厂体系的发展开辟道路，反而恰恰倾向于干扰工业的努力，使其难以进入最有保证的发展渠道。

4. 尽管所有的预言都显示了相反的情况，在我们所考察的这一时期中，保加利亚农业所具有的小型家庭农场的特征却变得更加显著。处于贫困、停滞以及无效率状态，农业既不能起到工业的一个适当原材料基地的作用，也未能成为工业产品的一个有效的、日益增长的需求源泉，尽管在给定极低的农场劳动力利用程度下工业方面能够依靠农业来满足它对人力的需求。

5. 在这样的条件下，资本供给问题以及对工业产品可持续的、日益增长的需求问题，对于引致一场工业进步的大爆发便成为关键性的问题了。

6. 组织成被称为"投资银行"并且与相应的海外机构相联系的银行，通过吸收外国贷款以及通过为了给保加利亚工业提供资本而进行的信贷创造过程，也许相当深地参与到工业化运动之中。然而，不可能指望在像保加利亚所流行的那种极端落后条件下，这些银行能够融通所需要的资本，最重要的是，不能期望它们会发现将被证明在一个合理的时间周期内具有盈利性的投资机会。

7. 所以，实际上是国家将要肩负起平衡若干年间的资本需要 233
与供给以及保持对新兴工业部门产品的需求这样的双重任务。另一方面，由于落后国家工业大爆发所具有的特殊的全有或全无（或者至少可以说，全有或极少）的性质，在缺乏足够的国家支持的场合又会使得银行在发挥其促进工业活动的职能方面极其保守。

8. 极有可能，本世纪初对于推行一种大规模的、急剧工业化的政策是一个最好的时机。铁路建设仍然远未完成，而对铁路建设的需要将对新兴工业的产品提供一个广泛扩散的长期需求网络。海外资本市场供给充裕并且风险升水惊人地低。就在这同一时刻，德国银行又发现由于德国工业日益增长的独立性，它们在德国的活动领域被削减了，从而准备将它们已经积累的促进工业企业的经验输出到其他地区。

9. 保加利亚政府令这个机会错过了。经济落后与一个相当先进的立宪政府体制，与农民对工业和资本、最明显的是对外国资本的厌恶，与由马其顿和色雷斯（Thrace）的充满暴力的异族居民区抗议呼声所增强的好战的民族主义意识形态，与政府和平民大众的贪婪、焦虑和竞争心态以及一个机敏然而却不愿意承担责任的统治者试图在巴尔干半岛的范围内模仿和重演大外交（grand diplomacy）游戏的野心，与由其他巴尔干国家的同样动机所产生的压力，竟然奇妙地结合起来了。所有这些，都一起在不同程度上决定了保加利亚政府的实际政策选择。从实际记录来看，这些选择似乎并不特别巧妙。历史的偶然机会碰巧将它们置于一位机敏的单个焦点人物身上。正是一种悲剧的命运导致了盖肖夫——该国经济发展的曾经的一位伟大倡导者和有效的设计师——在他执掌内阁期间为 1912 年对土耳其的军事进攻奠定了基础。用他自己的话说，他感觉到“对巴尔干联盟的缔结应负的历

史责任”。[①] 但是，所有这些在某种程度上都未能触及核心问题。234
重要的是要理解针对先前的选择的背景所做出的决策。然而，没有人打算解释保加利亚将要做什么。实际上，从“缺失前提”的逐级替代模式的角度来思考工业发展将是有意义的。勾勒出可能在保加利亚发生的这样一种替代的轮廓将是有益的。然而，期望一种工业发展的大爆发出现在保加利亚，并且这种发展在国家的强有力指导下十有八九将可能继续下去，是一回事情。而假定这种大爆发“必然”会发生则完全是另外一回事情。保加利亚工业化的案例不仅为工业大爆发的概念提供了某种新见识，而且也有益地提醒我们注意到我们关于经济变化过程的洞见具有完全依条件为转移的性质。

撇开它的启示性方面不说，保加利亚工业化的历史也不是令人感到愉快的。这个多瑙河畔的小国，不是依赖于一种相对简化的一致性努力，而是宁愿像它的诗句中的大多瑙河君主国那样：



任凭航船搁浅于半路途中，
也不果断开足马力而前行。[②]

① 然而，盖肖夫（我们这里将其名字写成 Geshov，也可以用这一时期人们所接受的拼写方法将其称为 Gueshoff）却在 1913 年 5 月辞职了，以便将他自己与即将发动的保加利亚侵略塞尔维亚的“犯罪的蠢行”划清界限。参见，盖肖夫，《巴尔干联盟》（*The Balkan League*）（London，1951），第 91，94 页；另见，盖肖夫，《犯罪的蠢行》（*Prestupnoto bezumie*）（Sofia，1914），第 143 页。

② 弗朗茨·格里尔帕策（Franz Grillparzer），《哈布斯堡的兄弟之争》（*Ein Bruderzwist in Habsburg*），Act II，第 922－923 行。

由此，保加利亚的政治家将经济发展的任务放在了一个十分不利的环境下，并交给了这样一个政权，它没有受到技术决定因素方面所发生的变化的影响，愿意以不计代价或者不考虑对人民所施加的负担的方式去完成这一任务，而不去设想如何结束人民牺牲和遭剥夺的年份，就仿佛想要证明伏尔泰的忧郁的结论：一切都来得太晚了（*tout vient trop tard*）[①]。

① 伏尔泰（Voltaire），《彼得大帝时期的俄罗斯帝国史》（*Histoire del' Empire Russie sous Pierre le Grand*）（London，1830），第378页。

# 第 9 章　苏维埃的重工业：以美元计量的 1927 至 1937 年的产出指数

本文的目的是以提要的形式给出一种试图对苏维埃重工业的 235
产出增长加以计量的结果。[1] 这一研究是在加利福尼亚的圣·莫尼卡（Santa Monica）兰德公司（RAND Corporation）的赞助下，于 1949 年到 1954 年间在哈佛进行的。虽然这个提要所选择的题目非常投合作者本人的喜好，但却在某种程度上会使人产生误解。基础性的研究并没有覆盖苏维埃重工业的全部范围。最明显的，重化学工业和有色金属工业就被完全忽略了。这一调研就其现有的材料来看，包括下列五个工业部门：（1）机器制造、（2）钢铁、（3）石油、（4）煤炭和（5）电力。

承认了这些限制之后，显然可见，刚刚提到的这些在我们所考察的时期中必定可以代表苏维埃俄国重工业产出的大部分。特别需要记住，这里所使用的机器概念实际上是综合性的。除了适当的工业机器，它还包括铁路车辆、汽车车辆以及农业和建筑机

① 我对于约瑟夫·克肖（Joseph A. Kershaw）和诺曼·卡普兰（Norman Kaplan）对本文富有价值的评论和建议表示深切谢意。同时，我也愿意表达对于亚历山大·埃利希（Alexander Erlich）、南希·尼米兹（Nancy Nimitz）和伊丽莎白·马伯里（Elizabeth Marbury）参与这一项目的研究的感谢。

器等。

## I

236 为苏维埃工业产出编制一系列指数的最初动机，是起因于苏维埃官方指数的致命缺点，这一指数是以大丰收的 1926 年和 1927 年的据说不变的价格来加权的。在过去的十年中，关于这个指数的缺陷在西方的文献中已经得到了广泛的讨论。① 主要的问题是出现在不是在 1926 和 1927 年的基期年生产的商品身上。简要地说，苏维埃的程序如下：这些商品被按照在大规模生产的第一年所流行的价格引入该指数核算当中。由于在 1930 年代所发生的相当高的价格膨胀，这种方法必然会带来一种对于该指数的向上偏差。当“新”商品在总工业产出中的份额上升时，这一指数的偏差也要上升。由此一来，这一指数同时受到了过去的和当前的通货膨胀的影响，从而未能满足任何物质产出指数的基本要求，亦即不受货币价值变化的影响。

也许需要补充说明的是，苏维埃学者自己也强调了这一指数的不适当性，尽管他们都谨慎地避免明确指出所产生的偏差是向上方向的。通常，他们都认为偏差的方向是一个争论未决的问题。在 30 年代中期，苏维埃政府引入了某些改进，然而，它们并未能以

① 与其他许多学者一样，本文作者在“苏维埃的工业生产指数”(The Soviet Indices of Industrial Production)一文中也评论了这一问题，该文载于《经济学与统计学评论》(*Review of Economics and Statistics*)XXIX 卷(November，1947)。

任何实质性的方法来改变这一指数的性质。①

因此，有关苏维埃工业增长的官方计量口径是相当不可靠的。与此同时，人们又认识到苏维埃工业在 1930 年代的快速增长对于理解这一时期的苏维埃经济史具有核心的重要性。不仅如此，对于苏维埃工业增长在当前和未来的延缓或者加速（像可能有的情况那样）的任何评估都必然要建立在几乎总是与 1930 年代的经济发展相比较的基础之上。由于这些以及其他的理由，为在所考察的这一时期的苏联工业增长建立独立的计量尺度看起来是最合适 237
不过的了。

瑙恩·亚斯尼（Naum Jasny）和唐纳德·霍奇曼（D. R. Hodgman）在这方面尝试并做出了一些努力。亚斯尼建立了苏维埃价格指数，他借此对按照当前价格计量的工业产出值进行了折算。霍奇曼的贡献是建立了一个以 1934 年苏维埃工业的单个部门和子部门中的工薪数据作权数的苏维埃工业产出指数。②

在当前的研究中所采用的方法遵循着一种不同的方式。亚斯尼与霍奇曼指数的共同特征是使用本身的变量来作为各自指数的权数。另一方面，在这一研究中，又使用了 1939 年的美元价格。没有必要详细地考察这两种方法。只要指出用美元价格来重新计

---

① 关于这一点的一个说明，参见亚历山大·格申克龙（由亚历山大·埃利希作为助理完成的），《关于苏维埃机器产出的一种美元指数》（*A Dollar Index of Soviet Machinery Output*）（Santa Monica，1951），第 1－12 页。

② 亚斯尼，《计划年代的苏维埃经济；苏维埃价格体系；苏维埃的生产资料价格》（*The Soviet Economy During the Plan Era*；*The Soviet Price System*；*Soviet Prices of Producers' Goods*）（Stanford，1951 and 1952）；唐纳德·霍奇曼，《苏维埃的工业生产：1928－1951》（*Soviet Industrial Production*，*1928－1951*）（Cambridge，Mass.，1954）。

算苏维埃工业产出具有双重的优点，也就足够了。第一，它使得我们以快刀斩乱麻的方式解决苏维埃价格体系中的难题成为可能。对于这一价格体系我们所能给予肯定的最可取之处，就是它倾向于反映平均生产成本的变化。由于这个原因，以苏维埃价格加权的产出指数似乎是对于包含着加权的基期年中所发生的变化的某些实用性指数检验的极好回应。① 然而，除了这一点以外，这一价格体系所具有的意义就不那么明了了。因此，一种基于苏维埃权数的指数必然保持一种不确定的陈述状态，至少在某种程度上是如此。这里并非是要暗示，1939 年的美国价格在每一种单个场合都令人信服地反映了机会成本。它们当然没有。但是几乎无可怀疑，在这一点上两个价格体系之间存在着巨大的差别。

用美元来计算苏维埃产出的第二个优点是，它使得将苏维埃产出与美国的产出进行直接的比较成为可能。不过，提及这一优点并不是意味着要丝毫隐藏对于苏维埃产出的一个美元指数所具
238 有的非常真实的缺陷。使用美元权数意味着选择了一个十分遥远的观察点，由此来考察苏维埃的工业发展。关于这个问题在本文的结论部分还有更多的话要说，这里只需要指出，当前研究的结果与亚斯尼和霍奇曼所取得的研究成果并不具有直接可比性，就更谈不上互换了。

同时也要注意到，这种观察点的遥远性至少在某种程度上可以为美国的统计数据的可利用性所补偿。无论是选择了多么外在

① 参见格罗斯曼(G. Grossman)，“国民收入”(National Income)以及由亚历山大·格申克龙写的“评论”(Comments)，载于《苏维埃的经济增长》(*Soviet Economic Growth*)，伯格森(A. Bergson)主编(Evanston，1953)，第 6－9，23－24 页。

的权数体系,只要它是来自于在经济发展阶段上尽可能地与俄国相似并且拥有一个可计量产出的可比范围的国家,就将是理想的。选择美元体系完全满足了这第二项要求,但是却以第一项要求未能得到满足为代价。

极为可能的情况是,用其他价格体系来试验也许会导致更有意义的结果。例如,用日本的价格来表示苏维埃的产出看起来是非常可靠的。进一步地说,通过清楚地表明指数问题在不同的工业化历史中所具有的重要意义,这种试验还将有助于我们更好地理解经济发展中的计量问题,从而更好地理解经济发展本身。有鉴于此,当前的调查研究所具有的高度相对性就自然可以清楚地理解了。

## II

原则上说,当前的指数的编制方法是异常简单的。对于上面提到的五个工业部门的每一个,首先的任务是取得在 1927 至 1937 年的物质产品产量的尽可能完整的分类数据。实际上,这个任务并不简单。由于苏维埃的信息具有支离、零碎的性质以及在 30 年代中期以后在总量上又趋于下降,数据表出现了很多缺口。所有这些缺口都通过一系列的外推和内推方法加以消除了。在这个问题上所使用的方法因场合的不同而不同。有时利用前一年的增长率,有时选取相关联的产品的增长率,如果可能的话,则选取互补性商品的增长率。无论在多么可行的程度上,对于所提到的商品的产出的一般信息都得到了利用。通过这种方式,对于这十 239

年中的所有年份的完整的数据表就编制出来了。

接下来的任务是要确认对于这些表中的每一项所适宜的在1939年流行的美国价格。显然，要取得这样一个价格，首先必须将单个的苏维埃产品与一个相同或类似的美国产品相匹配。这样做了之后，苏维埃的产品也就按照美国1939年的价格来进行估计了，当然要考虑到两国产品之间存在的差别。这里包含着这种研究的真正核心的内容。如果不广泛地依靠美国工商界中那些或者通过他们的商务活动或者凭借他们的个人经验(作为专家、技术助理以及其他角色等等)而对相关的苏维埃的产品拥有深厚知识的人们，无论是这种匹配过程还是价格决定，都不可能进行。在任何可能的情况下，被询问者都会得到有关苏维埃产品模型的说明甚或是照片复制。尽管如此，这种匹配过程仍然面临着相当程度的困难，最突出的是在机器工业领域。

然而，上面所述是这一过程的某种具有理想化的图景。在许多场合，被咨询者并不能提供价格信息，从而1939年美国《制造业普查》所计算的单位价值就不得不被采用，这显然是一种粗糙的、不可靠的程序。虽然如此，公正地说，绝大多数价格还是通过咨询过程来决定的。只有电力产品，其价格是得自于《普查》中所流行的价格。所有通过咨询过程得到的价格都是对于1939年商人们以现金表示的离岸工厂价格的估计，因而在概念上与《普查》中给出的单位价值是可比的。

在机器工业产品的场合，无论是通过咨询还是依靠《普查》来对其物质产量数据可以利用的所有项目指派价格，都被证明是不可能的。在其产量数据至少对于该指数期的某一时段来说是唾手

可得的总计 315 种商品中，只有 128 项可以被定价。至于其余的 240
187 项，则缺乏足够的可利用的数据来为其指派价格。在很多场合，匹配过程还涉及对于原始物量数据的相当程度的调整。因此，在这类数据是用产出单位给出而一个有意义的价格又不能用除了功率能力以外的单位来表述的场合，就不得不设计出某种方法来对原始的数据加以转换。在很多情况下，每单位产品的马力比率仅仅对于这一时期中的少数几年给出了，至于其余各年的这一比率数，则不得不采用内推或外推方法得出。如果找不到一种被认为是合理的转换方法，那么这种商品就不得不从指数中被省略掉。[①]

所有这些都意味着，机器工业产出的指数并未涵盖苏维埃重工业的这一分支部门中的所有子部门，这便产生了一个对单个指数的加总问题。针对被省略的子部门增长率的差别所做的某些调整，将在后面提到。在当前，重要的是要指出对于其余四个工业部门并不存在类似的覆盖面问题。所有（或差不多所有）这些产品的产出都通过美元来取得和估值。当然，这并不是要说，在除了机器工业以外的四个工业部门中的计算工作没有遇到任何问题。很多信息缺口不得不通过各类估计方法来填补。也正像在很多机器项目上的情况那样，存在着许多信息相互矛盾的情况，从而必须对其加以协调。在对煤、钢铁和石油产品进行匹配的过程中，碰到了相当程度的困难。在所有这些场合，官方公布的苏维埃标准都被用

① 对此的一个更为完整的描述，可参见亚历山大·格申克龙《关于苏维埃机器产出的一种美元指数》。

来对单个产品进行基本的确认。向那些现已卸任的曾经在所考察的工业部门中的这一个或那一个工作过的人进行咨询也是必需的，以便获得有关这些标准与实际产品之间可能存在的偏差程度的某种直接印象。如同机器产品的情况一样，专家关于价格的建议具有至关重要的意义。例如，对石油产品，所选取的美国价格是基于《石油价格手册》[①]并参考了主要的美国出口市场——墨西哥湾海岸市场的价格。然而，如果没有专家信息的支持，将不可能对这些价格加以调整使之考虑到美国产品与苏维埃产品之间的质量
241 差别。特别是对于那些无法利用可比的美国产品来与之对应的苏联产品，如果没有专家信息支持几乎是不可能为其确立一种合理的价格的。

这里仅限于指出我们所必须面对的问题的一般性质，更多的扩展将超出本文的研究范围。关于某些特殊问题的评论，诸如基点价格体系(basing-point system)对于给苏维埃钢产品定价可能产生的影响，或美国煤价中的地区差异对于为苏维埃的煤产品选择“正确的”美元价格可能产生的影响，感兴趣的读者需要去参看单个项目的研究。在那里，他们还将发现常常不得不通过武断性的决策来解决的数不清的关于估价与选择的小问题。看来，在基本数据缺乏和无可利用从而为了取得一组一致性数据不得不需要如此多的调整的场合，读者必须享有充分的权力来审查每一个计算步骤以便形成他自己关于该结果所具有的价值或可靠性的判

① 国民石油出版公司(National Petroleum Publishing Company)，《1939 年石油价格手册》(*Oil Price Handbook for 1939*)(Cleveland，1940)。

断。因此,在这五个研究中的每一个都有详细的附录,它们构成了供人们审查的核心内容。在某种意义上,包含了结果和一般结论的正文,应当被视为附录中给出的大量详细表格和评论的附注,而不是相反。①

## III

由这五个研究产生的产出的美元价值在表 1 中给出。相应的指数显示在表 2 中。

**表 1　苏维埃产出的价值:1927/28—1937 年**

(以美国 1939 年的价格计算:百万美元)

242

| 年份 | 机器 | 钢铁 | 煤炭 | 石油产品 | 电力 |
| --- | --- | --- | --- | --- | --- |
| 1927/28 | 203 | 184 | 87 | 119 | 69 |
| 1928/29 | 288 | 218 | 100 | 145 | 85 |
| 1929/30 | 427 | 263 | 119 | 199 | 111 |
| 1931 | 532 | 268 | 141 | 247 | 137 |

① 除了前面引证的关于机器产出的研究以外,还有如下参考文献:亚历山大·格申克龙与南希·尼米兹,《关于苏维埃石油产出的一种美元指数》(*A Dollar Index of Soviet Petroleum Output*)(Santa Monica,1952);南希·尼米兹(在亚历山大·格申克龙指导下完成的),《关于苏维埃煤炭产出的一种美元指数》(*A Dollar Index of Soviet Coal Output*)(Santa Monica,1953);亚历山大·格申克龙与南希·尼米兹,《关于苏维埃钢铁产出的一种美元指数》(*A Dollar Index of Soviet Iron and Steel Output*)(Santa Monica,1953);亚历山大·格申克龙(由伊丽莎白·马伯里作为助理而完成的),《关于苏维埃电力产出的一种美元指数》(*A Dollar Index of Soviet Electrical Power Output*)(Santa Monica,1954)。

| 1932 | 535 | 308 | 161 | 237 | 171 |
|---|---|---|---|---|---|
| 1933 | 603 | 353 | 188 | 251 | 207 |
| 1934 | 734 | 489 | 230 | 290 | 259 |
| 1935 | 926 | 632 | 264 | 301 | 316 |
| 1936 | 993 | 822 | 302 | 336 | 395 |
| 1937 | 1065 | 869 | 304 | 355 | 441 |

**表 2　苏维埃产出的价格指数:1927/28—1937 年**

(以美国 1939 年美元价格加权,1927/28=100)

| 年份 | 机器 | 钢铁 | 煤炭 | 石油产品 | 电力 |
|---|---|---|---|---|---|
| 1927/28 | 100 | 100 | 100 | 100 | 100 |
| 1928/29 | 142 | 118 | 115 | 122 | 123 |
| 1929/30 | 211 | 143 | 137 | 167 | 160 |
| 1931 | 263 | 146 | 162 | 207 | 197 |
| 1932 | 264 | 167 | 185 | 200 | 246 |
| 1933 | 298 | 192 | 216 | 211 | 298 |
| 1934 | 361 | 266 | 264 | 244 | 374 |
| 1935 | 457 | 343 | 303 | 253 | 456 |
| 1936 | 490 | 447 | 347 | 282 | 569 |
| 1937 | 525 | 472 | 349 | 298 | 635 |

将前面的表格相加总并不是一件容易的事情。如果将表 1 中的各行简单地相加,可能会产生双重的问题:第一,如同前面已经提到的,机器产品的美元价值仅涉及总的机器产品中的一部分。因而,简单地相加就会使苏维埃工业中的这一部门获得一个过低

的权数。其次,甚至更为严重得多的困难是源自于这样一个事实,即表 1 中的数据是以产品总价值为基础的,这个产品总价值按照通常的方式是对应于美国工业普查统计中的"产品价值"的。每一个数据都是数量与价格的乘积的总和。所以,这些产品价值包括原材料价值、半成品价值、动力和燃料消耗的价值以及由该工业部门所生产的价值。理想的做法是,对总价值进行扣除使之等于由制造所考察的产品的过程所增加的价值。

鉴于上述两个困难,需要进行某种调整,不过它们仍然是如此的不成熟和不完整以至于读者也许更偏好于未经调整的结果。这 243
些调整在下面给出。让我们首先来看在朝向增加值方面我们能够走多远。

在对于苏维埃机器产品的一个较早研究中,通过将增加值与总价值的比率应用于每一单个项目的总价值上(就如同对于其项目属于 1939 年美国《制造业普查》的商品组所做的那样)[①],得到了一组以 1939 年美元表示的增加值。显然,这样一种处理程序包含了相当严格的假定。这不仅仅是因为它隐含地接受了美国的增加值构成要素与总价值的其他构成要素的比率。这样一种接受与使用美国价格来作为苏维埃产出的一种指数的权数的基本决策是相当一致的,实际上它就是这种决策所派生的。相反,导致应用美国的比率产生较大问题的是美国和俄国工业各自的结构存在着巨大差别(诸如垂直一体化程度的差别)。在一个给定的美国工业中

① 参见亚历山大·格申克龙,《关于苏维埃机器产出的一种美元指数》,表 38,第 80－84 页。

作为增加值而出现的东西，到了俄国的相应工业部门却不一定表现为增加值，反之亦然。即使如此，如果在实际上不存在困难，那么对所考察的五个工业部门完全采用这种方法也还是有益的。不幸的是，当我们面对除机器工业以外的其他工业部门时，美国的《普查》不是对于子商品组只能提供一种不充足的数量，就是仅仅给出一个对于行业整体的总体比率，而不能给出有关单个产品或子产品组的比率。很明显，将这样一个总体比率应用到(比如说)石油工业，将不能够改变那个特定工业的指数，尽管它将会影响到总指数。此外，在美国和俄国任何给定的工业中(它是与子商品群组相区别的)产出构成上的差别，也决定了这样一种总体指数的应用只能是一个过于粗糙的工具。

估计苏联的增加值并将其应用到所考察的单个工业的总价值上，也许是可能的。但是显然，如果在一种研究中引入苏联的权数，那么想要摆脱苏联估价体系的根本目的就无法实现了。



基于这些理由，这里对五个指数的加总采用了一种不同的方
244 法。它本质上体现了这样一种企图，即消除由于一个工业部门(例如钢铁工业)的产品被用作另外一个工业部门(例如机器工业)生产过程的投入这样的事实所导致的双重计算问题。

所做的调整总结如下：

1. 钢铁工业中以焦炭形式消耗的煤的美元价值被从钢铁产品的美元总价值中扣除。

2. 机器工业所消耗的钢产品和铸铁的美元价值被从机器工业产出的美元总价值中扣除。

3. 四个工业部门(机器、钢铁、煤和石油)产出的美元总价值

都因扣除它们所消耗的电力总价值而减少。可以补充说明的是,由于就所消耗电力的可供利用的数据而言,金属加工工业整体上比机器工业更适当,所以被扣除的数量可能会有些过度。由于机器工业是金属加工工业中一个比重巨大的部分,所以它的每一单位美元产出毫无疑问地将会消耗更多的电力,这里所涉及的误差必须假定是较小的。

对于其他工业所消耗的煤炭和石油的价值,或者对于除机器工业以外的其他工业部门所消耗的钢的价值,没有进行类似的调整。与此同时,我们也相信每个工业内部重复计算的数量被限定在了相当狭窄的范围内。由于这个特定原因而产生的误差在机器工业这一组内不可能有多大。这一组中被计算了产出的美元价值的 128 个项目本质上都属于完成品性质。所以,这些商品中的任何一项都很难进入本组内其他任何商品的产出价值之中。由于在其他工业部门中被估计的同样也是最终产品,同时由于原油、炼钢用生铁以及粗钢的价值已经从计算中扣除了,所以在这些工业部门中重复计算的误差不可能很大。

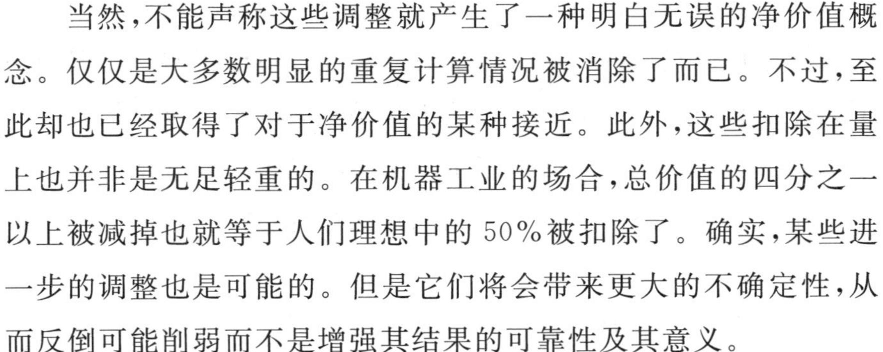

当然,不能声称这些调整就产生了一种明白无误的净价值概念。仅仅是大多数明显的重复计算情况被消除了而已。不过,至此却也已经取得了对于净价值的某种接近。此外,这些扣除在量上也并非是无足轻重的。在机器工业的场合,总价值的四分之一 245
以上被减掉也就等于人们理想中的 50%被扣除了。确实,某些进一步的调整也是可能的。但是它们将会带来更大的不确定性,从而反倒可能削弱而不是增强其结果的可靠性及其意义。

正如前面所提到,在加总过程中将要面对的另一个问题源自于机器产出覆盖面的不完整性。赋予机器产出一个过小的权数，反过来会使得整个系列产生一种向下的偏差，这首先是因为所计算的机器产品组是按照相对较高的比率增长的，其次还因为未被包括在所计算的产出之中的机器产品根据假定必然要比已经计算的产品组具有更快的增长率。如果特别考虑到估计的电力设备的价值(它是间接地计算的，没有被包括在所计算的机器产出的总量当中[①])以及对于也被排除于这种计算系列之外的大约一百种机器产品项目总产出的美元价值的粗线条估计，那么似乎可以合理地假定，所计算的1928/29年的机器产出包括了机器总产出的75%，而到1937年这个比率降到了65%。[②]

需要注意，我们刚刚提到的这些年份中的第一年是1928/29年，而不是1927/28年，亦即编制美元指数期的第一年。这一变更是令人遗憾的，然而它又是不可避免的，因为为了进行调整所需要的资料，特别是有关机器工业所消耗的钢产品的数据，在1928/29年之前都是无法找到的。

这一加总过程的结果在表3至表8中给出。它们分为三个阶段：(1)未调整的产出价值加总，(2)经过对于机器产出覆盖面的不完整性进行调整后的产出价值加总，(3)经过对于机器产出覆盖面不完整性和前面所述的双重计算进行调整后的产出价值加总。

表7和表8中所隐含的年平均增长率显示在表9中。

建立在未调整的数据(表3和表4)基础上的全部重工业产出

---

① 参见亚历山大·格申克龙，《关于苏维埃机器产出的一种美元指数》，附录9。

② 未经调整的1928/29年的机器产出价值被除以75并乘以100；而未经调整的1937年的价值被除以65并乘以100。

的增长率达到 17.5%，而基于经过部分调整的数据（表 5 和表 6）得出的全部重工业产出的增长率为 18.4%。因而，调整并没有对这一增长率的数量次序产生剧烈影响。之所以如此，部分地是因为两个调整倾向于相互抵消。就其本身而言，从一种基于总产出价值而进行的指数研究的视角来观察，这个结果将是令人满意的。

**表 3　苏维埃重工业产出的美元价值：1928/29 年和 1937 年**

（未经调整的总价值，1939 年美元，百万单位） 246

| 年份 | 机器 | 钢铁 | 煤炭 | 石油产品 | 电力 | 总计 |
|---|---|---|---|---|---|---|
| 1928/29 | 288 | 218 | 100 | 145 | 85 | 836 |
| 1937 | 1065 | 869 | 304 | 355 | 441 | 3034 |

**表 4　苏维埃重工业产出的美元价值指数：1928/29 年和 1937 年**

（基于未调整的总价值，1939 年美元，百万单位）

| 年份 | 机器 | 钢铁 | 煤炭 | 石油产品 | 电力 | 总计 |
|---|---|---|---|---|---|---|
| 1928/29 | 100 | 100 | 100 | 100 | 100 | 100 |
| 1937 | 370 | 399 | 304 | 245 | 519 | 363 |

**表 5　苏维埃重工业产出的美元价值：1928/29 年和 1937 年**

（对于机器产出覆盖面不完整做过调整后的总价值，1939 年美元，百万单位）

| 年份 | 机器 | 钢铁 | 煤炭 | 石油产品 | 电力 | 总计 |
|---|---|---|---|---|---|---|
| 1928/29 | 384 | 218 | 100 | 145 | 85 | 932 |
| 1937 | 1638 | 869 | 304 | 355 | 441 | 3607 |

**表 6　苏维埃重工业产出的美元价值指数:1928/29 年和 1937 年**

(基于对机器产出覆盖面不完整做过调整后的总价值,

1939 年美元,百万单位)

| 年份 | 机器 | 钢铁 | 煤炭 | 石油产品 | 电力 | 总计 |
|---|---|---|---|---|---|---|
| 1928/29 | 100 | 100 | 100 | 100 | 100 | 100 |
| 1937 | 428 | 399 | 304 | 245 | 519 | 387 |

**表 7　苏维埃重工业产出的美元价值:1928/29 年和 1937 年**

(经过表 5 的调整以及对重复计算做过调整后的总价值,

1939 年美元,百万单位)

| 年份 | 机器 | 钢铁 | 煤炭 | 石油产品 | 电力 | 总计 |
|---|---|---|---|---|---|---|
| 1928/29 | 286 | 197 | 95 | 142 | 85 | 803 |
| 1937 | 1138 | 768 | 283 | 345 | 441 | 2975 |

注:对于本表计算所依据的资料,可参见《关于苏维埃钢铁产出的一种美元指数》一书的附录 II,以及《关于苏维埃电力产出的一种美元指数》一书。



247 **表 8　苏维埃重工业产出的美元价值指数:1928/29 年和 1937 年**

(基于经过表 5 的调整以及对重复计算做过调整后的总价值,

1939 年美元,百万单位)

| 年份 | 机器 | 钢铁 | 煤炭 | 石油产品 | 电力 | 总计 |
|---|---|---|---|---|---|---|
| 1928/29 | 100 | 100 | 100 | 100 | 100 | 100 |
| 1937 | 398 | 389 | 298 | 243 | 519 | 370 |

注:对于本表计算所依据的资料,可参见《关于苏维埃钢铁产出的一种美元指数》一书的附录 II,以及《关于苏维埃电力产出的一种美元指数》一书。

**表 9　苏维埃重工业的年平均增长率:1928/29 年至 1937 年**

| 机器 | 钢铁 | 煤炭 | 石油产品 | 电力 | 总计 |
|---|---|---|---|---|---|
| 18.9 | 18.5 | 14.6 | 11.7 | 22.8 | 17.8 |

# IV

我们所讨论的五个工业部门相对于所有或几乎所有其他受到忽视的苏维埃经济分支而言,处于苏维埃工业化努力的核心地位。消费品工业、农业、铁路、房屋建筑——所有这些在苏维埃经济政策中都属于后娘孩儿。它们的产出至多被保持不变,或者被允许只能按照一个与所偏爱的亲生孩儿相适合或者由后者的利益所要 248
求的比率增长。尽管如此,也很少有人否认,在所考察的这个九年期持续存在的接近 18%的年平均增长率必须被承认确实是非常之高的。这似乎是从对五个指数的加总中得出的第一个结论。

**表 10　机器、钢铁与电力的产出:1928/29 年和 1937 年**

(1926/27 年卢布,百万单位)

| 年份 | 机器 | 钢铁 | 电力 | 总计 |
|---|---|---|---|---|
| 1928/29 | 2,412 | 901 | 243 | 3,556 |
| 1937 | 25,473 | 3,750 | 1,800 | 31,023 |

注:关于机器。以 1926/27 年卢布价格表示的 1928/29 年和 1937 年的产出数据,只在大规模的工业中可以找到。为了取得对于"所有"产业的数据,将较早年份的数字(2,193 百万卢布)提高了 10%,而将较晚年份的数字(24,260 百万卢布)提高了 5%。

关于电力。以 1926/27 年卢布价格表示的 1928/29 年的产出价值数字,是通过将 1928 年的该数值(181 百万卢布)的 25%与 1929 年的该数值(263 百万卢布)的 75%相加得到的;以 1926/27 年卢布价格表示的 1937 年产出价值数据,是通过在 1936 年的产出价值(1,485.3 百万卢布)与 1938 年的产出价值(2,262 百万卢布)之间采取插值法得到的。

关于钢铁。以 1926/27 年卢布价格表示的 1937 年产出价值,是在 1936 年的产出价值(3,482 百万卢布)与 1938 年的产出价值(4,023 百万卢布)之间采取插值法得到的。

另一方面，似乎同样明显的是，官方的苏维埃指数总体上夸大了实际达到的程度。确实，进行比较不是一件容易的事情。在指数期的终端年份（1937 年），以卢布来表示的产出价值是空缺的。虽然如此，通过一系列估计，仍然可以获得对于所研究的五个工业中的三个部门即机器、钢铁与电力部门的粗略的可比数据。比较的结果概括在表 10、表 11 和表 12 中。

**表 11　机器、钢铁与电力的产出：1928/29 年和 1937 年**

（1939 年美元，百万单位）

| 年份 | 机器 | 钢铁 | 电力 | 总计 |
|---|---|---|---|---|
| 1928/29 | 286 | 197 | 85 | 568 |
| 1937 | 1,138 | 768 | 441 | 2,347 |

**表 12　机器、钢铁与电力产出的美元和卢布指数：1928/29 年和 1937 年**

249 （以 1926/27 年卢布（R）和 1939 年美元（$）加权）



| 年份 | 机器 | | 钢铁 | | 电力 | | 总计 | |
|---|---|---|---|---|---|---|---|---|
| | R | $ | R | $ | R | $ | R | $ |
| 1928/29 | 100 | 100 | 100 | 100 | 100 | 100 | 100 | 100 |
| 1937 | 1,056 | 398 | 416 | 389 | 740 | 519 | 872 | 413 |

从上面表 7 中提取的相应的美元数据在表 11 中给出。在表 12 中，前两张表（表 11 和 12）以指数的形式进行了比较。对于表 12 中隐含的增长率的一个比较，在表 13 中给出。

**表 13　机器、钢铁与电力产出的年平均增长率：苏维埃指数对美元指数**

（从 1928/29 年到 1937 年）

| 指数 | 机器 | 钢铁 | 电力 | 总计 |
|---|---|---|---|---|
| 苏维埃指数 | 34.0 | 19.5 | 28.5 | 31.0 |
| 美元指数 | 18.9 | 18.5 | 22.8 | 19.0 |

差别确实是惊人的。在一个九年的时期中，苏维埃指数达到了美元指数所显示的水平的两倍以上（表 12）。当然，这里的关键是在于机器产出的估计上。机器产出在三个工业部门的总产出中所占的份额在这两种核算中是完全不同的。1937 年，以卢布表示的机器产出的价值构成三个工业部门总值的 82%。而以美元表示的价值的相应比重为 48%。苏维埃指数中机器产出的过高权重是导致由这一指数所显示的每年 31% 的增长率的主要原因。由于“新”商品总是集中于机器工业部门，这种惊人的增长率必须在本质上被视为价格膨胀的结果，它影响了该指数的一个较大比例。

然而，这两个指数的比较不能走得太远。这样一个比较——以及远远超过它——对于我们忽视由于使用可变的权数而隐含产生的指数问题，起不到任何有益的作用。在这一点上，指数问题与 250
画法几何中碰到的问题并没有什么不同。在这两种情况下，我们都企图通过其投影来定义一个对象。而在每一种场合，结果将随着投影的方向或观察者的位置的不同而不同。从一种视角来看是矩形的对象，换了另一种角度又呈现为三角形。产出的指数问题本质上就是物理数量变化相对于权重屏幕的投影。不过，超过了这一点，这种几何学的类比就不再有效了。与几何学的情况不同，单个的投影不能被有意义地结合起来以显示所研究的客体对象的“真正的”形状。同样，我们也不能绕着产出的金字塔行走以直接测量它的底和边。之所以如此是因为，除非采用单个投影的方式，否则产出的加总将无法独立存在。不仅如此，在我们想要建立我们自己的屏幕的时候，我们甚至不能够自由地去做到这一点。当

我们发现它们时我们就必须接受它们，虽然我们也许能够在我们所发现的那些个屏幕当中进行选择。

如果转换成更为具体的术语并且应用于我们目前的问题，那么这将意味着在使用美国价格作为权数时出现了一个特定的基本问题。假定有一种不变成本，即在俄国和美国之间单个商品产出规模的差别不会影响美国的相对价格结构，那么如果所考察的商品是在1939年的美国而不是在俄国生产的，苏维埃重工业的五个重要部门的产出总价值将是多少呢？前面几页所称的“以1939年美元的购买力表示的苏维埃产出的价值”就是对这个特殊问题的回答，并且它也必须被唯一地从这个角度来判断。

但是，对于将一个跨越大陆和大洋的相对落后国家的产出投影到世界上经济最先进的国家所设立的一个屏幕，所断言的后果究竟是什么？如果简单地重复一下我们在其他地方曾经较为详细地说过的话，[①]其后果可能将是一个比运用落后国家自己的权数所得出的增长率要更低的增长率。工业化可以被定义为一个改变稀缺关系的过程。高程度制作的物品数量相对于低程度制作的物
251 品数量可能要增长得更快，并且前者趋向于持续地变得相对于后者更为便宜。这意味着，如果采用一个较不发达的国家的权数，相对较高的权数便被赋予了总产出中更为急剧扩张的部分。相反，采用一个较为发达的国家的权数则意味着对总产出中更为急剧扩张的部分赋予了一个相对较低的权数。

在关于机器产出的研究中进行了一种尝试，通过测量在一个

① 亚历山大·格申克龙，《关于苏维埃机器产出的一种美元指数》。

相当长的时期中改变美国机器产出的权数所具有的后果,来检验这一假说。之所以这样做是基于这样一种假定,即指数问题的空间方面相似于它的时间方面。按照 1899 年和 1939 年价格、1899 年和 1923 年价格、1909 年和 1939 年价格、1909 年和 1923 年价格等不同价格,分别对所选取的美国机器产出部分进行定价,其结果显示了一种非常一致的模式:在任何时候,较高的增长率都是与对于依附于工业化较早时期的权数的采用结合在一起的。此外,所产生的差异的数量也是令人吃惊地高。例如,用 1909 年价格加权的 1923 年美国机器(所挑选的项目)的产出指数比用 1923 年价格加权的同类项目的产出指数高出 2.3 倍以上。而如果分别用 1899 年和 1923 年的价格加权,则前者的产出指数要比后者高出 3.6 倍。将 1909 年和 1939 年做比较,会产生一个 3.8 倍的系数。最后,当美国在 1899 年和 1939 年的机器产出——四十年的周期——分别用这两年的价格来加权时,在 1939 年以 1899 年价格加权的指数要比用 1939 年价格指数加权的同一时期的指数高出 7.8 倍。

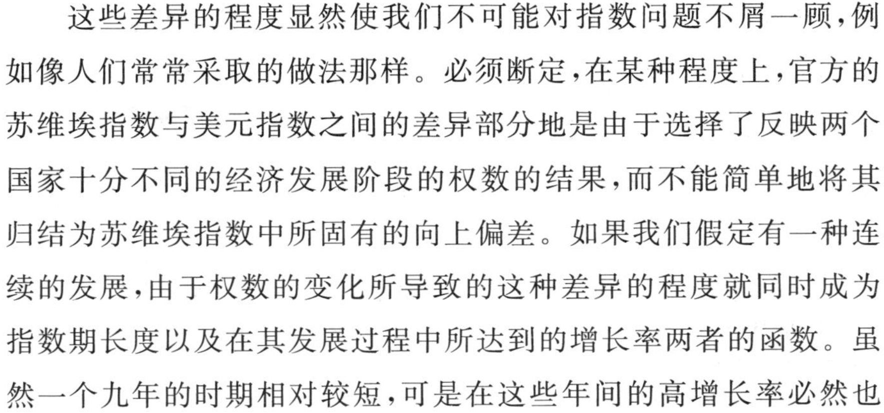

这些差异的程度显然使我们不可能对指数问题不屑一顾,例如像人们常常采取的做法那样。必须断定,在某种程度上,官方的苏维埃指数与美元指数之间的差异部分地是由于选择了反映两个国家十分不同的经济发展阶段的权数的结果,而不能简单地将其归结为苏维埃指数中所固有的向上偏差。如果我们假定有一种连续的发展,由于权数的变化所导致的这种差异的程度就同时成为指数期长度以及在其发展过程中所达到的增长率两者的函数。虽然一个九年的时期相对较短,可是在这些年间的高增长率必然也 252

会在这两个指数之间导致一种相当程度的差异。

然而，另一方面也必须指出，在现代工业化时期出现的这种差异的实际地点往往限于宽口径定义的机器工业。斯科特(Scott)的研究表明，在美国，加权体系在不同时间上的变化全然不影响范围广泛的工业消费品(汽车排除在外)的产出指数。[①] 关于这个问题也许更重要的是这样的事实：对美国在1899年到1939年石油产出指数所进行的类似研究显示，使用不同的权数所产生的结果仅仅具有微小的差异。[②] 破解难题过程的引入急剧地改变了工业产出的构成，然而不同权数的使用却没有以任何可以感觉到的方式对诸指数产生影响。煤、钢铁或者电力产出的指数，是不可能对于权数的变化做出明显反应的。我们可以得出的结论是，像在关于苏维埃重工业的美元指数中所毫无疑问地存在着的这种指数效应，本质上仅限于它的机器产出构成部分，并且在五个工业指数的加总中似乎也具有相当的扩散效应。

不过，这还远非是一个明确无误的答案。要想明确地指出在苏维埃指数与美元指数之间存在的差别究竟有多少是由于俄国统计方法的不适当造成的，又有多少是由于完全不同的权数造成的，将是不可能的。看起来更有效的方法是，将美元指数视为某种独特的体系，即作为计量苏维埃产出的一种特殊方法。甚至当这样来对待时，这种美元指数仍然有明显的缺点。各种武断的决定以

① 小斯科特(Ira O. Scott, Jr.)，“关于指数偏差的格申克龙假说”(The Gerschenkron Hypothesis of Number Bias)，载于《经济学与统计学评论》，XXXIV(November, 1952)，第386－387页。

② 参见，《关于苏维埃石油产出的一种美元指数》。

及可靠程度极为不同的各种估计的数量,无疑是相当之多的。价格的选择也并非总是令人满意的。作者本人比任何人都更加清楚这些缺欠的存在,在从事更深层的研究的读者面前它们将会暴露出来。

但是,在这同时,美元指数所具有的价值也不应当被忽视。这 253
种美元指数的与众不同的显著特征在于,通过一种严肃认真和持续不断的努力,旨在获得对于一长串机器产品和所有(或接近所有)其他四个工业部门产品的适宜的美元价格,同时又对其进行艰难的调整以便使苏维埃的产品与它的美国对应物相匹配。虽然关于这里所使用的方法并没有什么耸人听闻的新招,可是为编制这一指数所进行的细致工作的惊人数量也许在某种程度上就有资格宣称它的新奇性。此外,它汇集的大量特殊信息所具有的用处,被证明已经超出了作者原来直接追求的目的。特别是,这些材料可能(并且在某种程度上已经)被用于对苏维埃的劳动生产力进行的比较研究。以物理数量表示的系统综合的产出表总是可能拥有独立存在的价值的。

最后,关于美元指数的研究工作也为进行超越苏维埃经济的狭窄领域的研究,特别是对于许多被忽视的有关指数问题的经验研究的展开,提供了某种刺激。我们缺乏对于在不同的历史条件下的产出指数动态的更好理解。它也许对经济发展的某些重要问题提供启示:在工业进步的各个阶段相对价格结构的变化,以及占支配地位的工业的类型与作用,特别是特定的时—空关系,即在一个区域内处于不同时点的经济进步过程和在给定的某一时刻不同区域之间的经济形势二者之间的联系。本文前面对于这个问题给

出了较温和的假定，更为基本的研究将有待于更深入的探讨。我们所假定的指数问题在时间方面与空间方面具有亲缘性，意味着落后国家在它们的发展中将遵循着更先进的国家所描绘的路程。这至多也只含有部分的真理。它在这里只不过是一种轻率的断言，因为它与本文作者关于现代工业史的一般研究方法，亦即更加关注单个国家在经济发展过程中的多样性而不是相似性，肯定是相左的。因此，对指数问题展开进一步的研究，可以证明将对我们更好地把握在多样性的条件下以及在各种不同的经济落后水平下实行的工业化问题，具有相当大的重要意义。

# 第 10 章　关于苏维埃俄国工业增长率的说明

工业产出的增长速度是工业化过程的一个本质性特征，因为 254
它看起来是与——依据具体情况为正或者为负——这一过程的一系列其他重要经济因素相关联的。工业增长率为理解苏维埃经济史提供了一条自然的研究路径。进一步地说，很显然，苏联的工业增长率同时也是一个十分重要的政治问题。在这个国家的内部与外部，工业增长率不仅代表了对于苏维埃经济成就的一种衡量，而且也是在一个两极的世界中对苏联实力地位的一种测量尺度。[①]因此，简单地评论其相关的统计数据以及那些通过自身作用或者相互作用而在过去已经决定、同时也可能在未来继续决定其工业增长率的主要加速和减速因素，将是适当的。

## I

表 1 显示了由近期的苏维埃统计所给出的 1928 年至 1960 年

① 在莫斯科第二十二次共产党代表大会（1961）以后，从一种单极世界向一种“三极世界”的转变开始出现了实际可能性，但这是另一回事情。当然，这里所涉及的不是那些所谓的不承诺国家。

间工业产出的指数。表 1 所隐含的增长率显示在表 2 中，它将 1928 年至 1960 年这一段时期划分为四个重要的子时期。

255 **表 1　官方的苏维埃工业产出指数：1928—1960 年**

| 年份 | 全部工业 | 生产资料 | 消费品 |
|---|---|---|---|
| 1928 | 84 | 76 | 88 |
| 1929 | 100 | 100 | 100 |
| 1932 | 169 | 212 | 136 |
| 1937 | 353 | 507 | 272 |
| 1939 | 483 | 677 | 338 |
| 1940 | 539 | 777 | 363 |
| 1946 | 413 | 641 | 244 |
| 1947 | 503 | 783 | 296 |
| 1948 | 634 | 1,010 | 358 |
| 1949 | 761 | 1,265 | 388 |
| 1950 | 934 | 1,592 | 447 |
| 1051 | 1,087 | 1,857 | 519 |
| 1052 | 1,213 | 2,083 | 573 |
| 1953 | 1,356 | 2,323 | 644 |
| 1954 | 1,537 | 2,639 | 727 |
| 1955 | 1,727 | 3,027 | 787 |
| 1956 | 1,910 | 3,369 | 861 |
| 1957 | 2,101 | 3,739 | 931 |
| 1958 | 2,317 | 4,166 | 1,006 |
| 1959 | 2,582 | 4,675 | 1,105 |
| 1960 | 2,848 | 5,150 | 1,168 |

资料来源：《苏联经济：统计年鉴(1960)》(*Narodnoye khozyaystvo SSSR v 1960 godu*, *Statisticheskii yezhegodnik*)(Moscow，1961)，第 219 页。基期年被调整到了 1929 年。

**表 2　苏维埃工业产出的年平均增长率：1928—1960 年**

| 年份 | 全部工业 | 生产资料 | 消费品 |
|---|---|---|---|
| 1928—1940 | 18.41 | 23.53 | 13.76 |
| 1946—1950 | 22.61 | 25.49 | 16.31 |
| 1950—1955 | 13.06 | 13.19 | 11.97 |
| 1955—1960 | 10.52 | 11.72 | 8.22 |

注：这里的增长率是根据表 1 的数据计算的，并假定在所考察时期的初始年份与终端年份之间存在着一种平稳的几何增长。

表 2 中的数字似乎告诉人们一个清晰而又简单的故事：除了战争年份以外，1950 年看起来是一个巨大的分界线，它标志着苏 256
维埃工业化的速度开始出现一个大幅度的下降。这一结论也许看起来明显，然而却绝对不能够得出。因为正如人们经常解释的那样，[①]1951 年以前的官方苏维埃工业产出指数包含了一个强大的向上偏差，这是由于这种产出中一个庞大而又稳定增长的部分不是用所声称的“不变的 1926—1927 年价格”来计算其价值，而是以不适当的、过高的当年价格来计算其价值的结果。当然，情况确实是，任何涉及加总问题的快速的经济变化都会产生困难的计量问题。可是在俄国，这些困难又由于对于一种总体上并不真实的计量尺度的执拗地运用——以及出于宣传的目的而无羞耻地利用——而被放大了。只是到了 1951 年，亦即它出现了几乎四分之一世纪之后，这一指数才最终被放弃。甚至在那时，除了一个未加说明的对于 30 年代指数的向下微小调整以外，它的致命缺陷在苏

① 参见本书第 9 章。

联仍然未被承认而得以保留。1939 年的指数(令 1929 年等于 100)曾经是 552,[①]而现在,正如我们从表 1 中可以看到的,它减为 483,这意味着所宣传的这一时期的年平均增长率缩减了约 1.5%。[②]

新的官方指数统一地建立在于 1952 年 1 月 1 日生效的扣除周转税后的批发离岸工厂价格的基础上。在价格中扣除对消费品征收的税是自然合理的,因为如果不这样做这些物品在总产出中的权重就会极大地增加。这反过来又会引起对于未来年份增长率的相对低估。与此同时,对于无法利用 1952 年价格的新商品的估价和随后再调整,以及在较晚的日期实行的加权年的新移动,[③]也
257 都规定了相当合理的条款。事实上,当在 1951 至 1955 年间将指数建立在 1952 年价格基础上以后,它又再一次被修正,1955 年 7 月 1 日的价格又被作为到 1956 年为止的年份的权数。[④]

几乎无可怀疑,新的指数是一个巨大的改进。它排除了那些曾经使它的前辈变得腐败无效的混杂因素。诚然,仍然存在着很多问题。对于苏维埃价格体系的意义以及由此而产生的建立在其

---

① 例如,可参见马林科夫(Malenkov)在第十九次代表大会上的演说:G. M. 马林科夫,“第十九次党代表大会关于苏联共产党中央委员会工作的报告”(Otchetny Doklad XIX s'ezdu Partii o rabote Tsentral'nogo Komiteta VKP),载于《布尔什维克》(*Bol'shevik*),no. 19 (October, 1952),第 6 页。

② 在 1950 年代后半期的某些时候也进行了这种变更。参见,《苏联工业:统计选集》(*Promyshlennost' SSSR*, *Statisticheskii sbornik*)(Moscow, 1957),第 9 页。

③ 关于这种新指数的一个说明,参见格宁(S. Genin),“关于以可比批发物价表示的总产出价值”(Ob otsenke valovoy produktsii v sopostavimykh optovykh tsenakh),载于《统计信息》(*Vestnik statistiki*),no. 2 (1952),第 31 页及以下各页。

④ 参见《苏联经济:统计年鉴(1960)》,第 877 页。

基础上的任何测量，可以说存在着无尽无休的问题。[①] 对这个问题给出完全满意的回答是不可能的。但是可以说，正是苏维埃指数本身以及它相对于权数变化的广泛可预测的方式，为我们提供了某种自信：这一指数看起来确实反映了由工业化所引起的稀缺关系的特殊变化。

另一方面，也必须指出，与旧指数相比，新指数对于有关内部一致性的某些检验的反应结果并不好多少。苏维埃统计目前提供了关于生活资料和消费品在总产出中份额的数据。把这些数据与根据表 1 中的指数数据计算（通过建立一个包含两个未知数的方程）的这两组产出的份额做比照，将是十分有趣的。[②] 在表 3 中，针对一系列所选择的年份进行了这种对照。

**表 3　生产资料和消费品在工业总产出中的百分比** 258



| 年份 | 全部工业 | 生产资料 | | 消费品 | |
|---|---|---|---|---|---|
| | | 给定值 | 计算值 | 给定值 | 计算值 |
| 1928 年（相对于 1932 年计算） | 100.0 | 39.5 | 32.0 | 60.5 | 68.0 |
| 1932 年（相对于 1940 年计算） | 100.0 | 53.4 | 52.0 | 46.6 | 48.0 |
| 1940 年（相对于 1950 年计算） | 100.0 | 61.2 | 61.7 | 38.8 | 38.2 |

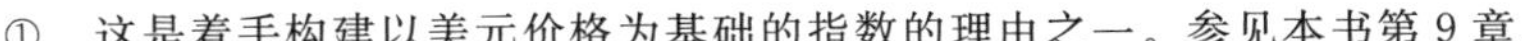

① 这是着手构建以美元价格为基础的指数的理由之一。参见本书第 9 章。

② 举一个例子，对于 1955 年（令 1950 年 = 100）的指数如下：所有工业 = 185；生产资料（A）= 190；消费品（B）= 176。因此有：190A + 176B = 185（A + B），和 B（在 1950 年）=（5/9）A。

| 1950 年<br>（相对于 1955 年计算） | 100.0 | 68.8 | 64.3 | 31.2 | 35.7 |
|---|---|---|---|---|---|
| 1952 年<br>（相对于 1955 年计算） | 100.0 | 69.2 | 63.7 | 30.8 | 36.3 |
| 1956 年<br>（相对于 1959 年计算） | 100.0 | 70.8 | 65.7 | 29.2 | 34.2 |

注：关于百分比的份额，参见《苏联经济：统计年鉴（1960）》，第 224 页。

除了 1940 年以外，差异是相当大的，而且如果说有什么特点的话，那就是这种差异对于新指数要比对于旧指数更大。虽然对于这种差异存在着大量可以想象得到的原因，[①]最可能的原因似乎还是在于：为了表明产出的增加比实际上所发生的更快而对消费品指数系列进行了窜改。这由不变的差异方向所暗示出来，并且从苏维埃的宣传目标角度来看也是相当可能的。

不仅如此，新指数仍然是建立在对于单个工业产品价值的简单加总的基础上。结果，这一指数将受到经济中企业结构变化的影响，而这种变化对于我们计量产出的任务来说则是无关紧要的。此外，在早期生产阶段上的产出被数次计算也将影响到增长率，除非在历史上会出现那种在所有的生产阶段上的产出都均匀增长的相当不可能的情况。如果人们假定在工业化进行的过程中，完成品产出的价值比中间品的价值增长得更快，那么一个苏维埃类型的总指数与一个基于产出增加值的指数相比，将会产生一个较低

① 然而，应当注意，加权体系的某种变化，诸如发生在 1956 年的情况，十有八九与这种差异无关，就像 1955/1952 与 1959/1956 的各自比较所证明的那样。

的增长率——然而其前提条件将是，在建立后一种指数的过程中要相当仔细地对于增加值在总产出中的份额随时间推移而增加的问题做出适当的扣除。[①]

最后，还有一个工业组织分权化对苏维埃统计的可靠性所产 259
生的影响问题。[②] 最可能的情况是，1957 年以后中央当局对于有关工业产出和相关材料的数据可信度的保证，在某种程度上递减了。究竟其结果是导致统计数据产生了向上偏差还是向下偏差，这是一个争论未决的问题，[③]尽管从总体来看过高估计似乎具有更大的可能性。

因此，由于一系列原因，甚至新指数也远非是一种对于工业增长的理想计量。然而，本文作者仍然感到，就总产出（它与各个子产品组相区别开来）而言，新指数可以被视为有关产出规模变化的一个良好描述。如果将工业产出指数与一系列基本工业商品的产出变化做比较，并考虑到在苏维埃经济发展的当前阶段总产出的发展也许被预期将要快于它的基本构成部分的发展这一事实，那么似乎可以进一步加强上面这一结论。[④]

---

① 如果不进行这样一种扣除，就像我们的大多数产出指数所令人遗憾地真实存在的情况那样（在那里相对数量被按照不变的增加值数量来加权），则这种苏维埃类型的总指数十有八九将会显示出一个比净价值指数更高的增长率。

② 参见本书第 11 章。

③ 参见亚历山大·格申克龙，“苏维埃工业与国民收入统计的可靠性”（Reliability of Soviet Industrial and National Income Statistics），载于《美国统计学家》（*The American Statistician*），VII，no.2。

④ 因而，举例来说，对于 1950－1955 年，年平均增长率（百分数）将比较如下：

| | |
|---|---|
| 工业总产出 | 13.1 |
| 生铁 | 12.0 |

与此相对照，1951 年以前的老的官方产出指数显然完全不能被接受。幸而，实际上也并没有这样做的必要。由于美国学者在过去 15 年左右的时间里所进行的工作，目前关于 1930 年代的苏维埃工业产出已经有了一系列独立建构的结果可供利用。就我们
260 这里的目的而言，选择亚斯尼与霍奇曼的研究结果就足够用了。亚斯尼得出这样的结论：苏维埃工业产出在 1928 年至 1937 年间的年平均变化率达到约 12.5%。霍奇曼细致而又具有重要意义的计算产生了一种比前者高出一到两个百分点的数字。另一方面，卡普兰和穆尔斯廷（Moorsteen）对于同一时期的计算则给出了只有 10.6%的更低的增长率。[①] 总体来看，只要人们假定在 30 年代的大部分时间里工业产出的增长率接近每年 12%到 13%的某个数值，那么就不会出现大的错误。借助于这一结论，人们现在可以进入到对在 1930 年代和 1950 年代俄国工业增长率的比较中所固有的某些问题的讨论。



---

| | |
|---|---|
| 钢 | 10.1 |
| 煤 | 7.4 |
| 石油 | 12.9 |
| 电力 | 12.5 |

这种计算依据的数据来自上面的表 1；以及欧洲经济委员会（Economic Commission for Europe）的《1951 年欧洲经济调查》（*Economic Survey of Europe in 1951*），第 52—53 页；《苏联经济：统计年鉴（1960）》，第 235 页。

① 亚斯尼（N. Jasny），《计划时代的苏维埃经济》（*The Soviet Economy During the Plan Era*）（Stanford，1951），第 22 页；霍奇曼（Donald Hodgman），《苏维埃工业生产：1928—1951》（*Soviet Industrial Production，1928—1951*）（Cambridge，Mass.，1954）；卡普兰（N. M. Kaplan）与穆尔斯廷（R. Moorsteen），“一个苏维埃工业产出指数”（An Index of Soviet Industrial Output），载于《美国经济评论》（*American Economic Review*），no. 3（1960），第 301 页。

# II

在老的(未经调整的)官方指数的基础上,苏维埃政府宣布了一个大约 19%的年平均增长率。这些宣称得不到调查研究的有力支持。不过,也无可置疑,在一个相当长的年份中能够维持一种 12%到 13%的年增长率,也确实必须被承认是一种极为不寻常的成就。无论我们是否以俄国自己先前的历史作为一个参照模式(*tertium comparationis*),或者是否诉诸其他国家的工业史,类似的工业产出增长速度在任何重要的时期都是很难发现的。

这种创纪录的成果的取得,是因为一个无情独裁的政府成功地将俄罗斯的农民、进而俄罗斯人民的大多数禁锢于集体农庄的藩篱之中。一俟这项工程被完成,下述两点便成为可能了:(1)以最低限度的工业消费品作为补偿来获得为城市中日益增长的人口所需要的农业生产品,同时迫使大量的农民转入城市职业;(2)倾全力于重工业快速增长的目标,通过极大地压低人民生活水平而排除任何阻力。

这无疑是从 1920 年代末直到 1941 年德国入侵俄国时为止苏 261
维埃经济政策的精髓。当第二次世界大战接近尾声,在美国以及世界其他地方存在着大量的有关苏维埃战后经济政策走势的猜测。考察一下在那一时期人们所表达的某些思想,重述一下他们所给出的结论,并将其与苏联的实际经济发展过程相比较,也许是富有指导意义的。

有关这一争论点涉及双重的问题:首先,俄国在战后是否仍将采取其战前的政策。其次，它是否将会取得比较高的增长率。[①] 在一段时间里，人们不愿意对第一个问题给予具有肯定性的回答。不能排除这样一种可能性，即随着德国侵略的危险的消失，俄国也许确定一种伴随其国际贸易规模的大幅度增长而更加侧重于快速改善人民生活水平的政策。[②] 然而，那些沉浸于这种美好愿望的人们很快就纠正了他们的想法。当斯大林在 1946 年 2 月推行第四个五年计划的时候，事情变得完全清楚了，对于一种赋予重工业以优先地位的快速工业化政策的坚持仍然以不减的势头在继续下去。

然而，第二个问题仍然存而未决。即使承认俄国政府愿意恢复现状——或者毋宁说回复到战前的运行状态（*motio quo ante bellum*）——也仍然不清楚它是否有能力做到这一点。换言之，通过将 30 年代的时期与未来的战后时期做比较，人们能够断定在早期曾经促进高增长率的力量仍然会发挥作用吗？它们的活力与有效性难道不会减少吗？当人们逐个考察某些此类相关因素的时候，似乎很难对这个问题给出确定性的回答。



首先，这里有技术的因素。在苏联发射人造卫星之前的时期中，曾经存在着一种明确的倾向，认为一种独裁体制的存在将导致在苏联任何独立的技术发明都是不可能的。这种推理的游戏与那
262 种在人造卫星发射后认为苏联技术具有绝对优势的信念一样，都

① 也许应当指出，到 1940 年代中期，苏维埃工业产出指数所具有的缺陷已经变得十分清楚了，不过对于其向上偏差的程度仍有某种程度的低估。

② 参见亚历山大·格申克龙，《与苏联的经济关系》（*Economic Relations with U.S.S.R.*）（New York，1945）。

是荒谬可笑的。然而，甚至那些完全承认下面这种历史经验——在任何正在进行工业化的国家中模仿的技术将要逐渐地与本国的创新相结合并且最终将让位于本国创新——也适合于苏联的人们，也感觉到俄国在 1941 年以前所享有的特殊优势在战后不可能期望再出现。实际上，在 30 年代许多新工业都是利用最新的西方技术建设和装备起来的，那时所普遍出现的形势仅是一种特例现象。即使苏维埃对于西方的敌视并未损害苏联对于西方技术的吸收，这种情况也不能够再现了。看起来很清楚，技术必定要被作为一个阻碍性因素，即是说技术造成了比战前的情况更加不利的条件。

其次，人们必须要考虑在某些基本的工业部门中出现的**收益递减**的可能性。当进行一般的理论分析时，苏维埃的经济学家可能会将收益递减视为一种恶意的资产阶级的创造。这一概念无论在何种形式上都是与追求连续经济发展的苏维埃精神相左的。虽然如此，苏维埃人却毫不犹豫地反对被贴上“庞然大物”(*gigantomania*)标签的规模过大的工厂。此外，他们也愿意在具体的场合讨论自然资源的耗空与恶化问题，诸如铁矿石含铁量的减少。[①] 基本工业材料的生产在总的工业设施中占有一个相对较小并且日益下降的比重，在这些工业部门中递减收益的总效应不能期望显现得过大。此外，较高的提取成本，扩充工厂的投资，运营这些工厂的成本，以及相似的支出，所有这些都意味某些本可以用于产出

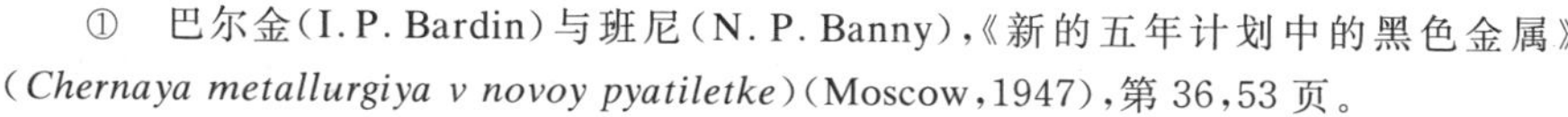

① 巴尔金(I. P. Bardin)与班尼(N. P. Banny)，《新的五年计划中的黑色金属》(*Chernaya metallurgiya v novoy pyatiletke*)(Moscow，1947)，第 36，53 页。

扩张的资源却不得不用来维持先前所达到的产出水平。这里再一次清楚地表明，就这一方面来看，情况将比 30 年代更为不利。

第三，人们还不能不考虑在经济中除**工业部门以外的其他领域投资**所带来的影响。正像苏维埃政府在 30 年代从借鉴海外技
263 术中获取了巨大好处一样，它也从继承革命前时期在诸如铁路以及房屋建筑等资本密集型领域很大程度上未加利用的能力中而享受到利益。这意味着，在 30 年代只需有较少的资本被投入到铁路线上和房屋建设中。但是这些优势到了这一时期末便被耗尽了。尤其是，城市人口挤进狭窄的“生存空间”，其拥挤程度已经达到了绝对的最大限度，已经很难与适度的健康标准相协调，就更不用说人的尊严与基本的舒适程度了。甚至在没有战争破坏的场合，房屋建筑方面的资本需要也将与工业扩张方面的资本要求相互竞争资源。而在运输企业方面的资本需求也具有同样的效应。所以我们很难不得出这样的结论：总的净投资最终将只能有一个更小的份额可以为工业所利用，因而未来的工业增长将会受到进一步的限制。

最后，与资本的可利用性一并存在的，还有**劳动供给**的问题。这里再一次显示出，20 年代末期和 30 年代在这方面也是一个例外的时期。在第一个五年计划时期（1928－1932），每年劳动力向重工业的流动不低于 20%。在第二个五年计划时期（1933－1937）的工业劳动力总增长率达到每年 4.8%，重工业的劳动力增长率肯定显示出一个更高一些的比率。在第三个五年计划时期（1938－1942）全部工业的可比的劳动力增长率计划达到

3.3%。[①] 因而，在 30 年代所发生的劳动力向工业的流动大幅度地减少了。但是，在 1928 年到 1940 年间的平均年增长率达到了约 10%，所以毫无疑问，最初对于工业的强有力的人力投入对这整个时期的特征都产生了影响。如果期望劳动力的任何类似的增 264
长在战后可能会出现，那将是极端不现实的，因为自那以后任何从农业中流出的人力都必须以某种机械来替代，而对任何已经进入城市工业的人在住房以及某些市政服务方面的供给性投资也必须要增加。所以一般认为，在战后劳动力向工业的流动将不会超过适龄人口的自然增长率太多。

显然，在任何时候上面所讨论的四个因素都不能涵盖所涉及的全部问题。除了起减缓作用的因素以外，按照相反方向起作用的力量也能被识别。不过，看起来“阻力因素”的总体效应似乎占有如此大的压倒优势，以至于将要证明人们关于战后俄国工业增长率将有一个相当大下降的预测是正确的。

正如我们现在已经知道的那样，这种预测尚没有被事实所证实。诚然，这决不意味着针对战后重建的年代。在重建的年代里，自然可以预期到非常高的增长率。但是，对于 1950 年代的前半期，一个 12%甚或 13%的增长率显然是与这种预测相背离的：如果再一次联系到霍奇曼和亚斯尼的计算，那么人们一定会得出结

---

① 劳动生产率是根据下述来源的数据计算的：《社会主义建设：统计年鉴》(*Sotsialisticheskoye stroitel'stov, Statisticheskii yezhegodnik*)(Moscow, 1936)，第 508 页。《苏联的社会主义建设》(*Sotsialisticheskoye stroitel'stov Soyuza SSR*)，1933－1938(Moscow-Leningrad, 1939)，第 138 页。《苏联的第三个五年计划》(*Gosplan SSSR, Treti pyatiletni plan razvitiya narodnogo khozyaystva Soyuza SSR*)，1938－1942(Moscow, 1939)，第 199 页。

论说，在三十年代到五十年代前半期之间，苏维埃的工业增长率水平全然没有发生变化。确实，在这个十年的后半期增长率有某种程度的降低。然而，如果考虑到工业重组发生在这个后半期，并且第六个五年计划从有利于七年计划的角度而被放弃，那么为了解释这种下降完全不需要诉诸长期因素。无论如何，可以明白地说，如果本文作者在1945年或者1946年被要求猜测苏联在本世纪60年代末期的工业增长率的话，那么他几乎肯定会给出一个显著地低于实际上所达到的10.5%这一增长率的水平。

## III

为什么这种预测未能实现呢？可能失误的唯一原因在于对那些阻滞性因素的选择与高估。例如，工业劳动力人数的增长远非是微乎其微的，而是显著地超过了人口的增长率。但是，甚至是
265 1955年至1960年间所记录的较高的平均每年5.4%的工业劳动力增长率，[1]也仍然低于30年代平均水平的几乎50%。对于苏维埃技术的经济层面进行一种严肃认真的研究仍需假以时日，但是完全有可能断定50年代的技术进步无法与30年代的相匹敌。宣称对铁路和房屋建筑进行投资将会使资本偏离工业也没有错，尽管对于某些时期并且在某种程度上也许会出现下述真实情况：房屋建筑投资的增加是以市政预算中的其他方面的投资减少为代价的。我们可以更有理由地指出，更大得多的权重应该赋予那些对

① 计算所依据的数据来自《苏联经济：统计年鉴(1960)》，第217页。

工业增长起加速作用的因素，其中至少有两个值得在这里一提。

首先，仅仅考虑劳动数量的未来变化而没有对其**质量**变化给以适当关注，显然是不够的。在 30 年代从农庄转移到工厂的劳动者群体，或者是从事低技能的劳动以及在五花八门的辅助性岗位上工作，或者是仅仅在受到必要的简单培训而没有经过任何更为系统的指导的情况下就在给定的机台上从事周而复始的操作。结果，他们便成了那种让人感到痛苦的意义上的专业化人员。特别是，单个工人不能了解他所操纵的机器的性能以及进行简单的维修，无疑是苏维埃工厂中许多故障和意外事故的主要原因（这些事故在 30 年代达到了创纪录的水平）。

在 40 年代后半期，苏维埃政府进行了持续性的努力来改变这种局面。事实上，最初的步骤措施在战前即 1940 年下半年就开始了，其时，一种强制性的"劳动后备"被建立起来，旨在通过参加工厂的专门学校和学徒制为苏联青年提供基础的技术培训。战后，这种劳动后备体制由于采取了对在岗的青年工人进行专业培训的特别措施以及提高劳动力队伍中年长者技能的最显著的措施，而得到了强化。在第四个五年计划的条文规定中，要求至少有1,390
万名工人从这种补充培训中受益。[①] 其深思熟虑的目的在于使苏 266
联的工业劳动者接受某种一般性的技术教育从而使他们拥有更多机械化的思想。这一计划耗用了极大的精力来推进，同时也引起了大量的反对，它的某些影响甚至渗入了苏维埃的纯文学作品

① 巴克尔(G. R. Barker)，"苏维埃的劳动"(Soviet Labor)，载于《苏维埃经济发展公报》(*Bulletins on Soviet Economic Development*)(Birmingham, June, 1951)，第 16 页。

中。[①] 老工人似乎要强调，这将导致培养出一代杂而不精、未掌握任何专长的人的危险。然而，这种反对始终未得到理睬，几乎无可怀疑，这种再培训计划对苏联劳动力的性质产生了相当程度的正面影响。特别是，它极大地提高了苏联劳动力对于新环境的灵活性与适应性。这一点必须被视为对于其工业增长率产生了巨大的加速影响。当然，劳动力的质量在未来将会继续提高。可是，今后在数百万人延迟了的再培训之中所隐含的间歇性的大跃进，必然会再一次地出现。

另一个加速的因素可能具有甚至更大的重要性。任何时候的产出增长都会产生所生产的物品增量的利用问题。粗略地说，这些物品既可能是消费品，也可能是投资品——或者非生产性投资，例如积存物资，或者生产性投资，例如工厂中的机器。如果消费和投资在国民收入中的比率随着时间推移保持不变，其增量将总是划分为同样的比例。然而，也可能追求一种不同的政策。例如，人们能够努力保持总人口的人均消费不变，而将增量的其余部分用于投资。为了给出一个任意的例子，让我们假定苏联的国民收入按照（比方说）每年 6% 的速度增长，而人口年增长率为 1.5%，消费和投资所占比率分别为每年 80% 和 20%。进而，将可能出现，为了保证对现有人口追加当前的消费，在第一年末将要拿走增量（80×1.015）的五分之一（1.2）。而其余的 4.8%（6－1.2），将被追加到投资上，故而它的增长率将会从 20% 达到几乎 23.5%：

① 例如，可参见凯特林斯卡娅（Vera Ketlinskaya）的小说“我们生活的日子”（Dni nashey zhizni），载于《旗帜》（*Znamya*）（1952），第 82 页。

[(20＋48)/106]×100＝2.35。这样一种政策能够年复一年地继续下去。

一个简单的算术说明并不意味着能够复制复杂的历史真实。267
然而，如果人们观察从其第一个五年计划开始实施直到(比如说)50 年代中期的苏维埃经济史，那么将很难否认投资率的增长与消费率的相应降低也许构成了所考察的这一时期的最具重要意义的特征。而这又意味着，苏维埃经济所具有的大量软弱无力之处(诸如本文前面所描述过的那样)可能会被可供利用的资本的增加所补偿，这些资本的大部分尽管是增加了军事支出，却也对生产性投资做出了贡献。这种政策也许对苏维埃在战后之所以能够成功地将其工业增长率保持在一种总体上可以与 30 年代相比拟的水平上，提供了最重要的解释。

## IV

但是，关于最近的过去以及未来的情况又如何呢？正如这里所表明的，有关先前预测的记录并不特别地令人感到鼓舞。然而，如果记住古诺的观察结论，即预测的职能并不是要预言未来，而只是为了更敏锐地观察现在，[①]那么我们也许可以鼓足勇气给出几个一般性的意见。

从本文前面的讨论中似乎可以看出，投资率的连续增长对于

① 古诺(A. Cournot)，《回忆录》(*Souvenirs*，*1760－1860*)(Paris，1913)，第 251 页。

维持一种高的工业增长率具有至关重要的意义。很清楚，在苏维埃的制度框架以内没有任何**经济**理由可以说明为什么不无止境地追求一种提高投资率的政策，尽管这种政策最终所产生的结果是变幻不定的。苏联经济能够继续为了生产机器而产出钢铁，而运用机器生产更多的钢铁以便为了生产更多的机器。当然，经济现实提供了很多种可能的循环路径。应当记住，到了50年代初苏联的工业产出从1928年算起已经增长了六倍，可是工资却仍然可悲地落后于1928年的水平。这恰恰就是斯大林的工业化政策的本质。值得注意的是，苏维埃的领导人仍在宣称，而苏维埃的经济学
268 家仍在写书断言一种“经济发展规律”的存在，根据这种所谓规律，除非生产资料的增长快于消费品产出的增长，否则经济增长将是不可能的。[①]



如果作为分析性命题，此类断言当然是毫无意义的。因为技术进步可以被引入已磨损机器的重置过程，以一种零比率甚至负比率进行的净投资都能够完全与经济增长相融合，就更不用说正的增长率此外还是已经增长了的劳动技能和其他几乎与投资品供给无关的要素的函数这一事实了。

然而，分析上的荒谬却可能产生极好的政治意义。在苏联的集权主义的独裁统治和一种为了投资目的而采取的投资经济政策之间，存在着密切的联系。不言而喻，如果不采取一种无情的和绝对强有力的独裁，在苏联要实行一种高的、并且还要不断提高的投

---

① 帕什科夫(A. I. Pashkov)，《关于生产资料产出更快增长的经济规律》(*Ekonomicheskii zakon preimushchestvennogo rosta proizvodstva sredstv proizvodstva*)(Moscow，1958)。

资率的政策，将是不可能的。不过，反过来说也是正确的：这样一种政策也为一个独裁政府提供了一种社会职能并证明了其存在的合理性。它相当好地满足了这一政府对于推动力的特殊要求。与此同时，一种快速提高消费水平的政策虽然在短期内也许可以减少政治上的困难，但是在长期中它却可能带来令人棘手的问题。消费品的充足供应会在人口中间产生一种松弛的气氛，而这种气氛与独裁是格格不入的。一旦重视与紧张被减缓，政治自由的问题几乎是必然地会出现的。

从斯大林去世以后，苏联又走过了很长的一段里程。由于为漫长的连续危机的痛苦所折磨，其政府允许了一个并非不显著的消费品供给的增长。工业生产资料的增长率与消费品的增长率似乎不再有多大的差距。然而，在 60 年代的 10 年由赫鲁晓夫所实现的平均工业增长率——年平均 10.2%，仅仅略微低于 1955－1960 年间的 10.5%的增长率[①]。确实，对于 70 年代这十年，又预
测了一个更低的每年平均 9.2%的增长率，这也许意味着苏维埃 269
政府并非不理解那些起阻碍作用的因素的存在。然而，70 年代这十年仍然过于遥远，从而没有人会相信一种 20 年预测的精确性。就可预见的未来而言，苏维埃政府并不准备默然接受本国工业增长的任何实际延缓。所以，毫不奇怪，赫鲁晓夫在其在苏共第二十二大的讲话中声称，重工业将仍然保持它在国家经济发展中的领先地位。[②] 生产资料产出的增长率继续超过消费品产出的增长

① 参见，《真理报》（*Pravda*），October，19，1961，第 3 页。

② 同上。

率。诚然，这两个增长率之间的差异变得更小了，然而，正如前面已经指出的，究竟在何种程度上消费品的指数及其所隐含的增长率能够按照其面值被承认，将是一个争论不决的问题。事实上可以推测，除非生产资料产出增长率的提高将以消费品增长率的降低作为代价，否则对于工业总产出的高的预期增长率将不可能实现。

1961 年 10 月召开的苏共第二十二次代表大会用了大量的时间来贬低和反对斯大林及其助手。然而，人们不禁感觉到，在这种所谓的非斯大林化的运动的背后，一些强有力的努力也在试图从几个重要方向回复到过去的“正常状态”。无论人们是观察工业组织中分权化运动的逆转，还是考察在此次会议上对待“共产主义的到来”所显示出来的态度，抑或是对于苏维埃文献中某些羞答答的自由主义倾向所发起的攻击，他们都会固定地得到一种强烈的印象，即起作用的各种力量正在努力斗争以恢复独裁权力的行使所需要的稳定条件。这些力量最终是被阻止了。可是如果不是这样的话，仍然会有另一种稳定条件被成功地重建。那么，有关消费品产出的计划将会重又陷入总体上不能履行的状态，就像在斯大林时代的情况那样，而苏联工业增长的总体比率在未来的一个长时期中也许将继续保持不衰的势头。

# 第11章　苏维埃俄国的工业企业

苏维埃俄国把自己说成是社会主义国家，把其经济说成是社会主义经济。这些说法很少受到争议。然而，如果仔细考虑一下，它们看起来也许并不像一般所认定的那样正确。通过对它们提出质疑，我们的目的不仅在于指责俄国人对概念的滥用，以及捍卫某种“正确的”社会主义概念以免受苏维埃的浸染。确实，对于更明晰的语义学有着诸多需求和正当的存在理由，然而本文所主要关心的是阐明苏俄的工业企业与工业管理的某些方面。研究这些相关问题的一种途径是简要地观察这些政策的意识形态前提，苏俄工业组织的形成与重塑正是这种政策实施过程的结果。 270

为此，让我们诉诸一种说明式的方法，它的诱人之处已经为许多世纪以来的使用和滥用所证实。想象一个在本世纪的最初年间具有平均水平的俄罗斯知识分子，最好是一个大学生，他就像是来自于另一个时代和大陆的著名的虚构式人物，将最有可能“对所有种类的盈利性劳动表现出一种无法控制的反感”。另一方面，他又满腔热情地关心政治、政治争论与投机，视自己为俄罗斯专制制度的不可饶恕的敌人。再进一步设想，他就像是格林童话(Grimms' fairy tale)中的公主，或者是俄罗斯歌谣中的圣弗拉基米尔骑士(St. Vladimir's Knight)，又或者是爱德华·贝拉米(Edward Bel-

lamy)小说中的英雄，在(比如说)1902年被带入梦乡，在与极度令人烦恼的世界史相隔绝的愉悦环境里一直沉睡了几十年，做着关
271 于未来的俄国的甜蜜美梦，在那里将没有饥肠辘辘的恍惚之人、步履蹒跚的醉汉以及文盲。与我们的模式相一致，令他在克里姆林宫敲响本世纪后半叶第一声报时钟的时候苏醒过来。让我们一致承认时间对于他仍然停滞未动，而且与卡茨基尔(Catskill)的乡下人不同，他发现其青春的活力丝毫未减。所以，我们可以立刻指派他通过苏维埃工业场地的公路和偏僻小道去进行一次广泛的旅行。最后，让我们假定——它将是所有假定之中最异想天开的假定——允许他自由地发表他的观察、比较以及反思。

我们的旅行者的第一印象是普通的、但却激动人心的。他迅速地发现资本品方面的私人产权已经被废除。他感到，这实际上是对于先前的“资本主义制度”已经被“社会主义制度”所代替的否定性的然而却是令人信服的证明。在形成这种观点的过程中，他从仔细地阅读社会主义的书籍和小册子、关于这一主题的十分学究化的以及在相当大程度上是非社会主义的论述中[①]所得到的记忆，进一步增强了他的这种感觉。它们都将生产资料所有制的问题视为区分两个经济体制的分界线，在社会的地质学图像上划出了一条清晰而深刻的分水岭。我们的考察者不仅没有因为这种变化而感觉到震撼，反而热衷于欢迎它。他先前的政治观点是无法在细节上确认的。不过很清楚，尽管有他的梦想，

---

① 帕累托(V. Pareto)，《社会主义体制》(*Les Systèmes socialistes*)(Paris，1902)，I，第107页；载于卡尔·迪尔(Karl Diehl)编，《关于社会主义、共产主义和无政府主义》(*Uber Sozialismus，Kommunimus und Anarchismus*)，第2版(Jena，1911)，第7页。

他却并未与当时任何现存的社会主义团体发生任何联系。这一事实倾向于将他在某种程度上与其他人分隔开来，因为在那些时候普通的俄国知识分子都喜欢透过社会主义的有色眼镜来观察世界，而这副眼镜以百分之五十以上的概率出现的是纯粹马克思主义的色彩，而不是农民的或者民粹主义的色彩。然而，尽管不是一个社会主义者，他也倾向于以极大的同情态度从其不同的涵义上去思考社会主义。从这一点来看，他无疑是非常俄国式的和非常不美国式的。他从未感觉到普通的美国人对于这一术语的反感，对于这一术语贝拉米曾经通过引入那种惯常的举轻以明重（*a minori ad maius*）的推论方式，如此恰当而又强有力地予以表达出来。[①]

相反，对于我们这个人来说，社会主义总是一个完全令人尊敬 272
并且极受尊敬的字眼儿。他从不怀疑社会主义思想包含着充分的伦理价值。他感觉到社会主义运动在努力满足人们许久以来的对于正义与善良的渴望。他听到别人在使用这一神圣的术语，而他自己也不过如此，也一直在使用这一神圣的词语："当然，在某种意义上，我们都是社会主义者"。与此同时，也许令人感到迷惑和矛盾的是，他又为强调将俄国社会从一种原始的农业经济的野蛮深

① "社会主义这个词是我从未很好地品味过的。首先，它本身是一个外来词，而且它所暗含的所有东西同样也都是外来的。对普通的美国人来说它象征着石油，意味着红旗，以及性神奇的所有方式和对于上帝与宗教的谩骂腔调"。约瑟夫·希夫曼（Joseph Schiffman），"相互致谢：爱德华·贝拉米致威廉·迪安·豪厄尔斯的未发表的信"（Mutual Indebtedness: Unpublished Letters of Edward Bellamy to William Dean Howells），载于《哈佛图书馆公报》（*Harvard Library Bulletin*），XII（Autumn，1958），第370页。

渊中不可避免地提升到一种文明的工业社会的高度的非伦理的(anethical)马克思主义信条所吸引。拥有由被他以及知识界的众多成员高兴地视为“现代科学的最终定论”[1]所保证的经济进步的必然性，将是令人感到愉悦的。但是，无论是对社会主义价值的尊敬，还是那种俄国“必然要经过资本主义阶段”的命题(用时下的说法)，都未能导致他对社会主义目标的完全拥护。使他与许多私下的社会主义团体保持距离的，除了他强烈的个人主义以外，主要是他对于社会主义制度的实用性与可行性的严重怀疑，特别是有关它的训练与组织能力的严重怀疑。

在此，我们插入一个话题：我们这个人在观察在他的国家里已经建立起来并且正在运行的社会主义制度的过程中所表现出来的惊奇，是与关于间歇地发生的工业化范围的相似惊奇不可比拟的。他相当清楚地记得维特伯爵在 1890 年代的快速工业化政策，并且也正是从维特的实际开发活动和马克思主义的理论阐述中使他确信了到本世纪中叶俄国将变成一个工业化的国家。当他听到关于
273 工业增长的进程为大战(既有同外国的战争，又有内战)所打断，战争的遗迹造成了残酷的破坏，从而为重建带来了广泛的难题这样的解释时，我们这位旅行者便设法用对于俄国政治家才能的一种批评——即他们不知道如何置身于两次世界大战之外——来回应

[1] “后来，作为一个大学教授，我经常有机会在我的研讨会上对卡尔·马克思的理论提出指责，马克思在那个时代是学生们最崇拜的权威。经常有新的学生带着一种恩赐于人的微笑对我说：‘可是，教授，马克思乃是科学的最终定论。’对此，我通常回答道：‘你怎么知道他就是科学的最终定论，而不是倒数第二个论断呢？’”普林斯·叶夫根尼·尼古拉耶维奇·特鲁别茨科夫(Prince Evgeni Nikolayevich Trubetskoy)，《回忆录》(*Vospominaniya*)(n. p., n. d.)，第 46－47 页。这里涉及的时期是在本世纪初。

这种解释。由于对于他的年轻的经历充满信心，他总是愿意批评政府。然而，他的兴趣却体现在不同的方向。唤起他的好奇心的，并不是工业化努力的数量（对此他一直是视为理所当然的），而是苏维埃工业的特殊组织。在这里，他很快发现了许多值得惊奇的理由。

作为一个青年人，他通常会在许多关于政治经济学原理的论著中读到一种令人怀疑的表述，即一个社会主义社会是否能够提高、甚或是维持它的资本存量。这样一个社会被令人信服地指出，将不能够控制它的愿望，并且将倾向于滥用资源于过度消费之中："人们首先感受基本生活需要，然后追求效用，接着关注舒适，进而使自身享乐愉悦，由此滋长无节制的奢侈，最终将疯狂地浪费他们的物质财富"。[①] 这种维科式的重演（Vico's *corsi e ricorsi*）的单边巡回被认为是预见了社会主义社会的性质，同时又道出了社会主义社会的厄运。实际上，社会主义的文献似乎都将全部强调的重心放在财富的再分配和收入的更大程度均等上。它关于生产增长的兴趣似乎完全为关于分配的兴趣所淹没。可是，苏维埃社会看起来却从未有过过度消费的危险。我们这个旅行者十分惊奇地了解到，在几乎四分之一的世纪中，工业产出增长了大约六倍，而产业工人的实际工资却出现了绝对下降，尽管关于这种下降的量的统计将依在比较中所采用的估价体系的不同而变化。这样，尽管是有些粗糙，某些初步的结论便开始在这位旅行者的脑海里自

① 维科（G. Vico），《新科学》（*The New Science*），伯金（T. G. Bergin）和菲什（M. H. Fisch）译，（Ithaca，1948），第 70 页。

然形成了。他开始认识到，如果想要适合于苏维埃的现实，可能他的社会主义概念将需要做出某些调整。

274 当他从一个工厂漫步到另一个工厂并且试图了解苏维埃工业企业的组织与管理方式时，这种对于社会主义概念需要重新认定的感觉变得越来越强烈了。他发现，企业是由被称为“厂长”的个人来管理，他们就像在前社会主义的时代那样。他发现这些厂长都是坐着大汽车到达工厂的。他听到他们在与其下属的谈话中使用古老的封建式的“你”（*ty*）的称谓，而当他们被称呼时则使用令人尊敬的“您”（*vy*）。当他听到他们在谈论利润——一个他曾经认为是对社会主义经济来说相当异化的范畴，并且很长时间以来一直是社会主义攻击资本主义的一个中心目标时，他的困惑进一步增强。他对于听到人们偶尔提及“托拉斯”也感到惊奇，因为他总是愿意将这样一种组织形式与通过一种富有侵略性的资本主义企业来同时对工人和消费者进行垄断剥削联系起来。

他发现，这个厂长在厂内行使着一种至少在理论上看来是独有的权力。人们在向他说明厂长所处的地位时使用了“一长制”（*yedinonachaliye*）这一术语，而我们的旅行者却不禁反问道：虽然对于希腊语的“独裁专制”（亦即 *samoderzhaviya*）一词俄语可以有不同的译法，然而这里所实际采用的希腊语含义是要指出厂长地位将是个人独裁这一特征，而不论**独裁政府**与**个人独裁**之间有什么区别，因为它们似乎都与**民主制**相距甚远。然而，在他接受有关一个社会主义企业的厂长在其工厂内如此完全地具有主人地位的概念之前，我们的旅行者再一次地由于听到下面这一情况而受到震撼：即厂长的权力本质上不过是在依照命令行事，他的主要职

能在于对严格地执行这些命令负责。他被告知，这就是社会主义计划的本质以及资本主义混乱状态的自然的对立物。在观察了巨型企业的厂长们以雷鸣般吼声来申斥他们的下属，随后又立刻以温柔、逢迎的腔调与他们的上司进行电话交谈的情况以后，我们这位旅行者已经准备承认这些厂长们的社会角色具有二重性这一事实了。但是，虽然他为人性的这种无常变化和一个人声音变调的巨大潜能而惊叹不已，可是他也越来越感到难以将他所感觉到的东西与他先前所完全接受的有关社会主义制度性质的观念协调起 275
来。事实上，他发现自己已经达到了这样的地步，即他必须重新阅读和理解社会主义文献关于管理和企业家能力的问题究竟说了些什么，并且看看它究竟怎样对苏联的企业体制的建立产生了影响。因此，他将中断他的工业旅行而使自己前往图书馆，急切地渴望在一段时间内沉浸于古典的卷帙和不那么古老的口头传说之中。

不幸的是，就在第二天，当他试图去借阅奥斯卡·兰格（Oskar Lange）的负有盛名的小册子《论社会主义经济理论》时，他又对自己感兴趣于一般的反革命文献特别是资产阶级关于社会主义理论的做法产生了疑问。这种疑问是严厉的和具有威胁性的，因而最终，这位从沉睡中醒来的考察者又迅速地返回到他沉迷的昏睡状态，以期在一个更加文明和更少令人迷惑的时代再次醒来。

尽管如此，他还是能够得出某些富有启发意义的、虽然说是负面性的结论。看起来大量的社会主义文献都极少关注企业及其管理问题。而就它们所涉及的范围而言，其主要目的则是在于将“管理者的工资”与“企业家的利润”区别开来（即把 *Verwaltungslohn*

（管理者工资）与 *Unternehmergewinn*（企业家利润）区别开来）。[1] 后者被视为来自资本所有权的流量，而前者则同时包括管理者和企业家的报酬从而不会产生什么大问题。马克思可以附带地赞扬资本家在挑选和组合生产要素的过程中所具有的“敏锐的专家目光”。[2] 然而，工人的生产者合作社和联合股份公司的出现又使他完全清楚地认识到，由资本家来行使管理上的指导（*Oberleitung*）已经变得不再必要了。[3]

在卡尔·马克思逝世大约二三十年以后发表其作品的卡尔·希法亭(Karl Hilferding)，对于联合股份公司自然有更多的话要说。他强调了它们在资本集中过程中的强有力的作用。他说道，联合股份公司创造了比非联合企业通常可能利用的更为广泛得多

276 的金融基础。他并未使自己仅仅限于强调在联合股份公司内部资本家的“奢侈”，而是继续指出这种公司形式为企业家和管理活动开辟了更为丰富的领域，因为它为更大程度的理性行为提供了空间，促进了陈旧设备的更快淘汰，以及在扩展厂商的市场领域方面采取一种更富有进取性的政策。根据希法亭，一个管理一家企业的人如果被认为不能够比一个单一的所有者—企业家更有活力、更加果敢和更加理性地行事的话，那么他相信这个人将会受到各种的焦虑和私人方面的考虑所束缚。[4]



---

① 卡尔·马克思，《资本论》，III (Moscow-Leningrad，1933)，第 I 编，第 425 页。

② 卡尔·马克思，《资本论》，I(Moscow-Leningrad，1932)，第 193 页。

③ 卡尔·马克思，《资本论》，III (Moscow-Leningrad，1933)，第 I 编，第 422－423 页。

④ 卡尔·希法亭(Karl Hilferding)，《金融资本主义》(*Das Finanzkapital*)(Vienna，1910)，第 137 页及以下各页。

对于未来社会主义经济的这种评价所具有的政治含义是相当清楚的。如果联合股份企业极大地促进了企业家与管理任务的实施，那么社会主义经济可能被预期使它进一步简化。尽管在基本观点和方法上存在着各种差别，但希法亭的结论与熊彼特关于这一过程的观点是接近的。熊彼特相信，企业家的职能正在失去它的重要性，因为一代又一代的创新的企业家已经牢固地嵌入在社会价值体系之内进行创新的愿望之中。当创新变成一种惯例，将不再需要特殊的个人素质和专门努力去克服对于变化的各种阻力。[①] 与熊彼特不同，社会主义的著作家们并不把企业家和创新视为经济增长过程中的一个独立变量。对他们来说，这个过程还没有“变成非人格化和自动化”。[②] 而它却总是被从这些角度来考察。但是，最终的结论却是一样的：企业才能与管理将被认为是理所当然的。正像在众多的其他领域中的情况那样，社会主义管理的问题被假定为已经在资本主义发展的过程中预先解决了。马克思主义的文献不愿意沉溺于对于社会主义制度的细致描述，不过关于社会主义图画的一般轮廓也足以清晰地给出了：社会主义就是生产实际上不再由国家所组织（国家已经“消亡了”），而是由“协 277
作的生产者”的自由联合体来进行，管理的职能则被受薪的专家所取代。当列宁在 1917 年就要夺取政权时，所鼓舞他的就是这样一种关于社会主义经济的想象。[③]

① 熊彼特（Joseph A. Schumpeter），《资本主义、社会主义与民主》（*Capitalism, Socialism, and Democracy*）（New York and London，1942），第 132－133 页。

② 同上。

③ 列宁，《国家与革命》，载于《著作集》第 4 版（Moscow，1949），第 398 页。

这些基本的态度，对于奥斯卡·兰格在其值得称颂的文章中[①]所表达的观点可以起到一种相当好的概念上的铺垫作用。前者的要旨与后者的精神是完全和谐一致的。对于兰格来说，管理实际上也是简单的。中央计划局告诉管理者要使平均成本最小化，并使每一种商品的生产量刚好达到其产品价格等于边际成本的水平上。管理者在市场上出价招募劳动，同样，消费者偏好将决定消费品的价格，而所有其他价格以及利率则是由中央计划局确立，其原则是尽可能保证生产资料以及可贷资金的供求相等。最后，该计划局还武断地决定从一个计划期到另一个计划期的净投资率。[②]

关于社会主义经济组织的这种规划具有一个指导原则和基本目的："以最大可能的方式来满足消费者偏好"。[③] 而对于中央计划局在"武断地"决定净投资率的过程中可以被期望主要受到消费者福利的指导以及能够在合理的期限内进行操作，则存在着各种含义。



当然，完全不清楚，在兰格的计划中究竟是如何保证管理者在事实上遵守有关生产方法与产品构成的两个基本原则的。在这一计划中，既没有一个监督管理活动的体系，也不存在一种可以引致管理者按照与这两个基本规则相一致的方式行事的激励体系。然

① 兰格(Oskar Lange)与泰勒(Fred M. Taylor)，《论社会主义经济理论》(*On the Economic Theory of Socialism*)(Minneapolis，1938)。

② 同上，第 77－85 页。

③ 同上，第 75 页。

而，令人遗憾的是，这种省略也许从总体上并不是认识肤浅的结果。这里的要点问题，不仅仅在于消费品市场连同生产资料和可贷资金的剩余与不足的出现被视为是对于该体系是否正确发挥职能提供了客观检验；同样重要的是，它隐含了这样一种假定，即在一个建立在消费者偏好基础上的体系中，消费者将会找到控制管 278
理者行为并迫使他们按照规则行事的方法与手段。类似地，还有一个进一步的假定，即消费者将知道如何迫使中央计划局不能用他们自己的偏好来替换消费者的偏好。在这一计划之上所笼罩的思想是，一个这样一种类型的经济将创造一种社会环境，在其中按照规则办事是如此地符合社会理想，以至于它将会顺利地和自然地出现。正如阿纳托尔·法朗士的英雄之一所说的那样，**社会主义就是仁慈和公平**。对于这样一个社会来说，发现“公正”和“良好”的管理者来管理其经济企业并不是一件困难的事情。这就是社会主义者关于社会主义的传统观点。甚至曾经设想令管理者处于“武装的无产者控制”之下的列宁，也认为这种控制完全是一种过渡的措施。兰格的体系从社会主义运动的意识形态史的角度来看，确实是一个社会主义体系，而且它也必须在这一历史框架下才能得到解读和评价。与对人民福利的基本强调相比较而言，关于生产资料的集体所有制与个人所有制问题看来整个将处于附属的地位了。

但是，如果兰格的社会主义经济体系可以声称被认为是社会主义的完美模式的话，那么也正因此它将会阻碍而不是促进我们系统地将苏维埃体系视为一种社会主义的体系。社会科学中的一个普遍的风险就是，我们研究的对象一而再、再而三地倾向于和就

它们本身做出陈述说明的学术观察者相混淆。当这些说明得到一个强有力的独裁政府对于大众传媒的垄断支配地位所支持的时候，它们的说服力量就被进一步增强了。然而，无论苏联多么不厌其烦地向世界介绍它自己是一个社会主义的国家，事实仍然是，社会科学家们始终感到，将苏联不视为一个社会主义经济而是视为一个被残酷无情的集权政府的意志置于急速工业化过程中的经济，也许富有更大得多的启发意义。“积累啊，积累啊！这就是摩西和他的先知们！”[①]。这些就是卡尔·马克思试图用来描述资本
279 主义本质的词语。人们没有任何理由怀疑，在现代历史上将没有哪一个国家能比所谓的苏维埃**社会主义**共和国联盟的经济更适合于这些词语的了。



预测将是不可靠的。苏维埃的政治体系如此牢固地与一种较高**并且日益增长的**投资率政策结合在一起，以至于至少本人作为其演进过程的观察者往往感觉容易被诱导得出下面的结论，即没有任何其他经济政策易于与苏维埃独裁统治的维系相融合。换言之，一种快速增加消费者福利的政策将或者始终难以为独裁者所接受，或者（如果被接受的话）将完全可能导致这种独裁统治的瓦解。在这里，未来的历史是否将证实或证伪这一假说并不重要。它在这里被提及是为了释放一种被断定为无阶级差别的经济所具有的对抗性质，在这种经济中政府的投资兴趣不断地遭到人民的消费兴趣的反对。

让我们再回到管理与企业问题上来：社会主义者的文献能够

---

① 卡尔·马克思，《资本论》，I，第624页。

承担起不重视管理问题的后果，因为它是带着一种关于一个没有为任何严重的利益鸿沟所分裂的和谐社会的眼光——或者说是幻觉——来工作的。对抗性的苏维埃社会则被迫采取了一种不同的政策。苏维埃政府的领导远未能忽视甚至哪怕轻视管理问题，他们逐渐地将对于适当的管理依存状态程度的研究视为其经济政策的焦点。管理者的地位被证明是苏维埃经济内部适当的集中化程度这一广泛问题的最重要核心。这一经济的本来性质排除了对任何一个问题的明确与持久性的解决办法。因而，就此而言便出现了在所鼓吹的原则与被容忍的实践之间的艰难调和。此外，还出现了组织结构方面持续不断的反反复复的摇摆，在这种摇摆过程中命令控制路线被交替地延长与缩短、放松与收紧。就在最近的时期，苏维埃政府开始着手一项意义深远的组织机构改革计划，从而使其先前存在的机构安排中所固有的不稳定性突出地显露出 280
来。本文的剩余部分将对这些安排进行一种概略描述，并对其近期改革所可能具有的激励与效果给予评价。

在苏维埃的著作中，一直在尝试着将整个苏维埃时期的管理与企业的演进视为由一种不变的和无偏的目的所决定。这种声称是经不起推敲的。十月革命以后，由一个相当茫然和不知所措的政府建立了工人控制企业经济活动的制度。甚至到了今天，那些日期中（1918－1919）工人的控制在苏维埃的文献中仍然被赞赏为走向苏维埃管理进步道路的一个重要步骤。① 然而在现实中，工

① 例如可参见，《社会主义工业企业经济学》（*Ekonomika sotsialisticheskikh promyshlennykh predpriyatii*）（Moscow，1956），第 25 页。

人的控制极为迅速地导致了工联主义倾向的扩散，它起到了加速该国经济瓦解的作用，这也许甚至比同时出现的要素所有者们的反抗更引起政府的担忧，从而迫使当时正处于内战的痛苦折磨之中的政府采取一种原来未曾打算过的工业企业国有化。

另一方面，在20年代的新经济政策时期，对工业的集中化控制又在相当大程度上放松了，尽管大规模的工业仍然保持在国家控制之中。由若干相关联的工业企业组成的“托拉斯”承担了某些管理决策，而在单个企业的层次上管理活动在很大程度上是由所谓的三角组合(*troyka*)，即由企业领导人、当地基层党组织以及当地工会团体三方组成的机构来实施的。这种工厂管理的三方组合机构无疑反映了有关管理民主化的某些普遍性的社会主义理念。在西方，这些理念曾经在第一次世界大战之后的社会化争论中以较婉转的方式表达了出来，并且影响到了各种立法活动。[①] 而在
两次世界大战之间的文献中，它们继续发挥了相当重要的作用，这
281 一时期，“将民主扩展到经济领域”为人们所倡导。[②] 而在最近的
这场战争过后，这些较温和的初始行动进一步扩展为各种共同决
策或合作的计划，这些计划旨在赋予工人对于企业行为的某种程



---

① 例如，在奥地利和德国，此种观念已逐步反映到工作委员会或工厂及车间的工人代表机构之中。关于奥地利，可参见，“关于建立工作委员会的法律”(Gesetz betreffend die Errichtung von Betriebsräten)，May 15，1919，《国家法律条文》(*Staatsgestzblatt*)，no.283，article 11。关于德国，参见，1920年2月4日的法律(“工作委员会法律”(Betriebsrätegesetz))和1921年2月5日的法律(“平衡法律”(Bilanzgesetz))。舒克曼(A. Shuchman)，《德国的共同决策与劳动者中间道路》(*Codetermination, Labor'Middle Way in Germany*)(Washington，D.C.，1957)，第79－81页。

② 参见弗里茨·纳夫塔利(Fritz Naphtali)主编，《经济民主：本质、途径和目标》(*Wirtschaftsdemokratie, Ihr Wesen, Weg und Ziel*)(Berlin，1929)。

度的参与权利。[1]

在苏联，社会主义思想的这种遗产到了新经济政策时期的末尾已经不复存在了。它显然与超级工业化的政策不一致。“大变革的一年”是斯大林对 1929 年的最恰当的描述。正是在 1929 年，对于中央工会委员会的全面清洗开始了。其结果是，作为劳动者利益代表的工会被阉割了。此后，苏维埃的工业劳动者看起来被允许仅仅起到一种“生产要素”的被动作用，而工会则被转变为一种管理层的帮手：其目的在于——用马克思的话说——从工人身上榨取尽可能多的剩余价值。工会的这种再调整是迅速发生并且意味深远的，而且对于劳动者利益的忽视已经不再有什么顾忌了。在随后的几年中，斯大林又沿袭着他惯常的做法，通过强调被忽略的激励与产出之间的关系而将责任转嫁到下属的身上。只是在那时，工会才开始宣称要对工人的生活需要给予某种关心，尽管仍然“主要（如果不是唯一的话）是从生产需要的角度”来看待它们的。[2]

在 1929 年这同一年，“三角组合”遭到了厉声谴责，同时宣告了先前的厂长一人负责的原则的恢复。从此以后，无论是工会还是基层党组织，都不再介入管理者的决策活动。这种地方权威的自然的“强化”并不是一种分权化的行动，恰恰相反，它倒为苏维埃

---

① 参见，舒克曼，第 9 章，第 10 章。

② 参见，斯大林，1931 年 6 月 21 日的演讲，载于著作集，XIII（Moscow，1951），第 55－60 页。以及，宾斯托克（G. Bienstock）、施瓦茨（S. M. Schwarz）和尤戈夫（A. Yugow），《俄国工业与农业的管理》（*Management in Russian Industrial and Agriculture*）（London，New York，Toronto，1944），第 37 页。

工业管理的集中化程度的极大增强确立了一个重要前提。而在三角组合内部，责任被划分开来，因而是分散的和难以捉摸的。管理层将要变成同一个经理人经管下的一帮人，成为更容易监督并且
282 更易于理解的对于来自中央的命令的接受者和执行者。其意图无疑是要形成一种完全集中化的组织，在其中工厂的管理者不过是令人生畏的工业化机器上的一个传送带，而这一机器的发动机与控制杠杆则集中在莫斯科。所以，正是本着这种精神，在 1929 年，单个企业被郑重地宣布为一个“独立的生产与商业性单位”，同时又使之完全依赖于行政管理中心的决策。与此同时，该“中心”又进行了适当的重组，以便与单个企业建立起最大可能的紧密联系。作为这一过程的一部分，最高经济委员会被划分为三个人民委员会(多年以后的 1946 年，又重新命名为部)，在随后的一些年，对于每一个重要的苏维埃工业部门所设立的专门委员会迅速地扩增。1934 年，先前存在着的干预链条被废弃了，至少是在急速增长的重工业中，企业日益变得直接地隶属于莫斯科的各个人民委员会，从而便使得工业结构的集中化最终臻于完备。[①]

那种追求集中化的坚忍不拔的努力是一个历史事实。此外人们也丝毫不怀疑，其目的是要完全控制单个企业的管理者。然而，甚至是对于一个至高无上而又残酷无情的独裁统治来说，其“意志

① 就本文的目的来说，没有必要详细地描述这种管理结构以及对于人民委员会的不同类型给予细致说明。只要指出下面一点也就够了：对于大多数的重工业来说，其人民委员会是属于“整个联盟”(all-union)的类型，即它不允许在苏联的各加盟共和国存在中间性机构。轻工业则由所谓的加盟共和国人民委员会控制，对它来说，至少在理论上，其与企业的关系在单个加盟共和国是通过人民委员会来实现的。

贯彻”系数(coefficient of “will enforcement”)也很少等于一。关于这一过程的结果如此令人感到吃惊的是,在独裁式的命令与人和事方面所固有的阻力合并产生了一种组织结构,其工作路线既不具有奥斯卡·兰格的成对规则那种迷人的简洁性,也缺乏一种绝对的“我命令、你服从”经济的那种不那么迷人的直接性。为了理解管理者在斯大林的滚轧机里被压塑后所形成的状态,最好首先是通过那一时期流行的官方理论这一理想的眼镜来对苏维埃的工业管理进行一种想象。然后可以去拿这个想象与苏维埃现实 283
的更具体情况进行比较。

按照一种官方的观点,管理者在其企业中的活动是受到一种被称为年度综合计划(*Tekhpromfinplan*)的严格说来十分可怕的东西控制的。这个计划是对于未来的计划期内各种目标的复杂组合,包括产出的数量与价值、不同类型工人的利用、不同种类原材料和燃料的使用、总投资与净投资量、成本与价格及利润数据以及最后关于技术与组织创新的描述。该计划是在企业内部根据中央的指令做出的,随后又由中央当局来批准,它被视为关于苏维埃经济发展的年度全盘计划的一个有机组成部分。对于管理者来说,它将具有法律的效力。

理解这种计划以及在其框架下管理者的正式地位的一个有效路径,可以在他们关于利润的概念中找到。利润的概念在一个被认定为社会主义的体系中显然是稀奇古怪的,它曾引起本文前面导言部分所反复提到的那位周游各地的知识分子的如此之大的惊奇。最初引进利润是因为将其作为美国人事务式的务实精神的象征(即 *delovitost*,意为求实。——译者注)而进行体面的模仿,随

后利润范畴变成了经济核算体系(即 *khozraschet*,意为经济核算制。——译者注)的支柱,而经济核算体系反过来又被视为与前面所述的企业"独立性"是等同的。由于是通过国家预算来供给固定资本,从国家预算那里接受少量的流动资本,通过信贷从国家银行来补充其流动资本需求的缺口,苏维埃企业的管理者一般都被预期将按照这样的方式来节俭地使用其资源:生产所计划的产品产量而不使成本超过对这一产出所规定的计划成本。因而,又一种通常的情况是,单位价格将超过单位成本并且销售得到保证,企业则预期将取得某种确定的计划利润。此外,如果企业成功地获得了某种"非计划的"利润,那就更好了,这将会得到适当的奖赏。通过这种方式,虽然在苏联每一单个工业企业仍然为国家所有,但是
284 它们的核算却与国家预算相分离,工厂的收入与支出并不进入国家预算,只是投资基金和补贴仍然出自政府国库,以及税收(流转税和利润税)仍然要上缴国库。



那么,利润在这一体系中的职能是什么呢?从官方的著述中所提取的一个简洁的回答可以正式地表述如下。正像在苏维埃经济中生产资料价格的主要职能——至于消费品价格则是另一回事情——被说成是体现于它们在计划产出以及监督计划执行程度方面的作用一样,利润的作用——它区别于流转税——则在于它可以起到一种显示资源在多大程度上被按照计划来利用的指数作用。毋庸赘言,这个指标是十分粗糙的。单个成本因子的十分不同的组成部分都可能会与一种给定的利润水平相匹配,而计划者们关于各单个因素组合的理想视角也许存在着广泛的差异。可是,就是这样一种情况,计划利润的范畴仍然被中央当局作为对单

个企业的资源使用状况的一个简单的、总体的考核工具。

要想度量工业管理者的决策自由度，一个有用的方法是暂时从计划利润转向非计划利润。显然，为了超额完成计划——它体现在产量或利润总数中——管理者必须能够在计划指令所规定的范围以外发扬自由的首创精神。但是，管理者怎样才能使利润超过所规定的水平呢？从理论上说，员工人数、工资率、可供利用的原材料成本、技术改进所需资金——所有这些都是由计划所框定的，因而必须被视为“给定的”。管理者不能够像他的同伴——在更自由的竞争结构中经营的西方管理者那样，可以对这些数量做出任何调整。只要总产出保持不变，对于一位渴望取得非计划利润的苏维埃管理者来说，唯一存在的途径将是在不花费任何成本的情况下引入降低成本的创新。在一个工厂内部对人员与机械进行更合理的安排，在处理材料与机器设备的过程中减少浪费，坚持依靠工人们更大程度的勤奋工作——正如官方的文献所描述的那样，这些乃是一个苏维埃管理者所掌握的增加非计划利润的主要 285
方法。所以，他的活动自由度严格受限这一结论仍然难以避免。

当然，确实也不能否认，产出无须被认为是固定不变的。没有哪一个理智正常的苏维埃管理者会考虑如何通过将产出降至计划水平以下来增加利润。而另一方面，超额完成计划不仅是被允许的，而且还将受到各种各样奖赏的热情鼓励。产出的增加既可以增加也可以减少利润，但是公正地说，一个苏维埃的管理者将百分之百地愿意以利润的某种减少来换取产出的某种增加。如果产出的增加使企业跨越了那条将未完成任务与超额完成任务分割开来的魔法式的界限，那么这种选择的可能性就是完全确定的。然而，我

们关于比计划利润更高的利润所说的话也适用于产出超过计划产出的情况。被官方描述为在计划框定的狭窄空间中活动的苏维埃管理者，如何能够找到为了增加产出所需要的劳动、原材料、半成品以及可能还有某些投资品？在这样一个充分就业的体系中，一个领域产出计划的超额完成难道不会必然导致其他领域产出计划的完不成吗？如果像其所宣称的那样，这种计划保证了整个经济的平衡增长，那么这样一种计划目标的不平衡的突破难道不会瓦解经济体系的功能，从而导致在某些场合出现无用的剩余而在另一些场合又产生严重的需求缺口吗？难道我们不可以正确地推论：在一个单个企业被允许热衷于从事这种瓦解性活动的经济中，这些企业的地位特别是它们的领导者的地位必然要比我们从对于苏维埃经济的正式想象中所得到的印象那样具有更少得多的限制吗？



在半个世纪以前，一位才华横溢的德国社会学者在著述中就提出了一个肯定将被证明是意义深远的洞见：“下属中的任何自发性的消除，在实际上都要比人们通常的谈话中所随意使用的诸如‘强迫’、‘无其他选择’、‘绝对必须’等等术语或词组所包含的程度要少得多。甚至在下属处于最严酷的和受压迫的状态，通常也存在着某种明显的个人自由活动的空间。”[①]西方经济学家所进行的
286 关于苏维埃工业管理的现代研究，充分证明了西梅尔（Simmel）的一般论断的正确性。[②]

---

① 西梅尔（Georg Simmel），《社会学》（*Soziologie*）（Leizig，1908），第 135 页。

② 特别是，可以参见，格拉尼克（David Granick），《苏联工业企业的管理》（*Management of the Industrial Firm in the USSR*）（New York，1954），和贝利纳（Joseph Berliner），《苏联的工厂与管理者》（*Factory and Manager in the USSR*）（Cambridge，Mass.，1957）。

因此，下面的结论将是不可避免的：对于评估苏维埃工业管理者的真实作用而言，其官方的理论将会产生某种误导。这些管理者远非是被计划所束缚的树干或分支，他们享有一个较大范围的独立活动的空间。另一方面，他们也能够影响计划的目标。为此，他们将竭力施展其本领，以便达到下述两个毫不相干的目的：一方面为自己建立起一种始终追求高增长率的果敢的管理者的形象，同时又将计划的增长率严格控制在本企业的能力范围之内，从而使其能够稳妥地实现而不必过度地承受压力和紧张。在苏维埃的条件下，由于产业间的供应仍然是整个经济体系中的最薄弱环节，此外，高增长率的政策又使得企业持有极低的存货水平，这就导致管理者几乎总是被迫地持有隐蔽的储备。要实行这样一种政策，首先必须使中央当局确信投入—产出关系要比它们实际上可能的情况更高。其次，还必须从事各种严格来说属于非法的交易，在这种交易过程中，所生产的材料和产品与邻近的工厂通过物物交换可以换回替补中央分配体系供给短缺的物品。为了能够有效地做到这一点，管理者还必须就其工厂的产出实际水平问题欺骗中央当局。只有通过这种方式，他才能够积累起一部分完成品的存量，而这个存量是他不用通过计划渠道就可以支配的。

那些对于这些令人难以捉摸的安排的细节感兴趣的读者，可 287
以去阅读前面提到的贝利纳（Berliner）与格拉尼克（Granick）的两部杰出著作。这里最重要的是仅仅要阐明苏维埃工业体系的基本特色——即计划与现实的相当明显的内在不一致。根据这种不一致，很容易理解其管理者通常会有很多种方法去获取非计划利润，或者将产出提高到计划指标以上，或者在一种和另一种活动过

程之间进行选择。从而，实际的情形无疑要比基于对苏维埃计划经济的官方描述而得出的印象更为复杂得多。我们完全可以有把握地得出结论，苏维埃政府对于经济的控制权在某种程度上要比我们从苏维埃文献中所得到的信念更不完整。

对于一个无情的独裁政府的权力的这种羞羞答答但是又十分真实的限制的原因，是不难找到的。关于苏维埃经济的官方观点是以中央计划者方面拥有不受限制的知识的预见这一假定为前提的。无须说，这种假定是远远脱离现实的。从工厂送到中央当局的文字报告的滚滚洪流俨然已经超过了伏尔加河的气势，不过它并不能保证对于单个工厂内部的情况提供真实的见解。中央当局本身基本的无知限制了他们实践其愿望的能力。相反，正是管理者的知识保证了他的自由活动的空间。一旦完全知识这一假定被放弃，人们立刻就会十分明白地理解了：为什么苏维埃的计划者在过去经常地求助于生产资料的价格体系，并不仅仅是为了检查和监督，而且也是为了改变稀缺资源的配置。像石油或铜这些商品价格的提高便是典型的例子。其目的是为了引导工业企业的管理者节约这些商品，而采用更广泛的替代品。提高价格的手段与改变各工厂间的数量分配相比，其效果要更为迂回得多，并且也更为缺乏透明度，它之所以被选择完全是因为计划当局的无知所致，这些计划当局对于究竟是哪些工厂的什么配置要求被贯彻实施或者被违背了，茫然无知。可以断定，一旦价格变化了并且管理者相应
288 地调整了他们的决策，有关相关材料利用的计划也就相应地被调整了。不过，这一过程同时显示了自由管理决策领域所具有的重要性以及决定计划的这种决策的奇迹般作用（*mirabilia*），而不是

相反——然而，从苏维埃官方理论的观点来看，肯定会得出完全相反的因果序列。

人们并不了解苏维埃政府所具有的忍耐性。而且实际上它也不愿意容忍对于其命令的违背。如果苏维埃政府一直默认一种系统的普遍逃避计划的行为的存在，那么其理由就在于——由于意识到自己所掌握的情况的有限程度——它已经认识到允许管理者相对于计划拥有一定的自由度将是履行计划的一个前提条件。所付出的代价不仅仅是对于所偏好的抽象的管理独立性的放弃。当达到了某一点，对计划的逃避实际上也是为了履行计划。不过，某些此类逃避是由极为不同的动机所驱使的，它包括了像管理者个人获取利益这样一些显然与无条件为国家做贡献的苏维埃精神不相容的因素。

因而，苏维埃的工业管理体系排除了对其轮廓进行轻易界定的可能性。因为它实际上全然没有任何固定的轮廓。管理者自由选择的地带在很大程度上是超法规的（*extra legem*）。从而，它的边界永远处于移动之中，不断地进行调整与再调整。在每一单个企业的层次上，管理方面向更大程度的自主性突破又总是伴随着向中央计划的更紧密的靠拢。在不同的工厂之间调换管理者，保持了一种相当发达的告密者系统，从而加强了当地党组织对于这种“垄断”的控制——这些就是中央当局经常在试图缩小管理者的权限或者至少控制其程度时所采取的一些手段。然而，当管理者对计划的不顺从程度被消除以后，他的无约束的首创性也就消失了。又由于后者很快就被证明对于企业的成功运营是不可缺少的，所以对企业束缚的绳索又必须被再一次放松，从而又开始一个

新的循环，这种循环的规则性将会令波利比乌斯（Polybius）或者维科（Vico）都感到吃惊和欣慰。

但是，苏维埃政府真的是命中注定要保持这种无疑是在浪费时间与精力的迂回曲折历程吗？难道它要继续生活于对管理自主权的担心之中吗？难道它就不能勇敢地面对其必然性并且慷慨地
289 给予管理者一种公开承认的较大自由度吗？几乎无可怀疑，在斯大林退出历史舞台以前很久，在俄国经济内部就已经存在着沿着这种方向努力的倾向。这将是毫不奇怪的。除了刚刚提到的理由之外，被容忍的非法行为的昏暗地带的存在是与苏维埃独裁的性质不相吻合的。而且，正是这同一独裁所行使的权力机器使得从勉强地默许走向公开地承认这一步骤变得如此困难。

人们常常认识不到，独裁的权力要求连续不断的实施。它将通过规则与规制得以维护和坚持。所以，组织管辖程度的降低通常将等同于权力的某种下降。然而，甚至更重要的是，先前提到的在独裁与高增长率之间存在的联系。如果情况确实是，苏维埃独裁统治不仅使得快速工业化成为可能，而且又不断地从其中获取新的力量和新的为自我辩护的证据，那么高投资率（换一种说法，也就是低消费率）必然要成为苏维埃经济的特征这一点就是真实的。然而，由于对消费的相对忽视，一个工业管理者的行为选择中将充满着多重诱惑。只要在技术上具有可能性，就会存在着将资源注入消费而从投资上转移开来的强大推动力。所以，公开承认并明确建立起来的管理自主权的范围，完全可能产生出从苏维埃独裁统治的基本利益视角来看将是最不理想的结果。给出一个例子：1934 年，苏维埃决定给予所谓的地方工业更大的活动自由度，

利用当地的燃料和原材料来面向当地市场生产。斯大林谈到了“焕发其首创性”的需要。[1] 采用了一些适当的解决办法。[2] 可是在经历了一个较短的时期之后，这一政策就被放弃了，这是因为甚至在“地方工业”的有限范围内，脱离管制的自由也很快就显示出与苏维埃政策的基本原则相冲突。

其他类似的摇摆不定也存在。然而，过去几年来在苏联所一直发生的乃是一种寻求组织机构改革的努力，这种改革是这个国家自从实行中央计划以来所没有过先例的。它看起来在经济权威的分布方面引入了意义深远的变革，并且可能会使得本文前面所 290
描述过的斯大林时代形成的工业管理者们的地位发生变化。这种改革的发起最初是为了抨击中央的经济管理机构，它在斯大林逝世后不到一年就开始了，随后势头急剧扩大。[3]

① 一位苏维埃的记者，鲍里斯·波列夫(Boris Polevoy)——虽然很著名但却并非总是令人感到愉快——几年以前从海岸的一端到另一端穿越美国，竟没有明显地发现任何足以唤起他赞美之情的东西。但是，在洛杉矶，他参观了一座雪佛莱(Chevrolet)的装配工厂，并被告知该厂是从 12,000 多个不同的工厂取得其原材料，其中的一些工厂都在距洛杉矶数百英里以外；可是，这里的装配线却能够不间断地运行。这种完全不同于苏维埃的景象终于使波列夫再也无法控制住一种热情的迸发。参见《美国日记》(*Amerikanskiye dnevniki*)(Moscow,1956)，第 214 页。

② 斯大林，“第十七次代表大会的报告”，载于《著作》(*Sochineniya*)，XIII，第 315－317 页。

③ 在这个问题上的第一个决议由共产党中央委员会在 1954 年 1 月 25 日所通过。随后，在 1954 年 10 月 14 日，又做出了中央委员会和部长会议的联合决议，该决议几乎不加限制地批评官僚主义的混淆、无效率以及各个经济职能部的工作不称职，同时建议并要求实施各种改进，然而却没有提出任何基本的组织机构变革问题。参见，《苏联共产党对经济事务的指导：1917－1957》(*Direktivy KPSS i sovetskogo previtel'stva po khozyaystvennym voprosam, 1917－1957*)，IV(Moscow，1958)，第 156－157，311－317 页。

大约一年以后(1955年8月9日),管理权限的范围通过部长会议的一个决议得到了明确扩展。[①] 通过这种方式,某些先前被禁止(尽管以默许的方式被容忍)的活动正式合法化了。这些活动包括了与其他企业之间在材料、设备以及产成品方面的非计划购买和销售,只要它们限于较小的规模就被允许。不仅如此,管理者在调整工资率和工资支出方面也被赋予了具有更大灵活性的权力。此外,他们还获得了将支出从一种类别转向另外一种类别、从一个时期转向另外一个时期的权力。所有这些都被限定在某个狭窄的范围内。所以,相当值得怀疑,部长会议的这个决议是否真的为苏维埃企业的管理带来了任何实质性的变化,不过它也确实使管理者从先前所背负的不服从计划和私下串谋的道德包袱下获得了某种解脱。



最后,到1957年5月,苏维埃社会主义共和国联盟的最高苏维埃通过了一项法令,根据这项法令,大多数的中央经济部建制将被取消。[②] 整个苏联的区域被划分为100多个地区,在每个地区由一个国民经济委员会(*Sovnarkhoz*)来负责当地的工业企业的管理。这个国民经济委员会向各加盟共和国的部长会议报告工作,而后者则隶属于苏联的部长会议。[③]

---

① 《苏联共产党对经济事务的指导:1917－1957》,第451－457页。

② "关于进一步从组织上改进工业与建筑业管理的法令"(Zakon o dal'neyshem sovershenstvovanii organizatsii upravleniya promyshlennost'yu i stroitel'stvom),载于《苏联共产党对经济事务的指导:1917－1957》,IV,第732－738页。

③ 参见,叶菲莫夫(A. N. Yefimov),《苏联工业与建筑业的管理重组》(*Perestroyka upravleniya promyshlennost'yu i stroitel'stvom v SSSR*)(Moscow,1957),全文各处。

国民经济委员会的职责范围由一个专门的规章所限定，它实际上是相当广泛的。[①] 特别令人吃惊的是，它们被授权可以变更有关产出与投资的目标，显然不仅仅限于同一工业部门内不同企业之间的转移，而且也可以在不同的工业部门之间转移。与此同时，还出现了"地方工业"的大规模增长，而这些工业是由本地的机构而不是地区性机构所监管的。 291

此后，对苏维埃工业的集中指导便留给了部长会议，并且是在国家计划委员会(*Gosplan*)制定的统一计划的基础上来进行的。这后一个机构被指派用来监督"工业的合理布局"，确保在发展苏维埃工业中的领先产业部门上执行统一的政策，监测经济发展的速度，以及其他等等。[②] 其宗旨在于，有关经济全局的最关键性的经济决策仍然要由莫斯科来做出。特别是，关于投资率与消费率的基本决策仍然保留在中央机构的手中。同样，稀缺材料(它们通常被称之为"资金性"商品(funded commodities))的集中数量分配仍将继续，甚至可能在某种程度上以更大的规模来实行。赫鲁晓夫庄严地宣告，组织机构改革决不意味着削弱苏维埃经济的集中指导。[③]

本文的目的并不是要详尽地描述正在实行的这种组织机构的转型。在这里，更重要的问题是在于，针对这种改革的可能动机提出某种想法。在这方面，也许可以同时对赫鲁晓夫预期的正确性

① "苏联部长会议决议"(Resolution of the Council of Ministers of the USSR)，载于《苏联共产党对经济事务的指导：1917－1957》，IV，第 784－805 页。

② 参见，叶菲莫夫，第 44 页。

③ 《真理报》(*Pravda*)，March 3，1957。

以及这种变革的可能的持久程度做出评价。

如果考察这一改革的可能的目标，首先令人想到的是它的潜在的军事含义：将苏维埃经济划分为众多个或多或少具有紧密关系的伙伴，也许会增强它在战争情况下的抵抗力量。如果确实如
292 此，那么这个改革在性质上（尽管不是在范围上）也许与第三个五年计划中有关企业规模和工业区位所隐含的态度转变具有某种程度的可比性。然而，这一解释是与下面这种合理的假说相矛盾的：即苏联实际上渴望冷战继续下去，因为紧张周而复始地出现是与独裁统治具有如此的亲缘关系的；而与此同时，他们又不愿意“热战”，并且由于了解到一个来自西方的对于他们的攻击是完全不可能的而感到安全。这决不意味着独裁权力的机制就不能在某个结合点导致苏联卷入一场公开的军事冲突的死胡同，然而它却表明苏维埃将不可能为了对他们来说必定是属于遥远的偶发性事件而付出经济成本的高昂代价。

所以，更说得通的假定应当是，这一改革乃是对于集中控制的周期性摆脱的一种再现，唯一的不同之处是，先前的苏维埃经济增长率以及其持续危机的巨大扰动使得这种周期性的摆动放大到了史无前例的程度。一方面，人们感到苏维埃工业发展日益扩张的规模使得继续由一个单一中心来指导它变得越来越困难。另一方面，赫鲁晓夫也可以有极好的理由来使自己摆脱那些部级官僚们，他们中的大多数在赫鲁晓夫的个人权力斗争中表现出了对于赫鲁晓夫竞争对手的忠诚。虽然如此，即使这些考虑的所有影响足以引起变革，它们也难以保证其持久存在下去。因为当前暂时看起来是处于屈服状态的向心力量，几乎必然会重新出现并可能会重

新显示它们自己。

在本文写作的时期(1959 年),这种改革在俄国仍然受到高度评价,它甚至被说成是加快了工业增长率。① 人们对于消除部级管理低效率的赞许占据了整个舆论的主导地位。然而,国民经济委员会的新官们也将很快就成为官僚主义的蜘蛛网的俘虏。那时,分权化的危险,包括用中央计划的一致性来协调国民经济委员会所拥有的广泛的决策制定权时可能遇到的巨大困难,将会日益明显地表现出来。仅仅在数月之前,苏维埃的报纸和文献开始对 293
“地方主义”(即 *mestnichestvo*,意为少数。——译者注)的危险发出了严重的警告。高度的地区内部劳动分工很可能是以整个国家规模上的专业化受损为代价的,从而导致了资源的某种配置不当。工业管理者们的不正当活动往往是出现在由私人关系和相识所限定的一个狭窄的范围内,这是这种活动的一个特点。改革的一个后果将是进一步强化在一个其“现代性”是如此不厌其烦地被赞扬的经济中这种老化背时的狭隘性所具有的稀奇古怪因素。

那么,在新的组织机构框架中管理者的地位又如何呢?显然,国民经济委员会比起已被废除的莫斯科的各部来,将与单个企业接触得更密切。但是尚不完全明确,这种密切的接触是否足以使地区当局能够真正获得关于企业内部运营的深入了解。在某些地区中,显示出来了令人生畏的产业复杂性。

不仅如此,改革是在这样一种氛围中开始的:即增加而不是减

① 《俄罗斯苏维埃》(*Sovetskaya Rossiya*),November 14,1958。

少管理者的自由度似乎被当作目标。[①] 例如,毫无疑问,管理者在其与劳动者的关系中变得更有灵活性了。这必然会强化整个经济的通货膨胀压力。人们将回忆起,曾经在战后的很多年将工人绑定在工厂中的战时立法,最终在苏维埃的解冻年代里被融化掉了。结果,管理者能够投标招募劳动,从而对工资率带来了不可避免的影响。看起来分权化过程中所固有的灵活性越大,地区当局阻止企业对追加资金的需求的难度也就越大。甚至在其严格地实行集中化管理的时期,苏维埃当局就已经发现,30 年代通货膨胀性的成本与价格变化构成了他们试图检查资源的利用究竟是否与计划
294 相一致时的极为真实的障碍。在分权化的条件下,绩效测评标准由于通货膨胀而引起的变化,必然会导致中央当局处于一种无助地摸索的状态。

然而,比通货膨胀问题更为基本的是高投资率的问题。在过去,正是中央计划当局铁一般的牢固控制迫使经济的消费品产出被压制在较低的水平。所以,看起来沿着分权化道路所采取的任何步骤都可能要松动这种控制,并且会动摇对于传统政策的坚持。工业企业的管理者十有八九将会受到原先被压抑的对消费品需求的强烈诱惑,而全然不清楚的是,国民经济委员会是否知道如何去阻止这种需求,从而不至于成为在中央计划当局与单个企业之间



① 关于分权化与管理自由两者之间的紧密关系,可参见科切托夫(V. Kochetov)的小说《叶尔绍夫兄弟》(*The Brothers Yershov*),该书在一段时间里曾是苏维埃的畅销书,它反对所谓的修正主义倾向。在这本书中所强调的一个思想是,单纯地增加管理经济的职能部的数目确实将会导致一种"更有灵活性和更少累赘的"组织结构。但是"一种勉强的集中化将会保持,而管理的手脚仍将受到束缚"。科切托夫,"叶尔绍夫兄弟"(Brat'ya Yershovy),载于,《涅瓦》(*Neva*),no.7(1958)。

的一堵挡风墙。然而，如果这种情况发生了，那么通过计划对经济实行集中指导就变得相当成问题了，通过某种组织机构方面的逆转来敦促改变这种局面将不可避免。两个或三个国民经济委员会的合并看起来将是朝向这种总体还原（*restitutio in integrum*）迈出的最自然的一步。

诚然，不可能想象苏维埃政府会做出一种激进地改变其经济政策的决定。如果在一种有限然而却有效的计划控制程度内，消费比率的猛烈增长将会减低通货膨胀的压力，并且会为一种分权化的经济成功地持续下去创造前提条件。经过如此转型的一个苏维埃经济将更容易为西方的观察者所理解和评价。对于我们那位处于革命前年代的知识分子来说，如果他愿意再来一次新的旅行考察，所产生的混淆将会少得多了。

然而，发生这样一种演化的机会实际上是微乎其微的。在西方，从一种工业化经济到一种消费经济的过渡是逐渐地完成的。西方经济逐渐将自由的要素（在其最本来的意义上）与社会主义要素——也就是说，支配 19 世纪的两个人道主义运动的要素，结合了起来。尽管这种结合没有文献记录（*Sine littera*），并且其混合的成分也是极不相同的。说一个消费经济能够在苏维埃俄国建立起来，这是令人感到怀疑的。与消费水平稳步提高相适宜的一种分权化的经济体制将会导致苏维埃的独裁统治丧失其社会功能， 295
从而失去其存在的合理性。具有更大可能的情况是，这种独裁统治将继续推行故意激起一个又一个国际危机的政策，以及当经济的钟摆摆向这种政策时同时维持一种高投资率的政策。因而，伴随着分权化政策的普遍逆转，在斯大林去世之后被准予的这种管

理自由化的程度的重新被削减就只是一个时间的问题了。[①] 从而俄国的企业与管理将会再一次地回到在社会主义辞藻这一华丽外衣之下掩盖着的苏维埃重商主义。

① 在这方面,赫鲁晓夫在苏共第十二次代表大会(关于七年计划)的讲话也许具有重要的意义,他谈到要增加地方在劳动与技术人员方面的自主性,却未提及需要发挥管理自主性的问题。因而,削减管理自由化程度的过程也许已经开始了。《俄罗斯苏维埃》,November 14,1958。[在 1961 年 5 月,苏维埃政府通过建立 17 个地区委员会开始着手进行一种工业组织机构的进一步改革,旨在监督和协调各单个国民经济委员会的活动。在重新恢复苏维埃工业结构的集中化的道路上,这确实看起来又比最初的措施更进了一步。参见:《白俄罗斯苏维埃》(*Sovetskaya Belorussiya*),July 1,1961,和《纽约时报》(*New York Times*),February 24,1962。关于赫鲁晓夫对于新的改革的有些羞羞答答的论述,参见他在苏共第二十一次代表大会上的讲话,《真理报》,October 19,1961,P.3.A.G.,1962]

# 第12章　一个被忽视的苏维埃俄国的经济信息来源

小说能够被视为有关现代经济史的一个严肃的信息来源吗？ 296
在一篇发表于1840年代的论英国小说的文章中，威廉·艾德洛特（William O. Aydelotte）指出，在当时那个十年中四位最重要的社会小说家（狄更斯（Dickens）、金斯利（Kingsley）、迪斯累利（Disraeli）以及盖斯凯尔夫人（Mrs. Gaskell））的作品里，这样的信息“是很难被用于学术目的的”，因为“它是质量参差不齐的、印象主义的、并且不精确的”。[①] 这是一个严厉的裁决。然而，在某种较为缓和的形式上，它也许可以被充分地证明是普遍有效的。真实情况很可能是，现代的经济史学家并不需要当代小说或戏剧的帮助。社会历史学家实际上可能会怀着极大的兴趣去寻找为什么有些小说被创作出来以及为什么它们拥有读者的原因。然而，这完全是另外一回事。

为了理解拿破仑关于遗产的法律，没有哪一位经济史学家将需要阅读巴尔扎克（Balzac）的《乡村医生》（*Le Curé de village*）。

① “小说中所反映的马克思与穆勒笔下的英格兰”（The England of Marx and Mill as Reflected in Fiction），载于《经济史杂志》（*Journal of Economic History*），增刊，VIII（New York，1949），第43页。

探究第二帝国时期的金融发展也不需要仔细地研究左拉的小说《金钱》(*L'Argent*)或《争夺》(*La Curée*)。同时,一个研究西里西亚“商人—雇主”体制的学者也可以心安理得地拒绝阅读格哈特·豪普特曼(Gerhart Hauptmann)的《织匠》(*Die Weber*)。无论是屠格涅夫、格里戈罗维奇(Grigorovich)还是托尔斯泰(Tolstoy),
297 他们都没有为人们增加任何有关俄国农民状况的知识。而如果斯坦贝克(Steinbeck)的《愤怒的葡萄》(*Grapes of Wrath*)没有被创作出来,干旱与尘暴对俄克拉荷马乡村人口的影响同样清晰可见。这些作者中的每一位实际上都一再地涉及有关各自主题的专业研究,不过其目的是在于与读者进行沟通,也就是说,要使读者感到叙述得贴切,而不是要提供附加的证据。

虽然如此,却有相当充分的证据表明,那些从事苏维埃经济研究工作的西方经济学家对于苏联的小说、短篇故事以及戏剧的细心关注程度增加了。这倒不是因为在苏联小说中所能发现的资料比起狄更斯和金斯利的来,更少具有“质量参差不齐的、印象主义的、并且不精确的”特点。实际上,情况恰恰相反。然而,在其他方面情况也是显著不同的。只有当来自其他重要资料源的信息流量足够充分的时候,由一位小说家所提供的信息才可能不被重视。当然,这绝对不是苏维埃俄国的情况。

对于研究苏维埃经济的学生来说,在他们关于这一主题所写的文字材料的前言中包含某种程度的致歉,已经成为一种惯常的做法了。这是可以理解的。任何舍得花时间来思考苏维埃经济发展的人,都必然痛苦地意识到他自己知识范围的狭窄限制以及可供利用的信息的令人苦恼的缺口。这种知识的缺乏本质上(虽然不能说是唯一地）源于苏维埃政府控制信息的政策。自从 30 年代中期以来，所提供的数据一直在稳步地减少。在战争期间则实行了几乎完全的新闻封锁。战争结束以后所发表的信息也是极不充分的，甚至还不如 1940 年的低点。① 不仅是关于数量方面的信息状况恶化了。苏维埃文献关于经济主题的总体描述也遭受了极大程度的不良影响。虽然，论述当前五年计划的各个侧面的这种文献的规模庞大，可是，总体来看，其内容却限于空洞地重复官方的态度。其结果，无数的书籍与小册子看起来都是千人一面。瓦尔特·巴杰特（Walter Bagehot）曾经说过，“当你见到了一个火地岛人（Fuegian），你就见到了所有的火地岛人——见到了一个塔斯马尼亚岛人（Tasmanian），也就见到了所有的塔斯马尼亚岛人”。② 298

① 1949 年编写的教科书，为俄国进入 50 年代提供了一幅相当美好的图画。自从 1958 年以后，经济信息量大幅度地增加了，在数量以及（更小程度的）质量两个方面都超过了 1930 年代末所能利用的程度。[亚历山大·格申克龙，1962 年]

② 瓦尔特·巴杰特（Walter Bagehot），《著作集》（*Works*），VI（Hartford，1891），第 500 页。俄罗斯人并非不知道他们的经济文献的这种退化。曾经是改革后的经济学研究所中瓦尔加（Varga）的继承者的奥斯特罗维加诺夫（K. V. Ostrovityanov），在该研究所的一次科学委员会会议上曾经说道：“由于担心在提出和研究新问题的过程中会犯错误，所以使得经济学家远离对于社会主义经济发展过程中产生的矛盾的分析，将学术工作仅仅归结为对现存的决议的某种捏合，或者发表宣传性的文章与小册子，而对于社会主义经济问题严肃的学术探讨就被回避了”。他又补充道，只有相当少的近期研究生和经济学博士的学位论文得以发表，其原因是这些作者们大多数都不愿意将它们付梓印刷（《经济问题》（*Voprosy ekonomiki*），1948，no. 8，第 74 页）。不过，如果考虑到有关泄露国家秘密的全面而又严厉的法令（《真理报》（*Provda*），1947 年 6 月 10 日），以及奥斯特罗维加诺夫本人在同一次演讲中对于几个苏联经济学家所犯的“错误”的过分责难，那么对于该演讲者关于走向一种“更勇敢的、布尔什维主义的经济研究方法”的劝告所可能产生的效果，也不能有多么乐观的估计。

从 1956 年以后，在苏维埃经济文献中出现了某种较为有限的、然而却并非不重要的改进。[亚历山大·格申克龙，1962]

苏维埃俄国当前的经济文献实际上是简单粗糙的。

夸大这种无疑是极不令人满意的情况将毫无意义。相当清楚的是，在过去10年左右的时间里一系列西方经济学家以感人的方式表明，耐心、想象与机智甚至在从像苏联的统计资料这样一种短缺而又具有抵触性的材料中也能够成功地提炼出有价值的结果。为了取得这些结果，有关的经济学家不得不做出一系列假定，不得不将各种小的不确定信息的片断汇总成一个也许仍然具有较少确定性的整体，不得不进行外推和内推，以及不得不从一种偶然得到的苏联数据或说明中展开较长的推理链条。尽管这些学者极其频繁地感觉到自己就像是吉伯特(Gilbert)与苏立文(Sullivan)的轻歌剧《日本天皇》(*Mikado*)中的著名台球游戏的参加者，他正

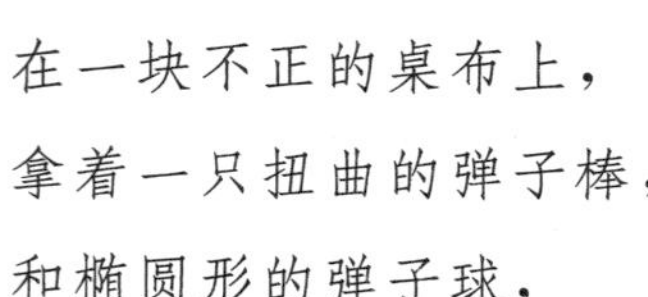

在一块不正的桌布上，
拿着一只扭曲的弹子棒，
和椭圆形的弹子球，

玩着台球游戏。毫无疑问，他们的劳动会在实质上拓宽我们有关苏维埃俄国的知识，并且会增加我们对于苏维埃俄国的理解。

然而，在很多方面，正是我们这种对于苏维埃经济体系把握的加深，显示出并且进一步加剧了经济学家所处的尴尬局面。当借助于现代经济与统计分析的工具而对有关苏维埃经济的学术研究
299 确立了一种基础以后，日益增多的新的、令人激动的问题便随之进入了经济学家的视野。在这个过程中，他甚至会更加自觉地意识到他的材料的不充分，以及由于绝对不可能通过与那些曾经积极

地活跃于这些过程中的人们的个人联系来获得对于苏联经济过程的理解而产生的基本的局限性。国家计划委员会的计划者，中央银行（*Gosbank*）或者某种专业投资银行的银行工作者，工业工厂中的管理者与工会代表，集体农庄的主席——所有这些人都没有并且今后也仍然难以接触到西方的研究人员，[①]除非苏维埃政策产生一种剧变。一个正在对世界上第一个社会主义国家的经济进行学术研究的人，将不仅要放弃资本主义的学生曾经在大英博物馆里发现的丰富的文献资料。对于他来说，要想拥有一位负责苏联的某个工业企业并且进入到这个国家的工业生活中心的亲密的朋友，也将是难以想象的事情。在这些环境下，任何信息资源，不论它们有多么的不确定性，都不能轻易地被抛弃，对于这些资源的搜索值得给予严肃的关注。

与那些在战争结束后已经走出俄罗斯国门及其在欧洲的势力范围的苏维埃公民进行谈话，实际上将会提供有价值的信息。事实上，十分令人遗憾的是，到目前为止利用这一资源来进行收集与分析信息的工作几乎没有什么人去做，为了利用这一资源应当进行各种尝试。这个事情是紧迫的。那些在国家干预的年代里遭受巨大苦难的人们的回忆，可能会变得模糊不清。随着时间的推移，以及他们适应西方的社会生活方式的过程的持久，他们必然会逐

① 在这一方面也发生了变化。不过，既没有更大的经济信息流量，也没有个人接触机会或者各种制度安排方面的充分变化，可以达到使本文中所采取的关于苏维埃文献作为一种经济信息来源所具有的重要性的观点失去效力、甚或发生根本改变的程度。然而，读者也应当记住，本文是在十三年以前写成的。[亚历山大·格申克龙，1962 年]

300 渐地丧失其原来的观点，从而他们所提供的证据的价值也将因此而递减。最后，随着他们向北美、澳大利亚以及其他遥远地区的移民，对于这些相关人士进行接近的可能性也在逐渐地减少。无论如何，从这一资源所能得到的任何信息都不会超过战争年代以后的时期。对于战后时期以及未来，人们必须诉诸别的信息来源。

本文的其余部分将用于对从苏维埃的小说与戏剧中获取的有用信息的可能性进行简要的讨论，并且从最近的苏维埃此类文学作品中找出少数例证。

将要提出的第一个问题是，究竟是不是苏维埃文学作品的主题唤起了经济学家对于它们的兴趣？回答必然是十分肯定的。自从费奥多尔·格拉德科夫(Fedor Gladkov)的《水泥》(*Cement*)出版以后，一种新型的工业小说在苏维埃俄国发展起来，并且随后又并行出现了集体农庄的小说。文学被蓄意地(并且毫无疑问也是在政府的压力之下)日益明显地置于为苏维埃政府的经济政策服务的境地。爱情、友谊以及个人的内心矛盾都被完全纳入到这一背景之中，有时甚至被完全删除了。工厂、铁路、管道以及电站的建设，矿业与工业产出的增加，改良的农业生产方法的采用——这些是苏维埃的小说家所主要关注的题材，当然，最近的一批具有十分丰富内容的军事题材小说可以另当别论。苏维埃的纯文学对经济问题的奉献总体来说达到了世界文学史上前所未有的程度，也许原始的民间传颂的狩猎歌是个例外。对于这种情况，研究苏维埃领域的经济学家是不能予以忽视的。

苏维埃的作家在超常的压力之下所经历的这种兴趣范围的转移，无疑是以他们的小说的艺术价值降低为代价的。一种千篇一律的模式被发展出来了。就是能够接受除令人厌烦的一类以外的所有文学流派作品的伏尔泰,也将绝对不读一般的苏维埃小说或戏剧作品。不过,经济学家对此并不关心,他要寻找那些与艺术价值相比不那么令人激动同时又更为直观的事情。从他的观点来看,这里真正的问题在于这种文学究竟是否被隶属于政府的宣传 301
需要了,以至于变成对于苏维埃经济现实的一种毫无价值的反映。本文作者将愿意用一种有限的乐观主义精神来回答这一问题。

苏维埃的文学不仅要遭受这种预先的审查,而且还要受到政府的积极控制和指导,这看起来是千真万确的。否则的话,人们将难以解释文学作品对于党的路线变化的那种迅即的反应。与一种反对西方影响的运动结伴而行的政府在哲学领域里的一个行动,立刻唤起了像格里戈里·科诺瓦洛夫(Grigori Konovalov)的《大学》(*University*)[①]这样的小说,它们面对着弗拉基米尔·索洛维约夫(Vladimir Solovev)的下述仍然有效的名言——"在俄国的哲学著作中,真正属于哲学的肯定非俄国人所著,而那些属于俄国人的著作肯定与哲学无关"[②],居然厚颜无耻地赞美俄国的哲学。运动的路线转向反对美国,并且几乎立刻就开展起来,就像康斯坦丁·西蒙诺夫(Konstantin Simonov)的《俄罗斯问题》(*Russian Question*)或科热夫尼科夫(Kozhevnikov)与普鲁特(Prut)的《雷金纳德·戴维斯的命运》(*The Fate of Reginald Davis*)所证明的

① "大学"(Universitet),载于《十月》(*Oktyabr'*),1947,第 6,7 期;它随后以书籍形式出版。

② "俄罗斯国家问题"(Natsional'nyi vopros v Rossii),载于《著作选集》(*Collected Works*),V(St. Petersburg,n. d.),第 88 页。

那样。[①] 那种"被连根拔除的世界主义"受到了强烈批判，而西蒙诺夫毫不迟疑地又上演了另一幕，即《异邦暗影》(*The Foreign Shadow*)[②]，在其中对所谓的国际科学合作的危险以最黑暗的色彩进行了描述，世界主义则被揭去面纱而斥之为间谍，此外政府的保密政策又受到了称颂。

本文作者对于这种实际联系的精确性质是不了解的：一个政府机构真的会实际地向单个作家委派特定任务吗？或者，它真的会与被认为足够有效的一般规劝相结合，依赖于作家们的屈从吗？不过，即使是像政府的支配地位这样的强大力量，它也不是绝对的：某种程度的边际上的自由总是要允许存在的，正如在报纸上出现的对于一本书出版之后的猛烈攻击所显示的那样。[③] 这是合乎
302 道理的。完全的管辖也许极易导致苏维埃文学作品价值的更加速地下降，以至于将会完全摧毁这一政府的目标。

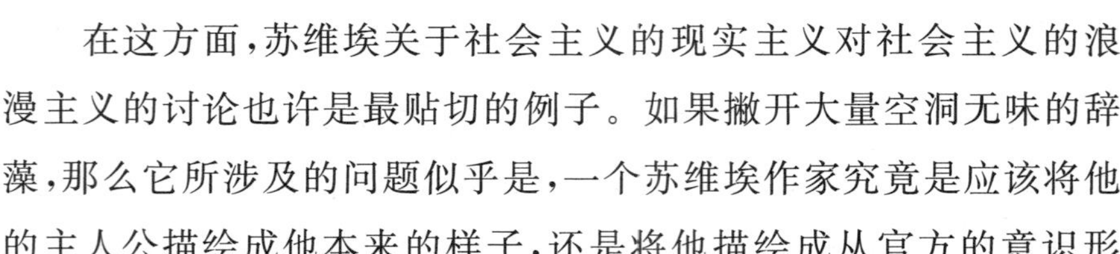

在这方面，苏维埃关于社会主义的现实主义对社会主义的浪漫主义的讨论也许是最贴切的例子。如果撇开大量空洞无味的辞藻，那么它所涉及的问题似乎是，一个苏维埃作家究竟是应该将他的主人公描绘成他本来的样子，还是将他描绘成从官方的意识形

---

① 康斯坦丁·西蒙诺夫(Konstantin Simonov)，"俄罗斯问题"，载于《苏维埃文学》(*Soviet Literature*)，1947 年 2 月；V. 科热夫尼科夫(Kozhevnikov)与 I. 普鲁特(Prut)，"雷金纳德·戴维斯的命运"(Sud'ba Redzhinal'da Devisa)，载于《星报》(*Zvezda*)，1947 年，第 4 期。

② 西蒙诺夫，"异邦暗影"(Chuzhaya ten')，载于《旗帜》(*Znamya*)，1949 年，第 1 期。

③ 有时，这种攻击将会导致一部连续刊载的小说的中断发表；例如，可参见格尔曼(Y. German)的小说的例子，"中校军医"(Lt. Col. Of Medical Service)，它载于《星报》，1949 年，第 1 期。

态的观点来看应该具有的样子？为了表现由苏维埃的既无所畏惧又清白无瑕的骑士（*chevaliers sans peur ni reproche*）构成的社会，将要诉诸文学警察的本能。它可以引发作家们的自我保护本能。其结果必然是所谓“无冲突”小说的出现，就像在苏维埃关于这一主题的讨论中所称呼的那样。[①] 这是一种极端的浪漫主义：即霍夫曼（E. T. A. Hoffman）的无撒旦（魔鬼）的《魔鬼的生命圣水》（*Die Elixire des Teufels*）。然而，幸运的是，这种理想看起来是无法实现的。

苏维埃经济是一个充满了强烈内部冲突的经济。只要投资（包括军事开支）与消费的比率仍然保持在使前者处于压倒优势的水平上，苏维埃俄国的日常经济过程就必然是以政府与人民之间的不间断的斗争为特征的。关于这些斗争并没有任何令人吃惊的事情。其中，最不显眼的是它们的政治性质。不过，尽管如此，它们却是非常真实的。政府必须同那些面对消费水平的缓慢提高而不愿意保持一种工作节奏的工人们，以及那些试图使生产标准尽可能降低的工人们进行斗争。同时，政府还必须同试图以各种方式来逃避计划，以及在明确意识到经济的通货膨胀的压力下努力去囤积原材料，以便获取计划外利润以及和这些业绩相伴随的奖励和晋升的工业工厂的管理者们作斗争。最后，政府又必须同集体农庄作斗争，因为集体农庄不愿意将它们生产的产品的大部分以极大地低于集体农庄的市场价的价格上交政府，并且它们正在

① 例如，可参见，格里巴乔夫（N. Gribachev）撰写的文章，“争取苏维埃诗歌的新高潮”（Za novyi pod'em sovetskoy poesii），载于《旗帜》，1949 年第 1 期，第 171 页。

采取可能想象得到的一切方法来逃避政府施加在它们身上的义务。

303 我们并非是要暗示，这些斗争危及到了政府的稳定性。这里所要指出的是，如果一种文学在努力将经济表现为“无冲突”的情况下仍然要受到高度的压制和管束的话，那么它必然不可避免地迅速超越貌似真实的限界。由此，文学的创作也就成为不可能了。然而，情况并非一定如此，因为作家的罢工将是一种回答。正如契诃夫曾经谈到的那样，“如果你在足够长的时间里拍打一只野兔，那么它也能够学会如何使用照相机”。令一个苏维埃作家固守于屈从的地位并不是多么困难的事情。但是，在小说里和舞台上的无冲突社会与孕育着冲突的现实之间无法弥补的鸿沟，将会摧毁文学所可能产生的所有宣传效果。苏维埃关于浪漫主义与现实主义的讨论也许可以被视为一种以较温和的形式出现的对于严格管辖的反叛，以及一种表明这种管辖尚未达到绝对化的程度的信号。再重复一遍：某种程度的自由边际必须被保留。

然而，对于俄罗斯文学著作的非俄国读者来说，他们能够从中去粗取精、去伪存真吗？这些真实的成分是否足以保证经济学家对它们的需要？从少数几种近期出版的苏维埃文学作品中简要地提供若干例证，可以有助于对这些问题给出至少是尝试性的回答。①

① 大多数苏联的小说作品都是首先在某种文学杂志上发表，在这些杂志当中，下面的一些应当引起注意：《新世界》(*Navy Mir*)、《十月》(*Oktyabr'*)、《旗帜》(*Znamya*)以及《星报》(*Zvezda*)。前三种杂志出版于莫斯科，最后一种是在列宁格勒。在数年间，薇拉·亚历山德罗娃(Vera Aleksandrova)一直在各种期刊上用俄语发表对于当前

明智的做法也许是，首先指出一个相当独特的案例，这个案例表明由小说家所提供的事实的准确性是能够被验证的。

1948 年，文学杂志《十月》（*Oktyabr'*）发表了一篇关于苏联金 304
矿开采的小说。[①]这篇小说正好是在第二次世界大战爆发之前完成的，此前，它的作者作为一个金矿的党的工作人员曾在西伯利亚度过了七年时光。这篇小说描述了 30 年代的某个时期内在一座跨贝加尔湖地区的金矿为了提高黄金产量所进行的努力。金矿的管理当局与工人们所面临的困难被图示化地描述出来：利用过分的承诺而被引诱到永久冻土地带去开矿的人们得不到充足的食品供应；由此导致工人方面较低的努力程度；技术设备令人失望地原始和低下；那些渴望离开金矿的工程师们的孤独感；产品中的一个相当大部分流入非法的渠道。所有这些对于西方经济学家来说都已经不再是新闻了，然而这正是加尼毕索夫（Ganibesov）的小说为什么对于本文的讨论的目的而言具有意义的原因。因为这位苏联作家的描述与由一个完全真实可靠的信息来源（即利特尔佩奇（John J. Littlepage），他作为美国工程师曾经在苏联的金矿管理部门担任过负责职务许多年）所告知的关于苏联黄金开采的情况，

的苏维埃小说的评论，最著名的是在由流放的俄国社会民主党创办的、现在出现在纽约的杂志《社会主义报》（*Sotsialisticheskii vestnik*）发表的评论。虽然亚历山德罗娃夫人的兴趣并不专门地集中于经济领域，但她自己一般地更关注于苏维埃纯文学作品所具有的社会意义，而对于本文所提出的问题感兴趣的经济学家将发现，她的评论为苏联小说提供了一种最精彩的介绍。顺便说一下，十分令人遗憾的是，对于那些无法读懂俄语的人们来说，这些评论将是无法利用的。所以，如果至少能够将这些评论中的某些挑选出来翻译成英语，那确实将是十分理想的。

① V. 加尼毕索夫（Ganibesov），“砂矿矿工”（Starateli），载于《十月》，1948 年，第 3 期。

惊人的一致。[①] 此外，还有一个关于这一主题的专业性的苏维埃讨论，[②]然而人们有些迷惑不解地看到，在很多方面，加尼毕索夫的小说对于理解实际形势提供了更清晰和更直率的见识。

自从第一个五年计划的开始，在苏联就存在着增加工业企业管理者权力的趋势。“控制的统一”（*yedinonachaliye*）意味着赋予企业的管理者以执行其计划的权力，对于与产出以及雇佣和解雇工厂的工人与受薪员工相关联的所有事务的权力。从此，无论是作为工会组织的工厂委员会，还是党的基层组织，都不再被认为能够直接干预工业企业的管理。这种发展提出了一系列有趣的问题，而经济学家们也有各种理由去搜寻可以使他们更好地评估苏维埃经济框架内的管理者在当前所处地位的证据。苏联的小说确实在这一问题上给人们提供了某些启示。由薇拉·帕诺娃（Vera
305 Panova）创作的一部于1947年初次发表的小说《克鲁兹利赫》（*Kruzhilikha*，它是一个工厂的名字），[③]就包含了有关这一问题的各个方面的有趣的材料。该小说的大部分内容都用来描写管理者与工厂委员会主席之间的关系。后者在试图坚持其自身的权利时显得并不怎么幸运：

尤斯德谢金[工厂委员会主席]……带着一系列有关工厂的工作条件方面的要求来找利斯托帕德[管理者]。

---

① J.J.利特尔佩奇（Littlepage），《寻找苏维埃的黄金》（*In Search of Soviet Gold*）（New York，1938）。

② A.P.谢列布罗夫斯基（Serebrovski），《黄金战线》（*Na zolotom fronte*）（Moscow-Lenningrad，1936）。

③ 《旗帜》，1947年，第11，12期。后面提到的页码指的是该小说作为图书出版（Moscow-Lenningrad，1948）时的页码。

“不，您不要谈这些事情”，利斯托帕德说，“您把所有这些问题都推给了我。”

“对不起，经理同志”，尤斯德谢金说，“可是，难道您不知道这正是工会的一项职能吗？”

“不，我不知道”，利斯托帕德说，……，“了解您的职能是什么那是您自己的事情(第 9 页)。”

该工厂委员会主席表现出了某种斗争精神。他在该市的党委会会议上抨击了这位经理。然而，效果微乎其微。这位经理是无懈可击的，其理由正如小说所清楚地表明的那样：他成功地按照惯常的方法超额完成了生产计划。这位工厂委员会的主席也许会如此强烈地谴责这位经理将“统一控制的原则”转变成了“专制的原则”。而这位经理知道，如果这位主席给自己带来太多的麻烦，那么他想要摆脱这位由选举产生的工人代表并不困难(第 7 页)。可是，难道工人不支持他们的代表来一起反对经理吗？显然工人们不这样做。其理由并不必然是经理精通生产。因为帕诺娃提供了另一个也会令经济学家感兴趣的事实。这位经理已经建立起了由专门的代理人组成的秘密组织，他们分布于该地区的各个村庄。他们密切地监视着集体农庄向政府的采办机构提供农产品的过程。只要定额被完成，并且集体农庄获得了在某种自由市场销售
其产品的权力，由他们的代理人提供信息的克鲁兹利赫工厂的代 306
表便会出场，为工厂的 ORS(即工人们的供给部门)签订合同，并装车运回粮食、土豆和蔬菜。到了其他工厂被正式地告知已经完成向政府供货的要求时，利斯托帕德已经积累了可供利用的剩余。

这部小说所描写的活动发生在 1945 年。然而，这种做法对于

在稀缺条件下的“集体农庄市场”的运营却揭示了某种有意义的东西。这些经营活动可能得到了相当好的保护,其意义超过了1947年对于定量配给制的废除,因为后者并不必然意味着食品短缺的立即消除。

完全可能的情况是,战争时期的短缺通常会有助于加强管理者与工人对抗的力量,因而,作为将工人绑定在工厂中的劳动立法的结果,管理者的权力便得到了增加。该立法在这部小说中被称为“战时立法”,尽管它仍然保留在法令全书中。[①] 在帕诺娃的小说中,一位在工厂工作的年轻人在未经允许的情况下旷工了一个星期。该厂的经理可以将他递解到法庭。但在这个特定的场合,他决定不让他的仁慈的品性受到伤害,而这似乎又再一次地表明:管理者收紧控制与放松控制的权力将极其有助于赋予他以新的家长式统治的特质。这样一来,我们在克鲁兹利赫工厂以及苏维埃小说里的其他地方,发现管理者面对下属时使用长期流传下来的带有封建色彩的称呼“你”,而在面对上司时又使用尊称“您”,也就毫不奇怪了。



一个超额完成生产计划的管理者将赢得一种坚不可摧的地位,因为他会得到其所属的主管经济部的支持。但是。帕诺娃的小说甚至接触到了一个更重要的问题:管理者在与中央当局的关系中所具有的基本力量。它描述了要想免去利斯托帕德的前任的

① 直到1956年5月,这种将工人辞去其工作视为刑事犯罪的立法,才被废除。参见,《苏联共产党对于经济事务的指导》(*Direktivy KPSS i sovetskogo pravitel'stva pokhozyaystvennym voprosam*)(Moscow,1958),第620-626页。[亚历山大·格申克龙,1962年]

职务将是多么的困难，尽管根据小说的故事情节他已经被证明不
能满足战时生产计划的要求。那位经理声称该计划超出了工厂的
生产能力。在这里，帕诺娃告诉我们，这位经理甚至从地方的党委 307
会的某些成员中获得了支持，因为他们认为“如果削减计划指标的
大约 15%将不是一件什么坏事。各种事情都将会变得更容易，工
厂将会显示出更好的绩效，并且会与上级主管的经济部保持良好
的关系”。（第 115 页）

当地的党的官员开展了一场反对这位经理的斗争，这位经理在这场斗争中没有得到市党委会的支持。它的主席感到，这是一个需要在上级主管部与这位经理之间决定的微妙的问题。根据小说的叙述，这位当地的党的工作人员在工厂里成功地获得了某些工程师、领班以及技术工人的支持，起草了一个报告递交给由部里派驻到该厂的一个特别委员会。他的意见占了上风，不过这个故事给人这样一种强烈的印象，即如果没有来自工厂内部的这种帮助，上面的主管部也将不得不默认计划目标的降低。

与此相类似，在由索夫拉诺夫（A. Sofronov）编导的一部戏剧《别克托夫的生涯》（*Beketov's Career*）[①]中，由一个大型的苏维埃工厂生产的联合收割机经常地瘫痪在田野里。负责这个工厂的上级主管部下派了一位代表，他立刻罢免了该厂的经理。可是，主管部的这一行动却是由一系列匿名信所引发的，而写匿名信者则是该厂的总工程师，他一直在想望取得经理的位置。

这是一个值得我们深入思考的要点问题。在有关苏维埃经济

① “别克托夫的生涯”（Kar'era Beketova），载于《新世界》，1949 年，第 4 期。

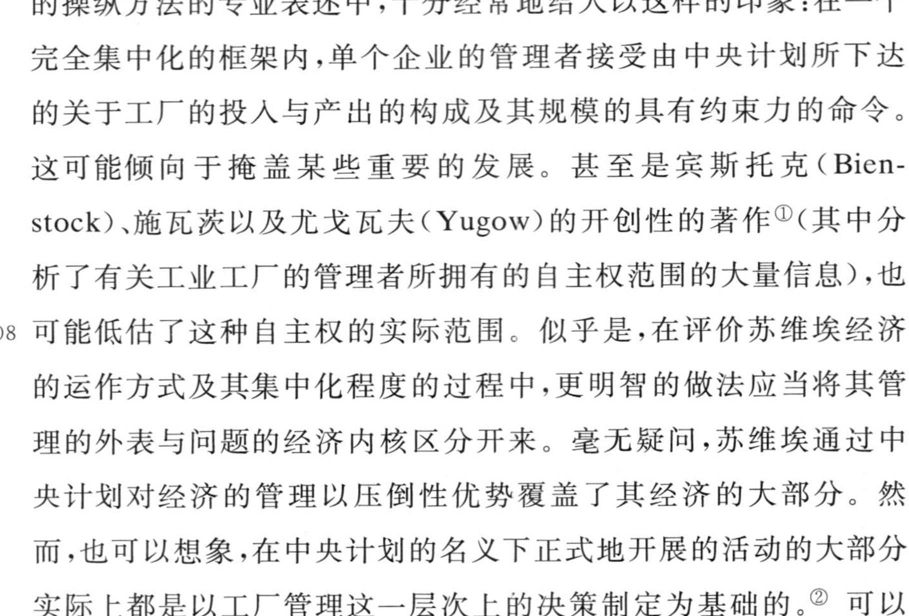

的操纵方法的专业表述中，十分经常地给人以这样的印象：在一个完全集中化的框架内，单个企业的管理者接受由中央计划所下达的关于工厂的投入与产出的构成及其规模的具有约束力的命令。这可能倾向于掩盖某些重要的发展。甚至是宾斯托克（Bienstock）、施瓦茨以及尤戈瓦夫（Yugow）的开创性的著作[①]（其中分析了有关工业工厂的管理者所拥有的自主权范围的大量信息），也
308 可能低估了这种自主权的实际范围。似乎是，在评价苏维埃经济的运作方式及其集中化程度的过程中，更明智的做法应当将其管理的外表与问题的经济内核区分开来。毫无疑问，苏维埃通过中央计划对经济的管理以压倒性优势覆盖了其经济的大部分。然而，也可以想象，在中央计划的名义下正式地开展的活动的大部分实际上都是以工厂管理这一层次上的决策制定为基础的。[②] 可以



① G. 宾斯托克、S. M. 施瓦茨以及 A. 尤戈瓦夫，《俄国工业与农业的管理》（*Management in Russian Industry and Agriculture*）（New York，1944）。

② 可以用一个例子来说明这一点。铜的生产与消费是中央计划的。铜被纳入到在俄国被称之为"物质平衡"的体系中，亦即用物量表示的单个商品的产出与消费并列的平衡表。在苏维埃的文献中，极其重视这种通过物质平衡来实现计划的方法。据说它可以保证消除不按比例的现象。现在，在 30 年代的大多数年份铜的供给始终处于短缺状态。国内生产的增长率极低，进口量始终保持在高水平，而苏维埃政府数年来则试图通过在不那么重要的生产线中引入替代来减少对铜的消费。这些努力仅仅显示了某种些微的成功。到了 1937 年，政府决定极大地提高铜的价格，而同时又令那些在生产中使用铜这种金属的商品的计划成本保持不变。显然，其后果将完全是所想望的那样。铜从此以后被限定在更为重要的必需用途上，而替代品则开始大规模地利用。参见科兹洛夫（G. Kozlov），《社会主义社会的经济核算》（*Khozyaystvennyi raschet v sotsialisticheskom obshchestve*）（Ogiz，1945），第 65 页。

这明显地提出了一个问题：为什么中央计划当局不在它的物质平衡体系中简单地改变铜的消费模式？为什么苏维埃政府不得不诉诸价格提高这种间接工具（它的效果肯定是更加不确定和更少透明的）？有一种强烈的假定倾向于认为，苏维埃政府之所

想象，在现实中，中央当局在有关单个工厂的实际条件和发展情况等方面的知识和预见是相当有局限性的。一个对于像脚注①所详述的这些关系一直觉得奇怪的经济学家，也许会感到帕诺娃的小说和索夫拉诺夫的戏剧所包含的材料确实在某种程度上增强了这里所提出的问题的有效性。

在这个问题上，由索夫拉诺夫编导的另一部戏剧（它像《克鲁兹利赫》一样，获得了斯大林奖）也是富有启示性的。[①] 该剧的中心 309
人物也是一位成功的工业管理者，名叫波塔波夫。他所在的工厂专门生产为加工农业机械所需要的机床，并且一直是超额完成计划。该剧是以波塔波夫决定用三年半的时间来完成工厂当前的（第四个）五年计划开场的。然而，他随后立刻就遇到了来自附近的纺织厂的管理者的请求。后者请求波塔波夫将他的工厂的生产能力的一部分拿出来用于生产邻居企业所需要的纺织机械产品。整个剧情都是围绕着这一请求而展开的。波塔波夫起初拒绝了这一请求，然后经过四幕充满劝说过程的情节，包括一个地区党委会的决策，才使他最终默然同意了纺织厂的请求。

我们不需要去关注该剧的细节，尽管其中的某些也是富有启示性的（诸如普通的俄国人对于政府和党的口号所显示出来的那种幽默式的顺从态度）。同时，我们也没有必要去关注该剧的道德

---

以不能利用更直接的方法是因为**它不知道**这种限制究竟应该在使用铜的工业的哪些部门中应用，以及能够被应用的程度如何。换句话说，中央当局只能承认单个工厂的管理者所做的决策。可以推断，在价格提高**以后**，物质平衡体系中的铜消费模式将会针对新形势做出调整。

① “莫斯科的角色”（Moskovskii kharakter），载于《十月》，1949 年，第 1 期。

问题，它所想要实现的宣传效果是十分明显的：苏维埃政府和共产党关心投资品的生产不仅是为了进一步投资，而且也是为了在消费品工业中的直接应用。该剧包含了对重工业代表方面对于轻工业代表方面所显示出来的优越感的尖锐批判，这是一种大概在战争期间被强化了的感觉。但是，尽管所有这些肯定具有重要的意义，我们这里所感兴趣的还是，贯穿全剧，有关生产计划的一个重要决策仍然被假定处于波塔波夫的相机决定范围内："如果您同意，部里将不会有任何反对！"（第110页）并且，我们还有趣地注意到，党委会的决议并不是敦促上级主管部指导波塔波夫去接受纺织厂的订货要求，而是仅仅诉请主管部允许他这样做。

这便证明了那种推测，即工业产出的大部分实际上可能只是处于极不完全的计划控制之下，如果它们确实被控制的话。而管理者，特别是超额完成计划的管理者，则享有一个充分的自主范围，在其中他能够就所生产物品的种类以及处置它们的方式做出
310 基本的决策。这后一方面，偶尔地在很大程度上又变成一种人际关系问题。就此而言，它将一种机会以及狭小范围的因素引入到资源配置中，使这种资源配置成为既不同于中央计划者的大一统决策、也有别于市场的客观价格机制的另一种方式。后面我们将对于个人关系在苏维埃经济中的这种作用提供某些附加说明。这里仅指出这一问题完全值得进一步关注也就足够了。那么，对于有效的中央计划的限制连同缺乏一种自由和广泛的工业品市场，能够在苏维埃经济内部产生出那种中世纪城市的狭隘经济所特有的地方主义的某些问题吗？

索夫拉诺夫在令波塔波夫的妻子以责备的口吻对其丈夫谈话

时，相当明确地提出了苏维埃俄国的管理问题："为什么你如此频繁地说'我的工厂'，'我是经理'，'我是所有者或老板'？你只是一个负有责任的经济工作人员，而国家和人民才是所有者。"[①]这里实际上涉及的是这样一个问题：一个负有责任的经济工作人员倾向于变成一个所有者或者老板的程度。对于这个问题，帕诺娃的小说和索夫拉诺夫的戏剧都提供了令人感兴趣的信息片断。

有时苏维埃工业工厂的管理者权力的增加被视为一种不可阻挡的演化过程，并且它的势头在未来的数年中将会持续不减。其他人也许感觉到，管理者地位的这种增强正像在过去所发展的那样，不过是一种暂时的现象，它主要是由为监督计划执行而设计的制度机制的发展滞后于计划制定机制的发展这一事实所引起的。自然，小说对于这样一种推测并没有提供任何回答。不过，苏维埃小说在当前对这一问题所给予的关注也许指出了它的重要性，并且甚至可能勾画出了进入一个针对管理者与中央权威当局之间关系的关键决策时期的路径。[②]

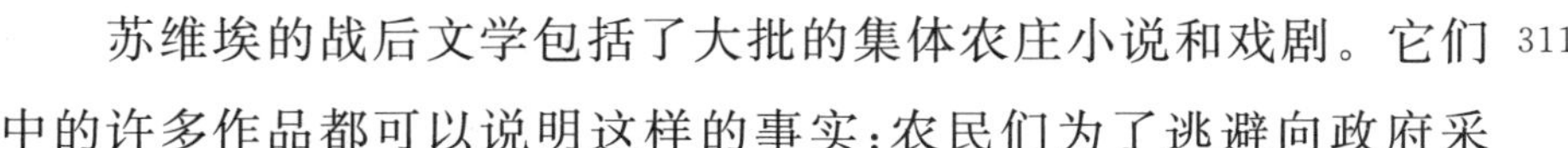

苏维埃的战后文学包括了大批的集体农庄小说和戏剧。它们 311
中的许多作品都可以说明这样的事实：农民们为了逃避向政府采

---

① 在一个与此极为相似的诘问中，一位铁路公司的经理也受到了谴责，对此可参见由苏罗夫(A. Surov)编写的剧本，"绿街"(Zelenaya ulitsa)，载于《十月》，1949 年，第 5 期。

② 正如在本书其他地方所提到的(第 11 章，第 350 页注①)，苏维埃工业在组织方面的改革及时地在苏维埃的小说中得到了反映。有关涉及工业管理的问题的补充讨论，可参见亚历山大·格申克龙，"独裁的可变性"(The Changeability of a Dictatorship)，载于《世界政治》(*World Politics*)，1962 年 7 月号。[亚历山大·格申克龙，1962 年]

办机构上缴粮食的义务而进行的斗争一直没有减少。维尔塔(Virta)的戏剧《我们每日的粮食》(*Our Daily Bread*)和巴巴耶夫斯基(Babayevski)的小说《金星英雄》(*Knight of the Golden Star*),[①]都提到集体农庄通过增加所谓“种子储备”而隐藏粮食的做法,这种种子储备在维尔塔所描述的情况中已经超过了计划的三成以上(第46页)。在巴巴耶夫斯基的小说中,一个集体农庄的主席担心种子储备可能会被检查,而将其剩余部分分布在农庄的各个成员之间。他的目的是要等到开春价格提高时再将这些粮食在集体农庄的市场上卖出。此外,在维尔塔的剧本中,一位集体农庄的主席运用在打谷期间将粮食混入麦皮中的做法来隐藏粮食,然后计划在冬天的时候再把它们清理出来。对于此类情节必须从下述事实这样一种视角来观察:根据法律规定,集体农庄向国家上缴的粮食并不是根据收成来计算的,甚至也不是根据播种面积来计算的(那是1940年以前的惯例),而是依据集体农庄的可耕地总量来计算的。与播种面积相挂钩的计算显然将会导致与总可耕地亩数相对而言的实际耕作面积的减少,或者至少是阻止这一比率的增加。1947年,通过改变“上缴标准”使得这一制度变得更有弹性了,新标准是根据单个集体农庄的总可耕地亩数与其可供利用的体格健壮的劳动力人数之间的现存比例关系确定的。[②] 不过,政府关于以可供利用的土地为基础、而不是以收成为基础来上缴



① N.维尔塔(N. Virta),“我们每日的粮食”(Khleb nash nasushchny),载于《星报》,1947年,第6期;S.巴巴耶夫斯基(Babayevski),“金星英雄”(Kavaler zolotoy zvezdy),载于《十月》,1947年,第4,5期。

② 《真理报》,1947年3月7日。

粮食的原则完全得到了保留。

由此便产生了集体农庄隐瞒他们的粮食究竟是为了什么的问题。应当注意,上面一段所提到的上缴仅仅是通过集中化的方式向政府提供粮食的一部分。粮食总产出中的一个相当大份额[①]还由集体农庄以实物支付的形式提供给为其履行了工作任务的机器 312
拖拉机站(MTS)。这种支付是依据收成的基础来加以计算的,不过,其计算的大部分根据的是田地里的作物,而不是实际归仓的数量。所以它仅仅是对收割与打场进行计算,即根据收割或打场的数量来计算应支付的量。这些制度安排的目的显然是要使集体农庄企图逃避他们的义务的各种手段都不能得逞。所以,关注苏维埃小说对于有关这些手段方面的细致描写,以及深入思考它们的继续使用何以能够与一个从先验的角度看来似乎将使它们无用武之地的法律框架相调和,将是有益处的。

集体农庄隐藏粮食,可能是为了避免在所谓的分权化上缴体制下向政府提供额外粮食的压力。更可能的是这样一种假定,即立法的刚性操控在实际的实施中是无法做到的,从而在现实中粮食的上缴是由通过某种方式计算的实际粮食生产来决定的。另外一种可能性则是,通过隐藏粮食,集体农庄希望获得未来上缴义务的某种减少。最后,当然也可能存在着负责监督粮食上缴过程的官员的彻底的受贿行为。在维尔塔的剧本中,作为集体农庄主席的犯罪分子对机器拖拉机站的站长行贿甚至达到了令其颁发有关

① 例如,在 1937 年是 50%。参见,加利曼(L. S. Galimon),《机器拖拉机站的收入》(*Dokhody mashino - traktornykh stantsii*)(Moscow,1948),第 8 页。

打场的粮食数量的虚假证明的程度，而对于政府采办机构的工作人员则通过贿赂使其对于实际上并没有收到的粮食签发空头收据。

在战后时期有关集体农庄题材的小说中，主人公的角色被分派给了退伍还乡的老兵们，他们在返回家乡后立刻在集体农庄或当地苏维埃中取得了支配地位，并且投入巨大的精力领导集体农庄沿着向和平时期的环境调整的道路前进。无论是在小说还是剧本中，令人尊敬的主人公都能够揭露犯罪分子并且对集体农庄进行改革。当然，不论是小说还是任何其他的资料来源，都不能对集
313 体农庄逃避政府管制在总体上究竟具有多大的数量意义这一问题提供答案。

某些令人感兴趣的问题之一，是巴巴耶夫斯基的金星英雄的有效的工作方式，他成为当地苏维埃的主席并罢免了集体农庄有犯罪行为的管理层。他拿定主意由谁来接替原来的主席，并且在一个深夜的时刻召集了一次集体农庄庄员大会，他满意地看到他选择的那个人同时被与会者所提名并且立即选举通过。这个关于集体农庄选举的运作过程的侧面信息具有某种重要意义。此外，下面这一事实也很重要：即在该小说中至少有一个人对此提出了抗议并且认为它破坏了集体农庄的盟约。

在集体农庄题材的小说中，相当多的注意力被放在了集体农庄成员的土地中属于个人自留地那部分的问题，更多的浓彩重笔都用来描述在这些自留地与在集体农庄的田地里工作的对比情况。在巴巴耶夫斯基的小说中，一个有意思的理论甚至是由两个集体农庄的主席在彼此相互独立的情况下发展出来的，他们指出

了在个人自留地上更大量地播种谷物将倾向于分散风险的后果，从而集体农庄田地里谷物的歉收将会为个人自留地里的大丰收所补偿。虽然这一理论所具有的逻辑上的解释力也许不是很大，然而它所解释的事实却为人们了解集体农庄农民的态度提供了某些新的见识。

从仔细品味苏维埃的小说中获得启示的一个有趣的问题，涉及“领导型的”集体农庄的存在。伊利延科夫（V. Ilenkov）的小说《高速公路》（*The High Way*）的大部分都是用来叙述这一问题的。[1] 领导型集体农庄由小说中的主人公的父亲负责管理，它与另一个距离并不遥远的集体农庄之间的差别是惊人的：“我们对每个工作日分配 12 公斤的粮食，外加 4.5 个卢布，[2]而在那里[较贫困的集体农庄]，很多年前，他们就已经有足够的粮食吃了。”[3]

这无疑是一个十分微妙的问题。政府自然是偏向那些显示出超凡绩效的集体农庄。在某种边际范围内，它们对该区域或该地 314
区的其他集体农庄起到了一种样板作用。所记录的绩效常常并不是政府的某种深思熟虑的政策的结果。前面引用的维尔塔的剧本表明了地方苏维埃通过在关键的时刻指挥卡车和拖拉机到一个农庄而不到另一个农庄去，是如何能够影响各个单个集体农庄之间的生产结果的。还有，人们也许会注意到，作为插曲，个人关系问题这时也出现了：在伊利延科夫的小说中，一个人表达了这样一种

① “高速公路”（Bol'shaya doroga），载于《十月》，1949 年，第 1,2 期。

② “工作日”（Working day）是对于集体农庄庄员所履行的工作的一种传统的计量概念，它不同于历法中的一日概念。

③ 参见，伊利延科夫（Ilenkov），第 93 页。

判断：除非至少有该地区党委会的第一书记（他是该地区苏维埃主席的实际老板，事实上也是整个该地区的老板）被邀请去参加集体农庄所计划的猎熊远游，否则它在夏季也许难以得到拖拉机所需要的汽油。[①]

然而，这里的问题是一个更广泛得多的问题。一个集体农庄创纪录的绩效也许是以其他集体农庄的损失为代价而取得的，这些集体农庄将会大大地超过其根据绩效记录所实现的产出增加量。在上一次战争期间，加利福尼亚的造船厂连续地在 24 小时之内生产出一艘自由艇，而不像通常那样耗费 18 到 20 天。这样的绩效给人的深刻印象是，它们是以在各个工场中正在建造的大约 15 艘船只的迟延交货为代价的，因为所有稀缺的设备，诸如起重机，都被集中到了创纪录的船的生产上。苏维埃俄国的创纪录绩效被赋予了极大的重要性，这从稀缺资源配置的观点来看无疑构成了一个严重的问题，而人们则应该感谢苏维埃小说为这一问题提供了某些侧面信息。如果查看一下在工业和采矿业领域中类似的文字说明，人们同样会获益匪浅的，因为那里此类问题也许表现得更加尖锐。[②]

在巴巴耶夫斯基的小说中，一个类似的困难以稍微不同的形
315 式呈现出来。其中的主人公建议由他的村子来建造一座电站，这个村子由三个集体农庄组成。在执行这一建议的过程中，他被提

① 参见，伊利延科夫(Ilenkov)，第 59 页。

② 前面引证的由苏罗夫编写的剧本，“绿街”，其情节主要是围绕一种遭到尖锐批评的铁路管理部门为了建立成绩记录而仅仅装饰门面，却不去持续地努力改进运输速度与货运量这种做法，而展开的。参见，《新世界》，1949 年，第 5 期。

升为地区苏维埃执行委员会的主席，从而他当即决定增加电站的生产能力以便使它能够服务于全地区。这一行动使他同村的邻居们感到惊讶和沮丧，因为他们为了建造这座电站不得不花费极大的力气将木材通过漂浮运到他们的村庄，而他们既不愿意别人分享他们的劳动果实，也不愿意因为成为该地区第一个实现电力照明的村庄而加以炫耀。然而，令人迷惑不解的是，当这位主人公会见邻近地区的代表并听到他们请求他进一步增加电站的生产能力从而使它不仅限于服务于一个地区的意见时，他竟直截了当地拒绝了。此时，关于合作的美德以及自私的危险的任何理由他似乎都忘记了，而他曾经运用这些美德如此雄辩地减轻邻近地区的忧虑。这一问题一直悬而未决，唯一的例外是有一个微不足道的暗示，即该地区的党委会书记可能着手处理这个问题。因而，在苏维埃经济中对已取得的成就实行垄断化的愿望便得到了引人注目的证明。垄断的发展所具有的二重性——既促进进步、同时又阻碍进步——也许会诉求苏维埃领导者们经过辩证训练的头脑，可是它同时也产生了一个要求艰难的实际决策的致命问题。

在这里也许可以使我们暂时回到前面曾经谈到过的个人关系的作用问题。因为巴巴耶夫斯基的小说关于这一主题提供了某些新的材料。当这个村庄为了建造电站而需要木材时，他们为了得到木材所进行的最初努力(尽管是无效的)导致了金星英雄开始了一次旅行，去拜访一位地区消费者合作社经理的私人朋友，据说他可以安排和处理此类事情："去地区管理部门毫无意义。没有莫斯科的同意他们不能做任何事情……你最好去皮亚季戈尔斯克。我在那里有个朋友……，一个非常好的伙伴。我将写信给他，他将会

做任何事情。”[①]当那位经理随后被派往莫斯科要求保证电站所需的设备时，他在他的旅行报告中强调了他所建立的个人关系是多
316 么的有用，并且他还建议这位骑士：如果带上“某些数量的奶油”，“对于今后购买所需物资的努力将是极其有帮助的”。

也许可以补充西蒙诺夫的小说《祖国的烟雾》（*The Smoke of the Fatherland*）[②]，其中的一位建筑师，格里戈里·康德拉捷夫，也是采用相当类似的方式进行活动的。这里所增加的一个因素似乎是，虽然康德拉捷夫是出于他的在建房屋项目的需要而利用个人关系的，可是他并没有忘记他自己的人，并且设法从他的各种交易中谋取个人利益。足够有趣的是，西蒙诺夫主动提供了这样的信息，即战后的混乱时期特别适合于像康德拉捷夫这样的人，可是康德拉捷夫的所作所为与战前时期的情况本质上是一模一样的。

在伊利延科夫的小说中，集体农庄的主席当他试图得到铜线时，是采取向他的一位兄弟在其中任领班的工厂提交申请的办法。值得注意的是，这一请求被拒绝了，因为在过去这个集体农庄的主席曾经拒绝过向该厂输送20名集体农庄庄员。人们将不得不一而再、再而三地感到吃惊：竟然有如此多的经济活动是在独立于计划和中央监督的情况下进行的。

我们在前面的讨论中并没有试图探讨小说家和剧作家对于与他们相关联的事件的态度。这是一个更为困难的问题，并且从本文的观点来看也许不那么重要。自然，巴巴耶夫斯基和维尔塔二

---

① 参见，巴巴耶夫斯基，第5页。

② “祖国的烟雾”（Dym otechestva），《新世界》，1947年，第1期，特别是第32－37页。

人都不赞成农民们向政府隐瞒粮食。犯罪分子们被假定将要向反应迅速而又严酷无情的法律正义缴械投降。我们从作者直白的语言表述中得知，索夫拉诺夫的管理者将遵从纺织厂的要求而为他们生产所需要的印染机。但是，如果要清楚地表明（比如）帕诺娃究竟是同情该工厂的管理者，还是怜悯其可怜的工会代表（对于他前者可以随心所欲地威胁与纠缠），就可能变得十分困难了。此外，更为困难的将是把这样一种针对日常经济生活中的微小事件的判断表现为小说中的相关情节。正像他们对于外国的观察者所显示的那样，苏维埃的作家经常将他们的存在视为当然的事情，从而并未感觉到有任何将他们区分为“好的”或者“坏的”的强迫力量 317
的存在。

如果说从前面的讨论中可以得出某种积极的结论的话，那么它将是，在苏维埃的小说中识别出对于那些似乎同时具有可能性和启示意义的事件和关系的描述，看起来并不太困难。一个经济学家对于他在苏维埃小说中可能发现的大量材料，应当能够将其置于他在对苏维埃经济背景进行专业研究的基础上所形成的假设与问题框架之内。虽然他对小说作品的仔细品味并不能引出对于他的假设的任何“证明”，或者对于他的问题的任何明确回答，但是这些一再出现并且都指向同一方向的信息片断所具有的累积效应，将倾向于在某种程度上加强他可能进行尝试性的理论概括的冒险。反过来说，他可能发现苏维埃小说是相当富有建设性意义的，十分常见的情况是，研究俄国当前经济的学生可以从这一方面来获取他希望在其专业文献的研究中加以应用的推动力和观点。

但是，苏维埃小说的重要意义甚至看起来超过了这一点。法捷耶夫(Fadeyev)的《青年近卫军》(*Young Guard*),或者波波夫(Popov)的《钢与炉渣》(*Steel and Slag*)[①],也许仅仅是同样的小说,可是它们对于在德国人军事推进的冲击波到来之前顿巴斯大撤退时期却给予了极为生动的描述,这种描述提供了高度有价值的背景,使得经济学家可以据此将那些诸如包含在沃兹涅先斯基(Voznesenski)关于苏维埃战时经济的书中一类的数量资料与各个工厂的撤离对应起来。同样,帕夫连科(Pavlenko)的《幸福》(*Happiness*)对于战争结束时在苏维埃俄国必然会发生的大规模移民也至少给予了一定的关注。[②] 正是这样的苏维埃小说,为经济学家获得有关苏维埃经济生活及其人际组织结构的日常氛围的某种感觉,开辟了道路。没有此类小说,任何学术研究都将必然属于一种无生活气息的空壳。



① 法捷耶夫(A. Fadeyev),《青年近卫军》(*Molodaya gvardiya*)(Moscow,1947);波波夫(V. Popov),“钢与炉渣”(Stal'i shlak),载于《旗帜》,1949 年,第 1,2 期。

② 帕夫连科(P. Pavlenko),“幸福”(Shchast'e),载于《旗帜》,1947 年,第 7 期。

# 第 13 章　对苏维埃小说的反思

研究俄罗斯小说的未来的史学家完全有可能一方面赞赏苏维 318
埃时期的小说创作规模达到了创纪录水平，另一方面又责怪其小说在艺术标准方面同样也达到了创纪录的下降。然而，人们也许希望 21 世纪的文学评论家在公平地对待令人不幸的过去时，也将不要忽略苏维埃小说所具有的一种补救性特征：即它的巨大的人类学价值。这里对于少数近期或最近的苏维埃小说所进行的思考，并不是针对它们的文学质量。我们所关心的仅仅是这些小说中对苏维埃俄国的日常生活的各个侧面（也可能包括小说家们本身的生活）所展示的东西。

## I

利奥尼德·列昂诺夫（Leonid Leonov）创作于 1950 至 1953 年间的《俄罗斯森林》（*Russian Forest*）[①]，也许是自上一次战争结束以来比任何其他的此类苏维埃作品都提供了更多富有启发和更

---

① 载于《林业》（*Russkii les*）；正文中的页码指的是《作品选集》（*Sobraniye sochinenii*），VI（Moscow，1956）中的页码。

多思想养料的作品（而因为在俄国的公开被否定——如果不是由于其他原因的话——帕斯捷尔纳克的《日瓦戈医生》（*Doctor Zhivago*）则牢牢地被排除在了苏维埃小说的名单之外）。《俄罗斯森林》同时拥有一个表面上的主题和一个真实的主题。虽然后者要更为重要得多，可是前者也并非没有意义。此外，在这部小说的字里行间还散布着许多政治判断，其中的一些也值得注意。

319 表面上的主题是以醒目的方式写在小说封面上的：它是关于苏维埃林业政策的问题。小说的主人公是一位林业学教授，他热爱森林并渴望使这个国家的森林覆盖地区得以保持而不减少和不会变得稀薄。他将不仅要保护森林的总量，而且还要冻结现存的有关林地的地理分布。在为其论点提供辩护理由时，这位教授通过宣称“可持续的收益”的概念（即这样一种森林概念：它的年龄结构和产量年复一年地保持着“正常”状态，以某种理性的方式实现最大化收益）系由俄国的林业专业学生们所发展起来的，为苏维埃关于进行干预的一系列声明提供了补充（第318页）。

在个人气质和世界观方面，我们这位教授——他的名字叫维尔霍夫——是契诃夫的戏剧《万尼亚舅舅》（*Uncle Vanya*）中的阿斯特罗夫医生的直接后继者，唯一的不同之处是，契诃夫的乡村医生（*medecin de campagne*）是使用优美的俄语来简洁地表达自己，而我们这位苏维埃教授则偏好于一种含糊、暧昧的土语。“森林”，他在说教和宣讲时说，“是生产性的力量之和”（第251页）。这种以伪科学的方式给出的含混不清的阐述很像是从官方的苏维埃经济学教科书中摘录出来的。不过，在这位教授所宣称的实质内容中，并不隐含着某种对于苏维埃政策的批评。官方的苏维埃路线

的一个首要内容就是谴责革命前的旧政府对于森林的野蛮破坏，其次则是阐明在革命以后，传统的革命以前存在的森林保护原则如何在多年的时间里妨碍了木材资源的充分利用。这并不是一种十分一致的立场，但它却反映了这样一个事实，即在 1929 年，当苏维埃的政策得到激进的修正时，森林的利用被完全地隶属于高速工业化的总体政策了，因而出于国内使用和出口需要而砍伐的木材数量开始极大地超过自然增长率。①

由此，维尔霍夫教授可以被视为苏维埃政策的评论家。诚然，这种批评是极其温和的。首先，除了指出低劣的工作质量以外，其他的方面都不是很明确地谈到。其次，苏维埃对于在这一领域的批评也是不可能有多大反应的。如果考虑到他们对于健全的准则 320

的总体性破坏程度，那么对于森林的掠夺性使用看起来就是苏维埃最微不足道的过错了。当然，对于森林覆盖范围或密度的某种永久性减少也可以找到充足的理由来加以辩解。森林的合理利用问题一般来说是特别复杂的，就此做出的决策将要涉及远远超过列昂诺夫和他的教授所把握的那些因素。没有任何证据显示，苏维埃政府在按照一种精确的计算来指导自己的行动。恰恰相反，这里所包含的某些因素，比如一种合理的“森林百分比”（一种利率，借助于它，可以决定最优的森林循环或砍伐年龄），在苏联由于意识形态的原因却遭到了禁止。苏维埃关于森林开发的概念是笼统和粗糙的。不仅如此，与那种可能是相当敏感的对于森林循环

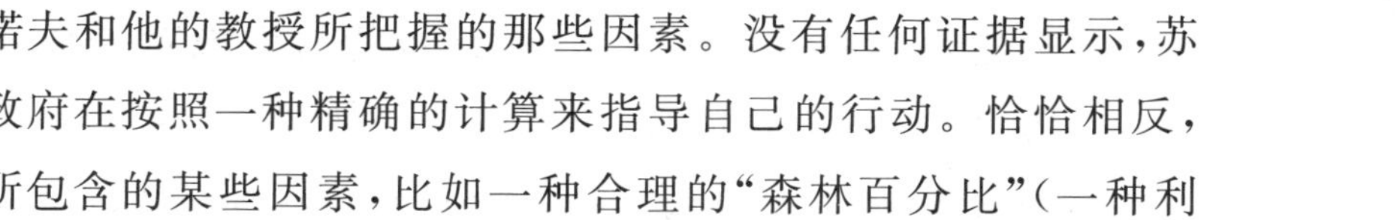



① 例如，可参见波波夫（V. A. Popov），《苏联的森林工业》（*Lesnaya promyshlennost'SSSR*），1，《森林开发》（*Lesoekspluatatsiya*）（Goslesbumizdat，1957），第 15，33 页。

的永久改变相反，临时性地偏离“正常状态”成为林业政策中的一种规律性现象，并且这种做法也被视为像正常状态本身一样合理的。无论如何，由此所遭受的损失不必成为不可逆转的那种。它们的一部分可以通过造林来补救过来。原木不像铁矿石。它可以再生，尽管需要耗费某种成本。此外，下述情况也是相当可能的（并且事实上也是如此）：到了列昂诺夫创作其小说的1950年代初期，苏维埃政府正在准备对其林业政策实行某种转变，从而列昂诺夫的小说便成为为这种新政策提供正面论证的受到欢迎的——如果不是由政府所授意的话——作品。

然而，情况也许是，这种保护俄罗斯森林的愿望在小说中披上了一层如此厚重的苏维埃爱国主义的外衣，以至于它的批判的色彩倾向于被掩盖起来了。列昂诺夫对于最近的事件所做的某些解释，是苏维埃式的形而上学和历史精确性的上佳之作，因而不应当被忽视。例如，作者为我们提供了一种关于苏联人民在希特勒进攻苏联之后的1941年夏季的心境的分析：“在对于不得不停工的未完成的建筑工程遗憾的背后，人们也能够发现对于敌人的蔑视——既对于这个当前的敌人，也对于另外的敌人——即主要的和隐蔽的敌人，他们对于两大体系之间的和平竞赛感到惊恐”（第105页，这里的着重号系本文作者所加的）。显然，这里所指的是被称之为“资本主义”的虚幻的存在。或者它指的就是美国？这里
321 的含糊不清看起来是有意义的，其目的就是要狡猾而又隐蔽地暗示，美国支持了希特勒的侵略，而它之所以这样做乃是由于惧怕苏维埃所取得的成就。在这里，一种有关美国国民特征的有洞察力的观点也许是有帮助的。在维尔霍夫教授与一位曾经是老布尔什

维克和革命英雄典型的朋友的谈话中，后者描述了某些由美国军队所干的在他看来是野蛮的行为。教授完全震惊了，他提出了一个深入思考的问题："那么，他们是什么人呢？——战士还是强盗？"并迅即得到了一个富有启发性的回答："他们是商人。对于那些知道怎样为一种理念而献身的人来说，战士是一个伟大的头衔。……但是，在我看来，在过去几个世纪中连一种理念也没有从商人阶级那里涌现出来、并且以生命的名义被付诸实施[原文如此]，……商人，充其量也只能是海盗"(第 680 页)。

人们一定想要知道，列昂诺夫本人是否认识到他的百分之百的共产主义者几乎是在逐字逐句地重复维尔纳·桑巴特的《商人与英雄》(*Händller und Helden*)中的思想，这是在第一次世界大战期间创作于德国的体现"爱国主义思想"的一本书，它直接反对的是英国(慕尼黑，1915 年)。列昂诺夫在这些段落中所显示出来的风格，甚至在其模糊不清的存在个体性(haecceities)的意义上也极像反动的德国作品在俄国的一种翻版。

如果考虑到这些可悲的特征，那么想要了解美国人在二战期间有多么的卑鄙也就毫不奇怪了。日复一日地，维尔霍夫教授和他的邻居都想知道第二战场可能会在哪里开辟。他们一直猜测了九百个日日夜夜，直到第九百零一天为止，这时德国人攻击了阿登(Ardennes)，而莫斯科喜悦地收到了来自他们的盟国方面的求援电报(第 718 页)。因而，英一美军队看起来是要设法达到阿登而未曾开辟第二战场。这种关于第二次世界大战历史过程的低能的、厚颜无耻的表述在西方将很难有影响力。此外，人们也难以相信，普通的苏联读者会是如此的愚笨、无知和容易上当(或者像列

昂诺夫所认为的那样)，以至于会接受列昂诺夫对于事实真相的篡改。一般来说，也许可以更合理地假定，这类表述在苏维埃的环境
322 下将被视为主要是某种礼仪形式的一部分，或者被视为某种旨在对于统治者表示忠心的浮华宣言。可是，列昂诺夫似乎想要比苏维埃有关一个作家的适当行为的法规所要求的标准走得更远。除了对于过去历史的糟蹋以外，他的小说还包含了对于未来历史发展的某些隐约预见。维尔雅，作为年轻的苏联姑娘心目中理想的英雄形象，她在与德国人的战斗中牺牲了自己的生命。她把这一次世界大战放在一种适当的历史视角下来思考："你知道"，她对她的朋友，即那位教授的女儿解释说，"法西斯主义仅仅是一个伟大的历史竞赛中出现的一个插曲……记住你的历史：如果解决红白玫瑰之间的微不足道的王朝冲突尚且足足耗费了三十年的时间，那么最终解决人类的革命力量与反革命力量之间的巨大分歧即使耗费一个世纪也将毫不奇怪。不过，你可以确信，我们已经完成了头二十年的工作"(第 129 页)。

这实际上是小说中极其做作的填充材料，对此人们只能得出这样的结论，即苏维埃作家必须要支付的保险费率将是很高的。不仅如此，看起来，过度保险将比保险不足更为有利。一位以宏大的气势(*in magnis*)显示出如此炽热的忠诚的作家，在有关不可信的森林之神(*in parvis silvanis*)的判断上，出现某种短暂的偏执的独立性是完全可以理解的。列昂诺夫被普遍认为是苏联最优秀的小说家之一。看到一位渴望获得伟大的俄罗斯作家声望的人物居然在有关历史的真实性、常识以及基本体面方面抛弃了所有的伪装，这几乎是令人感到恐惧的。苏维埃小说确实暴露出苏维埃作

家所处的尴尬局面，并通过他们显示出了苏维埃体系的困境。

当然，所有这些并不意味着它们就毫无意义。对于列昂诺夫的小说来说，除了以奥托·路德维格（Otto Luduwig）的《护林员世家》（*Erbförster*）方式表现出来的廉价感伤以外，或者说，除了有关对森林利用的合理计算的半文盲的概念以及对于历史真理的无羞耻的歪曲之外，还有更多的东西。仅仅从十分表面的意义上看，才可以把列昂诺夫的小说归结为讨论俄罗斯森林的盛衰变化问题。它的实际主题则是关于苏联人的人生沉浮问题。因为它是一部有关生活履历（即 *Lebenslauf*，意思为生活履历。——译者注）亦即苏联人民生活经历的小说。这是这部小说的真实主题，也是它的一个更为有价值的方面。

维尔霍夫教授的森林理论是平淡无奇的，可是他关于人类生活经历的探讨却深入到了苏维埃社会体系的最核心的地带。我们的教授认为，进步就在于道德义务的增加，它必须与物质产品的增加同步进行。只有完美的人才能获得完美的幸福。“因此，每个人 323
都必须使拥有完美的生活经历成为自己的职责”（第 59 页）。这确实是具有重要意义的一句话。不幸的是，它的英文译本并没有正确地表达出俄语的风格，因为它使用了一句沙皇敕令中的古语。事实上，读者暂时可能会感觉到无所适从，不知道列昂诺夫以及他的主人公实际上究竟想要说什么。完美生活经历的概念以及它的表达方式使人不可避免地要回想起谢德林为反对沙俄帝国所使用的受人称颂的讽刺妙语，在这些妙语中，他颂扬了思想一致（*yedinomysliye*），即把思想上的绝对一致作为俄国统治者的伟大理想。但是读者的怀疑将是不适当的，因为列昂诺夫是十分认真的。完

美的生活经历问题实际上是苏维埃社会的一个关键性问题。它并不是起源于苏联，但是正是在这里它达到了前所未有的程度，并拥有了前所未有的重要意义。所以，在考察这一概念在列昂诺夫的小说中的应用之前，先来澄清这一概念本身看来将是有益的。

对社会与文明程度加以分类存在着很多可能的标准。然而，有关人的生活经历的流行的态度与这些标准中最不重要的标准也相去甚远。因为它是与另一种也许被更广泛提及的区分，即原住民的社会和移民的社会之间的区分，联系在一起的。原住民定居的社会，正如我们在这里对这一词语的理解，指的是这样一个社会，在其中，单个人的全部生活作为一种规则是在一个相当狭窄的社会圈子内传承下来的。在这样的社会中，人们理想的生活经历不存在任何中间休止。他的生活经历只是在非常狭窄的意义上才是完美的，这种意义就是一个定居的社会肯定了这种完美的价值，

402

即：它取得了一种生活的统一。根据一句俄罗斯谚语，缺一字也难成一首歌(no word can be thrown out of a song)。人们生活中的任何部分，不论多么微小，也都不能或者没有必要被从定居社会中一个人的生活经历中抛弃。

一个移民社会的价值是与此完全不同的。这是这样一个社会，在其中，新来者丧失其外来的特质的过程由于新的新来者的进入而持续不断地处于未完成或者重新开始的状态。这种移民社会可能与一个拥有日益增长的工业城市的社会相一致。它也许包含有一个像鲁尔山谷那样的地区，也许是像美国那样一个规模宏大的国家。一个社会可能或多或少都带有“移民”的性质，这特别地将要依它的地理范围、它的增长率或者它与那些发起移民的区域

之间相隔的距离以及移民行动中所固有的不可逆程度等等为转移。但是，十有八九的情况是，对这样一种社会中人们生活的态度与定居的社会中的情况相比，将倾向于极大的不同。自然，这样一种态度并不是瞬间出现的。在某种意义上可以说，新英格兰的清教徒习俗在几个方面都是旨在否定基本的移民经历的一种结果。要想变成完全的移民化，美国社会将不得不摆脱许多清教徒的狭隘的地方主义。正是因为这种"古老国家"的概念随着移民而流行开来，并且在特定的"头脑"(brain-case)进口中被带入，一个移民社会的建立甚至在像美国这样的年轻国家里也是一个长期的过程。可是，一旦这样一个社会被建立起来，并且它所特有的新的意识形态被发展起来，这个移民社会便取得了容易识别的特性。在这样一个社会中，生活的统一，一种完美的生活经历，不可能被视为是理想的。有关移民、农民转型为城市居民以及欧洲人转变为美国人的确切事实，都在生活经历中制造了一种裂痕。它们把它撕开了，并迫使人们开始一种新的生活。由一位美国的哲学家来强调再生(twice-born)的道德特征并不是偶然的。[①] 在某种意义上，移民就是死亡。移民者就如同巴黎的黑话所说的那样："退还出生证明"(*ravale son bulletin de naissance*)；加入新国籍的证书证明了第二次出生。

一个移民社会的新来者也许有十分充足的理由忘掉他的过去。通过抑制他的记忆，他把自己从某种失败、犯罪或羞愧的记录

① 威廉姆·詹姆斯(William James)，《宗教经验的多样性》(*The Varieties of Religious Experience*)(New York，1903)，特别是第 166 页及以下各页。

中解脱出来。他试图摆脱他的过去，也许只是因为怀旧情感的负担过于沉重以至于难以承担；或者是因为他感觉到这种记忆将会使他软弱无力，并且在一种召唤行动同时又极为重视行动意志的环境中阻挠他的意志。在这样的环境中，基督教的《圣经》反对回头看的禁令被赋予了新的重要意义。歌德的紧急忠告，“消亡并变革”（*Stirb und werde*）将被书写在移民进入的社会的大门口。进入的移民者必须要遵守它，否则将会受到惩罚，变成（这里再一次地用歌德的话来说）“在黑暗的世界中一位忧郁的过客”（ein trueber Gast auf der dunklen Erde）。

这种趋向于生活统一性的特有的“移民”态度将会影响到人们行为和努力的许多方面。例子可以信手拈来。一个移民社会的行
325 为方式并不赞成调查一个人的过去。造成麦卡锡（McCarthy）参议员暂时成功的原因之一，一定是在于公众对于超越某种古老的戒律，即一种有关私生活的完备规则的开心。商业生活提供了很多关于定居的社会与移民的社会二者之间具有不同之处的例子。在前者，破产可能也就意味着一个生意人职业生涯的结束。甚至一份拒付的交易账单都极难让人把不好的事情忘掉。而在一个由移民组成的社会环境中，失败并不会阻碍随后成功的道路，事实上，成功一旦被实现，不是失败的记忆抹掉了，就是甚至还为它涂上荣耀的色彩。在一个原住民社会中，自从荷马（Homeric）或伪荷马（pseudo-Homeric）史诗《马吉特》（*Margites*）（马吉特是古希腊的一部嘲讽性喜剧史诗中的傻瓜人物形象。——译者注）的时代以来，那种样样通的、杂而不精的人就完全被认为（并且一直被认为）是一个新手，受到社会的蔑视。一个人如果不断地从一种行

业变换到另一种行业，将被预期一定要失败。实际上，在给定的这种流行的态度下，他最可能的结果也只能是失败。而在一个移民的社会，专业化的美德逐渐地不再被认可，并且也得不到相应的报酬。面对任何可能的任务，并且想要作为“一个人而不是一个软体动物”的感觉，成为这样一个社会中的人们所特有的态度。这就像那位法国工人所发现的那样，他关于他在加利福尼亚已经彻头彻尾地非法国化了的经验的报告，曾经为马克思所引述。[①] 另一件事情是，现代工厂的组织经常要求工人履行周而复始的单一化操作。这类操作很快就可以被学会，而在一个日益增长和流动的社会中，它们又同样迅速地被抛弃和忘掉。

在一个移民社会中，第二次婚姻更有可能弥补前一次婚姻的失败。毕竟，这种社会环境并没有通过排斥第二次婚姻而减少它的成功机会。（通过适当的比较可以毫不费力地弄明白，特定的宗教戒律完全不足以解释社会态度上的这种差别）鳏夫与寡妇之类人员的婚姻甚至提供了一个更清楚的案例。他们的婚姻在一个原住民社会中得不到赞许，并被视为不忠的证据。而在移民的社会中则受到友善的尊敬。诚然，家庭结构中的差别，以及由此而产生的年长者地位的不同，在一种场合对于孤独的担心，以及在另一种场合对社会能否接受孤独者的担心——所有这些都将影响到社会 326
对于再婚的价值判断。再有，正是这种愿意忘掉过去的意愿——不再对于生活的统一性给予多么高的评价——使得移民社会中所采取的这种立场成为可能。所以，毫不奇怪，撰写回忆录的倾向在

① 《资本论》，第 I 卷（Moscow，1932），第 513 页。

一个原住民的社会中要比一个移民社会中更为广泛地流行。同时，这种回忆录即使真的在一个移民社会中被撰写，它也极少具有那种自传的性质（这里是在准确地把握其含义的意义上使用自传这个词的）。它们更倾向于描述事件，而不是某种独一无二的生活的经历。梅特林克（Maeterlinck）曾经说过，正是回忆录预先假定并且构成了生活的统一性。在一个原住民社会中，回忆录通常被视为揭示了一个人的生活，这种生活是直线式的，被置于狭窄的、由有关出生、家庭、社会同伴或阶级以及专业努力等等方面固定的协调一致所预先决定的范围之内。

这些是意义重大的差别，它们已经深深地渗入了人们的习惯与情感之中。它们是构成人们日常生活这个纺织物的丝线。它们来自于他们生存于其中的这个社会的性质，而他们本身又对于社会机体的流动施加了一种强有力的影响。几乎没有什么疑问，它们对于许多现代经济史都产生了直接的影响。一个移民社会与一个工业社会并非必然地联系在一起的。很明显，有些移民社会就与现代工业无关。另一方面，一个发达的工业社会也许摆脱了一个移民社会的大多数特性。这样一种摆脱过程所包含的某些要素可以在过去大约四分之一世纪的美国清晰地观察出来。对于上面所提到的某些方面，这一点尤其是真实的。然而，作为考察 18 世纪和 19 世纪工业演变的一种方式，可以将其视为从一种原住民社会向一种移民社会的转变。每一个工业化都不仅仅是庄园手工业的发展或者家庭手工业的增长，它们几乎总是必然地倾向于分享移民社会的要素。工业化将摧毁地方主义。它将使社会走向大都市化。它打破了人们生活的统一性，借此又倾向于降低依附于

其上的价值。

当然,情况确实是,在旧有的已经形成的政治实体内,这种转 327
型是缓慢的,并且常常是不安全的。在某种程度上,前工业社会的价值是相对于新环境做调整,而不是完全被放弃。进一步地说,没有人能够将(比方说)在鲁尔山谷地区大量涌现的城市中的人口的习惯与在梅克伦堡(Mecklenburg)的小城镇人口的习惯来加以比较。或者说,如果不考虑到在有关人们生活的态度方面的某种意味深远的差别,就无法在任意两个法国与意大利或者任何其他欧洲国家中的具有同样可比性的区域之间进行比较。苏维埃式的工业化所具有的如此特殊之处表现在,它代表了企图建立一种工业社会而同时又要保留一个原住民社会的基本特征这样一种努力。革命、内乱以及对外战争剧烈地震撼着这块土地。数百万农民被迫从农村逃离,进入工业雇佣队伍。在那些甚至没有一个小村庄可以预期城市的未来前景的地方,大城市被建设起来了。面对着这个巨大的国家,规模庞大的移民发生了。而仍然是在这个充满史无前例的变化的时期,曾经为这些变化的大部分做出了贡献的政府似乎又拒绝承认这些变化对于个人生活过程所带来的影响。重复地说,这种拒绝正是列昂诺夫小说的真正主题,我们现在就回到这一主题上来。

根据苏维埃小说中已经形成的传统,“正面的”主人公,即维尔霍夫教授,也有一个对立面,即格拉齐安斯基教授。选择这个家族名字是为了表明它来自俄罗斯牧师的遗传关系,而他的继承者则恶毒攻击维尔霍夫教授关于森林政策的观点。与作为一个森林保护主义者的维尔霍夫不同,他的反对者主张应当让森林为工业化

服务。这种直截了当的方式是顺理成章的。通常所见的实质性的争论都极为欠缺这一点。它们中的某些争论仅仅是谩骂，并且就是那样地前后不一致的谩骂。虽然维尔霍夫谴责资产阶级对俄罗斯森林的破坏，格拉齐安斯基却不愿意“屈服于”由资产阶级为了它自己的目的而发明出来的森林利用的保守主义的原则（第421页）。不过，这里似乎并没有求真的必要，争论在实际上是无关紧要的。因为赢得争论并不是靠揭穿反对派的逻辑或者他的博学，而是靠揭露他的生活经历。格拉齐安斯基从下面这一事实中来获取对于他的观点的大部分支持的证据：维尔霍夫教授当他还是一个孩子的时候，曾从一个富有的商人那里接受了二十五卢布（按照旧有的黄金美元价格，大约值12.5美元）的礼物（第143页）。不
328 仅如此，当他是一名学生时，从一个始终不为人知的收入来源那里为他数次支付了二十五卢布。格拉齐安斯基解释道，如果相信这是出于赠与人方面纯粹的慈善动机，那将是不现实的。更为自然的假定应当是，该赠与人早就进行了某种长期计划，希望在某个遥远的将来当他的学生拥有了森林管理负责地位时，以国家财产的损失为代价来对他进行补偿。还有，维尔霍夫与一位依靠贵族财产而抚养成人的姑娘结了婚，这一背景也被用来反对维尔霍夫关于森林的思想。最后，甚至还有一个更为强有力的、看起来无可争议的被格拉齐安斯基作为一种秘密武器储藏起来以备在最后摊牌时刻使用的论点：这就是他所了解到的这样一个事实，即维尔霍夫曾经收养了一位“从富农落败为”（dekulakized）贫农的孩子，并将其抚养成人。

这种关于牵强附会的胡说八道的罗列也许与讨论的问题要点

明确地不相关。然而，它们却是被严肃认真地对待的。维尔霍夫教授的年轻而又善良的女儿，当她知道了其父的令人半信半疑的过去，特别是那无法得到解释的二十五卢布的时候，陷入了深深的绝望之中。她试图通过将她的名字的重音转到第一个音节上来改变其名字的发音，以此来使她自己与乃父分离开来。并且她还想知道，与一个腐败的人的女儿结识是否将不会给她的朋友瓦尔娅带来祸害。这部小说关于通过与一个人结交而使他或她的声誉受到损害这种现象，通篇采用的技术表述是“为某人投上一个阴影”。

如果人们能够将所有这些视为是直接针对苏维埃对于生活经历的一种讽刺，那将是令人愉快的，并且实际上几乎使人获得了自由感。然而不幸的是，这是不可能的。首先，列昂诺夫本人的“正面”特征就表现在他是完美的生活经历这一概念的发明者。其次，除了偶尔的游击战斗和对莫斯科的空袭以外，这部小说的情节主要就是逐渐地揭去格拉齐安斯基的面具。通过表明在他的学生时代就曾经诱奸过一个姑娘然后又无情地将其抛弃，并使其产下一

个私生子，他的森林理论被挫败了。当通过一系列精心设计的巧 329
合，格拉齐安斯基被揭露出在他的学生时代还曾背弃过一位工人听众（他被假定向这位工人提供了一次讲座），此外还曾向警察（它在某种程度上看起来是未经证实的）出卖过他与维尔霍夫共同的一位朋友，一个重要的革命家（他正如我们所看到的，后来变成了桑巴特理论的一名信徒）的时候，最后的致命一击（*coup de grâce*）便降临到了他的头上。一旦这些三十多年以前的事件被揭露出来或者近乎被揭露，格拉齐安斯基便完蛋了。他将要受到彻底的惩罚，而维尔霍夫则获得了一枚奖章，此外，他又重新找到了多年前

离开他的妻子。(附带地说,这种分离似乎是决定性的。进一步地说,对于他们各自生活经历统一性的铭记,使得不论是教授本人还是他的配偶都不能够再走进任何新的关系。)但是一个拥有格拉齐安斯基生活经历的人甚至并不知道如何耐心地等待来自社会的公正处罚,这里的社会是由苏维埃政府的适当机关来代表的。他始终是一个顽固不变的个人主义者,并且在创作了一部有关自杀的专题论著之后,他自己也选择了以这种"最可鄙的方式来舍弃生命"(第 673 页)。这样一来,美德获得了胜利,而不同生活经历之间的竞争则是由具有较少瑕疵的生活经历取得决定性的胜利来令人满意地收场的。



现在来总结一下:这并不是一本引人入胜的书。它包含了不学而能的有关森林的专题论文,为了苟且地顺从独裁者的意愿而厚颜无耻地对历史真理的歪曲,对于家丑的反常的发掘,以及用最陈腐的手法刻画的人物。并且,所有这些都是以一种矫揉造作和完全非自然的方式表现出来的,稀松地散布在将近 800 多页的密密麻麻的文字中——全然无视艺术经济规则的所有劝告。可是,它又是一部真正帮助我们理解苏维埃社会的重要的书。在论述有关不完美的生活经历的奇特性时,它实际上揭示了苏维埃工业化的缺陷。

旨在消除俄国与西方差距的经济发展在促使俄国在某些方面实现西方化的同时又在其他的方面保留其东方的甚或"东方化"特征,这在俄国的历史上已经不是第一次了。彼得大帝的改革曾是走向西方化的一个重要步骤。可是,其同时相伴的对人民中各个阶级自由的剥夺却又迈出了偏离西方的一步。苏联进步的这种不平衡性是它的最突出的特征。在残酷无情的独裁统治保护之下进行的苏维埃的工业化，并没有达到它在经济上的完美结果：苏维埃 330
政府承受不起让她的人民以消费水平快速增长的方式来享有工业化成果的负担。然而，正是由于消费被保持在接近于前工业化时期的水平——由此，实际上也无视了资本存量规模所发生的变化，以及在技术进步知识和工人技能方面的变化——使得人类事务方面的估价仍然保持在与小型而又稳定的前工业化居住区相一致的水平上，而这与大型的、急剧增长的工业中心是完全不同的。这些地区性褊狭的态度被过度地永久化了。就像俄国的农奴制与现代的警察国家结合起来以后逐渐变成一种彻头彻尾的奴隶制，以至于达到了西方人所不知晓的程度一样。苏维埃专政的无所不在性把地方主义提高到了国家教条的水平上，借此，它对于单个人的自由与幸福的毁灭就达到了比先前的地方主义更为严重的程度。

前工业社会的本质就在于固守传统主义，永远生活在过去并且根据过去来高度地评价它。工业社会或者至少是处于工业化进程中的社会的本质则是，让过去的过去吧，使生活立足于现在并且思考着未来。令人感到确实迷惑不解的是，如此强烈地专注于变化的苏维埃社会，显示了如此高的经济增长率并且声称要使生活走向未来，却又不断地挖掘其单个成员的过去经历。奇怪的是，一种制度当它发现只有通过伪造过去才能产生完美的历史时，这种制度居然还在坚持关于完美生活经历的喧嚷。如果苏维埃的作家们被允许提到这些不一致，并且可以公开地讨论它们，那么他们也许极易被诱导去谈论“辩证法”以及“历史矛盾”。事实上，他们偏好于僵化地思维。政府在有关一个人的过去历史方面建立了一个

好与坏的概念区分，并且通过情况调查表(quesionnaire)这一工具——它是苏维埃对于撰写个人传略的一种替代和改进的办法——而使这种概念的区分普遍地具有了可操作性。法律强迫人们进行完美的回忆。在小说《伊万尼·涅波姆尼亚希耶》(*Ivany Nepomnyashchiye*)中，好忘事的伊凡经常漫游于俄罗斯平原并且成为沙皇经常的祸根，可是即使是对于这样的人也不允许勾起不
331 良的回忆。他们被教会如何地去读和写。因此，他们就必须阅读这些问题并写出回答，从而编织出有关某种无瑕的生活故事的脆弱之网。

如果为了了解普通的苏联公民的生活受到这种情况调查表的支配，并且始终被它控制在经年累月的危险之中——这是完美生活经历的具体体现，同时也是对于它的持久威胁，人们并不需要列昂诺夫的书。不过，列昂诺夫的小说确实显示了这种无处不在的情况调查表是如何将其本身渗透到人们关于他们自己的思想中去的，以及它如何成为社会的意识形态中一种制度化和内在化了的因素，从而成为一种支配工具的。看到一位有声望的作家赞美和歌颂警察压迫的工具，也许是令人感到不快的。无论我们对于列昂诺夫如何评判，他的书都使我们对于存在于苏维埃俄国的社会制度的判断更加清晰和丰富了。

## II

两性关系为实行完美的生活经历提供了一个显而易见的领域。对婚姻的忠实当然相当好地适于集中体现生活的统一性和强

调编狭的地方性的社会的稳定性。因此，苏维埃的文学作品一般都对离婚以及无规则的性关系不感兴趣。在一个很长的时期中，小说家们不断地大批制造廉价的披着苏维埃式的外衣的巴乌希斯（Baucis）与菲利门（Philemon）的形象（巴乌希斯与菲利门是希腊神话中一对虔诚的夫妇。——译者注），有时甚至于诉诸苏维埃的奥林帕斯来作为对于希腊传说中的宙斯和赫耳墨斯角色的适当替代。然而，追查并揭露拥有不纯净的生活经历的人是一回事，盲目地否定他的存在则是另一回事。通过把苏维埃的公民（不论是男性还是女性）都描述成狂热的贞女或者一夫一妻制的痴迷者，苏维埃的小说不可避免地与现实发生了冲突，因为在这些特定的领域既没有什么狂热者，也不存在什么痴迷者。

幸而，存在着一些限制，阻止了苏联文学降至那种一便士或一戈比就可以买到的廉价小说的水平。大概俄罗斯小说的传统——它的存在也意味着在与苏维埃小说争夺现代读者的兴趣——是使得苏维埃小说得以保持在似乎能够真实地反映现实的范围内的一种强大力量。结果，在苏联也出现了三、两个从人类文化学的角度 332
对婚姻进行的更有价值的探讨。首先，由安东丁娜·科普佳列娃（Antonina Koptyayeva）创作的小说《伊凡·伊万诺维奇》（*Ivan Ivanovich*）（1949 年，莫斯科）在苏联的读者中间引起了惊奇，因为它阐述了两个完全正派的人的婚姻最终可能破裂这样一个难以置信的事实。甚至当地党的领导（第一书记雷伊科姆）的强有力的干预也未能使二人重归于好。科普佳列娃随后又写出了第二部小说，《友谊》（*Druzhba*）（莫斯科，1956）。在该书中，愉快地终结婚姻的传统——它甚至更深地植根于苏维埃的小说中，而不是好莱

坞的电影中——成功地形成了。在被围困的斯大林格勒的恐怖场景中，主人公伊凡·伊万诺维奇，一位外科医生和不幸被妻子抛弃了的丈夫，在通过一次技艺高超的手术而挽救了他的前妻的生命并且经过了一段时期在几个要好的女人之间的徘徊之后，他又设法形成一种新的恋爱关系。这些小说也包含了某些关于国际政治和世界历史过程的判断的词语。这种深思熟虑的内容完全可以与前面强调过的列昂诺夫小说中的那些表述相媲美。这两本书对于我们掌握当地党组织的领导的傲慢狂妄态度提供了某些间接信息，该地方党的头头甚至试图规定一个外科医生在当地的医院里可以做或不可以做哪些种类的手术。这些狂妄的做法通过成功地向上级党的领导机关投诉而被制止了，这种制止的方式与一个错误诊断可能给一位医生带来的犯罪指控的威胁相比，同样具有指导意义。然而，这些小说之所以引起我们的主要兴趣还是在于它们已经为更充分和更自由地讨论苏联的婚姻问题开辟了道路。[①]



这样一种描写也包含在加林娜·尼古拉耶娃（Galina Nikolayeva）的《征途中的战斗》（*Bitva v puti*）中，这是在 1957 年先后连续地发表在《十月》杂志上[②]的一部小说。它无疑是近期的苏联纯文学作品中最富有揭露性的作品之一。该书不是一本关于苏联婚姻问题的简单的小说。像大多数苏联小说一样，《征途中的战

① 在似乎是她的最后一部小说，即《勇气》（*Derzaniye*）（Daring; Moscow, 1959）中，科普佳列娃继续使那位外科医生的第二次婚姻陷于瓦解，该医生为了改正十年以前在斯大林格勒所做出的错误选择而离开了他的妻子。但对于这位被抛弃的妻子来说幸运的是，她也走上了另一种幸福的道路。

② 第 3－7 期；以下仅标出该杂志的期数和页码数。

斗》对于苏联生活的各方面提供了有价值的洞见，这些生活片段虽然是直率的，却也是这一体系中所司空见惯的，故而它们被认为是 333
完全自然的，并且它们被包含在一部小说之中简直说来就是一种小型画卷（*kleinmalerei*）。基于同样的理由，它们躲过了检察官的剪刀刃。不过，尼古拉耶娃的小说提供的东西远不仅仅是一种附带彩绘（*pincta*）的集合。它留有清晰的在苏共第二十九次代表大会之后创作的痕迹，而这时正是从斯大林时代的束缚中挣脱出来的顶点。这部小说既受到了深思熟虑的批判，又全然无视禁令。它是相当非同寻常的，也许比杜金果夫（Dudintsev）的《人，不仅是靠面包生活的》（*Not by Bread alone*）具有更为重要得多的意义，后者碰巧吸引了苏联内外的读者公众的眼球。

这部小说提供了一幅苏维埃生活的广泛画面。在很多方面，它进一步加强了人们先前获得的有关苏维埃工厂和集体农庄运行方式的印象。我们以前曾听说过有关管理者的诚实的问题。然而，注意到下面这一事实仍然是十分有趣的：这位成功的工厂经理在报告总产出的次品率的时候，减去了所允许的次品数量，这样，通过造假的手段便产生了一种更理想的指标（第 120 页，注 7）。一位被捕的集体农庄主席一直在以各种推诿和搪塞的方式坚持认为，正是他的诚实促使他说谎："诚实要求我按照为国家以及为集体农庄成员创造利润的方式来管理集体农庄。可是，计划有时显然是不利于产生利润的。"作者通过补充下面一段话来详细说明这种逻辑："计划的失误和对于创造性的遏制"使得聪明而又富于献身精神的人必然要"撒谎和迂回地行事"（第 43 页，注 5）。这无论是在何种意义上都不是令人感到新奇的信息。我们很长时间以来

就知道，管理者方面存在着旨在逃避计划并且使这一企图的实施成为可能的非法活动。然而，一位苏维埃作家以如此尖锐和直白的方式来描述这种情况的复杂性，这也许是第一次。

工厂的经理拥有一种“交换基金”，也就是说，他隐蔽地积累了大量物品，通过提供给铁路而换来一种特快运输服务。另一方面，他又让他的工厂车间为铁路承担特殊的、并且完全未列入计划日程的维修工作（第 26 页；27 页；92 页，注 5）。这再一次地显示了一种著名的现象——它成为苏维埃关于走后门（*blat*）或私人关系（*blatmeysterstvo*）的概念的一部分，这一术语最初是指下层社会以及下层社会的活动，然而在苏联它却被用来含指非法的经济活
334 动。[1] 不过，对于这些条件的描述在小说中是以非常现代的、后斯大林时代的扭曲的方式给出的。拖拉机制造厂的厂长从莫斯科回来以后宣布，该厂今后将通过建造生产床、煎锅、电炉配件以及类似物品的车间，来增加它对消费品产出的贡献。这一决策反映了首先由马林科夫、随后又由赫鲁晓夫做出的改善消费水平的承诺。但是，对于该厂的厂长之所以能够没有丝毫犹豫就欣然同意在拖拉机之外增加煎锅一类产品的原因，应当给以注意：他掌控了消费者物品，将会极大地提高他在各种非法的或下层社会的活动中讨价还价的地位。同样给人以启发的是这样的事实：该厂长在工厂中的对立面，即总工程师——也就是小说中的“正面”主人公，则反对在生产计划中包括进消费品，因为苏维埃工厂需要的是在少数

---

① 从词源学上说，*blat* 一词来自于德语中的 *platte*——一帮（罪犯或无赖）的意思。它也许相当好地适合于俄语，因为它在人们的潜意识中是与教会——斯拉夫语中的 *blato*（即泥沼或污秽）结合在一起的。

几个精确规定的操作中的专业化，而不是分散精力去试图生产广泛多样化的产品。按照这位总工程师的观点，该工厂要是继续生产一个拖拉机的发动机所需要的最小的和最简单的部件，而不是从外部企业来购买它们，那将是最糟糕的事情（第 67 页，注 5）。组织工厂之间有效的合作的困难，长期以来一直是苏维埃工业化中的一个令人感到十分痛楚的焦点问题。观察一下那种并非由衷的、试图通过权宜之计一类的安排来满足消费者的做法是如何在苏维埃的工厂里被接受的，将是相当富有启发性的，这种做法避免了所必需的结构变化。

尼古拉耶娃并没有将自己的批评仅限于工厂在当地的生产条件的相对可靠性问题。其目标所指还广泛地包括了地区强有力的第一书记奥布科姆，他是这个较大的地区的实际上的负责人，也是拖拉机厂向其报告工作的所属部的实际负责人。该部被指责丧失了对于大规模扩张的生产性机械的控制。最终，这场斗争在工厂内部令人满意地解决了。工厂的厂长和地区党委会的第一书记都被揭露出来并且受到了降职处分。这位书记被描写成一位对于由贤哲选择的一个人的无过失的、神秘的、无所不在的权力的崇拜者 335
（第 44 页，注 6），他竭力去谈论“我们时代的宏伟建设”，这使得伊凡·伊万诺维奇们不可避免地要将他们自己束缚起来甚至做出某些牺牲（第 115 页，注 7）。但是，正确地决定每一件事情的中央委员会主席打断了这位书记的话：“可是，某些人将这些牺牲视为一种严重而又暂时的困难，它必然会尽可能快地终结；另一些人则将它们视为一种自然规律，认为不值得为它们而费脑筋，甚至谈论他们都是有害的（第 115 页）。”这两种立场的实际后果也许是一样

的。然而，这一意见却宣告了该第一书记与该厂长的厄运。总工程师被提升为工厂的厂长，他积极地改正过去的错误和疏忽，特别是针对苏维埃工厂和集体农庄的主要弊端："无组织的机械化"，采取了某些措施（第 73 页，注 4；113 页，注 5；129 页，注 7）。这种关于弊端的描述，显然是以格言式的巧妙方式——不厌其烦重复地——指出了苏维埃经济发展的一个关键问题，一种无能为力的现象，在未来的一些年间很多注意力将会关注其上。

要想评价尼古拉耶娃的批评的全部含义，除了前面所述之外，首先还要指出这样的事实，即女主人公的丈夫，一位忠诚的共产党员，被作为"人民的敌人"而逮捕和判刑。其次，是关于普遍存在着的那种令人不寒而栗、惊恐胆怯的氛围的描写，包括关于秘密警察成员以不光明正大的方式对于被捕者的妻子进行利用的暗示。最后，甚至先于她的丈夫被判刑，女主人公就被开除出共产主义青年团组织，其理由是她在一次会议中曾经穿着打扮过分，并且未能对于她的同伴给以适当的尊敬（第 28—33 页，注 4）。

尼古拉耶娃的某些责难为赫鲁晓夫时代的某些改革提供了简单的辩护。对于为赫鲁晓夫的分权化改革投上了阴影的各个经济主管部的攻击，便属此类。然而，总体来看，她的批评是勇敢的、系统的、意义深远的。当然，她一直保持着对于苏维埃传统的忠诚，并为我们提供了一个令人愉快的结局，即每个人将根据他的功过得失而得到奖赏或遭受惩罚。读者得到这样的强烈暗示：在拖拉
336 机厂内部发生的向好的方面的转化必然也会在整个苏维埃经济的范围内再现出来。那种深夜中为人们带来灾难的敲门声已经成为过去。苏维埃公民可以安稳地睡觉了，前途看起来是光明的。

然而，尼古拉耶娃小说的特殊性在于，她的令人愉快的结局仅仅限于公共领域这个层面。在私人层面，或者从个人幸福的角度来说，这部小说的结局是阴暗的和令人沮丧的。[①] 正是在这一层面上，尼古拉耶娃的小说代表了苏维埃文学中的一种真正创新，因为它是第一部以通奸作为中心主题的小说。这一主题被谨慎地引进和对待。"社会主义的人民不赞成通奸"，女主人公这样说道(第93 页，注 7)。这里没有关于情欲快感的描述。不过，这里却有男主人公——总工程师与女主人公——同厂的一位工程师——在彼此感觉到相互吸引和欣赏的不可抗拒的力量中所表现出来的赤裸裸的人性真相。一个人们耳熟能详的故事变得如此简单化和庄重化了，由一个蹂躏了所有的体面法则的政府强加给文学作品的那种经年累月的老处女式的端庄，将这个故事的出现提升到了政治视觉的高度。

不过，它的主要意义并不在于为衡量后斯大林主义时代的自由主义的波动情况提供一种高质量的计量尺度。更为重要的是，尼古拉耶娃的故事对于苏维埃价值体系的更持久和更稳定的结构所提供的非同寻常的视角。情人的幸福以一种由二流的十九世纪法国小说加以标准化了的方式而突然地宣告终结。偶尔地，这位被欺骗的妻子也会对于他们在城郊地区租用的临时住所中不道德的做爱感到诧异。到了第二天，这段经历便成了城镇里的小道消

① 在这方面，目前的这部小说与尼古拉耶娃的早期小说，即《收获》(*Zhatva*)(她因此而于 1950 年获得了斯大林奖)相比是十分不同的。这个较高奖赏是完全值得的。因为在那种完全标准化地并且总体上毫无批判地表现战后集体农庄生活的条件下，公共幸福与私人幸福的结局实际上是一个，并且不可分割。

息。党组织对此不能再保持无动于衷了，奥布科姆地区的新任第一书记要尽快促使该工厂与新任厂长保持协调一致，后者勇敢地展示了“一位战士的风貌”。那位女人怎么样了呢？可叹的是，没
337 有任何人去安慰她。她不能再返回工厂，而必须选择离开这个城镇，在向她的丈夫坦白了她的不道德行为并从她的情人那里得到三百卢布的旅费之后，她迅速地离开了。

苏维埃价值体系中的地方主义和乡土观念再一次地暴露出来。一个原住民社会几乎不尊重个人隐私。无论是这个城镇、这个工厂，还是当地党的负责人，都不愿意将这种情节视为是那些直接相关的当事人的私人事情。然而，甚至更令人吃惊的是，在这个案例中，苏维埃的地方褊狭观念不仅在形式上，而且在内容上都与所谓的资产阶级社会的那种历史悠久的地方褊狭观念完全一致。正是这位妇女，她的生活经历被染上了永远也洗不掉的污点。而那位男子则可以毫发无损地逃脱任何指责，他的有损完美的行为将几乎不会影响到他的生活经历的完美性。他的婚姻生活将一如既往，而他的生活的统一性也始终不受破坏。这里，只能再一次地对苏维埃社会的令人迷惑的复杂性感到惊奇。它允许妇女成为钢厂的工程师，履行在更少具有社会主义倾向的国家里通常委派给男人以及更适合于由机器来干的体力工作。但是，在两性关系方面的对与错，却仍然按照乡村铁匠还是工业化的主要代表那个时代所形成的模式来加以划分。当对于完美生活经历的褊狭的要求具有某种程度的松动时，这一价值体系的基本的地方主义和褊狭性将变得甚至更为明显和更令人吃惊。

# III

正是由于尼古拉耶娃的批评态度，帷幕被揭开了，使得人们至少可以粗略地了解到苏维埃生活中某些迄今为止一直被隐藏着的方面。然而，如果认定那些缺乏批判精神的小说必然地毫无信息价值和启发性，也将是相当错误的。弗谢沃洛德·科切托夫(Vsevolod Kochetov)的小说是一个相当恰当的例子。这是一位在苏维埃的一致性环境中成长起来并且沉浸于其中的作家。从《在祖国的蓝天下》(*Pod nebom roding*)(列宁格勒，1955 年)开始，贯穿在他的小说中的通常是一个秘密警察的成员，他是一位真正优秀的小伙子，拥有各种各样的美德。甚至在一次两位农学家之间关于美国与苏联的相对价格结构——具体是关于小汽车与马匹在两个国家中的价格比率——的讨论中，这位主人公通过一种 338
向共产党秘密警察(GPU)进行告发的若明若暗的威胁而迅速地使他的对手产生了混乱(《在祖国的蓝天下》，第 124 页)。对于科切托夫来说，贬低苏联人民生活标准的提高是极为自然的：因为他说道，最重要的乃是劳动生产力的提高(第 259 页)。

在革命前的俄国，有一类通常被特征化为属于"您有何吩咐?"(*Chego izvolite*)学派的作家——"先生，我能为您做点什么?"。科切托夫的奴性甚至在苏维埃的条件下也是十分显著的。在他发表于斯大林年代后期的第二部小说《茹尔宾一家》(*Zhurbins*)(列宁格勒，1953 年)中，小说家已经迅速注意到在苏联反对亲犹太主义的浪潮正在兴起，他为了向这种潮流示好而在书中将一名犹太

人塑造成全书唯一的没有改造好的坏蛋的角色。有些学者倾向于从苏维埃俄国的生活压力中撤出，回到纯理论那里去。在这里，科切托夫敏锐的目光再一次地捕捉到他们——在他的第三部小说《青春常在》(*Molodost's nami*)(莫斯科，1957 年)中，这种卑鄙的行为受到了适当的鞭挞(第 93 页)。而他的第四部小说《叶尔绍夫兄弟》(*Brat'ya Yershovy* )据说销售了几十万册，在其中，科切托夫仓促地去捍卫独裁统治，而反对后斯大林时代的批评。[1]

在某种意义上，这本书对于杜金果夫来说属于深思熟虑地写成的那一类——为小说而写的小说。如果说后者试图表明工厂的管理、政府的官僚机构、学术专家甚至司法机构如何合谋来压制发明创新并且惩罚发明者，那么科切托夫则是从另一方面来显示这种阴谋，他端出了一个具有欺骗性的发明者，该发明者从事着直接反对工厂厂长和当地党的领导人的犯罪勾当。此外，他还设法在他的小说中(第 97 页，注 6)注入某些对于伊伦伯格(Ehrenburg)的《解冻》(*The Thaw*)的简单嘲讽，后者即使不是第一次对于对斯大林时代不满的文学表达，至少也是最先进行这种文学表达的作品之一。他对于那种张开双臂来迎接从监狱里和劳改营中回归的人们的倾向焦虑地发出了警告："人们必须将无辜地受到迫害的那些人与由于政府的宽宏大量而释放的那些人区分开来，……苏维埃政府拥有一种宽宏大量的精神……它之所以宽宏大量是因为它强大……(第 20 页)。"简言之，科切托夫是这一政权的忠实奴仆，



---

① 《叶尔绍夫兄弟》发表于 1958 年的《涅瓦》杂志，第 6－7 期；以下仅标出被引证的该杂志的期数和页码数。

它的心甘情愿的代言人。尽管如此，他的小说仍然包含了远远超过少数几条有用信息的东西，它的价值将更大，因为人们必须承认它所传达的信息是在作者相当自然而非刻意造作的情况下给出 339
的。这里给出少数几个例子将是适宜的。

小说《叶尔绍夫兄弟》给人留下了最深刻的印象，并且基本上不费吹灰之力就使读者在某种程度上感觉到了那种使苏联的空气变得更加凝重的揭发与谴责的程度。城市负责人，即戈尔科姆地区党的第一书记戈尔巴乔夫，被描述成一个具有杰出地位和完美声望的人。可是敌人却在行动。诡计多端的冒牌发明家起草了一份控告信，指责戈尔巴乔夫在其女儿结婚的那一天使用城市除雪机去清除女儿家门前道路上的积雪。这一指控被送到较高一级党的领导机关，即奥布科姆地区党的第一书记那里。后者知道这位受到恶毒中伤的人心脏虚弱，并且很明显这种控告所反映的事情纯属鸡毛蒜皮一类。可是，苏维埃的诉讼法规定，对每一种指控都必须给予完全重视。这样，便向戈尔巴乔夫出示了控告信，结果导致他心力衰竭而死亡（第 119 页，注 7）。观察科切托夫并非迷人的天真与朴实（naïveté）确实会给人留下深刻的印象，正是这种天真与朴实使他相信并且又由他提出这种信念，即杀害戈尔巴乔夫的人是那个反对苏维埃的冒牌发明家，而不是由于这个独裁的警察国家对于告密者缺少防范机制。

这种告密是一个甚至连科切托夫也不能佯装不知的问题。科切托夫的由理想的 GPU 人组成的集体中的另一个成员在一份长篇的指责报告中突然爆发了，他指责“造谣中伤者、野心家们，他们的控告妨碍了党、苏维埃和司法体系机器的运作”。他又进一步补

充道，“我害怕他们”(《青春常在》，第 433 页)。这位中校关于“应当建立一个反对告密的法律”的进一步建议也许是富有意义的，当然其前提应是这一法律也构成了一种对于人类生活经历的不同态度。

就在这同一部小说中，由于偶然地、顺便解释一个人物的特点，科切托夫谈到了他早期生活中的一个情节。这个人物是一位教授，他在填写问题调查表时将自己说成是一位艺术家的儿子，而他实际上是一位面粉厂主的儿子。一个在业余时间专门寻找问题调查表中的不一致毛病的人发现了这种伪造现象，并进行了举报。在随后展开的长期调查中，有难以想象的、数量众多的各个政府部门和党的机关参与进来。还得说是教授的妻子，她以无限的精力
340 和坚忍不拔的意志击退了这种攻击，不过这只是在她去中央委员会上访以后的事情。她的丈夫虽然得救了，然而却始终未能从这一经历的阴影中恢复过来(第 218 至 219 页)。

也不仅仅是国家和党不断地搜寻人们生活履历中的漏洞。可以说，私人公民受到了良好的训练以便以某种补充的形式去进行他们的私人调查。叶尔绍夫家族的众兄弟中的一位，曾做过德国人的战俘。在他返回俄国后又在劳改营度过了数年的时光。最终，当他被允许回到他的家乡时，他的亲兄弟们对他进行了一次令其筋疲力尽的、感到羞辱的、然而却又是毫无意义的盘问(第 80 页，注 6)。这些情节实际上是对于列昂诺夫关于一种完美生活经历的理想的有益说明，同时也对于这一概念当它被从抽象理论转移到日常生活上时究竟意味着什么给出了有用的诠释。苏维埃的小说既阐明苏维埃的小说本身，也解释了苏维埃的生活。借助于

科切托夫的小说，人们能够将列昂诺夫关于一种完美生活经历的理想按照其适当的视角置入一个完美的社会中，并学会更明确地将一个独裁体制内部所实施的权力机制与一种已经陈腐不堪的意识形态的外表区别开来。

在小说《叶尔绍夫兄弟》中，关于艺术与文学也谈了很多。人们得到了某些信息，诸如对于官方艺术与官方文学的不满达到了多么广泛的程度，以及从波兰和匈牙利涌进来的新鲜空气的浪潮又是多么的重要等等。“他们在波兰说，社会主义的现实主义仅仅对胶合板的建筑有好处”，科切托夫的小说中有一位主人公这样说道(第 84 页，注 7)。根据科切托夫的描述，可能这些被封住嘴巴数十年的人们中间，有一位现在在斯大林主义倒台后胆子大了起来，从而提高了他的批判的呼声(第 94 页)。这种长期被镇压的抗议的运动能够产生某种永久性成果吗？或者，科切托夫们以及那些站在他背后——和站在他上面的——人们将会继续把俄罗斯文学禁锢在处于独裁的审查制度的警惕目光监视之下的社会主义现实主义的围栏之中吗？这种展望也许会像反思一样阴暗无光。毫无疑问，苏维埃政府能够有效地防止俄罗斯小说的复活。不过，它在阻止苏联小说的揭露功能方面要想取得完全成功也是根本不可能的。这就是我们在弗谢沃洛德·科切托夫的文学创作实践中可以见微知著(*a minori ad maius*)地得出的结论。

# 第14章　关于小说《日瓦戈医生》的评注

341 历经昔日磨难，
战乱灾祸连连，
我默然分辨，
俄罗斯——你不可复制的容颜。
——摘自鲍·帕斯捷尔纳克的诗("在早班列车上")[①]

俄罗斯，我的祖国……
沐浴在阳光下的女人……
——摘自安得烈·别雷的诗("耶稣复活")[②]

---

① 对于从帕斯捷尔纳克的诗作"在早班列车上"摘取的这四行诗，有两种不同的英文翻译，分别出自乔治·雷维(George Reavey)和尤金·凯登(Eugene M. Kayden)之手。然而，这两种翻译都没有令人满意地表达出帕斯捷尔纳克对俄罗斯的拟人化手法。他们的英文翻译如下：

Through all the trials of the past,
The years of war and hardship,
I silently identified
Russia's inimitable features.
(由 George Reavey 翻译)

But brooding over past reverses
And years of penury and war,
In silence I discern my people's
Incomparable traits once more.
(由 Eugene M. Kayden 翻译)

② "Russia, my country...
The Woman clad in sun rays..."
Andrey Bely, "Christ Has Arisen"

啊，我的俄罗斯！我的妻子！

——摘自亚历山大·布洛克的诗（“库利科夫战场”）①

有时候，没有什么事情比成功更加糟糕的了，通过无记名投票来对艺术进行评价就常常是危险的。瑞典科学院的选票迅速地引发了山崩式的市场选票的涌现。结果，小说《日瓦戈医生》这个在最畅销的图书中的最莫名其妙的异乡客，到达了无数个从未想要 342
接触它的人们的手里，呈现到了那些完全未考虑过它的意义以及重要性的人们的眼前。一种没有理由的成功必然会以一种没有理由的失败而告终。当由政治性的报刊以及空洞的耸人听闻的手法所产生的市场喧嚣声逐渐消失时，人们终于能够听到了由多种语言构成的文学批判的大合唱。令人感到悲痛（虽然也许并不感到吃惊）的是，我们发现，贬损者的声音要比赞美者的声音更清晰和更有力。众多对这本书感到失望的读者似乎都以赞许的心情来倾听这种声音。然而，不幸的是，这种责难像对它的赞赏一样都不够尖锐或者一针见血。

我听到人们曾一而再、再而三地谈论，《日瓦戈医生》并不是“一部伟大的小说”，而《战争与和平》（*War and Peace*）则是无与伦比的“更伟大的”作品。我不能断定，一旦易卜生（Ibsen）或者契诃夫与莎士比亚相比较而言的弱点和不足被显示出来之后，他们就会不再被视为伟大的剧作家。不仅如此，对一本书的巨大价值的

① “Oh, my Russia ! My wife!”

Alexander Blok, “On the Kulikovo Battlefield”

唯一可靠的检验，同时也是最严峻的考验，乃在于其发表一个世纪以后在哈佛大学的一门关于长篇小说的课程中被包括的内容。所以，我们需要耐心地等待。就我个人而言，我赞成将这个判断留给后代去做，当然，希望21世纪将不会变得甚至比它的悲惨的前一世纪更加野蛮。

因此，我不打算浪费我的时间去讨论这部小说具有的明显的、然而却并非十分有趣的缺点。如果日瓦戈医生与他的合作伙伴的保守风格不被如此令人失望地加以夸张，人们将会感到更为惬意。如果构成小说的大部分内容不是以这样一种粗糙而又随意的方式串在一起的，它将看起来更好，至于那些在动机与事件方面所出现的大的裂痕与脱节（它们不是未得到填补，就是通过匆忙设计的巧合来敷衍了事）就更不必说了。在过去的大约一代人中，为着那些没有什么东西可说可写的作家们的利益，创作小说的技术获得了极大的改进，并得到了应用。因此，现代的读者被培养出这样的信念，即“小说的结构”是最重要的东西，而忽略了优良木器也许会显露出一位技能纯熟的工匠的手艺但却与伟大的艺术家无关这一事实。帕斯捷尔纳克不是托尔斯泰（Tolstoy），也不是莎士比亚。可是，大量的这种类型的吹毛求疵召回了托尔斯泰十分荒谬的劝诱性企图，这种企图旨在表明该小说完全缺乏《李尔王》（*King Lear*）
343 中的“自然性”、“逻辑”以及“常识性”。正像莎士比亚傲慢无礼地使托尔斯泰存活下来一样，帕斯捷尔纳克十有八九地将可能使我们不那么杰出的当代同胞的责难留存下去。

另一方面，我也不愿意细微地沉浸于帕斯捷尔纳克书中的字里行间，去寻找实际存在的或者人们想象的各种隐喻。再有，我认

识到现代诗人已经使这个软弱而又易受影响的一代人习惯于把艺术评价与快乐的搜蛋游戏混同起来。诗歌或小说的创作者——一个父母式的人物——隐藏了许多蛋，个头非常小而且新鲜程度不同，让读者来愉快地找到它们，而后者在这个过程中会全面地恢复自身的活力。以最近的一次研讨会上所表达的一个思想为例，[①]它认为帕斯捷尔纳克笔下的拉拉也许是漫不经心地令其整个衣橱在圣火之中付之一炬，可是尽管如此，认为一个爱挑剔的人在寻找彩蛋的过程中走得越远、蛋的味道就越好（这里是隐喻：批评家挖掘的越深，其观点就正确。——译者注）这种看法，仍然可能是错误的。放弃童真！（*Laissons ces enfantillages*！）

因而，出于这些考虑，小说《日瓦戈医生》就既不是一本将要被评分的试卷簿，也不是一本锻炼我们的机敏性和显示我们的博学性的智力测试难题集。如果在下面发现了某些蛋，它们的个头将是特大型的。我所要说的话大多数都与我的这一信念相关联：在几个重要的方面，这部小说都回到了俄罗斯文学的传统，而这一传统似乎仅仅在不久以前才消失，至少是被一些苏联作家所埋葬和放弃了。如果人们持有此种愿望，那么就可以顺理成章地将《日瓦戈医生》视为一部反苏维埃的小说。《新世界》（*Navy Mir*）杂志先前的编辑部声称要寄给帕斯捷尔纳克的拒绝该小说的信函，不论全部或者部分的，也许是真正的或者说现代的弄虚作假。此外，除非随着真正的春天的到来冰消雪化的日子出现了（当然，它从未出

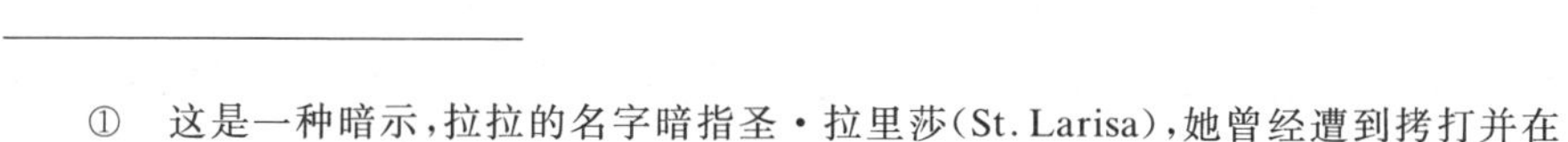

① 这是一种暗示，拉拉的名字暗指圣·拉里莎（St. Larisa），她曾经遭到拷打并在火刑柱上受火刑，而这在小说里是通过拉拉周围的浓烟或烟味而显示出来的。

现)，否则将没有任何一个政治理由可以使该小说在苏联发表。编辑部的自我保护本能幸运地使它不会在这方面犯错误。然而，与《日瓦戈医生》所具有的反苏维埃的特征相比，更为重要得多的是
344 它所具有的前苏维埃的特征。或者，换一种有些不同的说法，这部小说之所以显示出这种反苏维埃的特征，正是由于它具有如此明显的前苏维埃的特征。它的语言，它的中心人物，以及它的主题，都属于 19 世纪俄罗斯文学的主要脉系。

首要的是语言！马克斯·海沃德(Max Hayward)与马尼亚·阿拉里(Manya Harari)的译本确实是一流的。埃德蒙·威尔逊(Edward Wilson)也许十数次地指出了它的疏漏、缺点和错误。然而，与上千个——严格意义上的上千个——被成功地、并且常常是以极为精彩的方式解决了的最困难的翻译问题相比，它们又算得了什么?《日瓦戈医生》的英译本为那种“翻译能力命题”(translatability thesis)提供了最强有力的支持性证据之一，对这一命题乔治·穆宁(Georges Mounin)在《不忠的美人》(*Les belles infidèles*)(巴黎，1955 年)中以如此高的热情(同时也是奇怪的非法国式的卖弄学问的方式)进行了阐述。虽然如此，当人们听到那些读过这部小说的英译本的读者对它的批评时，人们几乎总是怀疑，如果不把这部小说翻译成英语或其他任何语言，是否就不是一种更明智的选择。此类想法一经出现就被抑制住了，不过其核心问题仍然保留着，这就是在译本中，小说中的某些与其意义和使命似乎具有至关重要联系的内容所丢失的要超过所挽回的。这部小说必须用俄语来读，读者方面必须拥有深厚的关于当代俄语风格方面的知识以及对于帕斯捷尔纳克的更遥远的先辈的较强回忆能

力。只有到那时，他才能够理解和评价帕斯捷尔纳克语言的奇迹。

在一代俄罗斯作家进行自我贬低以及他们的俄语写作技巧形成了一种格鲁吉亚的特点之后，在每一个尚有新意的词语或非同寻常的词组、艺术想象或者任何可能超过独裁者的文字能力——抑或无能——的东西将被视为反革命阴谋的当然证据的时代已经成为过去之后，人们在帕斯捷尔纳克的小说中发现，整个以往的俄罗斯语言所拥有的久远的辉煌在历经多年的沉迷昏睡之后，又雄风不减地出现了。任何的翻译家怎么能够祈求将这种重新觉醒的奇迹翻译出来呢？

在乔治·特里维廉（George M. Trevelyan）的《英国史》（*History of England*）（第一卷，第 8 章）中，有一段使人感悟的关于英 345
语兴衰的论述。在威廉征服英国以后的三个世纪中，英语遭到践踏，成为一种文盲的农民所使用的堕落的俗语。只是在乔叟（Chaucer）的《故事集》（*Tales*）和威克利夫（Wycliffe）的《圣经》（*Bible*）中，它才凭借其新增的魅力、柔和以及力量而重新达到完美化。所有的相似现象都是蹒跚地呈现的。一代并不是十年，帕斯捷尔纳克的语言也许是过去的一种回声，而不是新时代的起床号。此外，受鄙视的俄国知识界的“俗语”在经过了几十年的时间之后在世界文学史上数百万篇最沉闷的散文之后重新出现，也将证明其精神的不朽性：

> 不是所有被埋葬的都已经死亡，
> 他们的精神并未消亡，朋友们啊！

在帕斯捷尔纳克的作品中，文学上的俄罗斯（就像泰恩的语句中的英格兰一样[①]）恢复了她的声音。这个译本能够显示作为中心人物的尤里·日瓦戈医生。但它却不能显示这样的事实，即这个“词”，亦即这部小说的语言，就其对于刻画日瓦戈的角色具有先决的和基本的重要性这种意义而言，也是它的主人公。因为这种关于一个俄国知识分子的故事（亦即俄国知识界的故事）是通过一种媒介来传递的，而这种媒介又是由不断地被重新培养和重新塑造的几代苏联知识分子所创造出来的。

尽管如此，这部小说的主题以及它的哲学问题虽然也许并没有被给出结论，却代表了俄罗斯文学传统的重新创造。特别是如果没有布洛克，帕斯捷尔纳克必定将仍然难以令人理解。帕斯捷尔纳克称《日瓦戈医生》是一部“散文小说”。[②] 不过，能够正确地理解这个暗示的，应当说是亚历山大·布洛克，而不是亚历山大·普希金。这部小说应被视为一部“散文诗”，也就是布洛克的诗歌的一种重述。[③]

---

① 泰恩（H. Taine），《英国文学史》（*Histoire de la littérature anglaise*），I（Paris，1866），第 162 页。

② 《自传文集》（*An Essay in Autobiography*）（London，1959），第 119 页。

③ 我尚未见到这一首诗的英文翻译。法文翻译出自塞尔日·卡尔斯基（Serge Karsky）之手：

Russie，miséreuse Russie...
Je ne sais pas te plaindre
Et porte ma croix précieusement...
A l'enchanteur que tu voudras
Fais don de ta beauté sauvage!
Qu'il te séduise et qu'il te trompe
Tu ne sombreras pas dans le néant，

俄罗斯，贫穷的俄罗斯…… 346
我不会怜悯你，
我在默默地忍受苦难……
就让巫师施法，
给你一副娇容！
但愿诱惑与欺骗——
不能使你迷失方向，
不会将你毁灭，
哪怕离别蒙住你美丽的容颜……

这难道不是日瓦戈医生在与拉拉谈话，并且述说着他在这部小说里从未能有机会如此明白地述说的事情吗？拉拉不是被两个男巫即科马罗夫斯基和安季波夫·斯特列利尼科夫所引诱并且被他们掠走了吗？科马罗夫斯基的特性已经被俄国的社会与经济史的发展过程所牢牢地铭刻了：自私与占有欲，肉欲与残忍，他对于日瓦戈的父亲之死以及拉拉的被贬难辞其咎。可是由于精明和有能力（尽管既没有远见，也并不是真正聪明），他在危险的时刻却以一个救世主的身份出现，让人们以残酷地抹掉记忆的痕迹并毁灭一切渴望为代价，去进行通向一种物质满足的生活的舒适旅行。

---

Seul le souci déposera un voile
Sur les traits si beaux. . .

——引自尼娜·贝尔贝罗娃（Nina Berberova）的诗集，《亚历山大·布洛克和他的时代》（*Alexandre Blok et son temps*）（Paris，1947），第 232－233 页。

要想成为“那个既可以带来烦恼、也能够带来好处的力量的一部分”(ein Teil von jener Kraft, die stets das Böse will und *stets* das gute schafft),他还既不够邪恶,也不够伟大。他并没有从经常性的和令人难以忍受的罪过中有所收敛,而他的赎罪行为也是难得一见和模棱两可的。他曾经两次试图支持拉拉,但都没有成功。

相反,安季波夫的**魅力**——他的小心谨慎——则不是这样的老于世故。他是纯洁与善良的化身。他的下层出身的污秽并没有在他的白色外套上留下任何污点。而他从赤贫中挣脱出来也并没有被对于货币和权力的贪婪所毁坏。学习是一种正当的方式。它使安季波夫获得了解放和升华,同时也令他值得被拉拉所爱。然而,由于缺乏创造性的力量,知识——在两个追随者那里——都是贫乏的,而令人失望地诉诸战争以及内战中的英雄主义和自我牺牲精神只能表明毫无意义的毁灭,**因为**人们不能够创造。

347 因此,拉拉通过婚姻而与之联在一起的这两个巫师(*charodei*)实际上都没有能够控制她。迷人的魅力很快就消失了。一种抢劫的美丽(*razboynaya rkasa*)——一种无法无天的美丽(*lawless beauty*)——是无法促成由教堂或者国家所赐福的婚姻的。无论是资本主义的活力,还是关于无产阶级的美德的梦幻般的想象,都不具有持久的吸引力。真正持久存在的,是与日瓦戈医生的自由结合,是真实的俄国与其知识界的结合。因为拉拉**代表**真实的俄国。她不是像冬尼娅那样的西方化的人,后者作为已婚妇女已经完全脱离了她的祖国法国的传统。“我生来就是要过简单的生活,并寻找可感觉的解决问题的方法;而她则是要使生活更为复

杂化并制造混乱”，冬尼娅在她给日瓦戈的告别信中这样写道。不过，她的抱怨是无效的，西方的理性主义并没有任何机会。它的诀窍是有益的，但并不实用。因为将人钉死在十字架上的酷刑是并不明智的，而复活的奇迹也并非简单。因此，未来，复活，以及俄国的生活，都将属于由日瓦戈的创造精神与拉拉的被动美丽所孕育的后来一代。

叶夫格拉夫·日瓦戈将军（小说中日瓦戈医生的同父异母弟弟。——译者注），作为优秀的富有进取心的人和善于解决复杂棘手问题的能手（他与科马罗夫斯基不同，后者虽然也有高效率的工作能力，却不具备较高的伦理水准），将成为新一代的守护天使——小说的这一安排颇有意义。由于资本主义经济已经证明并不完全令人满意，而社会主义总体来说又是如此令人不满意，所以将年轻的（或已经复活的）妇女委托给军队来管理看起来就是相当自然而然的事情了。

由此，《日瓦戈医生》的基本主题就回到了布洛克，并超越了布洛克而回到过去世纪的伟大的俄罗斯人那里。俄国的历史道路及其知识界的任务，总是以这样或那样的形式成为占主导地位的问题。帕斯捷尔纳克的小说不过是以小说伪装的形式对一种从历史哲学角度来观察（*geschichtsphilosophische Betrachtungen*）的长期系列进行了某种补充。它在经历了一个长久的裂痕之后出现了。这个裂痕本身已经为世界史所添平了。所以，人们一定毫不奇怪，虽然小说《日瓦戈医生》提出了传统的问题，可是它所给出的回答在某种程度上却与生活在 19 世纪的几代人曾经如此渴望聆听的那些回答不相同。

在某种意义上，日瓦戈医生（这里是指这个人，而不是这部小说）可以说是在拥挤的多余的人（*lishniye lyudi*）画廊中增加的又一个人物雕像——俄罗斯文学中“多余的人物”。奥涅金（Onegin）和佩乔林（Pechorin），别利托夫（Beltov）和奥布洛莫夫（Ob-
348 lomov），鲁金（Rudin）和涅日丹诺夫（Nezhdanov）——这些人便是日瓦戈的某些文学上的前辈。他们都未能成为实际的行动者，未能帮助俄罗斯和俄罗斯人民。日瓦戈在革命和内战中是“多余的”人物，他仅是一个偶尔的旁观者。冬尼娅指责他“完全缺乏意志”，不是毫无根据的。如果他不是在1929年死去的话，那么他就会像他的塑造者一样在苏维埃超级工业化的任务中成为多余的人。不过，在这里连续性被打断了，或者至少看起来将要被打断。在一百年以前，俄罗斯的小说家将俄罗斯的知识分子的过多视为一种负担和一种祸因。有意义的生活是那种献身于集体和献身于人民的生活。对帕斯捷尔纳克来说，这种类型的过多具有深刻而又积极的意义。一种价值的转换（*Umwertung der Werte*）出现了。[①] 在1860年俄国的激进派成员看来，一双上好的长筒靴与维

① 也许没有什么东西能够比将屠格涅夫与帕斯捷尔纳克关于哈姆雷特的观点做一比较更能简明地概括这种变化了。对于屠格涅夫，哈姆雷特是一个多余的知识分子，一个自私的怀疑论者，无休止地并且毫无意义地一心想着他自己（I. S. 屠格涅夫，“哈姆雷特与堂吉珂德：著作选集”（Hamlet and Don Quixote，Collected Works），XI（Moscow，1949），第8，13页。）。而对于帕斯捷尔纳克，《哈姆雷特》是一种有关“责任与自我否定”的戏剧故事，哈姆雷特本人则是“他那个时代的法官”和“未来的仆人”（鲍·帕斯捷尔纳克，“翻译莎士比亚”（Translating Shakespeare），载于《我的回忆》（*I Remember*，New York，1959，第130－131页）。在日瓦戈医生的诗句的最开头，哈姆雷特的角色，即儿子，是与男人的儿子的角色结合在一起的。关于这首深刻而又难懂的诗歌有一种富有洞察力的解释，它也将哈姆雷特作为剧中的人物，他所扮演的角色

纳斯·德·米洛(Venus de Milo)雕像比起来将是更为有用得多的商品。而在帕斯捷尔纳克以及他的知心朋友看来，一首诗也许比所有的经济进步问题都更重要。创作诗歌，也许同时就是在救治人民——耶稣基督在有关道德说教比喻中的演讲难道不是治愈了人们的跛腿与失明吗？——这是生活的真正意义，那些对于集体组织的世界看似多余的东西，对于单个人来说也许是深感必需的。

然而，在一种更为深层的意义上，这种连续性仍然未间断。无论知识界对于人民的福利以及对于一种理想社会的承诺有多么的强烈，它们的世界观总是被想象为一种自由人的自由决策，这又反映在知识界基本的个人主义中。因此，下面一种暗示并不令人感到困惑：正是因为知识界的思想如此经常地被一种“虚假的一致性 349
抱负”所扭曲，从而走入一种真正的教条主义死胡同，所以除非处在一种自由创造性活动的环境中，否则它将无法存在。当这种自由消失了，衰败了，分化了，最终，死亡将不可避免地到来。所以，日瓦戈生命的最后几年与俄罗斯文学所塑造的所有“多余的”人物中的最多余者，亦即冈察洛夫(Goncharov)笔下的奥布洛莫夫的晚年的相似，也就并非偶然了。此外，日瓦戈在 1929 年死去也毫不奇怪，这一年被斯大林相当明确地描述为大变革之年，大转变之年(*god velikogo pereloma*)，亦即大突破的一年。在一个斯大林

---

倾向于与帕斯捷尔纳克及其主人公的角色相一致。这种解释请见尼尔斯·阿克·尼尔森(Nils Àke Nilsson)，“作为狂喜与牺牲的生活：鲍·帕斯捷尔纳克的两首诗”(Life as Ecstasy and Sacrifice：Two Poems by Boris Pasternak)，载于《斯堪的纳维亚—斯拉夫》(*Scando-Slavica*)杂志，V(Copenhagen，1959)，第 191—198 页。

以胜利者的姿态出现的世界中，自由与个人尊严遭到了完全否定，那里将没有知识界的任何生存空间。当它的创造力被毁灭了的时候，它的心也就死了。

然而，日瓦戈的死并不仅仅是一种解脱和消失。它也不单单是各种盲目地起作用的力量事先决定的结果。不能简单地认为，是他身体内部的心绞痛疾病和环绕在他周围的斯大林统治下的苏联生活的极度苦闷杀害了帕斯捷尔纳克书中的主人公。他的死也是一种有意志的行为，尽管是一种牺牲而不是自杀。我将这视为是附加在该小说中的最后一段诗歌，即“格思曼尼花园(The Garden of Gethsemane)”[①]所要表达的含义。

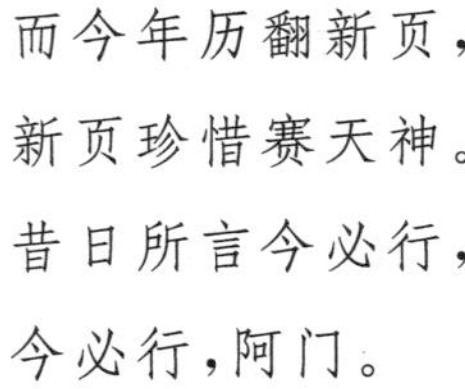

而今年历翻新页，
新页珍惜赛天神。
昔日所言今必行，
今必行，阿门。



① 《日瓦戈医生》的美国译本(Pantheon，1958)包含了由伯纳德·盖尔尼(Bernard G. Guerney)对这些诗行的非正式翻译：

But now the book of life has reached a page
Which is more precious than all holies.
That which was written now must be fulfilled.
Fulfilled be it then. Amen.

See that, the passing of the ages is like a parable
And in its passing it may burst to flame.
In the name then of its awesome majesty
I shall, in voluntary torments, descend into my grave,
I shall descend into my grave. And on the third day rise again.

瞧，岁月如梭似寓言，
日复一日亦可燃。
若是明君下圣旨，
甘愿罹难赴黄泉。
赴黄泉，黄泉三日获重生。

当橄榄山（Mount of Olives）上的时间达到了它的终点时，当 350
所有的怀疑都被解除时，当恐惧得到了抑制并且最后的希望也宣告破灭时，当所创作的东西是为了履行某种要求时，颂扬那种事先注定要成为像耶稣走向他的十字架那样的“世纪的行进”的“令人敬畏的雄伟壮观”，[①]仍然将处于一种自愿的精神痛苦之中。这就

① 这里，亚历山大·布洛克再一次地成为引路的航标：

当未成熟的赤褐色的山楂树
串串新叶染成血红的颜色，——
当刽子手用瘦骨嶙峋的手爪
从掌心钉入最后一颗钉子，——
在阴沉沉的河水的微波之上，
那个潮湿而又灰蒙蒙的地方，
面对冷酷无情的故乡
我颤抖在十字架上，——
从辽阔的远方，
透过临死前的血红的泪水，
我看见耶稣正乘着独木舟
沿着宽阔的河面向我驶来，
他尽管衣衫褴褛，
眼中仍然充满了希望。
透过破衣滥衫
怜悯地注视着我被钉住的双掌，

是这个道德说教性寓言的最后的话和结语，而这个寓言就是这部

---

耶稣啊！辽阔的故乡在忧伤！
十字架上的我已经筋疲力尽！
您的小舟能否——
停靠在我的十字架旁？

芭贝特·多伊奇(Babette Deutsch)对此给出了英文翻译(《俄罗斯诗集》(*A Treasury of Russian Verse*),亚尔莫林斯基(A. Yarmolinski)主编[New York,1949],第150—151页):

When mountain ash in clusters reddens,
Its leafage wet and stained with rust,
When through my palm the nail that deadens,
My bony hands is shrewdly thrust,

When o'er the rippling,leaden river,
Nailed to the cross,in agony,
Upon the wet gray height I quiver,
While,stern,my country watches me,

Then far and wide in anguish staring
My eyes,grown stiff with tears,will see
Down the road river slowly faring,
Christ in a skiff approaching me.

And in his eyes the same hopes biding,
And the same rags from Him will trail,
His garment piteously hiding
The palm pierced by the final nail.

Christ! saddened are the native reaches.
The cross tugs my failing might,
Thy skiff—will it achieve these beaches,
And land here at my cruciate height?

注意,“ryabina”一词——即山楂树或花楸树——在小说《日瓦戈医生》中具有的多重重

小说。正如雷纳托·波焦利(Renato Poggioli)十分正确地指出的 351
那样(在他发表于《党人评论》(*Partisan Review*)上的论文中),小说《日瓦戈医生》的哲学思想与小说《战争与和平》是完全不同的。帕斯捷尔纳克对于他在赫尔曼·科恩(Hermann Cohen)的指导下在马尔堡(Marburg)度过的短暂的春季学期,从未忘怀。科恩在提出《纯粹理性批判》(*Critique of Pure Reason*)中的第三条自相矛盾原则供其考虑时,相当清楚地教给了他"老人的想法"(was der Alte meinte)[①]。现象的因果决定和本体的规范自由,在存在和应该(*Sein und Sollen*)[②]这样一种方法论上的二分法中得到了它们的灵活解决。人是制定规范的创造物。他也许对于因果关系的世界拥有大量的知识;他也许为创造物的宏伟、庄严以及他相信将成为世界的注定原因的东西所深深地感染;并相应地形成他的规范。然而,企图用实质上的强制思想统一(*Gleichschaltung*)去抹掉因果关系(causality)与归因关系(imputation)的二元化必然要失败。规范的制定,在它最深层的本质上,乃是并且仍然是一种自由活动。无论因果世界的力量以及它对于单个人的支配有多么的强大,它都不能摧毁单个人自由的规范世界。此外,听天由命

要意义,在这里可以参见雷纳托·波焦利(Renato Poggioli)在"鲍·帕斯捷尔纳克"中所做的深入透辟的评论,载于《党人评论》(*Partisan Review*),XXV, no. 4(1958),第551页。

① 鲍·帕斯捷尔纳克,《安全行为》(*Safe Conduct*)(New York,1958),第75页。

② 康德(I. Kant),《纯粹理性批判》(*Kritik der reinen Vernunft*, *Werbe in sechs Bänden*),6 卷本(Leipzig, Insel Verlag, n. d.),II,498。本质的概念也许是"有问题的"、"边际的"和仅仅是"消极的",但是,义务王国(*Reich der Sollens*)的特定现实则不仅没有问题,而且也不纯粹是消极的。参见,赫尔曼·科恩(Hermann Cohen),《康德的伦理学说》(*Kants Begründung der Ethik*)(Berlin,1877),第31,115页。

(*amor fati*)也是一种可撤回的选择行为。有时,俄国的知识界在这方面可能以受虐狂者的方式来滥用它的自由——除了过高地估计它自己仔细解读命运路径的能力以外。但是,总体来说,它的历史雄辩地证明了它对于任何形式的暴政的厌恶。因而,奥西普·
352 曼德尔施塔姆(Osip Mandelstam)(据说,在一个命运攸关的重要时刻,他的生活历程是与帕斯捷尔纳克的生活历程纠缠在一起的)可以(在 1918 年)"对令人不能容忍的独裁政权的压迫加以颂扬":

我们赞美统治者令人忧郁的重负,
赞美他令人无法忍受的压迫!

不过,正是他反对独裁者的讽刺诗导致了奥维德(Ovid)的那位情人被监禁、流放以及最后死亡。



因而,正是由于对其命运的"自愿接受",俄国的知识界在有关复活的知识中沉入了那种完全无忧虑的状态:人类自由的王国终将到来。我想,这也就是帕斯捷尔纳克所要传达的信息。它的命运是不确定的。当被嵌入小说的背景之中,它也许不会引起注意。而当它迅即地脱离小说的背景后,它也将很难令持有怀疑态度的人信服帕斯捷尔纳克。一种呼吁信仰的信息可能会被怀疑所混淆。军队里的将军们并不必然是知识自由的最值得信赖的守护神。尤里·日瓦戈死了,复活的钟声也许从未敲响。然而,我相信,这部小说叫《日瓦戈医生》并没有辜负它的书名,[①]它将作为一

① 这个教会—斯拉夫的名字"日瓦戈"是与"生命"和"生活"联系在一起的。

件有永久价值的艺术作品而存在，这种艺术对“国家的缪斯（Les muses d'État）”[①]不予理睬，拒绝“被权威当局控制嘴巴”，并且毫无畏惧地宣布这样一个永恒的真理：创造性的能力和自由二者之间的不可分离就如同人的生命与人的呼吸之不可分一样。

① 见维克托·德·拉普拉德（Victor de Laprade），《公民诗集》（*Poèmes civiques*）（Paris，1873），第 107－109 页。

# 结束语　研究欧洲工业化的方法

353 本书的前八章给出了作者关于欧洲工业史的逐渐展开的观点。下面的几页旨在为这些观点提供一个简要的概括，并指出在跨越数年、其成果又是陆续地发表的这样一种研究过程中所难以避免的某些不一致性。最重要的，是要就这种研究方法所具有的局限性这一紧要问题以及可能有益地超越这些局限的研究类型，给出某些说明。

这种研究方法起源于两个基本的观察，它们可以被表述如下。19世纪的欧洲地图显示了由经济落后程度不同的国家构成的一幅五颜六色的图画。与此同时，急速的工业化过程又在落后程度极为不同的这些国家中开始了。这些在起始点——或起始水平上面的差异对于随后的发展的性质具有关键的重要性。根据某一给定国家在其工业化前夕经济落后程度的不同，其工业化的过程与特征在许多重要的方面也将倾向于发生不同变化。这些变化可以方便地压缩成六个命题的缩略形式。

1. 一个国家的经济越是落后，它的工业化就越可能作为一种以较高的制造品增长率表现出来的突然的大爆发而间断式地开始。①

① “大爆发”是与罗斯托(W. W. Rostow)的“起飞”(take off)(《经济增长的阶段》

2.一个国家的经济越是落后,在其工业化的过程中就越是更 354
多地强调要重视工厂与企业的大规模。

3.一个国家的经济越是落后,就越是更大地强调生产者物品而不是消费品的重要性。

4.一个国家的经济越是落后,对人民消费水平的压制就越严重。

5.一个国家的经济越是落后,由旨在增加新生的工业部门的资本供给(此外,还为它们提供更少分权化的以及具有更丰富信息量的企业指导)的特殊的制度因素所发挥的作用就越大。一国的经济越落后,就越是宣称这些因素的强制性与综合性。

6.一个国家的经济越是落后,其农业就越不可能通过向日益增长的工业提供一种扩张的工业品市场(这种市场反过来要以农业劳动生产力的提高为基础)所带来的好处来发挥任何积极的作用。

如同第 2 章所述,上世纪在单个欧洲国家或国家集团之间经济发展水平上的差异已经足够大到可以将这些国家或国家集团加以排列的程度,这种排列是按照一种使落后程度逐次递增的标尺来进行的,从而使落后程度成了一种具有可操作性的有用概念。如果在这个标尺上刻上两个刻度,那么便会产生三组国家,它们可

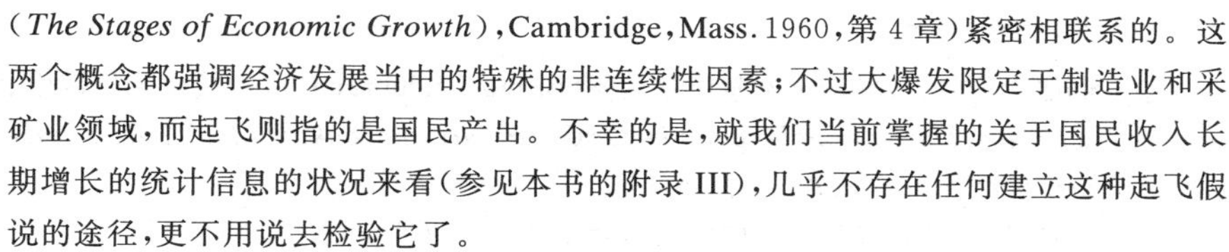

(*The Stages of Economic Growth*),Cambridge,Mass.1960,第 4 章)紧密相联系的。这两个概念都强调经济发展当中的特殊的非连续性因素;不过大爆发限定于制造业和采矿业领域,而起飞则指的是国民产出。不幸的是,就我们当前掌握的关于国民收入长期增长的统计信息的状况来看(参见本书的附录 III),几乎不存在任何建立这种起飞假说的途径,更不用说去检验它了。

以被大致地描述为先进的国家，中等落后的国家，和极端落后的国家。就我们的六个命题中的某些变差也可以被视为离散而非连续的情况而言，这种模式实际上采取了一种分阶段建构的系列形式。
355 人们足以理解，相对于命题 5 所涉及的因素而言，这种结果的得出是最顺理成章的，在那里，数量上的差别是与质的差别亦即制度上的差异结合在一起的。例如，在有关资本供给来源方面的现存关系，根据第 1 章所描绘的，就可以被表述如下：

| 阶段 | 先进地区 | 中等落后地区 | 极端落后地区 |
|---|---|---|---|
| I | 工厂 | 银行 | 国家 |
| II | | 工厂 | 银行 |
| III | | | 工厂 |

这样一种试图将工业化的过程视为一个图解式的阶段性过程的做法，在本质上与各种“制定阶段”的努力是不相同的，它们的共同特征是假定所有的经济在沿着经济进步的道路前进时都将规则地通过同样的单个阶段。这种规则性可以被直接地表现为一种经济发展不可避免的“规律”。[①] 另一方面，这种必然性的要素又在某种程度上被关于社会所面对的选择所作的尽管含义丰富、然而却是毫无意义的评论伪装起来了。[②] 不过，所有这些计划都受到了统一性概念的支配。故而，罗斯托（Rostow）便煞费苦心地断

---

① 例如，可参见布鲁诺·希尔德布兰德（Bruno Hildebrand），《当代政治经济学、未来及其他全集》（*Die Nationalökonomie der Gegenwart und Zukunft und andere gesammelte Schriften*），I（Jena，1922），第 357 页。

② 参见，罗斯托，《经济增长的阶段》，第 118 页及以下各页。

言，工业化过程从沿着它的五音阶诗的格律隆隆行进的一个国家到另一个国家，不断地重复着它自身。因此，苏联就像其他国家一样，也相当自信地预期最终将被这种“布登布鲁克家族的动态学”(《布登布鲁克家族》(*Buddenbrooks*)是托马斯·曼(Thomas Mann)的长篇小说，讲述一个商人家庭三代人的故事。——译者注)推进到“高额群众消费”的第五个阶段。① 撇开不正确的书面暗示不说，在一个相当宽的限界之内，一种集中于工业发展的跨地区的相似性的研究方法在原则上没有任何错误。此类相似性的存在是千真万确的。② 他们的研究产生了诱人的简单化，不过这样做是以忽视某些难以驾驭的事实为代价的，一个历史学家如果忽
视这些事实将要自己承担风险。那些认为工业化的本质就在于建 356
立强大而又独立的制造业企业的人，仅仅需要在前面的历史列表上沿着对角线来观察，以便发现这样一个企业在每一个地方的存在——在先进的英国以及在落后的德国，或者极端落后的俄国。从宽广及长期的(*in latum et in longum*)角度来看——这是一个方便的视角——俄国像德国，而德国像英国。可是，这样说将会阻止人们自身对于历史**深度**的探察，也就是说，将会阻止人们去领悟正在形成过程之中的工业化。如果没有银行在其工业化过程中的作用，那么中欧的工业化过程将会是什么样子呢？如果没有财政部的介入，1890 年代的俄国工业化又会怎样呢？

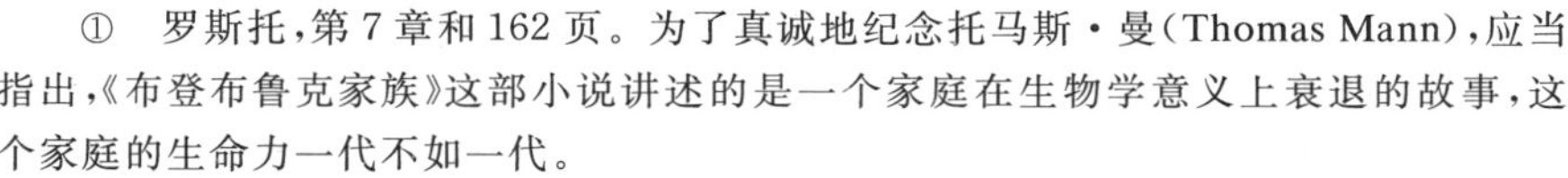

① 罗斯托，第 7 章和 162 页。为了真诚地纪念托马斯·曼(Thomas Mann)，应当指出，《布登布鲁克家族》这部小说讲述的是一个家庭在生物学意义上衰退的故事，这个家庭的生命力一代不如一代。

② 参见本书第 1 章关于这一点的讨论。

然而，问题的要点并不简单地在于，这些是必须引起历史学家注意的重要事件。在当前的场合具有重要意义的是，观察为工业增长进行融资的各种方法将有助于我们理解工业发展的前提这一关键问题。

关于这一主题的普通见解相当好地为罗斯托所阐述。据说，对于工业发展存在着一系列确定的普遍性先决条件或前提，不具备这些条件或前提，工业发展就不能开始。[①] 陈旧的农业组织框架的废除或农业生产力的某种增长；一个从物质或精神上关心经济变迁的现代精英群体的产生；以物质形式体现的所谓的社会均摊资本的提供——它们当中除了某些与单个地区中五花八门的履行前提条件的形式相关联的要素是为了满足其发展的“独一无二的”需要因素以外，所有其他要素都被视为“必须的前提条件”。[②] 同样，一种赞同经济进步的价值体系的存在以及能够从社会赞许的阳光中获得热能的有效的企业家群体的可供利用性，也被视为工业增长的基本的前提条件。[③]

357 这些观点是一种无差异的工业史研究方法的重要组成部分。然而，它们在概念上和经验上的欠缺是十分明显的，尽管我们并不能轻易地告别这种考察工业化过程的高度简单化的方式。本书作者耗费了数年的时间，才成功地重新建构了有关前提条件的概念，

① 罗斯托，第3章。作者明确地从他的一般理论概括中将美国和某些英国自治领排除在外，不过在当前讨论欧洲工业史的场合这并无任何意义。

② 同上。

③ 在这种意义上，本书第3章关于经济发展中企业家地位的讨论，可以被视为对有关工业增长前提问题的一个贡献。

从而使它可以适合于以相对落后的概念作为研究前提的一般研究方法。我担心，这将是本卷书中最容易受到有关不一致性的指责的部分。举例来说，我曾几次给出这样的论述（如第1章，第6章和第7章）：俄国农奴制的废除是工业化的一个必要的、甚至是绝对的先决条件。[①] 其含义是指，1860年代俄国农民的解放极大地帮助了随后的工业化进程。这并没有错，不过，如果不用采取唱高调然而却毫无意义的词语，也能够表达这一思想。在历史研究的文献中使用诸如“必要的”或“必然性”一类词语将是一种完美选择。当必然性这一概念被附着在工业发展的前提条件上时，如果人们更仔细地考察它，就会日益清楚地看到，无论在什么时候这一概念都完全不缺乏含义，它可能纯粹是一种定义上的东西：工业化被依照某些条件来定义，进而，这些条件通过著作家之手所完成的某种觉察不到的转移，便被转变成历史的前提条件了。[②]

十分现实的经验上的困难曾使人们求助于同义反复和灵活的手法，而它们无论如何也只是起到掩盖这种困难的作用。当对于英国的某些因素可能被合理地视为为该国的工业化创造了前提条件这一推论感到自我满意之后，其进一步的趋势就是（并且仍然是）将它们提升到所有欧洲国家工业化都需具备的普遍性的前提条件的层次上。然而，不幸的是，这种企图是与两个经验观察事实相矛盾的：(1)某些在英格兰作为前提条件起作用的因素，在欠发

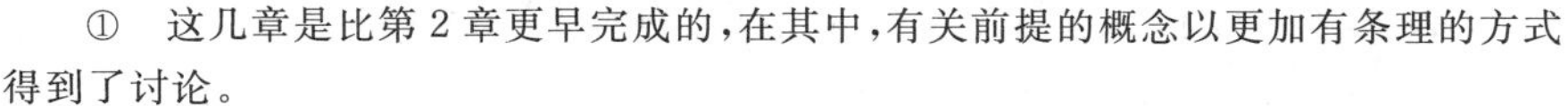

① 这几章是比第2章更早完成的，在其中，有关前提的概念以更加有条理的方式得到了讨论。

② 所以，当我们看到罗斯托在一处（第49页）十分随意地将工业发展的条件与前提条件混为一谈时，是毫不奇怪的。

358 达的国家或者根本就不存在，或者至多只是在很小的程度上存在；(2)在这些国家中尽管缺乏此类前提条件，可是工业发展的大爆发也发生了。

如果这些观察的事实不被忽视或轻视，就像通常所发生的那样，那么它们相当自然地会将研究指向一个新问题：落后国家将采用何种方式并通过使用何种工具来替代这些缺失的前提条件？本书的第 2 章就是建立在这个关键性问题的基础之上的，该问题产生了意义重大的答案。一方面，似乎某些被断定为前提条件的东西对于在不同的条件下进行的工业化并不是必需的。另一方面，一旦这一问题被提出，各种替代的全部系列就都是显而易见的，它们能够根据经济落后的程度而按照一种有意义的模式方便地排列起来。再一次返回到前面的历史列表中所显示的隐含意义，将不难想象在先进国家中初期工厂里的资本供给乃是来自于先前的财富积累或利润的逐渐再投资。与此同时，在较为落后国家里的银行和政府的行为，则被视为在工业化的过程中为了创造在“前工业化”时期恰恰由于该地区的经济落后而未能形成的条件所进行的成功努力。

第 2 章曾经表明，资本供给领域仅仅是对所缺乏的先决条件进行替代的一个例子。当人们观察到在单个的国家中的各种替代模式时，如果适当地考虑到落后程度渐次递减所可能产生的后果，那么人们就会想要去形成另一个普遍性命题。一个国家在其工业发展大爆发的前夕越落后，其工业化的过程就越可能呈现出一种丰富多彩和复杂多样性的图景——从而提供了一种与它自己前工业化时期的历史(它在大多数时间里都显得较为乏味)相比的令人

好奇的反差。另一方面，在一个发达的国家中，它在前工业化时期的极为丰富的经济史又使得它的现代工业发展史表现为一种相对简单和直接的过程成为可能。

因此，所谓先决条件的概念必须被视为本作者关于欧洲工业
史的一般研究方法的一个有机组成部分。与此同时，重要的是还 359
需记住这一概念所具有的启发性质。我并不打算暗示，落后国家必然要采取深思熟虑的行动去“替代”某些在较先进的国家里已经被证实的东西。在欠发达国家里的人们可以简单地摸索和寻找与其现存的落后条件相适应的解决办法。事实上，人们也可以被想象从欧洲大陆的东部而不是西部开始来研究欧洲的工业化，从而将英国工业发展史中的某些要素视为是对于德国或俄国的行事方式的替代。这将不是一种很好的进行研究的方式。它将是对于年代学的嘲弄，并且显示出突出的人造色彩。确实，在相反的研究方法中也固有某种人造的色彩。将英国摆在先决条件的中心位置是人们任意决定的。然而，这是一种认识过程的任意性，其结果证明了它的合理性。

将欧洲历史视为受到流行的——同时也是变化着的——落后程度所支配的各种替代模式，这种观点的主要优势在于（也许令人迷惑不解地），它在提供了一组预测的同时又为我们的预测能力施加了限制。预测（predict）并不是预言（prophesy）。历史研究中的预测指的是，随着新的史料的获得而解决那些明智的（intelligent）问题，也就是那些非常明确的问题。

当本文作者着手进行一项有关意大利工业发展的研究时，其研究曾受到关于发现在这一过程中起中心作用的投资银行的预期

的主导。这种替代模式可以在关于中欧其他国家（主要是德国）的工业增长的早期研究基础上被“预见到”。正如第 4 章所显示的，这个具体的预见相当好地为关于可供利用的档案材料的研究所证实。可以指出，关于意大利在第一次世界大战之前的工业增长，无论是当时的文献还是后来的文献，都没有包含关于银行对工业化所做贡献的适当评价。

正如意大利的情况所表明的那样，此类的替代模式通过审慎的输入可以从一个国家扩展到另一个国家。然而，同样真实的是，这种替代的概念本身又是以创造性的创新活动为前提的。也就是
360 说，是以某些活动于我们正常的研究设施从根本上无法预测的东西为前提的。这单独地提出了一个关于我们当前的研究所面临的局限性的问题。不过，关于这个问题也还有其他的理由。

历史假说并不是一般性或普遍性命题。它们不能被某个单一例外所证伪。对它们进行检验的主要意义，在于发现它们看起来能够合理有效的边界范围。当研究与这种边界相碰撞，并且来自预期的偏差变得十分显著时，通常有两种方法来应对这种局面：或者该假说被抛弃——这并不必然意味着“错误”，而仅仅可能是耗尽了它的解释能力；或者所发现的偏差能够被加以系统化并纳入该假说之中，从而丰富它，并为进一步的研究提供刺激。通过这种方式，发展了的假说也许会极大地偏离它的原始形态。在某种意义上，这里所给出的一般研究方法可以被认为是一种旨在通过将落后程度作为可操作的概念来把那些偏离英国模式的情况加以系统化的努力。不过，这种研究方法也可能并且将会遇到它在应用方面的局限性。

正如前面已经暗示过的，对于给定一组资料，历史的研究方法通常会遇到其他方法的挑战。在本书的论文所涵盖的范围内，1890 年代俄国工业大爆发中的独特因素被视为本质上是由俄罗斯经济的落后程度决定的。例如，本书指出，俄国之所以更加偏好生产资料而不是消费品，乃是因为，对于一个极端落后而同时恰好又处于此前在资本品的生产中技术进步获得了迅猛发展的环境中的国家来说，技术引进具有至关重要的作用。[①] 这种工业结构的不平衡被认为是落后条件下的当然现象，它仅仅是为俄罗斯政府的政策所**强化了**而已。

然而，如果想要采取一种主要是政治的研究方法来考察这一时期的工业发展史，并且将对于生产资料的重视视为本质上是由该国政府的直接军事需要所决定，也是完全可能的。如前所示，这 361
样一种方法已经有了很长的历史传统，并且肯定能够达到相当精致的程度。然而，如果情况恰好是在考察了俄国不仅在 1890 年代而且也包括第一次世界大战爆发之前的时期中的工业发展之后，这个案例看起来对于将俄国视为整个欧洲工业发展模式的一个有机组成部分具有极强的说服力的话，那么本作者至少可以认为这里所给出的一般研究方法对于总体发展提供了一种更充分和更可行的解释。不过下述事实仍然存在：这一发展的某些方面，诸如铁

① 参见第 1 章和第 6 章。今天，受到阿尔伯特・赫希曼（Albert Hirschman）研究的影响，我将补充下面一点：在一个国内市场狭小并且积极的“单纯为投资而投资”的循环的存在能够对大爆发的持续展开产生重大影响的极端落后的国家中，拥有详尽细致的“前向联系”（forward linkages）性质的生产资料的生产将具有特别重要的意义。参见，阿尔伯特・赫希曼，《经济发展的战略》（*The Strategy of Economic Development*）（New Haven，1958），第 6 章。

路建设的某些区段，财政管理的某些技术，或者是政府有关野外村落的决策，都可以更自然地用一组政治的、而不是经济的假说来解释。[①] 毫无疑问，这必须被认为是对于本书作者的主要解释框架的一种限制。

其他的一些局限在各个单独的论文中已经提到了。当前的研究方法探讨的是欧洲的工业发展。不过，在欧洲内部也存在着地理上的界限。从始至终，都是单个国家被作为一种考察单位。然而，这决不意味着在任何一个代表着有组织的国家地位（statehood）的落后的欧洲区域里的工业发展，就能够被期望与本书前面所提出的预期相一致。一个小型的主权国家的经济也许会如此深地陷入别的更为先进的国家经济的藩篱之中，以至于完全地变成了后一区域的一个不可分割的组成部分。所以，它的经济演化的进程将不存在任何严重的间断，它的工业增长的渐进性质简单地成为较大型国家的工业发展进程的一种折射反映。由于缺乏类似于大爆发的各种东西，在落后条件下实行工业化的其他特定因素也可能是不存在的。这似乎是本书第 1 章所提到的丹麦的情况。

362 另一方面，第 8 章所讨论的保加利亚工业化的情况，在这里值得引起注意。因为，它相当清楚地例证了这一事实，即本书作者当前的研究方法绝不是为了预见一种工业化的大爆发将会发生而设计出来的。这样一种预见——在该词的技术意义上——要想成为

① 令人感到奇怪至极的是，在这样一种解释中，更多的重点往往被放在了一种通常被忽视的因素之上：即财政部与内务部之间的关系。

可能,必须始终坚持以条件为转移。如果保加利亚经历了一场工业发展的大爆发,那么寻找某些由此而与之相伴的东西,包括某些替代的模式,就成为自然而然的事情了。由于这种大爆发未能出现,我们的方法所能够做的就是将这种未出现的事实归因于政府没有能力或不愿意去发现并采用适宜的替代模式。实际上,可以合理地假设,在保加利亚的场合,这种替代模式也许相当好地由银行与政府的一种集中化的同时努力来构成。被引导来思考这些问题并且形成某些命题,将是具有启示意义的。然而,保加利亚经验的主要价值还是在于这样的事实,即它强烈地暗示了那种错失机会的概念。这看起来将是所谓局限性问题的最重要的方面。

在本书的第 1 章,一个落后国家所处的大爆发前的时期,被描述成一个在流行的经济条件与快速的工业发展所提供的允诺二者之间出现紧张的时期。这种潜在能量[①]的积累没有被视为一个纯粹渐进的过程。重大的政治事件,诸如民族统一或者彻底的司法与行政改革,实际上都可能导致现存机会[②]的较突然的增加,有时也许还会触发工业的大爆发。然而,与此同时,在更先进的国家中的技术进步的流量则不断增加着可供落后国家吸收和利用的资源,后者可以从这些储备资源中吸取它们所需要的技术设备和工

① 令本书作者感到高兴的是,最近偶然发现了由伟大的德国社会学家格奥尔格·西梅尔(Georg Simmel)所撰写的一个被人忘记的小册子,《战争与精神决策》(*Der Krieg und die geistigen Entscheidungen*)(Munich-Leipzig,1917,第 22 - 23 页)中的一段话,它包含了有关德国工业发展的极其相似的概念。西梅尔明确地谈到了经济活力(*wirtschaftliche Spannkräfte*)的巨额积累,认为这在长时期中是不可能回避的。

② 由于 19 世纪乐观主义向前看世界的态度,使得人们总体上更不愿意去考虑由破坏性的战争或反工业的立法所引起的紧张降低的可能性。

艺知识。通过其技术引进，落后国家将要对技术进步利用数十年
363 甚或数百年，这些进步中的大部分是伴随着时间的静静流逝而潜移默化地（*occulto aevo*）发生的。从这一过程来看，在工业大爆发之前的紧张呈现出不断增加的趋势，而落后国家则可以被视为在稳步地积累其落后所具有的优势。

根据对保加利亚和意大利的研究，这种有关发展的观点似乎需要给予某种重新考虑。而意大利在这里尤其与问题相关。本书的第 4 章对于意大利在 1896—1908 年间的工业增长率为什么没有达到更高的水平的问题已经给予了某种关注，从意大利在那个时期的经济落后的程度来看，这也许是合理地预期到的结果。在讨论这个问题的过程中，所关注的某些重点集中于意大利政府的愚蠢的经济政策，这些政策以那些使该国具有最大的比较优势的部门的损失为代价，去持久地扶持更少具有发展前途的那些工业部门的努力。然而，也还有其他因素。特别是，已经指出，在 90 年代中期的工业大爆发开始启动之前就已经实际完成的铁路建设，对随后的增长率产生了一种抑制效应。劳动冲突的加剧也在同一方向上产生了影响。按照这种观点，意大利的工业发展在 1880 年代应该拥有充分的机会；可是，这些年的高涨却一直处于夭折状态，据认为，这主要是由于现代投资银行在意大利还没有建立起来的结果。

如果这一概念是完全正确的，那么它将意味着，“落后的优势”的积累至少在某些时候能够与落后的劣势的某种积累齐头并进。如果后者是以不平稳的速度进行着，那么在一国发展中的某些历史时刻就将被视为特别适合于工业化的时期，即被视为它的决定

命运的历史性时刻(*Sternstunden*)。若改变——同时也是降低一下——这个隐喻的含义,可以说那辆被设想载着一个国家穿过它的工业化大爆发阶段的公共汽车有时会古怪地出现,从而可能会被错过。下一辆公共汽车也许不如前一辆那样大或那样方便,或者不如前一辆那样快。无论如何,对于它的等待可能要相当地长。换句话说,一个国家工业增长大爆发出现的时间及其特征都会受到影响。

几乎没有什么疑问,“错过的机会”可能构成对于这种关于欧 364
洲工业发展的一般研究方法的真实限制。这些机会中的某些是以无常的、从而不可预见的方式消失的,至少从一个经济学家的观点来看是如此。在像保加利亚这样的一个国家里,其在两次世界大战之间的时期中面临的多重的结构困难和无能为力便是一个恰当的例子。它们本质上都具有政治性质,或者属于政治事件的结果。然而,也存在着其他背景和其他因素,它们可能使自身更加有助于富有条理的研究,更符合普遍化的结论。

将注意力转移到对于随着落后程度的增加而积累的困难和障碍的研究上面,也许极易导致形成一种更一般的有关“节点”(nodal points)的概念。在这个点上,落后所具有的优势达到了最优水平,而超过了该点,至少会存在一个前景日益暗淡和增长乏力的有限时期。这样一种研究将特别要涉及对于在技术进步与占支配地位的创新发展的步伐和它们对落后国家的工业化经济产生的影响二者之间存在的关系,进行更为深入细致的研究。本作者当前的研究计划实际上已经指出了这一方向。

作为这种进一步探索的一个结果,可能会出现对于标准情况的偏差将再一次地被带入一种体系中的情况，并且我们关于欧洲工业发展史的研究方法将变得更为复杂然而也更富有启发力了。不过，正如以前说过的那样，这些偏差的性质也许属于特定类型，以至于要求（也许是建议）采取一种与落后程度上的偏差根本不同的系统性原则。这将意味着一种研究方法的终结。然而，道别应当用一种令人愉快的方式来表达。对于任何历史假说而言，除了激励其研究努力达到可以成为某种新的假说和新的研究的铺路石这一点以外，我们还能有什么更多的期望吗？

# 附录I　关于1881—1913年间意大利工业发展指数的说明

## 先前的两种尝试

就本书作者能够确认的范围而言，先前曾有过两次努力来试 367
图为在向后延展至19世纪的一段时期中的意大利的工业产出编制一种指数：一个是由让·德西里耶(Jean Dessirier)所做，另一个则是由古列尔莫·塔利亚卡尔西(Guglielmo Tagliacarne)所做。[①] 德西里耶的指数出现在他的研究成果“1870—1928年间不同国家工业生产与农业生产的指数比较”(Indices comparés de la

---

① 当完成了这里所描述的工作以后，又有另一个十分有趣的尝试引起了本文作者的注意：即西尔维奥·戈尔齐奥(Silvio Golzio)关于指数的计算，这个计算发表在他的书中，即《关于意大利国民收入变动的测量》(*Sulla misura delle variazioni del reddito nazionale italiano*)(都灵(Turin)，无日期，可能是1951或1952年)。这个计算在很多方面都远远超过了它的两个前辈，它部分地采用了与我们当前的指数所使用的方法相同的方法，且显示了一种比我们当前的指数更广泛得多的覆盖范围。尽管如此，它却不适合用于研究直到第一次世界大战爆发之前的意大利工业发展，因为它使用的是归属于一个特别靠后的时期(1938年)的权数，并且其数据是按照五年平均值给出的，而这往往会模糊发展的各单个子时段之间的分界，从而难以确认从一个时期到另一个时期的增长率。由于在撰写本文的说明时本文作者尚无法得到戈尔齐奥的指数，故而在各处插入了对它的某些脚注说明，至于对他的方法与结果的更为详细的介绍则在最后一节给出。

production industrielle et de la production agricole en divers pays de 1870 à 1928)[①]当中。德西里耶对于其指数所做的说明是概略的。据说,该指数包括下列项目:(1)采矿业(褐煤、铁矿石、锌矿石、硫黄);(2)冶金业(铸铁与铸钢);(3)工程(以钢的耗费量为基础来加以计算);(4)纺织(棉花与羊毛耗费和丝绸生产);(5)化学(硫酸、过磷酸钙、碳化钨)。该作者甚至更少特别地关注所采用的权重问题。他说道:“这种[意大利]工业产出的指数,是通过将
368 近似地与 1913 年每个工业部门雇佣的工人人数成比例的各个单独系列结合起来,而计算出来的。”

至于该作者是如何将他所涵盖的五个工业部门内部的子系列进行加总的,则没有给予解释。无论是这些子系列,还是它们的权数,都没有出现在研究结果中。此外,它也未包含有关这一指数覆盖范围的任何数量信息。而把 1913 年而不是作为人口普查年份的 1911 年选作基期年也是有些令人吃惊的。最后,还全然不清楚,德西里耶是否由于至少考虑到在所涉及的各产业中间所存在的就业与机械动力之间的巨大差异而对权重进行了调整。由于没有任何办法来重新追溯作者的计算,所以这一指数只能被当作一种“要么被接受、要么被放弃”的东西。此外,直到上一次战争结束之后,这又是有关意大利生产的可供利用的唯一指数,所以毫不奇怪,国际联盟的咨询机构在撰写它的研究报告《工业化与对外贸易(1945)》(*Industrialization and Foreign Trade*(*1945*))的过程中,

① 《法国综合统计公报》(*Bulletin de la Statistique Générale de la France*),XVIII,no.1(October - December),第 65 - 110 页。

对这一指数采取了"要"的态度。德西里耶的逐年延续的系列是从1898年开始(这一年恰巧也是他将化学工业产出第一次包括进他的指数的一年)。对于先于1898年的时期,只对1870年、1890年给出了三个数字。在国际联盟的研究中,关于意大利工业产出的逐年的系列是从1880年开始的,而对于1881—1897年间的数字则是根据意大利的煤炭消耗量进行内推的(第176页)。但它并没有提及是否曾试图从煤炭总消耗量中减去工业用煤的部分,特别是铁路机车与轮船燃料箱的耗煤量。例如,也许值得注意,在1889年,意大利的工业煤炭消耗仅仅占其煤炭总消费量的26%。[①] 所以,后者的变动将很难准确地测量工业的变化率。关于德西里耶指数,现在就说这么多,在后面我们将回过头来再考察它所蕴涵的增长率。

塔利亚卡尔西的指数是作为向意大利立宪会议(Italian Constituent Assembly)提交的一个政府文件的一部分而编制的。它具体出现在题目为"意大利的工业发展与对外贸易"(Lo sviluppo dell'industria italiana ed il commercio estero)的文件部分。[②] 塔利亚卡尔西指数由于附有关于其编制方法的更为明确的说明而具

---

① 博迪奥(L. Bodio),《关于意大利经济活动的若干指数测量》(*Di alcuni indici misuratori del movimento economico in Italia*)(Rome,1891),第42页。偶尔地,国际联盟的数字也包含有印刷错误:1899年的数字应该是60,而不是66;此外,对于1899和1898年的数字,用的是德西里耶的原始数据,而不是像该项研究中所错误地提示的那样,是运用插值法得到的结果(第32页)。

② 立宪署(Ministero per la Costituente),《经济委员会向立宪议会递交的报告:II.工业;I.贸易;II》(*Rapporto della Commissione Economica presentato all'Assemblea Costituente*: *II. Industria*, *I. Relazione*, *II*)(Rome,1947),第80页。

有极大的优点。它的主要特点如下。

这一指数包括有下面一些系列和子系列：

369

| | 系列 | 子系列 |
|---|---|---|
| (1) | 生丝 | — |
| (2) | 原棉进口 | — |
| (3) | 啤酒与食糖 | 啤酒与食糖 |
| (4) | 冶金与矿石加工 | 生铁，铁和钢，铅和汞 |
| (5) | 采矿 | 铁矿石，铅矿石，锌矿石，矿石燃料，黄铁矿，硫黄 |
| (6) | 造船 | — |
| (7) | 硫酸 | — |

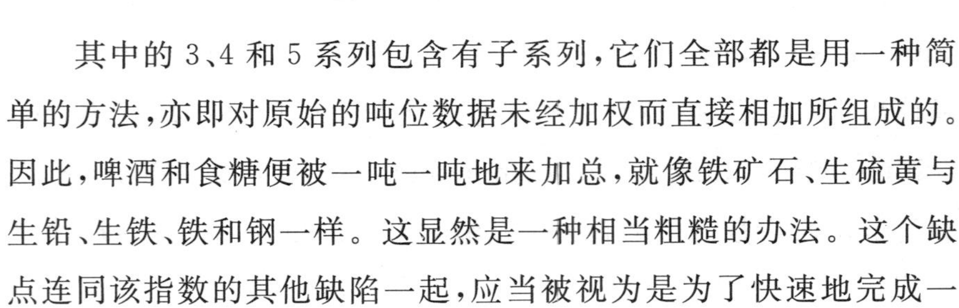

其中的 3、4 和 5 系列包含有子系列，它们全部都是用一种简单的方法，亦即对原始的吨位数据未经加权而直接相加所组成的。因此，啤酒和食糖便被一吨一吨地来加总，就像铁矿石、生硫黄与生铅、生铁、铁和钢一样。这显然是一种相当粗糙的办法。这个缺点连同该指数的其他缺陷一起，应当被视为是为了快速地完成一项特别指派的任务所面临的巨大压力的结果。

塔利亚卡尔西对于他以将七个子系列汇总到一个工业总产出指数的各个权数，没有给出精确的推导。他解释说，在某些情况下是采用雇佣人数的数据，而在另一些情况下则是采用设备的马力数。他补充道，这些数据是从 1938 年的普查数据中获得的。不过，他却提供了一张有关所采用的权数的完整表格(第 48，80－81

页)：

| 系列 | 权数 | 权数所占的百分比 |
| --- | --- | --- |
| 丝 | 1 | 4.8 |
| 棉花 | 2 | 9.5 |
| 食品材料 | 4 | 19.0 |
| 冶金与矿石加工 | 5 | 23.9 |
| 采矿 | 3 | 14.3 |
| 造船 | 4 | 19.0 |
| 化学产品 | 2 | 9.5 |
| | 21 | 100.0 |

借助于这些权数,各单个系列通过加权的几何平均数被组合起来。在后面我们将更为详细地论述有关塔利亚卡尔西指数的结果以及他的系列所蕴涵的有关增长率的一些问题。

这一指数显示出一系列显而易见的缺点。其中主要的问题有这样一些：

(1)前面提到的对于子系列未经加权的简单加总。

(2)企图用工程产业中的某个单一部门——造船业的变化率 370
来测量工程产业的进步率。由于在这个组中包含了相当数量的新兴和急剧发展中的产业部门,故而将归属于较老的工业部门的系列作为衡量整个组的变化的尺度看起来是明显地欠妥的。

(3)食品材料工业仅由两个系列来代表:啤酒与食糖。由于啤酒产出量是极低的,所以这两个系列的变动方向就唯一地由食糖工业来决定了，而食糖工业自从本世纪初以来一直在以最快的速度增长。

(4)使用一个单一系列(硫酸)来表示化学工业整体的变化率。

(5)在一个跨越了半个多世纪的指数期(1881—1937)中，使用一组归属于终端年份(1938 年)的权数。

(6)在编制指数的过程中存在着某些计算错误。

我们决定要建立当前这一指数的决策，从本质上说是由想要消除(至少是部分地消除)上面刚刚提到的某些缺陷的愿望决定的。虽然如此，也必须指出，这些缺陷中的一部分看起来似乎主要是由于作者对于第一次世界大战爆发前的意大利工业发展所持有的特殊兴趣才成为缺陷的。此外，尽管这些系列中的大部分是直接取自于原始数据，可是塔利亚卡尔西的工作的某些部分却被完整地纳入到了当前的指数中来。总体来说，那个指数的存在对于当前的指数的构建提供了最有价值的指导，当前的指数在许多方面应该被视为仅仅是对于它的前任的一种修正和改进。情况确实如此，尽管这两种计算的结果具有相当大的差异。

## 当前的指数：一般特征

当前的指数所具有的主要特征可以总结如下：

(1)主要的工业分组数目与塔利亚卡尔西的指数相同。

(2)对于各个子组的汇总，一般是通过采用相关商品的产出在 1898 年的平均单位价值来进行的。

(3)只要有可能，就尽量努力去消除双重计算(因而，生铁系列便从冶金指数中排除了。此外,某些产品产出的总价值也至少对于在其生产过程中所消耗的某些原材料进行了价值折减)。

(4)食品材料工业这一系列通过引入一个反映面粉厂产出变化的子系列而被“稳定化了”,因为面粉厂属于这一行业中的一个主导因素,特别是就其在所使用的马力中占有的份额而言更是如此。

(5)工程行业用一个意大利的钢消耗指数来代表,当然在这种 371
消耗中减去了意大利在铁路及其相关材料的生产中的钢消耗量。

(6)用来将六个主要系列结合起来的各个权数从属于1902—1903年,其基本数据是从这些年的意大利工业调查中找到的。关于这种调查下面还会提到,它并不是关于意大利工业产出的一种真正意义上的普查。第一次这种真正意义上的普查是在1911年进行的。这种调查是以一系列有关意大利工业的专题性调查为基础的,它们开始于1885年,随后与时俱进,以至于集中关注于1902—1903年。这组主要的权数被用来代表对于增加值的估计,它们是在上述调查的基础上编制的。此外,还有两个指数是通过分别采用1902—1903年的就业和马力两方面的数据而计算出来的。

与塔利亚卡尔西的指数相比较而言的其他变化,诸如包括了某些新增的子系列,同时又删除了另外一些子系列,则显得不那么重要。它们在下面各节中都得到了完全的说明。

## 当前的指数:子系列

**采矿业**

采矿业由七个子系列来代表：(1)铁矿石，(2)锌矿石，(3)铅矿石，(4)铜矿石，(5)固体矿物燃料，(6)硫黄，(7)黄铁矿。

(1)铁矿石产出。以吨来表示的基本产出数据得自于《意大利统计年鉴》(*Annuario Statistico Italiano*)，下面简称《年鉴》。具体援引如下：1881—1898 年的数据，取自《年鉴》(1900)，第 477 页；1899—1905 年的数据，取自《年鉴》(1905—1907)，第 434 页；1906—1909 年的数据，取自《年鉴》(1911)，第 125 页；1910—1913 年的数据，取自《年鉴》(1915)，第 148 页；1898 年的产品价值为 2,746,239里拉(《年鉴》(1900)，第 477 页)，由此产生了一个每吨 14.5 里拉的平均单位价值；这个价格被应用于以吨来表示的 1881—1913 年间的系列，具体如下表所示。

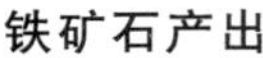

铁矿石产出

372

| 年份 | 1,000 吨 | 价值(1,000 里拉) | 年份 | 1,000 吨 | 价值(1,000 里拉) |
|---|---|---|---|---|---|
| 1881 | 421 | 6,104.5 | 1891 | 216 | 3,132.0 |
| 1882 | 242 | 3,509.0 | 1892 | 214 | 3,103.0 |
| 1883 | 204 | 2,958.0 | 1893 | 191 | 2,769.5 |
| 1884 | 225 | 3,262.5 | 1894 | 188 | 2,726.0 |
| 1885 | 201 | 2,914.5 | 1895 | 183 | 2,653.5 |
| 1886 | 209 | 3,030.5 | 1896 | 204 | 2,958.0 |
| 1887 | 231 | 3,349.5 | 1897 | 201 | 2,914.5 |
| 1888 | 177 | 2,566.5 | 1898 | 190 | 2,746.0 |
| 1889 | 173 | 2,508.5 | 1899 | 237 | 3,436.5 |
| 1890 | 221 | 3,204.5 | 1900 | 247 | 3,581.5 |

| 1901 | 232 | 3,364.0 | 1908 | 539 | 7,815.5 |
|---|---|---|---|---|---|
| 1902 | 241 | 3,494.5 | 1909 | 505 | 7,322.5 |
| 1903 | 375 | 5,437.5 | 1910 | 551 | 7,989.5 |
| 1904 | 409 | 5,930.5 | 1911 | 374 | 5,423.0 |
| 1905 | 367 | 5,321.5 | 1912 | 582 | 8,439.0 |
| 1906 | 384 | 5,568.0 | 1913 | 603 | 8,743.5 |
| 1907 | 518 | 7,511.0 | | | |

(2)锌矿石产出。关于其产出的物量以及其在1898年的单位价值的资料来源，与上面的铁矿石产出情况下所做的说明相同，唯一的不同之处是这里有关1881—1913年间的数据是取自第479页。在1898年的产品价值为12,062,000里拉，由此产生了一个每吨91.3里拉的单位平均价值。将这一价格应用于以吨来表示的1881—1913年间的系列，便得到下面所示的图表。

**锌矿石产出**

| 年份 | 1,000吨 | 价值<br>(1,000里拉) | 年份 | 1,000吨 | 价值<br>(1,000里拉) |
|---|---|---|---|---|---|
| 1881 | 72 | 6,573.6 | 1888 | 87 | 7,943.1 |
| 1882 | 91 | 8,308.3 | 1889 | 97 | 8,856.1 |
| 1883 | 100 | 9,130.0 | 1890 | 111 | 10,134.3 |
| 1884 | 105 | 9,586.5 | 1891 | 121 | 11,047.3 |
| 1885 | 107 | 9,769.1 | 1892 | 130 | 11,869.0 |
| 1886 | 108 | 9,860.4 | 1893 | 133 | 12,142.9 |
| 1887 | 93 | 8,490.9 | 1894 | 132 | 12,051.6 |

| 1895 | 122 | 11,138.6 | 1905 | 148 | 13,512.4 |
|---|---|---|---|---|---|
| 1896 | 118 | 10,773.4 | 1906 | 156 | 14,242.8 |
| 1897 | 122 | 11,138.6 | 1907 | 161 | 14,699.3 |
| 1898 | 132 | 12,062.0 | 1908 | 152 | 13,877.6 |
| 1899 | 151 | 13,786.3 | 1909 | 130 | 11,869.0 |
| 1900 | 140 | 12,782.0 | 1910 | 146 | 13,329.8 |
| 1901 | 136 | 12,416.8 | 1911 | 140 | 12,782.0 |
| 1902 | 132 | 12,051.6 | 1912 | 150 | 13,695.0 |
| 1903 | 158 | 14,425.4 | 1913 | 158 | 14,425.4 |
| 1904 | 148 | 13,512.4 | | | |

(3)**铅矿石产出**。关于其产出的物量以及其在1898年的单位价值的资料来源，与上面的铁矿石产出情况下所做的说明相同，唯一的不同之处是这里有关1881—1913年间的数据是取自第479页。在1898年的产品价值为5,221,240里拉，由此产生了一个每吨153.57里拉的单位平均价值。将这一价格应用于以吨来表示的1881—1913年间的系列，可以得到下面所示的图表。

**铅矿石产出**

373

| 年份 | 1,000吨 | 价值<br>(1,000里拉) | 年份 | 1,000吨 | 价值<br>(1,000里拉) |
|---|---|---|---|---|---|
| 1881 | 40 | 6,142.8 | 1885 | 40 | 6,142.8 |
| 1882 | 46 | 7,064.2 | 1886 | 40 | 6,142.8 |
| 1883 | 46 | 7,064.2 | 1887 | 38 | 5,835.6 |
| 1884 | 46 | 7,064.2 | 1888 | 35 | 5,374.9 |

| 1889 | 37 | 5,682.0 | 1902 | 42 | 6,449.9 |
|---|---|---|---|---|---|
| 1890 | 32 | 4,914.2 | 1903 | 42 | 6,449.9 |
| 1891 | 30 | 4,607.1 | 1904 | 43 | 6,603.5 |
| 1892 | 33 | 5,067.8 | 1905 | 39 | 5,989.2 |
| 1893 | 29 | 4,453.5 | 1906 | 41 | 6,296.3 |
| 1894 | 30 | 4,607.1 | 1907 | 43 | 6,603.5 |
| 1895 | 31 | 4,760.7 | 1908 | 47 | 7,217.7 |
| 1896 | 34 | 5,221.3 | 1909 | 38 | 5,835.7 |
| 1897 | 36 | 5,528.5 | 1910 | 37 | 5,682.0 |
| 1898 | 34 | 5,221.2 | 1911 | 38 | 5,832.7 |
| 1899 | 31 | 4,760.7 | 1912 | 42 | 6,449.9 |
| 1900 | 35 | 5,374.9 | 1913 | 45 | 6,910.6 |
| 1901 | 43 | 6,603.5 | | | |

(4)铜矿石产出。关于其产出的物量以及其在1898年的单位价值的资料来源，与上面的铁矿石产出情况下所做的说明相同，唯一的不同之处是这里有关1881－1913年间的数据是取自第478页。在1898年的产品价值为2,131,497里拉，由此产生了一个每吨22.43里拉的单位平均价值。将这一价格应用于以吨来表示的1881－1913年间的系列，可以得到下面所示的图表。

**铜矿石产出**

| 年份 | 1,000吨 | 价值<br>(1,000里拉) | 年份 | 1,000吨 | 价值<br>(1,000里拉) |
|---|---|---|---|---|---|
| 1881 | 26 | 583.2 | 1882 | 24 | 538.3 |

| | 1883 | 24 | 538.3 | 1899 | 95 | 2,131.0 |
|---|---|---|---|---|---|---|
| | 1884 | 27 | 605.6 | 1900 | 96 | 2,153.3 |
| | 1885 | 27 | 605.6 | 1901 | 108 | 2,422.4 |
| | 1886 | 25 | 560.8 | 1902 | 101 | 2,265.4 |
| | 1887 | 44 | 986.9 | 1903 | 115 | 2,579.4 |
| | 1888 | 47 | 1,054.2 | 1904 | 158 | 3,543.9 |
| | 1889 | 48 | 1,076.6 | 1905 | 149 | 3,342.1 |
| | 1890 | 50 | 1,121.5 | 1906 | 147 | 3,297.2 |
| | 1891 | 53 | 1,188.9 | 1907 | 168 | 3,768.2 |
| | 1892 | 102 | 2,287.9 | 1908 | 107 | 2,400.0 |
| 374 | 1893 | 96 | 2,153.2 | 1909 | 90 | 2,018.7 |
| | 1894 | 93 | 2,086.0 | 1910 | 68 | 1,525.2 |
| | 1895 | 84 | 1,884.1 | 1911 | 68 | 1,525.2 |
| | 1896 | 90 | 2,018.7 | 1912 | 86 | 1,928.9 |
| | 1897 | 93 | 2,086.0 | 1913 | 89 | 1,996.3 |
| | 1898 | 95 | 2,131.0 | | | |



(5)**固体矿物燃料的产出**。该数据包括无烟煤、褐煤、沥青片岩(bituminous schist)和化石木(fossil timber)的产量,关于其产出的物量及其在1898年的单位价值的资料来源,与上面的铁矿石产出情况下所做的说明相同,唯一的不同之处是这里有关1881—1913年间的数据是取自第482页。在1898年的产品价值为2,429,825里拉,由此产生了一个每吨7.13里拉的单位平均价值。将这一价格应用于以吨来表示的1881—1913年间的系列,可以得到如下所示的图表。

固体矿物燃料

| 年份 | 1,000吨 | 价值(1,000里拉) | 年份 | 1,000吨 | 价值(1,000里拉) |
|---|---|---|---|---|---|
| 1881 | 135 | 962.5 | 1898 | 341 | 2,429.0 |
| 1882 | 165 | 1,176.4 | 1899 | 389 | 2,773.5 |
| 1883 | 214 | 1,525.8 | 1900 | 479 | 3,415.2 |
| 1884 | 223 | 1,590.0 | 1901 | 426 | 3,037.4 |
| 1885 | 190 | 1,354.7 | 1902 | 414 | 2,951.8 |
| 1886 | 243 | 1,732.6 | 1903 | 345 | 2,459.9 |
| 1887 | 327 | 2,331.5 | 1904 | 362 | 2,581.1 |
| 1888 | 366 | 2,609.5 | 1905 | 412 | 2,937.5 |
| 1889 | 390 | 2,780.7 | 1906 | 473 | 3,372.5 |
| 1890 | 376 | 2,680.8 | 1907 | 453 | 3,229.9 |
| 1891 | 289 | 2,060.6 | 1908 | 480 | 3,422.4 |
| 1892 | 295 | 2,103.4 | 1909 | 555 | 3,957.2 |
| 1893 | 317 | 2,260.2 | 1910 | 562 | 4,007.0 |
| 1894 | 271 | 1,932.2 | 1911 | 557 | 3,971.4 |
| 1895 | 305 | 2,174.6 | 1912 | 664 | 4,734.3 |
| 1896 | 276 | 1,967.8 | 1913 | 701 | 4,998.1 |
| 1897 | 314 | 2,238.8 | | | |

(6)硫黄。关于其产出的物量以及其在1898年的单位价值的资料来源，与上面的铁矿石产出情况下所做的说明相同，不同之处在于，这里对于1895年以前的商品无可供利用的资料。此外，关于1895—1913年间的数据是取自第483页。由于我们发现在1895—1913年间生硫黄的产出量与同期的硫黄产出量极其相似，

故而假定这种相似性在 1881—1894 年间也存在。因此，对于这些年份的吨位数据是通过将 1881—1894 年间生硫黄产出的变化率
375 应用于 1895 年的硫黄产出量而得到的（关于生硫黄的产出量资料，参见《年鉴》(1900)，第 489 页）。在 1898 年的产品价值为 40,375,152里拉，由此产生了一个每吨 12 里拉的单位平均价值。将这一价格应用于以吨来表示的 1881—1913 年间的系列，可以得到如下所示的图表。

**硫黄产出**

| 年份 | 1,000 吨 | 价值（1,000 里拉） | 年份 | 1,000 吨 | 价值（1,000 里拉） |
|---|---|---|---|---|---|
| 1881 | 2,522 | 30,264 | 1895 | 2,381 | 28,572 |
| 1882 | 2,993 | 35,916 | 1896 | 2,737 | 32,844 |
| 1883 | 3,027 | 36,324 | 1897 | 3,314 | 39,768 |
| 1884 | 2,758 | 33,096 | 1898 | 3,363 | 40,356 |
| 1885 | 2,859 | 34,308 | 1899 | 3,763 | 45,156 |
| 1886 | 2,522 | 30,264 | 1900 | 3,628 | 43,536 |
| 1887 | 2,287 | 27,444 | 1901 | 3,727 | 44,724 |
| 1888 | 2,522 | 30,264 | 1902 | 3,582 | 42,984 |
| 1889 | 2,487 | 29,844 | 1903 | 3,690 | 44,280 |
| 1890 | 2,455 | 29,460 | 1904 | 3,539 | 42,468 |
| 1891 | 2,657 | 31,884 | 1905 | 3,761 | 45,132 |
| 1892 | 2,825 | 33,990 | 1906 | 3,274 | 39,288 |
| 1893 | 2,791 | 33,492 | 1907 | 2,788 | 33,456 |
| 1894 | 2,724 | 32,688 | 1908 | 2,848 | 34,176 |

| 1909 | 2,827 | 33,924 | 1912 | 2,504 | 30,048 |
|---|---|---|---|---|---|
| 1910 | 2,815 | 33,780 | 1913 | 2,452 | 29,424 |
| 1911 | 2,683 | 32,196 | | | |

(7)黄铁矿。关于其在1881—1898年间的产出物量数据以及其在1898年的单位产品价值,来源于《年鉴》(1900),第482页。而对于1899—1906年间的产出数据,则来源于《年鉴》(1905—1907),第435页。至于其他年份的数据来源则与上面的铁矿石产出的情况相同。在1898年的产品价值为828,051里拉,由此产生了一个12.36里拉的单位平均价值。将这一价格应用于以吨来表示的1881—1913年间的系列,可以得到如下所示的图表。

**黄铁矿**

| 年份 | 1,000吨 | 价值(1,000里拉) | 年份 | 1,000吨 | 价值(1,000里拉) |
|---|---|---|---|---|---|
| 1881 | 6 | 74 | 1891 | 20 | 247 |
| 1882 | 7 | 86 | 1892 | 28 | 346 |
| 1883 | 7 | 86 | 1893 | 29 | 358 |
| 1884 | 8 | 98 | 1894 | 23 | 284 |
| 1885 | 11 | 135 | 1895 | 39 | 482 |
| 1886 | 17 | 210 | 1896 | 46 | 569 |
| 1887 | 18 | 222 | 1897 | 58 | 716 |
| 1888 | 15 | 185 | 1898 | 67 | 828 |
| 1889 | 17 | 210 | 1899 | 77 | 952 |
| 1890 | 15 | 185 | 1900 | 72 | 890 |

376

| 1901 | 89 | 1,100 | 1908 | 132 | 1,632 |
|---|---|---|---|---|---|
| 1902 | 93 | 1,149 | 1909 | 132 | 1,632 |
| 1903 | 101 | 1,248 | 1910 | 166 | 2,052 |
| 1904 | 112 | 1,384 | 1911 | 165 | 2,039 |
| 1905 | 118 | 1,458 | 1912 | 278 | 3,436 |
| 1906 | 122 | 1,507 | 1913 | 317 | 3,918 |
| 1907 | 127 | 1,570 | | | |

将七个子系列加总，得到下面以 1898 年的不变价格计算的采矿业的总产出系列。

| 年份 | 百万里拉（以 1898 年价格计算） | 当前的指数（1900＝100） | 年份 | 百万里拉（以 1898 年价格计算） | 当前的指数（1900＝100） |
|---|---|---|---|---|---|
| 1881 | 50.7 | 71 | 1892 | 58.7 | 82 |
| 1882 | 56.6 | 79 | 1893 | 57.6 | 80 |
| 1883 | 57.6 | 80 | 1894 | 56.4 | 79 |
| 1884 | 55.3 | 77 | 1895 | 51.7 | 72 |
| 1885 | 55.2 | 77 | 1896 | 56.4 | 79 |
| 1886 | 51.8 | 72 | 1897 | 64.4 | 90 |
| 1887 | 48.7 | 68 | 1898 | 65.8 | 92 |
| 1888 | 50.0 | 70 | 1899 | 63.0 | 88 |
| 1889 | 51.0 | 71 | 1900 | 71.7 | 100 |
| 1890 | 51.7 | 72 | 1901 | 73.7 | 103 |
| 1891 | 54.2 | 76 | 1902 | 71.3 | 100 |

| 1903 | 76.9 | 107 | 1909 | 66.6 | 93 |
|---|---|---|---|---|---|
| 1904 | 76.0 | 106 | 1910 | 68.4 | 95 |
| 1905 | 77.7 | 108 | 1911 | 63.8 | 89 |
| 1906 | 73.6 | 103 | 1912 | 68.7 | 96 |
| 1907 | 70.8 | 99 | 1913 | 70.4 | 98 |
| 1908 | 70.5 | 98 | | | |

需要注意，当前的指数包含有与塔利亚卡尔西指数的子系列相同的子系列，唯一的不同之处是这里增加了一个铜矿石产出的子系列。正如后面将要表明的那样，这两个指数的动态行为是相当不同的。

冶金(包括炼油) 377

这一产业由三个子组别来代表：(1)钢铁业，(2)铜业，(3)铅业。关于精炼的石油产品产出的第四组——由于很难将其归属于其他地方——也被迫加到这里。



(1)钢铁产出。关于铁产品物量产出的资料来源如下：1881—1898年间的数据，来源于《年鉴》(1900)，第487页；1899—1906年间的数据，来源于《年鉴》(1905—1907)，第440页；1907—1909年间的数据，来源于《年鉴》(1911)，第127页；1910—1913年间的数据，来源于《年鉴》(1915)，第151页；从1902年开始到以后的数据不包括小高炉的产出量。因此，1902—1913年间的数字被上调了百分之十，以便使它们与先前年份的那些数据大致地具有可比性。在1898年的产品价值为40,865,825里拉，由此可产生一个每吨243.97里拉的单位平均价值。将这一价格应用于以吨来表示的

1881—1913年间的系列，可以得到如下所示的图表。

**铁产出**

| 年份 | 1,000 吨 | 价值（1,000 里拉） | 年份 | 1,000 吨 | 价值（1,000 里拉） |
|---|---|---|---|---|---|
| 1881 | 95 | 23,177 | 1898 | 167 | 40,866 |
| 1882 | 91 | 22,201 | 1899 | 198 | 48,306 |
| 1883 | 125 | 30,496 | 1900 | 191 | 46,598 |
| 1884 | 120 | 29,276 | 1901 | 181 | 44,159 |
| 1885 | 141 | 34,400 | 1902 | 181 | 44,159 |
| 1886 | 162 | 39,523 | 1903 | 195 | 47,574 |
| 1887 | 173 | 42,207 | 1904 | 199 | 48,550 |
| 1888 | 177 | 43,183 | 1905 | 226 | 55,137 |
| 1889 | 182 | 44,403 | 1906 | 260 | 63,432 |
| 1890 | 176 | 42,939 | 1907 | 273 | 66,604 |
| 1891 | 153 | 37,327 | 1908 | 333 | 81,242 |
| 1892 | 124 | 30,252 | 1909 | 309 | 75,387 |
| 1893 | 138 | 33,668 | 1910 | 342 | 83,438 |
| 1894 | 142 | 34,644 | 1911 | 333 | 81,242 |
| 1895 | 164 | 40,011 | 1912 | 197 | 48,062 |
| 1896 | 140 | 34,156 | 1913 | 157 | 38,032 |
| 1897 | 150 | 36,595 | | | |

钢产品的物量产出数据来源与铁产品相同。在1898年的产品价值为27,085,481里拉，由此产生一个每吨309.66里拉价格。将这一价格应用于以吨来表示的1881—1913年间的系列，可以得到如下所示的图表。

**钢产出**

| 年份 | 1,000 吨 | 价值（1,000 里拉） | 年份 | 1,000 吨 | 价值（1,000 里拉） | |
|---|---|---|---|---|---|---|
| 1881 | 3.6 | 1,115 | 1898 | 87.5 | 27,085 | |
| 1882 | 3.4 | 1,053 | 1899 | 108.5 | 33,598 | |
| 1883 | 3.0 | 929 | 1900 | 115.9 | 35,889 | |
| 1884 | 4.6 | 1,424 | 1901 | 123.3 | 38,181 | 378 |
| 1885 | 6.4 | 1,982 | 1902 | 108.9 | 33,722 | |
| 1886 | 23.7 | 7,339 | 1903 | 154.1 | 47,719 | |
| 1887 | 73.0 | 22,605 | 1904 | 177.1 | 54,841 | |
| 1888 | 118.0 | 36,540 | 1905 | 244.8 | 75,804 | |
| 1889 | 158.0 | 48,926 | 1906 | 333.0 | 103,117 | |
| 1890 | 108.0 | 33,444 | 1907 | 347.0 | 107,452 | |
| 1891 | 76.0 | 23,534 | 1908 | 438.0 | 135,631 | |
| 1892 | 57.0 | 17,650 | 1909 | 609.0 | 188,582 | |
| 1893 | 71.0 | 21,986 | 1910 | 671.0 | 207,781 | |
| 1894 | 55.0 | 17,031 | 1911 | 698.0 | 216,142 | |
| 1895 | 50.3 | 15,576 | 1912 | 802.0 | 248,347 | |
| 1896 | 65.9 | 20,406 | 1913 | 846.0 | 261,972 | |
| 1897 | 63.9 | 19,787 | | | | |



为了至少排除某些双重计算，以及考虑到在所考察的时期中可能发生的诸如技术系数改变一类的因素，对于上面两张表中的钢铁产出数量（以1898年里拉表示）还需减去进口的生铁价值，进口的废金属以及所生产的生铁的价值。关于进口数量的数据是从各相应年份的《商贸活动》（*Movimento Commerciale*）中得到的，

并且按照1898年的单位价值来估值。遗憾的是，事实证明，无法确认、并且按照类似的方法去扣除钢铁工业中的煤炭消耗量。一种试图依据有关平均的煤：铁和煤：钢的生产系数的某种信息来间接地计算这些消耗量的努力也不得不放弃了，因为这里面包含着许多不确定因素。

各种计算是建立在这样一种假定的基础上，即被扣减的原材料价值部分与增加值的比率大致地与那些未被扣除的部分的这一比率相同。

**生铁的生产**

| 年份 | 1,000 吨 | 价值（1,000 里拉） | 年份 | 1,000 吨 | 价值（1,000 里拉） |
|---|---|---|---|---|---|
| 1880 | 17.3 | 1,813 | 1893 | 8.0 | 838 |
| 1881 | 27.8 | 2,913 | 1894 | 10.3 | 1,079 |
| 1882 | 24.8 | 2,599 | 1895 | 9.2 | 964 |
| 1883 | 24.3 | 2,547 | 1896 | 7.0 | 734 |
| 1884 | 18.4 | 1,928 | 1897 | 8.4 | 880 |
| 1885 | 16.0 | 1,677 | 1898 | 12.4 | 1,300 |
| 1886 | 12.3 | 1,289 | 1899 | 19.2 | 2,012 |
| 1887 | 12.3 | 1,289 | 1900 | 24.0 | 2,515 |
| 1888 | 12.5 | 1,310 | 1901 | 15.8 | 1,656 |
| 1889 | 13.5 | 1,415 | 1902 | 30.6 | 3,207 |
| 1890 | 14.3 | 1,499 | 1903 | 75.3 | 7,891 |
| 1891 | 11.9 | 1,247 | 1904 | 89.3 | 9,359 |
| 1892 | 12.7 | 1,330 | 1905 | 143.1 | 14,997 |

379

| | | | | | |
|---|---|---|---|---|---|
| 1906 | 135.3 | 14,179 | 1911 | 302.9 | 31,744 |
| 1907 | 112.2 | 11,758 | 1912 | 380.0 | 39,824 |
| 1908 | 112.9 | 11,832 | 1913 | 427.0 | 44,750 |
| 1909 | 207.8 | 21,771 | 1914 | 385.3 | 40,379 |
| 1910 | 353.2 | 37,015 | | | |

**生铁的进口**

| 年份 | 1,000吨 | 价值（1,000里拉） | 年份 | 1,000吨 | 价值（1,000里拉） |
|---|---|---|---|---|---|
| 1880 | 29 | 2,467 | 1895 | 132 | 11,230 |
| 1881 | 46 | 3,913 | 1896 | 119 | 10,123 |
| 1882 | 40 | 3,403 | 1897 | 156 | 13,271 |
| 1883 | 74 | 6,295 | 1898 | 169 | 14,377 |
| 1884 | 68 | 5,785 | 1899 | 192 | 16,333 |
| 1885 | 55 | 4,679 | 1900 | 161 | 13,696 |
| 1886 | 81 | 6,891 | 1901 | 160 | 13,611 |
| 1887 | 231 | 19,651 | 1902 | 155 | 13,186 |
| 1888 | 90 | 7,656 | 1903 | 127 | 10,804 |
| 1889 | 169 | 14,377 | 1904 | 150 | 12,761 |
| 1890 | 130 | 11,059 | 1905 | 136 | 11,570 |
| 1891 | 109 | 9,273 | 1906 | 170 | 14,462 |
| 1892 | 101 | 8,592 | 1907 | 231 | 19,651 |
| 1893 | 114 | 9,698 | 1908 | 254 | 21,608 |
| 1894 | 119 | 10,123 | 1909 | 248 | 21,097 |

| 1910 | 205 | 17,439 | 1913 | 222 | 18,886 |
|---|---|---|---|---|---|
| 1911 | 235 | 19,991 | 1914 | 220 | 18,715 |
| 1912 | 267 | 22,714 | | | |

**废金属的进口**

| 年份 | 1,000 吨 | 价值（1,000 里拉） | 年份 | 1,000 吨 | 价值（1,000 里拉） |
|---|---|---|---|---|---|
| 1880 | 54 | 4,333 | 1898 | 138 | 11,074 |
| 1881 | 52 | 4,173 | 1899 | 245 | 19,661 |
| 1882 | 70 | 5,617 | 1900 | 197 | 15,809 |
| 1883 | 81 | 6,500 | 1901 | 148 | 11,877 |
| 1884 | 82 | 6,580 | 1902 | 199 | 15,969 |
| 1885 | 78 | 6,259 | 1903 | 206 | 16,531 |
| 1886 | 116 | 9,309 | 1904 | 246 | 19,741 |
| 1887 | 174 | 13,963 | 1905 | 276 | 22,149 |
| 380 1888 | 165 | 13,241 | 1906 | 345 | 27,686 |
| 1889 | 157 | 12,599 | 1907 | 363 | 29,130 |
| 1890 | 168 | 13,482 | 1908 | 326 | 26,161 |
| 1891 | 137 | 10,994 | 1909 | 416 | 33,384 |
| 1892 | 146 | 11,716 | 1910 | 387 | 31,057 |
| 1893 | 177 | 14,204 | 1911 | 393 | 31,538 |
| 1894 | 157 | 12,599 | 1912 | 344 | 27,606 |
| 1895 | 180 | 14,445 | 1913 | 326 | 26,161 |
| 1896 | 162 | 13,000 | 1914 | 255 | 20,463 |
| 1897 | 131 | 10,513 | | | |

上面三张表中的价值系列相加，并且向前移动六个月（即把前一年的数字的二分之一加到后一年的数字的二分之一上）以便考虑到时滞，然后再将它们从钢铁产出的总毛值中减掉，便可以得出如下所示的图表（以千里拉为单位）。

| 年份 | 钢铁总产出 | 生铁进口加废金属进口，再加上生铁生产（前移六个月） | 钢铁的“净”产出 |
|---|---|---|---|
| 1881 | 24,292 | 9,806 | 14,493 |
| 1882 | 23,254 | 11,309 | 11,945 |
| 1883 | 31,425 | 13,480 | 17,945 |
| 1884 | 30,700 | 14,817 | 15,883 |
| 1885 | 36,382 | 13,454 | 22,928 |
| 1886 | 46,862 | 15,052 | 31,810 |
| 1887 | 64,812 | 26,196 | 38,616 |
| 1888 | 79,723 | 28,555 | 51,168 |
| 1889 | 93,329 | 25,299 | 68,030 |
| 1890 | 76,383 | 27,215 | 49,168 |
| 1891 | 60,861 | 23,777 | 37,084 |
| 1892 | 47,902 | 21,576 | 26,326 |
| 1893 | 55,654 | 23,189 | 32,465 |
| 1894 | 51,675 | 24,270 | 27,405 |
| 1895 | 55,587 | 25,220 | 30,367 |
| 1896 | 54,562 | 25,248 | 29,314 |
| 1897 | 56,382 | 24,260 | 32,122 |
| 1898 | 67,951 | 25,607 | 42,344 |

381

| | | | |
|---|---|---|---|
| 1899 | 81,904 | 32,278 | 49,626 |
| 1900 | 82,487 | 35,013 | 47,474 |
| 1901 | 82,340 | 29,582 | 52,758 |
| 1902 | 77,881 | 29,753 | 48,128 |
| 1903 | 95,293 | 33,794 | 61,499 |
| 1904 | 103,391 | 38,543 | 64,848 |
| 1905 | 130,941 | 45,288 | 85,653 |
| 1906 | 166,549 | 52,521 | 114,028 |
| 1907 | 174,056 | 58,433 | 115,623 |
| 1908 | 216,873 | 60,070 | 156,803 |
| 1909 | 263,969 | 67,926 | 196,043 |
| 1910 | 291,219 | 80,881 | 210,338 |
| 1911 | 297,384 | 84,392 | 212,922 |
| 1912 | 296,409 | 86,708 | 209,701 |
| 1913 | 300,004 | 89,970 | 210,004 |

(2)铜与铜合金产出。以 1898 年价格表示的铜产出的价值是按照如下方式来计算的。将 1898 年的平均价值应用于以吨来表示的 1884－1913 年间的系列(在 1884 年以前没有铜产出的记录),由此得出的数值要减去铜矿石的产出值(这里的铜矿石产出值通过加上净进口并减去净出口而做了调整,所有数值都是按照 1898 年的价格计算的)。它们的资料来源如下。铜产出的吨数:1884－1897 年间的数据,来源于《年鉴》(1900),第 488 页;1898－1906 年间的数据,来源于《年鉴》(1905－1907),第 440 页;1906－1910 年间的数据,来源于《年鉴》(1911),第 127 页;1910－1913 年

间的数据，来源于《年鉴》(1915)，第 151 页。在 1898 年的产品价值为 20,108,258 里拉，由此产生了一个每吨 1,719 里拉的单位平均价值。至于铜矿石产出的数据，参见上面。（相对较小的）铜矿石进出口值是从有关各年份的《商贸活动》中获得的。外贸数据也是用 1898 年的价格来估值，并且也向前移动了六个月，以便考虑到时滞的因素。下表给出了这些计算的结果。

**铜与铜合金**

| 年份 | 1,000 吨 | 总值（1,000 里拉） | 铜矿石产出值加、减铜矿石的净进口、净出口（1,000 里拉） | 铜产出“净”值（1,000 里拉） | |
|---|---|---|---|---|---|
| 1881 | — | — | 334.23 | — | |
| 1882 | — | — | 322.97 | — | |
| 1883 | — | — | 338.67 | — | |
| 1884 | 0.4 | 687 | 354.38 | 332.62 | 382 |
| 1885 | 1.6 | 2,750 | 338.68 | 2,411.32 | |
| 1886 | 2.2 | 3,781 | 334.26 | 3,446.74 | |
| 1887 | 3.1 | 5,378 | 750.26 | 4,627.74 | |
| 1888 | 5.3 | 9,110 | 837.75 | 8,272.25 | |
| 1889 | 6.9 | 11,861 | 891.55 | 10,969.45 | |
| 1890 | 6.4 | 11,001 | 909.54 | 10,091.46 | |
| 1891 | 5.9 | 10,142 | 964.60 | 9,177.40 | |
| 1892 | 6.0 | 10,314 | 2,060.24 | 8,253.76 | |
| 1893 | 6.9 | 11,861 | 1,932.26 | 9,928.74 | |
| 1894 | 9.7 | 16,674 | 1,902.07 | 14,771.93 | |

| | | | | |
|---|---|---|---|---|
| 1895 | 8.5 | 14,611 | 1,758.49 | 12,852.51 |
| 1896 | 10.3 | 17,705 | 1,935.71 | 15,769.29 |
| 1897 | 11.5 | 19,768 | 2,042.26 | 17,725.74 |
| 1898 | 11.7 | 20,108 | 2,156.79 | 17,951.21 |
| 1899 | 10.2 | 17,533 | 2,184.83 | 15,348.17 |
| 1900 | 10.4 | 17,878 | 2,218.35 | 15,659.65 |
| 1901 | 9.6 | 16,502 | 2,591.75 | 13,910.25 |
| 1902 | 10.2 | 17,533 | 2,494.19 | 15,038.81 |
| 1903 | 11.2 | 19,253 | 2,790.24 | 16,462.76 |
| 1904 | 11.8 | 20,284 | 3,740.16 | 16,543.84 |
| 1905 | 16.1 | 27,676 | 3,496.87 | 24,179.13 |
| 1906 | 15.5 | 26,645 | 3,464.30 | 23,180.70 |
| 1907 | 17.5 | 30,083 | 4,073.25 | 26,009.75 |
| 1908 | 18.3 | 31,458 | 2,767.85 | 28,690.15 |
| 1909 | 20.0 | 34,380 | 2,310.29 | 32,069.71 |
| 1910 | 22.5 | 38,677 | 1,723.71 | 36,953.29 |
| 1911 | 21.3 | 36,615 | 1,674.36 | 34,940.64 |
| 1912 | 28.7 | 49,335 | 2,074.70 | 47,260.30 |
| 1913 | 26.2 | 45,037 | 2,077.05 | 42,959.95 |

(3)铅产出。计算铅的“净”产出的过程与上面描述的计算铜的“净”产出的方法完全相似。关于其产出的物量数据来源如下:1881—1898 年间的数据,来源于《年鉴》(1900),第 489 页;随后各年的数据,与铜产出的数据出处相同。在 1898 年的产品价值为 8,234,323里拉,由此产生了一个每吨 336.09 里拉的单位平均价

值。关于铅矿石产出的数据来源,参见上面。铅矿石的净进口与净出口值分别从各相关年份的《商贸活动》中获得,并且用1898年的价格来表示,同时向前移动六个月。下表给出了这些计算的结果。

**铅** 383

| 年份 | 1,000吨 | 总值(1,000里拉) | 铅矿石产出值加、减铅矿石的净进口、净出口(1,000里拉) | 铅产出“净”值(1,000里拉) |
|---|---|---|---|---|
| 1881 | 11.7 | 3,932 | 3,447.65 | 484.35 |
| 1882 | 13.2 | 4,436 | 4,292.26 | 143.74 |
| 1883 | 13.5 | 4,537 | 4,008.16 | 528.84 |
| 1884 | 15.0 | 5,041 | 4,238.51 | 802.49 |
| 1885 | 16.5 | 5,545 | 3,647.29 | 1,897.71 |
| 1886 | 19.5 | 6,553 | 4,691.56 | 1,861.44 |
| 1887 | 17.8 | 5,982 | 5,021.68 | 960.32 |
| 1888 | 17.5 | 5,881 | 4,230.80 | 1,650.20 |
| 1889 | 18.1 | 6,083 | 4,791.29 | 1,291.71 |
| 1890 | 17.8 | 5,982 | 4,084.92 | 1,897.08 |
| 1891 | 18.5 | 6,217 | 3,954.43 | 2,262.57 |
| 1892 | 22.0 | 7,393 | 5,182.98 | 2,210.02 |
| 1893 | 19.9 | 6,688 | 5,113.85 | 1,574.15 |
| 1894 | 19.6 | 6,587 | 5,482.45 | 1,104.55 |
| 1895 | 20.3 | 6,823 | 5,474.80 | 1,348.20 |
| 1896 | 20.8 | 6,990 | 5,781.83 | 1,208.17 |

| 1897 | 22.4 | 7,528 | 6,695.63 | 832.37 |
|---|---|---|---|---|
| 1898 | 24.5 | 8,234 | 6,465.12 | 1,768.88 |
| 1899 | 20.5 | 6,889 | 5,550.26 | 1,338.74 |
| 1900 | 23.8 | 7,999 | 6,127.39 | 1,871.61 |
| 1901 | 25.8 | 8,671 | 7,409.74 | 1,261.26 |
| 1902 | 26.5 | 8,906 | 6,695.61 | 2,210.39 |
| 1903 | 22.1 | 7,427 | 5,989.19 | 1,437.81 |
| 1904 | 23.5 | 7,898 | 6,019.93 | 1,878.07 |
| 1905 | 19.1 | 6,419 | 5,405.63 | 1,013.37 |
| 1906 | 21.3 | 7,159 | 5,666.66 | 1,492.34 |
| 1907 | 23.0 | 7,730 | 6,388.51 | 1,341.49 |
| 1908 | 26.0 | 8,738 | 7,578.59 | 1,159.41 |
| 1909 | 22.1 | 7,427 | 6,265.69 | 1,161.31 |
| 1910 | 14.5 | 4,873 | 5,628.25 | — |
| 1911 | 16.7 | 5,612 | 4,872.89 | 739.11 |
| 1912 | 21.5 | 7,225 | 5,336.25 | 1,888.48 |
| 1913 | 20.5 | 6,889 | 5,981.50 | 907.50 |



(4)石油产品。对于石油产品的系列而言,它的产出在所考察的时期中相对较小,同时也未将它对于原油进口做调整,因为原油进口在这一时期的意大利贸易统计中没有详细的说明。在80年代这十年中的产出是微乎其微的。其物量产出的数据来源如下:1890—1898年间的数据,来源于《年鉴》(1900),第490页;1899—1906年间的数据,来源于《年鉴》(1905—1907),第440页;1907—1910年间的数据,来源于《年鉴》(1911),第127页;1911—1913年

间的数据，来源于《年鉴》(1915)，第151页。在1898年的产品价 384
值为1,979,105里拉(《年鉴》(1900)，第490页)，由此产生了一个每吨392.68里拉的单位平均价值。将这一价格应用于以吨来表示的1890—1913年间的系列，便形成如下所示的图表。

**石油产品**

| 年份 | 1,000吨 | 价值(1,000里拉) | 年份 | 1,000吨 | 价值(1,000里拉) |
|---|---|---|---|---|---|
| 1881 | — | — | 1898 | 5.0 | 1,979 |
| 1882 | — | — | 1899 | 5.3 | 2,081 |
| 1883 | — | — | 1900 | 6.1 | 2,395 |
| 1884 | — | — | 1901 | 4.2 | 1,649 |
| 1885 | — | — | 1902 | 4.4 | 1,727 |
| 1886 | — | — | 1903 | 4.6 | 1,806 |
| 1887 | — | — | 1904 | 6.6 | 2,591 |
| 1888 | — | — | 1905 | 9.9 | 3,887 |
| 1889 | — | — | 1906 | 10.9 | 4,280 |
| 1890 | 0.3 | 118 | 1907 | 10.5 | 4,123 |
| 1891 | 0.8 | 314 | 1908 | 10.9 | 4,280 |
| 1892 | 1.6 | 628 | 1909 | 11.0 | 4,319 |
| 1893 | 2.6 | 1,021 | 1910 | 12.3 | 4,830 |
| 1894 | 1.6 | 628 | 1911 | 15.5 | 6,087 |
| 1895 | 4.2 | 1,649 | 1912 | 13.8 | 5,418 |
| 1896 | 2.7 | 1,060 | 1913 | 7.5 | 2,945 |
| 1897 | 3.4 | 1,335 | | | |

将上面四个子系列加总，便得到下面以 1898 年不变价格表示的冶金业(包括石油产品)的总产出系列。

**冶金业**

| | 年份 | 总值(1,000 里拉) | 当前指数(1900＝100) |
|---|---|---|---|
| | 1881 | 14,977 | 22 |
| | 1882 | 12,089 | 18 |
| | 1883 | 18,474 | 27 |
| | 1884 | 17,018 | 25 |
| | 1885 | 27,237 | 40 |
| | 1886 | 37,118 | 55 |
| | 1887 | 44,204 | 66 |
| | 1888 | 61,090 | 91 |
| | 1889 | 80,291 | 119 |
| | 1890 | 61,275 | 91 |
| | 1891 | 48,838 | 72 |
| 385 | 1892 | 37,418 | 56 |
| | 1893 | 44,989 | 67 |
| | 1894 | 43,909 | 65 |
| | 1895 | 46,217 | 68 |
| | 1896 | 47,351 | 70 |
| | 1897 | 52,015 | 77 |
| | 1898 | 64,043 | 95 |
| | 1899 | 68,394 | 101 |
| | 1900 | 67,400 | 100 |

| 1901 | 69,579 | 103 |
|---|---|---|
| 1902 | 67,104 | 99 |
| 1903 | 81,206 | 120 |
| 1904 | 85,831 | 127 |
| 1905 | 114,733 | 170 |
| 1906 | 142,981 | 212 |
| 1907 | 147,097 | 218 |
| 1908 | 190,933 | 283 |
| 1909 | 233,593 | 346 |
| 1910 | 252,221 | 374 |
| 1911 | 254,759 | 377 |
| 1912 | 264,268 | 392 |
| 1913 | 256,846 | 381 |

需要注意，关于冶金业的当前指数在其构成上不同于塔利亚卡尔西的指数。我们的当前的指数没有包含生铁和汞。另一方面，它却包含了塔利亚卡尔西的指数所没有包括的铜（和石油）。关于这两个指数的比较在下面将进一步展开说明。

**纺织**

像在塔利亚卡尔西的指数中一样，纺织业的变化率由两个系列来表示：(1)生丝的物量产出，以及(2)原棉的净进口量。有关丝产品的数量资料，参见，塔利亚卡尔西，第 82 页。关于棉花净进口的数据是从《商贸活动》中提取的。这两个系列按照下面的方式结合成了单一的指数。

根据关于 1902—1903 年调查的报告，在 1899—1904 年间生产的生丝毛值达到了284百万里拉(统计总署,工业统计,《关于意大利王国工业条件的情况摘要》(*Direzione Generale della Statistica, Statistica Industriale, Riassunto delle notizie sulle condizioni industriali del Regno*),罗马,1906,第I部分,第153页;在下面的引证中均称为《调查》(*Survey*))。在1903—1904年,茧的生产达到了50.4百万公斤(第152页)。在此之上再加上总产出中
386 进口茧所占的份额(在1899—1904年间,这平均约为国内生产的17.9%),则可以得到59.4百万公斤的茧产出总量(第157页)。在1903年茧的价格为每公担391.50里拉(参见,埃内斯托·钱奇(Ernesto Cianci),《1870至1929年间意大利货物价格的变动》(*Dinamica dei prezzi delle merci in Italia dal 1870 al 1929*),《统计年鉴》(*Anuali di Statistica*, Serie VI:XX,1933),第270页。),由此可以得出茧的总值为232.6百万里拉,它导致一个接近50百万里拉的生丝生产的"净"价值量。所生产的丝织品毛值估计约为100百万里拉(《调查》,第156页)。若将美国1899年增加值占丝织产品价值42%这一比率应用到上面这一数字,那么意大利在1903—1904年丝织品制造业的增加值就被估计为42百万里拉。还有废品丝一项,根据同一时期的美国统计数据这一项的价格大约占到生丝生产价值的20%左右,按照前面给出的数据这将意味着每公斤大约10里拉(另见,拉坦·C.罗利(Ratan C. Rawley),《丝产业经济学,关于产业组织的一项研究》(*Economics of the Silk Industry, A Study in Industrial Organization*),伦敦,1919,第153页)。将这一价格应用于8百万公斤的产出上,将会得出一个80百万里拉的数值,它将包含有大约等于16—17百万里拉的

增加值。总结一下:意大利的丝产品产出可以列表如下。

| | 百万里拉 |
|---|---|
| 生丝 | 50 |
| 丝织品 | 42 |
| 废品丝 | 17 |
| 总增加值 | 109 |

1900年生产的棉织品总值被给定为301.6百万里拉(《调查》,第171页)。对此,可以再加上每年约相当于2.2百万里拉的出口棉纱的少量值,便得到303.8百万里拉的总值。将美国1899年在棉花产品生产中增加值对产品价值的47.9%的比率应用到这一数值上面,便会得到一个等于145.5百万里拉的棉花生产中的增加值。因此,相对的棉花∶丝权数便是1.33∶1(145.5∶109)。塔利亚卡尔西是按照2∶1的比例将棉花与丝结合起来的,从世纪之交的现实情况来看,这似乎赋予丝的权数过低了。如果人们要针对意大利的棉花与丝两个工业部门中所存在的马力设备差别而对美国的丝∶棉花这一比率进行矫正的话,那么将会得到这样一种比例。可是,若考虑到意大利每个丝生产工人平均来说极低的马力数(0.6),这几乎就意味着这种稀缺的马力的进一步减少将倾向于使产出减至零,这对于该时期的情况来说完全是不现实的。另一方面,却完全可以合理地指出,我们当前的指数所承认的比率隐含着,在意大利每个工人的增加值中棉花与丝的比率为2.1∶1: 387

$$\frac{145.5}{138.88} : \frac{109.0}{191.6},$$

而美国在 1899 年的这一比率仅为 1.28∶1。从这一时期美国的丝织工业相对于其棉纺工业的先进程度要比意大利的丝织工业相对于其棉纺工业的先进程度更为明显得多这一事实来看,这似乎是真实的。

下面的一张表给出了棉花与丝的原始系列,以及通过分别将权数 1.33 和 1 分配给棉花和丝并计算二者的算术平均数,而得到的组合的指数。也许需要注意,使用一种加权的几何平均数并不产生具有任何重要差别的结果。

应当注意,我们并没有试图把棉花的进口系列相对于国内的棉花存量运动做调整。此类信息在这一时期中的某些时段是可供利用的,[①]同时人们也得到这样一种印象,即存量总体来说相对于产出而言是相当小的,所以,除了在某些单个年份以外,即使考虑到它们也不会对指数产生什么重要影响。毕竟,已经证明对于所考察的这一时期整体而言不可能得到一种一致的存量系列。另一方面,人们也认识到,在这种场合使用某种熨平缺陷的工具也许会掩盖产出中并非不重要的变化。

| 年份 | 生丝（指数:1900=100;权数=1） | 原棉净进口（指数:1900=100;权数=1.33） | 丝—棉加总量（指数:1900=100） |
|---|---|---|---|
| 1881 | 90 | 27 | 54 |
| 1882 | 69 | 41 | 53 |

① 例如,可参见卡洛·迪·诺拉(Carlo di Nola),“棉花危机与意大利的棉纺工业”(La crisi cotoniera e l'industria del cotone in Italia),载于《经济学家报》(*Giornale degli Economisti*),June 1912,第 528 页。

| 1883 | 94 | 38 | 62 | |
|---|---|---|---|---|
| 1884 | 84 | 39 | 58 | |
| 1885 | 74 | 51 | 61 | |
| 1886 | 94 | 43 | 65 | |
| 1887 | 98 | 54 | 73 | |
| 1888 | 99 | 53 | 73 | |
| 1889 | 81 | 63 | 71 | |
| 1890 | 92 | 71 | 80 | |
| 1891 | 85 | 63 | 73 | |
| 1892 | 79 | 67 | 72 | |
| 1893 | 106 | 69 | 85 | |
| 1894 | 99 | 89 | 93 | |
| 1895 | 99 | 88 | 93 | |
| 1896 | 97 | 92 | 94 | |
| 1897 | 86 | 99 | 93 | |
| 1898 | 92 | 109 | 101 | |
| 1899 | 99 | 107 | 104 | |
| 1900 | 100 | 100 | 100 | |
| 1901 | 98 | 110 | 105 | |
| 1902 | 106 | 120 | 114 | |
| 1903 | 90 | 126 | 111 | |
| 1904 | 110 | 126 | 119 | |
| 1905 | 108 | 135 | 124 | |
| 1906 | 118 | 149 | 136 | 388 |
| 1907 | 120 | 177 | 153 | |

| 1908 | 107 | 168 | 142 |
|---|---|---|---|
| 1909 | 110 | 156 | 136 |
| 1910 | 95 | 142 | 122 |
| 1911 | 92 | 155 | 128 |
| 1912 | 101 | 174 | 142 |
| 1913 | 92 | 165 | 134 |

**工程**

由于缺乏足够详细的信息，所以决定采用 1881—1913 年间意大利的钢铁消费的变化来代表该国机械产品产出的一种指数。这一方法易于受到许多责难，然而一个直接和明显的困难还是源于这样一个事实，即所生产和进口的钢铁中有一个确定的比例被经济的非工业部门诸如铁路建设与维护所消费掉了。所以，必须获得有关这一指数期中意大利的铁路及其相关材料生产的信息。这些资料都是从三个来源获取的：关于 1886—1894 年间的资料，来自于博迪奥，《关于意大利经济活动的若干指数测量》（*Di alcuni indici misuratori del movimento economico in Italia*，罗马，1896 年），第 67 页；关于 1895—1899 年间的资料，则承蒙 ILVA—热那亚研究部（Studies Department of ILVA-Genoa）的帮助而得到；关于1900—1913 年间的资料，则取自 ILVA，《意大利的高炉与炼钢厂：1897—1947》（*Alti forni e acciaierie in Italia, 1897—1947*）（贝加莫（Bergamo），1948 年），第 356 页。因此，铁路及相关材料的产出（铁轨和设备）便从这一时期每一年的意大利钢铁生产量中扣除了。

在1886年以前没有可供利用的有关铁路及相关材料的产出的资料，因为在这一年此类材料刚开始在泰尔尼（Terni）生产。不过，在1881—1885年间的产出一定是相当微乎其微的，就此而言，钢的总产出也是相当低微的。因此，可以对这一时期做出一种极为粗略的简化假定，正如在下表中所能看到的那样。在获得了有关钢产出的“净”额并且按照每吨309.66里拉（参见上面关于钢产出项目下的说明）对它们进行估值之后，便可以把这些数字追加到：(1)1881—1913年间生产的铁产出值，和(2)钢铁的进口值上面。后者的信息来源具体如下：关于1880—1898年间的数据，取自《年鉴》(1900)，第616页；1899—1905年间的数据，取自《年鉴》(1905—1907)，第551页；关于1906—1913年间的数据，取自《商贸活动》年度报告。进口数值统一按照1898年的意大利钢产品平均价格（每吨309.66里拉）来估价，同时考虑到进口—产出的时滞因素而将这一系列数据前移六个月（应当注意，这些钢铁的进口当然不包括铁轨的进口，因为它在意大利的对外商贸统计中构成一个专门的项目）。上面的调整及其结果显示在下面两张图表中，同时包含了一个关于调整的钢铁消费的指数。

**钢的“净”产出**

389

| 年份 | 钢产出 (1,000吨) | 铁路及相关材料产出(1,000吨) | 钢的“净”产出 (1,000吨) | 钢的“净”产出价值 (1,000里拉) |
|---|---|---|---|---|
| 1881 | 3.6 | — | — | 1,100 |
| 1882 | 3.4 | — | — | 1,100 |
| 1883 | 3.0 | — | — | 1,100 |
| 1884 | 4.6 | — | — | 1,100 |

| 1885 | 6.4 | — | — | 1,100 |
|---|---|---|---|---|
| 1886 | 23.7 | 20 | 3.7 | 1,146 |
| 1887 | 73.0 | 30 | 43.0 | 13,315 |
| 1888 | 118.0 | 67 | 51.0 | 15,792 |
| 1889 | 158.0 | 105 | 53.0 | 16,412 |
| 1890 | 108.0 | 70 | 38.0 | 11,767 |
| 1891 | 76.0 | 47 | 29.0 | 8,980 |
| 1892 | 57.0 | 31 | 26.0 | 8,051 |
| 1893 | 71.0 | 39 | 32.0 | 9,909 |
| 1894 | 55.0 | 25 | 30.0 | 9,290 |
| 1895 | 50.3 | 26 | 24.3 | 7,525 |
| 1896 | 65.9 | 22 | 42.9 | 13,594 |
| 1897 | 63.9 | 23 | 40.9 | 12,665 |
| 1898 | 87.5 | 30 | 57.5 | 17,805 |
| 1899 | 108.5 | 21 | 87.5 | 27,095 |
| 1900 | 115.9 | 8 | 107.9 | 33,412 |
| 1901 | 123.3 | 25 | 98.3 | 30,440 |
| 1902 | 108.9 | 19 | 89.9 | 27,838 |
| 1903 | 154.1 | 46 | 108.1 | 33,474 |
| 1904 | 177.1 | 23 | 154.1 | 47,718 |
| 1905 | 244.8 | 23 | 221.8 | 68,682 |
| 1906 | 330.0 | 65 | 265.0 | 82,060 |
| 1907 | 347.0 | 90 | 257.0 | 79,583 |
| 1908 | 438.0 | 84 | 354.0 | 109,620 |
| 1909 | 609.0 | 141 | 468.0 | 144,921 |

| | | | | |
|---|---|---|---|---|
| 1910 | 671.0 | 147 | 524.0 | 162,261 |
| 1911 | 698.0 | 123 | 575.0 | 178,055 |
| 1912 | 802.0 | 147 | 655.0 | 202,827 |
| 1913 | 846.0 | 174 | 672.0 | 208,091 |

**钢铁的“工业”消费(工程行业)**

| 年份 | 钢的“净”产出价值(1,000里拉) | 铁产出价值(1,000里拉) | 钢铁进口值(1,000里拉) | 钢铁的“工业”消费(1,000里拉) | 指数 |
|---|---|---|---|---|---|
| 1881 | 1,100 | 23,177 | 49,545 | 73,822 | 62 |
| 1882 | 1,100 | 22,201 | 66,886 | 90,187 | 76 |
| 1883 | 1,100 | 30,496 | 78,034 | 109,630 | 92 |
| 1884 | 1,100 | 29,276 | 76,486 | 106,862 | 90 |
| 1885 | 1,100 | 34,400 | 76,486 | 111,986 | 94 |
| 1886 | 1,146 | 39,523 | 76,641 | 117,310 | 98 |
| 1887 | 13,315 | 42,207 | 85,157 | 140,679 | 118 |
| 1888 | 15,792 | 43,183 | 78,189 | 137,164 | 115 |
| 1889 | 16,412 | 44,403 | 54,191 | 115,006 | 96 |
| 1890 | 11,767 | 42,939 | 39,482 | 94,188 | 79 |
| 1891 | 8,980 | 37,327 | 28,024 | 74,331 | 62 |
| 1892 | 8,051 | 30,252 | 24,773 | 63,076 | 53 |
| 1893 | 9,909 | 33,668 | 25,547 | 69,124 | 58 |
| 1894 | 9,290 | 34,644 | 26,631 | 70,565 | 59 |
| 1895 | 7,525 | 40,011 | 26,116 | 73,702 | 62 |
| 1896 | 13,594 | 34,156 | 26,476 | 74,226 | 62 |

390

| | | | | | |
|---|---|---|---|---|---|
| 1897 | 12,665 | 36,595 | 28,489 | 77,749 | 65 |
| 1898 | 17,805 | 40,866 | 26,918 | 85,589 | 72 |
| 1899 | 27,095 | 48,306 | 30,324 | 105,725 | 89 |
| 1900 | 33,412 | 45,598 | 40,256 | 119,266 | 100 |
| 1901 | 30,440 | 44,159 | 44,126 | 118,725 | 100 |
| 1902 | 27,838 | 44,159 | 45,055 | 117,052 | 98 |
| 1903 | 33,474 | 47,574 | 47,223 | 128,271 | 108 |
| 1904 | 47,718 | 48,550 | 47,688 | 143,956 | 121 |
| 1905 | 68,682 | 55,137 | 48,462 | 172,281 | 144 |
| 1906 | 82,060 | 63,432 | 58,371 | 203,863 | 171 |
| 1907 | 79,583 | 66,604 | 87,789 | 233,976 | 196 |
| 1908 | 109,620 | 81,242 | 103,890 | 294,752 | 247 |
| 1909 | 144,921 | 75,387 | 91,350 | 311,658 | 261 |
| 1910 | 162,261 | 83,438 | 83,142 | 328,841 | 276 |
| 1911 | 178,055 | 81,242 | 82,524 | 341,821 | 287 |
| 1912 | 202,827 | 48,062 | 83,453 | 334,342 | 280 |
| 1913 | 208,091 | 38,032 | 78,808 | 324,931 | 272 |

391 应当注意,上面的调整是相当粗糙的。它没有试图通过对房屋建筑所消耗的含铁的金属数量进行扣减,来使钢铁的消费量进一步向下调整。虽然在 1914 年以前所涉及的这方面的数量较小,可是到了这一指数期的后来年份它们似乎在以相当高的速度增长。从钢铁的消费中减去那些主要被消耗于工程产业以外的部门中的本国其他材料的生产(电线之类的产出)也将是理想的。可是,可以利用的资料难以支持这样一种计算,也许在这一指数期的

晚近年间是一个例外。此外，还有某些少量的铁轨是为二级轨道(secondary tracks)而生产的。当我们评价这里所遵循的方法对于建立一种有关 1881—1913 年间机器制造业产出的尺度的有效性时，必须要记住这类缺陷与不足。

将上面给出的经过调整的钢铁消费与未经调整的钢铁消费加以比较，也许是饶有趣味的。这种比较显示在下表中。

**钢铁消费(1900＝100)**

| 年份 | 调整的 | 未调整的 |
| --- | --- | --- |
| 1881 | 62 | 60 |
| 1882 | 76 | 73 |
| 1883 | 92 | 89 |
| 1884 | 90 | 87 |
| 1885 | 94 | 92 |
| 1886 | 98 | 101 |
| 1887 | 118 | 122 |
| 1888 | 115 | 129 |
| 1889 | 96 | 120 |
| 1890 | 79 | 94 |
| 1891 | 62 | 72 |
| 1892 | 53 | 59 |
| 1893 | 58 | 66 |
| 1894 | 59 | 64 |
| 1895 | 62 | 67 |
| 1896 | 62 | 66 |

| | 1897 | 65 | 69 |
|---|---|---|---|
| | 1898 | 72 | 77 |
| | 1899 | 89 | 91 |
| | 1900 | 100 | 100 |
| | 1901 | 100 | 103 |
| | 1902 | 98 | 100 |
| | 1903 | 108 | 116 |
| 392 | 1904 | 121 | 123 |
| | 1905 | 144 | 146 |
| | 1906 | 171 | 183 |
| | 1907 | 196 | 213 |
| | 1908 | 247 | 261 |
| | 1909 | 261 | 289 |
| | 1910 | 276 | 305 |
| | 1911 | 287 | 310 |
| | 1912 | 280 | 309 |
| | 1913 | 272 | 309 |

关于这两个指数所隐含的变化率后面还要进一步谈到。

**食品材料工业**

食品材料工业的产出由几个子组别的产出来代表:啤酒工业、食糖工业以及面粉厂。关于前两者,其产出的数据在所考察的整个时期中都可以找到。它们的资料来源情况如下。啤酒:1881—1898 年间的数据,取自《年鉴》(1900),第 556 页;1899—1906 年间的数据,取自《年鉴》(1905—1907),第 504 页;1907—1910 年间的数据，取自《年鉴》(1911)，第145页；1910－1913年的数据，取自《年鉴》(1915)，第172页。食糖：1881－1906年间的数据，取自《年鉴》(1905－1907)，第505页；1907－1910年间的数据，取自《年鉴》(1911)，第131页；1911－1913年的数据，取自《年鉴》(1915)，第155页。

对于在1898年每百升10里拉的啤酒价格，是通过选取由关税所提高了的啤酒进口的单位价值并减去某种分销成本而得到的。每公担142.17里拉的食糖价格是从钱奇的《1870至1929年间意大利货物价格的变动》一书(罗马，1933年)第490页得到的。关于这两种商品的吨数和价值数据，显示在下面的表中。

**啤酒与食糖的产出**

| 年份 | 啤酒产出(1,000百升) | 食糖产出(1,000百升) | 啤酒产出(1,000里拉) | 食糖产出(1,000里拉) | 啤酒产出和食糖产出(1,000里拉) | 指数(1900＝100) |
|---|---|---|---|---|---|---|
| 1881 | 127 | 0.6 | 1,270 | 85 | 1,355 | 1.7 |
| 1882 | 131 | 1.9 | 1,310 | 270 | 1,580 | 2.0 |
| 1883 | 122 | 3.3 | 1,220 | 469 | 1,689 | 2.2 |
| 1884 | 130 | 6.5 | 1,300 | 924 | 2,224 | 2.8 |
| 1885 | 163 | 1.1 | 1,630 | 156 | 1,786 | 2.3 |
| 1886 | 164 | 1.5 | 1,640 | 213 | 1,853 | 2.4 |
| 1887 | 148 | 1.6 | 1,480 | 227 | 1,707 | 2.2 |
| 1888 | 162 | 4.0 | 1,620 | 568 | 2,188 | 2.7 |
| 1889 | 145 | 5.7 | 1,450 | 810 | 2,260 | 2.8 |
| 1890 | 161 | 7.1 | 1,610 | 1,001 | 2,711 | 3.4 |
| 1891 | 158 | 13.1 | 1,580 | 1,862 | 3,442 | 3.8 |
| 1892 | 106 | 10.6 | 1,060 | 1,507 | 2,567 | 3.3 |

| 1893 | 109 | 10.3 | 1,090 | 1,464 | 2,554 | 3.2 |
|---|---|---|---|---|---|---|
| 1894 | 90 | 18.8 | 900 | 2,672 | 3,572 | 4.5 |
| 1895 | 107 | 23.8 | 1,070 | 3,384 | 4,454 | 5.6 |
| 1896 | 103 | 20.7 | 1,030 | 2,943 | 3,973 | 5.1 |
| 1897 | 112 | 30.0 | 1,120 | 4,265 | 5,385 | 6.8 |
| 1898 | 123 | 58.6 | 1,230 | 8,331 | 9,561 | 12.1 |
| 1899 | 134 | 207.5 | 1,340 | 29,500 | 30,840 | 39.0 |
| 1900 | 154 | 541.7 | 1,540 | 77,013 | 78,553 | 100.0 |
| 1901 | 159 | 664.2 | 1,590 | 94,429 | 96,019 | 122.0 |
| 1902 | 168 | 856.5 | 1,680 | 123,048 | 124,728 | 159.0 |
| 1903 | 185 | 1,151.2 | 1,850 | 163,666 | 165,516 | 211.0 |
| 1904 | 230 | 712.3 | 2,300 | 101,267 | 103,567 | 132.0 |
| 1905 | 238 | 855.6 | 2,380 | 121,640 | 124,020 | 158.0 |
| 1906 | 315 | 954.0 | 3,150 | 135,630 | 138,780 | 177.0 |
| 1907 | 401 | 1,212.0 | 4,010 | 172,310 | 176,320 | 225.0 |
| 1908 | 423 | 1,506.0 | 4,230 | 214,108 | 218,338 | 278.0 |
| 1909 | 566 | 1,380.0 | 5,660 | 196,195 | 201,855 | 257.0 |
| 1910 | 554 | 1,420.0 | 5,540 | 201,881 | 207,421 | 264.0 |
| 1911 | 695 | 1,659.0 | 6,950 | 235,860 | 242,810 | 309.0 |
| 1912 | 646 | 1,784.0 | 6,460 | 253,631 | 260,091 | 331.0 |
| 1913 | 679 | 2,519.0 | 6,790 | 358,126 | 364,916 | 465.0 |

由于关于面粉厂产出的直接数据无法找到，所以决定用该国的小麦消费数据系列来代表面粉厂产出的变动情况。这一系列的具体来源是：1884－1905 年间的数据，来自于《年鉴》(1905－1907)，第 499 页；1906－1910 年间的数据，来自于《年鉴》(1911)，第 144 页；1910－1913 年间的数据，来自于《年鉴》(1915)，第 171 页。该数据系列的计算基础是国内生产量减去种子，再加上净进

口量。通过利用包含在《小麦研究》(*Wheat Studies*)(食品研究所(Food Research Institute),XI,no.7,1935年3月,第302页)中的关于意大利的小麦用于饲料方面的数据,可以将上面的数值系列进一步减少。关于1881—1883年间的这类数据是估计得出的。由此产生的数值系列又通过采用四年的移动平均数而加以熨平。至于有关贮存量的变化的信息则无法找到。这些计算及其指数系列显示在下面的表中。

**面粉厂产出(在食品上的小麦消费)** 394

| 年份 | 生产量减种子,加净进口量(百万公担) | 饲料(百万公担) | 用于食品上的消费(百万公担) | 指数(1900=100)(用四年的移动平均数熨平) |
|---|---|---|---|---|
| 1881 | 32.6 | 1.0 | 31.6 | 71 |
| 1882 | 33.6 | 1.1 | 32.5 | 73 |
| 1883 | 34.6 | 1.1 | 33.5 | 76 |
| 1884 | 35.6 | 1.1 | 34.5 | 78 |
| 1885 | 36.2 | 1.2 | 35.0 | 77 |
| 1886 | 38.5 | 1.2 | 37.3 | 76 |
| 1887 | 40.0 | 1.3 | 38.7 | 75 |
| 1888 | 32.9 | 1.1 | 31.8 | 75 |
| 1889 | 34.6 | 1.1 | 33.5 | 77 |
| 1890 | 37.1 | 1.3 | 35.8 | 79 |
| 1891 | 39.0 | 1.3 | 37.7 | 78 |
| 1892 | 37.8 | 1.3 | 36.5 | 76 |
| 1893 | 38.6 | 1.3 | 37.3 | 77 |

| 1894 | 34.6 | 1.2 | 32.4 | 72 |
|---|---|---|---|---|
| 1895 | 36.8 | 1.3 | 35.5 | 74 |
| 1896 | 39.5 | 1.3 | 38.2 | 75 |
| 1897 | 29.1 | 1.0 | 28.1 | 77 |
| 1898 | 37.5 | 1.3 | 36.2 | 88 |
| 1899 | 39.3 | 1.3 | 38.0 | 92 |
| 1900 | 42.5 | 1.4 | 41.1 | 100 |
| 1901 | 50.0 | 1.6 | 48.4 | 104 |
| 1902 | 45.9 | 1.5 | 44.4 | 105 |
| 1903 | 53.7 | 1.7 | 52.0 | 111 |
| 1904 | 50.0 | 1.6 | 48.4 | 110 |
| 1905 | 51.4 | 1.6 | 49.8 | 110 |
| 1906 | 57.6 | 1.8 | 55.8 | 112 |
| 1907 | 51.4 | 1.6 | 49.8 | 109 |
| 1908 | 50.9 | 1.6 | 49.3 | 109 |
| 1909 | 55.8 | 1.8 | 54.0 | 112 |
| 1910 | 51.0 | 1.5 | 49.5 | 113 |
| 1911 | 51.0 | 1.5 | 49.5 | 121 |
| 1912 | 58.1 | 1.7 | 56.4 | 123 |
| 1913 | 57.6 | 1.7 | 55.9 | 129 |

通过赋予啤酒指数 0.109 的权数，食糖指数 0.891 的权数，便把两个指数结合起来了。这些权数的估计是基于这样的假定：在棉纺工业与食糖和面粉厂行业之间每个工人的增加值比率，与 1899 年美国的这两大行业之间流行的每个工人的增加值比率相

似(参见上面)。自然,这一做法没有考虑到美国与意大利的绝对生产力水平问题。关于意大利棉纺工业每个工人的增加值,参见 395
关于棉纺业的部分。基于每个工人增加值而计算的数据又被乘以各自的劳动力人数,其产品比率(总增加值)被用作将两个指数结合起来的权数。最终的指数如下。

**食品材料工业**

| 年份 | 指数(1900=100) | 年份 | 指数(1900=100) |
|---|---|---|---|
| 1881 | 63 | 1898 | 80 |
| 1882 | 65 | 1899 | 86 |
| 1883 | 68 | 1900 | 100 |
| 1884 | 70 | 1901 | 106 |
| 1885 | 69 | 1902 | 111 |
| 1886 | 68 | 1903 | 120 |
| 1887 | 67 | 1904 | 112 |
| 1888 | 67 | 1905 | 115 |
| 1889 | 69 | 1906 | 119 |
| 1890 | 71 | 1907 | 122 |
| 1891 | 70 | 1908 | 127 |
| 1892 | 68 | 1909 | 128 |
| 1893 | 69 | 1910 | 130 |
| 1894 | 65 | 1911 | 141 |
| 1895 | 66 | 1912 | 146 |
| 1896 | 67 | 1913 | 166 |
| 1897 | 69 | | |

化学工业

塔利亚卡尔西使用一个单一系列——硫酸产品——来代表化
396 学工业的产出。尽管这一方法明显地不适当，我们在当前的指数中还是接受了它。这里的吨数系列是取自于前述塔利亚卡尔西的研究成果，第 83 页，而指数系列则将基年改变为 1900 年，具体如下表所示。

**化学工业（硫酸）**

| 年份 | 产出（1,000 吨） | 指数（1900＝100） |
|---|---|---|
| 1881 | 20 | 8.7 |
| 1882 | 25 | 10.9 |
| 1883 | 30 | 13.1 |
| 1884 | 35 | 15.2 |
| 1885 | 40 | 17.4 |
| 1886 | 45 | 19.6 |
| 1887 | 50 | 21.8 |
| 1888 | 55 | 24.0 |
| 1889 | 60 | 26.1 |
| 1890 | 65 | 28.3 |
| 1891 | 64 | 27.9 |
| 1892 | 62 | 27.0 |
| 1893 | 59 | 25.9 |
| 1894 | 71 | 31.1 |
| 1895 | 96 | 41.7 |
| 1896 | 111 | 48.5 |

| 1897 | 129 | 56.1 |
|---|---|---|
| 1898 | 139 | 60.7 |
| 1899 | 165 | 72.1 |
| 1900 | 230 | 100.0 |
| 1901 | 235 | 102.4 |
| 1902 | 252 | 109.8 |
| 1903 | 263 | 114.6 |
| 1904 | 278 | 121.0 |
| 1905 | 302 | 131.6 |
| 1906 | 365 | 158.9 |
| 1907 | 425 | 185.2 |
| 1908 | 524 | 228.4 |
| 1909 | 590 | 256.9 |
| 1910 | 645 | 280.8 |
| 1911 | 596 | 259.7 |
| 1912 | 634 | 276.4 |
| 1913 | 645 | 280.9 |

## 当前的指数：权数

上一节详细说明的六个指数系列，是通过交替地使用从属于1903普查年的三组权数来加总成一个意大利工业产出总指数的。

就业 397

其相关数据得自于《关于意大利王国工业条件的情况摘要》

(即《调查》)(罗马,1906 年,第 I 部分,表 4,第 12 页)。它们被复制在下面的表中。

**1903 年在所选的意大利工业(当前的指数所包含的工业)中的工人人数**

| 工业部门 | 工人人数 | 权数 |
|---|---|---|
| 采矿与矿石加工 | 71,633 | 7.79 |
| 冶金 | 34,580 | 3.75 |
| 工程 | 101,684 | 11.05 |
| 纺织 | 452,969 | 49.24 |
| 食品材料 | 223,980 | 24.34 |
| 化学 | 34,994 | 3.83 |
| | 919,840 | 100.00 |

马力

其相关数据得自于《调查》。它们被复制在下面的表中。

**1903 年在所选的工业(当前的指数所包含的工业)中装备的马力数**

| 工业部门 | 马力数 | 权数 |
|---|---|---|
| 采矿与矿石加工 | 14,657 | 2.90 |
| 冶金 | 48,075 | 9.44 |
| 工程 | 47,680 | 9.39 |
| 纺织 | 137,803 | 27.08 |
| 食品材料 | 214,187 | 42.09 |
| 化学 | 46,498 | 9.10 |
| | 508,900 | 100.00 |

增加值估计:1903—1904

第三组权数是通过一个增加值估计系列而得到的。

采矿与矿石加工。在与来自其他欧洲国家的可比信息的基础上,假定增加值对产品价值的比率为70%。根据《调查》(第28页),1903年的产品价值达到了85,204,934里拉,而增加值被估计为60百万里拉。虽然这导致了一个相当高的平均每个工人的 398
增加值数(1,000里拉),但是从硫黄在总产出中所占的较大份额以及在那个时期矿物品所具有的高额垄断价格来看,这并非被认为是不可行的。另一方面,在矿石加工的小组别中(其中硫黄的加工仍然占有最大的份额,并且被假定具有低得多的每个工人增加值)的增加值,总体上被估计为5.7百万里拉。

**冶金**。这一产业中的两个主要组别是钢铁和铜,前者占据着支配地位。钢与铁产品的价值在1903年达到约80百万里拉。将美国1899年钢铁产业中增加值对产品价值的比率——接近30%——应用到这一数据上,将会得到总数为23.5百万里拉的增加值。意大利的铜产业在1903年的产品价值达到22,043,000里拉。将美国1899年的增加值对产品价值的比率——25.5%——应用到这一总数上,便得到一个5.64百万里拉的增加值总量。钢铁产业的增加值加上铜产业的增加值,在1903年等于29.14百万里拉(23.50+5.64)。再用两个产业的工人人数去除,就产生了一个数值为1,356里拉的每个工人创造的增加值。假设若给定在钢铁和铜以外的冶金工业总产出值为6.5百万里拉,那么其余的大约13,000名主要在小型工场就业的工人对增加值的贡献将是平均每个工人500里拉。将这三个子组别相加总,便得到冶金业生产的增加值总量35.64百万里拉。

**纺织**。在上一节中曾使用某些关于增加值的估计来把丝与棉花的指数结合起来。意大利羊毛工业中的增加值可以按照类似的

方法来估计。羊毛工业的产品价值在 1903 年达到 110 百万里拉(《调查》,第 163 页)。将美国 1898 年羊毛工业中增加值对产品价值的比率 39%——应用到这一数据上,可以得到意大利羊毛制造业的增加值为 42.9 百万里拉。因而,在丝、棉花以及羊毛工业中每个工人的增加值可以计算如下。

| 分支工业部门 | 工人人数 | 估计的增加值(百万里拉) | 每个工人的增加值(里拉) |
|---|---|---|---|
| 丝织 | 191,651 | 109.0 | 568.74 |
| 棉花 | 138,880 | 145.5 | 1,048.0 |
| 羊毛 | 37,744 | 42.9 | 1,136.6 |
| | 367,275 | 297.4 | 809.74 |
| 纺织业工人总数: | | | 452,969 |
| 丝织、棉花和羊毛业工人总数: | | | 367,275 |
| 余额: | | | 85,634 |

399 将这三个主要分支部门的制造过程中平均每个工人的增加值应用到纺织业的其余分支部门,会得到一个总数为 69.4 百万里拉的增加值。把这个总数追加到上面计算的数值上,便会给出纺织工业的总增加值 366.8 百万里拉。

**工程**。意大利机械工业中的工人就业人数可以被分解如下:

| | |
|---|---|
| 大型机械厂: | 38,104 |
| 造船: | 25,936 |
| 各种机械: | 19,560 |
| 小型专业化工场: | 18,357 |
| | 101,957 |

由于找不到有关意大利工程行业生产价值的任何数据，便采用下列估计方法。1898年美国每个工人创造的增加值是针对美国机械行业的各单个分支部门来计算的。据此，各个计算结果与美国棉花产业每个工人的增加值的比率便可以得到。最后，将这些比率应用于意大利棉花产业所创造的以里拉表示的增加值总量。

对于第一组别，使用的是每个工人的增加值在美国冶金机械产出中所占的比率(868美元)。这个数值超过了美国棉花产业中的同类指标(537.04美元)，前者是后者的1.53倍。将这个系数应用于意大利棉花工业中每个工人的增加值(1,048.3里拉)，便得到每个工人1,603里拉的增加值。

1899年美国造船业中的相应比率为1.45(781美元∶537.04美元)，它将产生一个数值为1,520里拉(1.45乘以1,048.3里拉)的对于意大利的增加值估计。

对于各种机械这一组，就意大利而言其自行车生产是一个重要组成部分。如果采用美国在1899年自行车产出的数据，并且按照同样的方法将其与美国棉花产业中每个工人的增加值相联系，那么就会得出一个1.37(734美元∶537.04美元)的系数。将这一系数应用到意大利棉花工业中每个工人的增加值上，将会得到一个1,436里拉的数值(1.37乘以1,048.3里拉)。

假定意大利工程行业中的余额(其中主要是小型然而却高度专业化的工厂)显示了同样高的每个工人的增加值，它被估计为1,500里拉。

因此，意大利机械工业的总增加值被估计如下。

400 **1903 年工程业中的增加值**

| 分支工业部门 | 工人人数 | 每个工人的增加值（里拉） | 总增加值（百万里拉） |
|---|---|---|---|
| 大型机械厂 | 38,104 | 1,603 | 61.08 |
| 造船 | 25,936 | 1,520 | 39.42 |
| 各种机械 | 19,560 | 1,436 | 28.09 |
| 小型机械厂 | 18,357 | 1,500 | 25.54 |
| | | | 156.13 |

**食品材料工业**。这里估计增加值数量的方法与工程行业中所采用的方法类似。意大利食糖工业中每个工人的增加值与意大利棉花工业中每个工人的增加值的关系，被估计为与美国的相同（1,050美元∶537.04 美元乘以 1,048.3），因而，食糖工业每个工人的增加值等于 2,044 里拉，它可以得出所生产的增加值总量 25.5 百万里拉。至于最重要的单一构成要素——面粉厂——接受大约为 4∶1 的这样一个整个美国面粉∶棉花的比率似乎有些过度。如果考虑到意大利的面粉厂相对于意大利的棉花加工而言现代化程度更低，那么这一比率可以减至 3∶1，从而产生一个 208.1 百万里拉（3,144 里拉乘以 66,191 工人）的增加值。

假定这一工业的其余部分拥有 145,320 工人，但是所拥有的马力数占工业总马力数的份额却极低，它们创造的增加值为每个工人 500 里拉，由此得出总量为 72.65 百万里拉。将这三个组别相加总（208.1＋25.5＋72.65），便得到食品材料工业的增加值总量为 306.25 百万里拉。

**化学工业**。1899 年美国的硫酸盐生产中每个工人的增加值与棉花产品生产中每个工人增加值的比率(1,355美元：537.04美元)大约为2.5,将这一比率应用到意大利棉花加工业的每个工人增加值上,可以得到化学工业的每个工人增加值2,620里拉,以及其增加值总量89.1百万里拉(2,620里拉乘以34.994)。

按照上面所描述的方式而得到的六个工业权数被概括在下面的图表中。

**1903年在所选的工业(当前的指数所包含的工业)中的增加值估计**

| 工业部门 | 增加值数量(百万里拉) | 权数 | |
|---|---|---|---|
| 采矿与矿石加工 | 65.70 | 6.43 | |
| 冶金 | 35.64 | 3.49 | |
| 工程 | 156.13 | 15.27 | 401 |
| 纺织 | 366.80 | 35.86 | |
| 食品材料 | 306.25 | 29.99 | |
| 化学 | 91.68 | 8.96 | |
| | 1,022.20 | 100.00 | |

## 结　　果

通过应用于上面所讨论的三组权数的算术平均数,便可以将意大利工业产出的六个指数系列结合成一个总指数。其结果如下。

**意大利工业产出的指数:1881—1913年**

| 年份 | 增加值权数 | 就业权数 | 马力权数 |
|---|---|---|---|
| 1881 | 53.86 | 55.46 | 51.91 |
| 1882 | 56.81 | 57.56 | 53.83 |
| 1883 | 63.91 | 64.99 | 60.09 |
| 1884 | 62.68 | 62.66 | 59.57 |
| 1885 | 64.78 | 64.96 | 61.92 |
| 1886 | 67.00 | 67.82 | 64.51 |
| 1887 | 72.92 | 73.92 | 69.23 |
| 1888 | 73.66 | 74.75 | 71.54 |
| 1889 | 71.85 | 73.35 | 72.91 |
| 1890 | 72.34 | 75.49 | 72.16 |
| 1891 | 66.55 | 69.53 | 66.58 |
| 1892 | 63.94 | 67.38 | 63.21 |
| 1893 | 69.83 | 74.79 | 68.50 |
| 1894 | 71.98 | 77.91 | 69.31 |
| 1895 | 73.37 | 78.47 | 71.09 |
| 1896 | 75.18 | 80.11 | 72.82 |
| 1897 | 77.83 | 81.80 | 75.28 |
| 1898 | 85.91 | 90.23 | 89.94 |
| 1899 | 92.30 | 95.38 | 91.32 |
| 1900 | 100.00 | 100.00 | 100.00 |
| 1901 | 104.06 | 100.00 | 100.00 |
| 1902 | 108.82 | 109.61 | 108.99 |
| 1903 | 113.65 | 113.04 | 115.57 |

| 1904 | 116.83 | 116.88 | 116.76 | |
|---|---|---|---|---|
| 1905 | 125.65 | 124.81 | 126.64 | |
| 1906 | 138.84 | 136.89 | 140.39 | |
| 1907 | 151.95 | 149.67 | 151.40 | |
| 1908 | 163.34 | 155.09 | 165.31 | 402 |
| 1909 | 168.10 | 157.02 | 173.87 | |
| 1910 | 169.23 | 154.40 | 177.19 | |
| 1911 | 174.18 | 160.09 | 182.68 | |
| 1912 | 182.03 | 169.15 | 190.98 | |
| 1913 | 184.14 | 169.12 | 195.96 | |

现在可以表明，我们的指数系列所隐含的对于整个指数期的增长率以及在该时期各个时段的增长率。而这又提出了如何选择适当的子时期以便将总指数加以划分的问题。

选择适当的子时期并非易事，至少对于这个指数期的某些时段来说是如此。塔利亚卡尔西采用如下的分期：1881—1891，1891—1896，1896—1913。为了使我们当前的指数所隐含的增长率与塔利亚卡尔西指数的结果具有可比性，我们对于相同子时期的数值进行了计算。不过，这种分期具有毫无疑问的缺点。1881—1891 这一时期将上升的年份集中到 1887 或 1888 年，而将停滞和下降的年份集中到了后面。另一方面，1896—1913 这一时期又再一次地将到 1908 年为止的快速增长的时期与随后的一个较慢进展的时期结合了起来。因此，我们也分别对 1881—1888 时期、1888—1896 时期、1896—1908 时期、1908—1911 时期进行了增长率计算，最后又计算了 1881—1913 整个时期的增长率。

至于增长率的计算方法，决定采用通过复利公式将给定时期的第一年与最后一年联结起来的“两点”(two-point)率。曾有相当广泛的试验来采用另一种将一条直线与指数数据的对数相拟合的方法，进而用该直线的斜率来表示给定时期的平均增长率，不过这一方法并没有在两个增长率之间产生足够大的差异。

在上面最后一张表中给出的三个指数所隐含的年平均增长率如下所示。

**意大利工业产出的年平均增长率:1881—1913 年及各个子时期**

| 年份 | 增加值估计 | 就业 | 马力 |
|---|---|---|---|
| 1881—1888 | 4.6 | 4.4 | 4.7 |
| 1888—1896 | 0.3 | 0.9 | 0.3 |
| 1881—1896 | 2.2 | 2.5 | 2.3 |
| 1881—1891 | 2.1 | 2.3 | 2.5 |
| 1891—1896 | 2.5 | 3.9 | 1.8 |
| 403 1896—1908 | 6.7 | 5.7 | 7.1 |
| 1908—1913 | 2.4 | 1.7 | 1.1 |
| 1896—1913 | 5.4 | 4.5 | 6.0 |
| 1881—1913 | 3.8 | 3.5 | 4.3 |

根据特定时期的第一年与最后一年之间存在一种几何增长率的假定来计算。

对这三个指数加以比较会显示出两个明显的特征。(1)以增加值权数为基础的指数在所有情况下几乎都位于以马力为基础的指数和以就业为基础的指数中间。因而，它构成了后两个指数的一种折中，就基本的经济关系而言这似乎没有什么不合理的。(2)

以马力为基础的指数与以就业为基础的指数相比较而言，在经济运行良好的时期将显示一个更快的增长，而在经济停滞时期则显示了一个更慢的增长。由此表明，拥有更多资本设备的产业对于周期变化的反应将更为敏感，这再一次与人们的预期相一致。

上表中显示的增长率应当与当前的指数中各个单独构成系列中的增长(或下降)率对照起来加以考察。这些增长率显示在下面的图表中。

**六个指数工业的年平均增长率**

| 工业部门 | 1881—1888 | 1888—1896 | 1881—1891 | 1891—1896 | 1896—1908 | 1908—1913 | 1881—1913 |
|---|---|---|---|---|---|---|---|
| 矿业 | 0.0 | 1.30 | 0.7 | 0.8 | 1.8 | 0.0 | 1.0 |
| 冶金 | 22.5 | —3.24 | 12.6 | —0.5 | 12.4 | 6.1 | 9.3 |
| 纺织 | 4.40 | 3.20 | 3.1 | 5.2 | 3.5 | —1.2 | 2.5 |
| 工程 | 9.20 | —7.40 | 0.0 | 0.0 | 12.2 | 2.0 | 4.7 |
| 食品材料 | 0.9 | 0.0 | 1.1 | 0.9 | 5.5 | 5.5 | 3.1 |
| 化学 | 15.1 | 9.4 | 12.0 | 11.8 | 13.7 | 1.8 | 11.3 |

根据采用特定时期的第一年与最后一年作为复利基础而计算的。

从上面的表格中可以观察到如下事实。

(1)在所考察的整个时期中，采矿业的增长率呈现出稳定然而却极低的状态。

(2)冶金业在80年代显示了一个极高的增长率，并且在1896—1908年间保持一种相当高的增长率。它在90年代初期受到了严重的影响，故而在1888和1896年间显示了产出的下降。在1908年以后，一种减低了的然而却仍然十分可观的增长率仍在持续。

404 (3)古老的纺织工业拥有一种适中的增长速度，从而对工业增长率产生了一种稳定化的作用。90 年代的萧条未能对它产生严重的影响，而它早在 1893 年就开始复苏了。不过，1908 年至 1913 年间的产出下降确实反映了棉纺业的一种严重危机以及丝织业的相当不稳定的形势。

(4)工程行业的产出在 80 年代显示出一种非常快速的增长，可是随后就受到了萧条的迅即而又持久性的影响。人们注意到，塔利亚卡尔西的时期选择是如何将产出的提高和降低掩盖起来的。在 1896 年以后，直到 1908 年为止该行业都显示了一个很高的增长率，不过它对于随后的衰退也显示出相当的敏感性，尽管仍保持一种正的增长率。只要考虑的是 1896—1908 这一时期，那么工程行业与冶金行业就应当被视为导致这些年间巨大的产业变动的主要(如果不是唯一的)因素。

在此将工程业指数(钢铁消费减去铁路及其相关材料的生产)所隐含的增长率与该国未经调整的钢铁消费的增长率做一比较，是有益的。

**钢铁消费平均年增长率**

| 时期 | 调整的 | 未调整的 |
|---|---|---|
| 1881—1888 | 9.20 | 8.04 |
| 1888—1896 | —7.40 | —8.00 |
| 1881—1891 | 0.00 | 1.85 |
| 1891—1896 | 0.00 | —1.17 |

| 1896—1908 | 12.20 | 12.20 |
| --- | --- | --- |
| 1908—1913 | 2.00 | 3.4 |

这一比较显示出，在90年代的萧条中，铁路建设与维修不仅未能对经济产生一种稳定性影响，反而甚至加速了其下降的趋势。不论这一萧条时期是由1888—1896这一时段来代表，还是像塔利亚卡尔西那样，由1891—1896这一时段来代表，情况都是如此。这对于在这一时期所采取的一般政策问题提供了有意义的分析视角。相反，1908—1913年间的较慢发展时期，则是以钢铁消费（包括铁路建设材料）的快速增长为特征的。在1905年，主要的意大利铁路都为政府所接受，几年以后大规模的现代化建设计划便开始了。

（5）食品材料工业在80年代的状况不佳，到了90年代甚至显示出下降势头。其原因在于这一系列中的构成要素。意大利的食糖工业还未开始其快速发展，而主要由小麦来单独代表而不是用小麦和谷物来表示的面粉厂的产出，也表现出比它在现实中所可 405
能具有的更软弱的抵抗萧条的能力。从1896年开始，食品工业显示了一种相当高的增长率，其产出在1908年以后继续按照同一种比率增长——这从根本上说是由于食糖产出的权重日益提高的结果。

（6）化学工业反映了硫酸生产的急速增长。整个80年代它都以非常高的速度发展着，并且几乎势头不减地延续到90年代的萧条期，然后进入下一个时期。然而，它却明显地受到了1908年以后的衰退的影响，使其增长率减低到它的先前水平的某个百分比。

# 对当前的指数的一个评价

鉴于前面已经对于当前的指数建构的方式给予了详细的描述，所以只需要对于它的缺点给以简要讨论也就足够了。

下面的表格显示了本指数的覆盖范围，它是在关于对工程与棉花系列所使用的间接测量可以产生一种整体范围量值的假定(它在某种程度上是虚假的)之下得到的。

**指数的覆盖范围**

| 工业部门 | 工人人数(1903 年) | | 包含的部门占推算的部门百分比 | 马力数(1903 年) | | 包含的部门占推算的部门百分比 |
|---|---|---|---|---|---|---|
| | 包含的部门 | 推算的部门 | | 包含的部门 | 推算的部门 | |
| 采矿与矿石加工 | 60,147 * | 71,633 | 84 * | 9,800 * | 14,657 | 67 * |
| 冶金 | 34,580 * | 34,580 | 100 * | 48,075 * | 48,075 | 100 * |
| 工程 | 101,684 * | 101,684 | 100 * | 47,680 * | 47,680 | 100 * |
| 纺织 | | | | | | |
| 丝织 191,651 | | | | | | |
| 棉纺 138,880 | 330,531 | 452,969 | 73 | 98,929 | 137,803 | 72 |
| 食品材料 | | | | | | |
| 面粉厂 66,191 | | | | | | |
| 食糖与啤酒 12,469 | 78,660 | 223,980 | 35 | 178,311 | 214,187 | 83 |
| 化学 | 8,000 * | 34,994 | 23 * | 35,000 * | 46,498 | 75 * |
| | 613,602 | 919,840 | 67 | 417,795 | 508,900 | 82 |
| 处于指数以外的部门 | | 488,301 | | | 268,927 | |
| | | 1,408,141 | | | 777,827 | |

| | | |
|---|---|---|
| 指数包含的部门的数值占总量的百分比 | 44 | 54 |
| 进行推算的部门的数值占总量的百分比 | 65 | 65 |

* 表示近似值。

尽管有这些过于大胆的假设，所得的数值结果仍远非令人满意。意大利工业中有至少35%的部分没有包括在本指数的范围 406
内。这些被排除在外的产业部分是由从帽子制作到乐器产品的众多“五花八门”的产业部门所构成的。它们包含有造纸工业，其装备的马力数为28,000。还有稻草加工业，雇用了几乎125,000名工人（这些都是1903—1904年间的数据）。造纸业的产出在19世纪末达到了约一百万公担，而到第一次世界大战爆发前则接近于三百万公担。[①] 在那时，这一产业出现了大规模的现代化。如果这一工业部门被包括在当前的指数中，那么后者所显示的增长率在1896—1903年间也许会有某种提高。然而，那一时期是以电力生产的第一阶段急速发展为显著标志的。第一批大型的发电厂是在上世纪的最后几年建设起来的。意大利的电力消费从1891年的60百万千瓦小时提高到1896年的160百万千瓦小时。到1908年，达到了1,009百万千瓦小时的水平，而在直到1913年的这段时期，这个量又翻了一番（2,312百万千瓦小时）。在第一次世界大战之前对于这一工业赋予的重要性并不很大（1938年，在

① 参见，《意大利工业的百年目标》（*Industria Italiana alla meta del secolo XIX*），意大利工业联合会（Cofederazione Italiana dell'Industria Italiana）（无出版地点和日期），第8页。

经历了一场史无前例的进一步高涨之后，该工业部门所生产的增加值总量仍然低于化学工业的，后者虽然发展很快，但却不像电力生产的发展那样猛烈）。进一步地说，毫无疑问，将电力产出包括进来将会以一种人们可以理解的方式来提高 1896—1913 时期的增长率。然而，另一方面，很多被排除的工业部门也许会显示一种相当低的增长率。①

至于当前的指数所包含的工业部门，可以说，采矿业和冶金业，就这两个工业部门都得到了关注而言，它们被相当好地涵盖于指数中。所包含的部门占所推算的部门的百分比，对于采矿业是很高的，不论是关于劳动力人数还是马力数都是如此。处于指数以外的部分基本上属于矿石加工业。冶金业的指数必须被认为是近乎完美的。同时也必须注意，没有被包括进来的铝产出在 1907 年才首次被记录，并且直到 1920 年代都非常低。

有关工程业的主要问题在于，一种钢消费指数正确地反映该行业产出价值变化的能力究竟如何。由于工业化过程被断定为主要表现在每一重量单位的钢消费带来的增加值不断提高，所以，工
407 程产业的系列也许倾向于低估该产业的增长率。这种情况同样适用于（虽然不那么强有力）棉纺工业，它由原棉的进口来代表。生丝的生产当然是对于丝织业中所取得的进步的一种较差的测量方法，它在意大利发展得较为缓慢。此外，还必须注意到，生丝的产出系列本身并没有包括仍然处于生丝生产阶段的对于有待于进一

① 然而，令人欣慰地看到，戈尔齐奥指数的更大的覆盖范围并没有显示出在我们的当前指数涵盖的工业与其他工业产出之间的增长率有明显的差别。参见讨论戈尔齐奥指数的最后一节。

步加工的进口生丝的处理。[①] 撇开这一点不说，丝与棉纺产业二者均被包括进来这一事实，导致纺织业整体无论在劳动力人数还是马力数方面，都具有一种高的被包含部门与被推算的部门的比率，即 72%～73%。

拥有食糖、啤酒以及面粉厂三个系列的食品材料工业并没有得到很好的表示。有关劳动力的覆盖范围只达到了 35%，尽管由于面粉厂行业的作用有关马力的这一比率是 83%。

如果用一种组合的小麦—谷物投入系列而不是单单小麦本身来表示面粉厂行业，将是更为理想的。（诚然，除了小麦和谷物之外，意大利的面粉厂也加工某些燕麦和黑麦，尽管不加工大麦。不过，这方面所涉及的数量都很小。）然而，要想取得所需要的数据是有某种程度的困难的。虽然公开发表的资料来源包含有用于种子的数量，它们却没有记录用于猪饲料和酒类生产的谷物数量，而此类数据对于计算可用于其他用途的谷物加工数量却是必不可少的。后来由于贝内代托·巴尔贝里（Benedetto Barberi）教授（他是位于罗马的中央统计研究所的总负责人）十分令人钦佩地赐教其研究成果，使本书作者可以得到一个有关可利用的加工谷物量的数据系列。不过，此刻为时已晚，很难再将这些数据包括进当前计算的主体之中了。虽然如此，要计算同时包括小麦与可利用的谷物加工量的食品工业的指数仍然是可能的，此外，要观察这种包括是否会影响到上一节所给出的总指数的年平均增长率，也是可

① 参见，“意大利的丝织工业”（L'Industria dell seta in Italia），载于《工业统计：统计年鉴第 IV 系列》（*Statistica Industriale*, *Annali di Statistica*, *Serie IV*）（Rome，1891），第 21 页。

能的。这是通过下面的计算来完成的。

**可利用的谷物加工量(百万公担)**

| 1881 | 13.4 | 1898 | 11.1 |
|---|---|---|---|
| 1882 | 10.1 | 1899 | 12.7 |
| 1883 | 12.3 | 1900 | 12.3 |
| 1884 | 13.1 | 1901 | 10.8 |
| 1885 | 14.7 | 1902 | 11.3 |
| 1886 | 11.8 | 1903 | 9.5 |
| 1887 | 12.1 | 1904 | 10.8 |
| 1888 | 11.6 | 1905 | 10.8 |
| 1889 | 11.1 | 1906 | 11.3 |
| 1890 | 12.0 | 1907 | 10.5 |
| 1891 | 10.5 | 1908 | 10.2 |
| 1892 | 10.1 | 1909 | 11.4 |
| 1893 | 10.3 | 1910 | 12.8 |
| 1894 | 10.7 | 1911 | 13.3 |
| 1895 | 9.0 | 1912 | 12.1 |
| 1896 | 10.9 | 1913 | 12.0 |
| 1897 | 11.5 | | |

408

这些数据通过使用1896—1904年间的小麦—谷物价格比率(24.5∶15.5)作为权数,而与(可比的)小麦系列组合起来。价格数据是得自于钱奇的《1870至1929年间意大利货物价格的变动》,第357—358,363—364页。

对这种组合起来的数据再采用四年的移动平均数加以熨平,

进而它们又与前面较早给出的啤酒和食糖产出系列结合起来。结果便形成了一个新的食品材料工业指数。在下面的图表中,我们将这一指数与我们当前的指数中所包含的指数进行了比较。

**食品材料工业的产出指数:1881—1913年(1900=100)**

| 年份 | 包括可供加工的谷物量 | 排除可供加工的谷物量 |
| --- | --- | --- |
| 1881 | 64.7 | 63 |
| 1882 | 66.0 | 65 |
| 1883 | 72.6 | 68 |
| 1884 | 74.6 | 70 |
| 1885 | 72.9 | 69 |
| 1886 | 71.4 | 68 |
| 1887 | 70.3 | 67 |
| 1888 | 70.0 | 67 |
| 1889 | 71.4 | 69 |
| 1890 | 73.0 | 71 |
| 1891 | 71.2 | 70 |
| 1892 | 70.0 | 68 |
| 1893 | 70.8 | 69 |
| 1894 | 67.4 | 65 |
| 1895 | 69.2 | 66 |
| 1896 | 71.3 | 67 |
| 1897 | 72.9 | 69 |
| 1898 | 81.8 | 80 |
| 1899 | 88.3 | 86 |
| 1900 | 100.0 | 100 |

409

| 1901 | 104.8 | 106 |
|---|---|---|
| 1902 | 109.6 | 111 |
| 1903 | 120.0 | 120 |
| 1904 | 110.7 | 112 |
| 1905 | 113.8 | 115 |
| 1906 | 118.8 | 119 |
| 1907 | 120.9 | 122 |
| 1908 | 127.2 | 127 |
| 1909 | 128.5 | 128 |
| 1910 | 130.0 | 130 |
| 1911 | 136.3 | 141 |
| 1912 | 139.9 | 146 |
| 1913 | 155.6 | 166 |

同样，也可以将包括可利用谷物量的意大利工业产出的总指数中所隐含的年平均增长率与我们前面给出的总指数（没有包括这种可利用的谷物量）所隐含的增长率，做一比较。这体现在下面的图表中。

**意大利工业产出的年平均增长率**

| 时期 | 包括可供利用的谷物量 | 排除可供利用的谷物量 |
|---|---|---|
| 1881—1888 | 4.6 | 4.6 |
| 1888—1896 | 0.3 | 0.3 |
| 1881—1896 | 2.2 | 2.3 |
| 1881—1891 | 2.1 | 2.1 |
| 1891—1896 | 2.5 | 2.7 |

| 1896－1908 | 6.7 | 6.5 |
| --- | --- | --- |
| 1908－1913 | 2.4 | 2.1 |
| 1896－1913 | 5.4 | 5.2 |
| 1881－1913 | 3.8 | 3.9 |

所以，我们可以总结道，将可利用的谷物包括进来，除了在1881－1913这一指数时期的最后三十年以外，并没有对食品材料工业指数产生重要的影响。自然，总指数的增长率所受到的影响程度甚至就更小了。

化学工业系列是六个系列中最不可靠的一个。它由单一产品（硫酸）来代表，并且它需要一种极大的延展，甚至就马力而言，将要延展到所包含的部门的产出与所推算的部门的产出的比率达到23%的水平。整体来说，必须承认化学工业的这一系列高估了该 410
行业的增长率。这对于1881－1896时期肯定是真实的。不过，对于1896年以后的年份，这种高估的程度也许并不很大。普通化肥生产（硫酸是一种重要材料）几乎是按照相同的步伐增长。此外，在进入本世纪以后该行业又承接了一系列新产品的生产（氢氧化钠及其他产品），它们显示了非常高的增长率。另一方面，这一增长率在1908年以后又骤然跌落到一个低水平。总起来说，至少对于我们考察的指数期的晚近部分（1896年以后）而言，用硫酸生产来代表化学工业整体也许并不像咋一看来所显示出的那样不可靠。

然而毕竟，上面指数覆盖范围表的最终结论必须有保留地接受，在这张表中有六个指数工业的67%的劳动力和它们的82%的

马力被直接和间接地包含在指数中。甚至这一指数也隐含着，我们当前的指数所包含的劳动力还不到工业总劳动力的50%。

将子组别以及六个主要系列组合起来的方式也面临着明显的问题。用价格（单位价值）而不是每单位产品的增加值来将采矿业和冶金业中的子组别相加总，以及将啤酒与食糖两个子组别相加总，实际上是一种近似算法，尽管在原则上它比塔利亚卡尔西按吨数相加要优越得多。进一步地说，出于一致性考虑，所使用的是归属于1898年的价格（单位价值），而将主要系列结合起来的权数是隶属于1902－1903调查年的。不过，由于对所获取的那些1903年价格（单位价值）的检验未能产生价格结构的任何重要变化，所以后者可以更多地被视为一种美丽的瑕疵。

用于主要系列加总的增加值权数当然也是不可靠的。不得不反复地诉诸美国1899年普查的数据，并且假定在各单个工业中每个工人的增加值比率在美、意两个国家大致相同。这种人为的假定走到了极端。诚然，并没有对两国之间的绝对生产力水平进行任何假定。可是，一般来说，也并没有针对两国按照性别和年龄分组的劳动力比较中存在的差异进行调整，也没有针对工作日长度或者产品比较中的差异进行调整。此外，当所生产的产品拥有异质的多样性时，就像在工程行业和化工行业中那样，还必须选择某种或某些产品的子组来作为比较的基础，并假定所计算的增加值也适用于该行业的更大范围。

411 以就业和马力数为基础计算的权数可以被期望比所计算的增加值权数更加可靠，它们在某种意义上也许是这样的。但是甚至在这种场合也应当注意，意大利在1902－1903年的调查远不如后来的普查更为完整。实际上,在意大利第一次真正意义上的工业普查是直到1911年以后才有的。值得注意的是,试图借助于当前的指数来计算在1902—1903年到1911年间的劳动生产力变化的努力,正是由于1911年的普查"发现了"在小企业、特别是冶金与工程业中的小企业中拥有大量的工人而不得不放弃。结果,平均每个工场的工人人数极大地减少了,这导致冶金业在所考察的这一时期中的劳动生产力出现了相当令人难以置信的下降。当然,不能保证在确认劳动力和1902—1903年装备的马力数的过程中所出现的偏差,对于所考察的各个行业来说都是一样的。

如前所述,六个指数是通过使用算术平均数而不是几何平均数而结合起来的。这并非就一定被认为是一种缺点,尽管塔利亚卡尔西所强烈断言的正好相反(第53页)。试图对于1881—1913这一时期中的起始年份和终点年份以及其子时段来计算各指数的集合平均数,产生了具有显著差别的结果。下面的图表对于以算术平均化的指数为基础而计算的增长率和以集合平均化的指数为基础计算的增长率,进行了比较。

**当前的指数:意大利工业增长率(1881—1913)**

(两种不同的增加值权数)

| 时期 | 加权算术平均数 | 加权几何平均数 |
|---|---|---|
| 1881—1891 | 2.1 | 2.4 |
| 1891—1896 | 2.5 | 2.7 |
| 1896—1908 | 6.7 | 6.9 |
| 1908—1913 | 2.4 | 2.3 |
| 1881—1913 | 2.8 | 3.7 |

根据使用特定时期的起始年和终点年作为复利基础而计算的。

不难看出，除了一个例外（1908—1913），差别都相当小。从低于基期年的各指数的几何平均数所得出的增长率将比从各指数的算术平均数所得出的增长率**更高**，这当然是顺理成章的。由于这两个系列在基期年（1900 年）都显示为 100，并且各自单个的几何
412 平均数都比它相应的算术平均数更低，因而为了达到在基期年的均等前者就必须比后者提高得更快。对于在基期年以后的年份，位置则被颠倒了过来。

尽管使用加权的算术平均数不必被视为当前的指数的一种缺陷，可是毫无疑问，前面所列举的缺点也是千真万确的。此外，还必须考虑到，上面所列举的尚未包括以物量来表示的基础性的基本数据的可靠性问题。在我们所考察的这一指数期当中，有关统计精确性的标准改进得相当缓慢，所以很明显，人们不可能对于所包含的数据系列给以绝对的信任。

对所有这些缺陷必须给以充分的认识。它们无疑是十分严重的，并且就增长率而言，本书作者感到难以说明：总体来说，当前的指数究竟是倾向于低估还是高估了总体增长率。在棉纺制造业和工程行业可能产生的低估，必然为在整个指数期中化学工业的某种可能的高估以及这一指数期的后半段中食品材料工业的某种可能的高估所抵消。此外，本作者也不清楚，是否对当前的指数加以实质性的改进以便使其按照一种十分重要的方式来对权数的变化做出反应，就能够产生如下的结果：即使用归属于某个更早（或更晚）的时期的权数将会显著地提高（或降低）增长率。为了取得这一结果，一种更为详细得多的用每单位增加值或者至少用价格来加权的工程业的指数将可能是必需的。（不过，可以比较一下在本

附录最后一节中关于戈尔齐奥指数的讨论。)

当前的指数也许能够通过进一步的研究来得到改进。不过这种改进的质量将是参差不齐的。对于化学工业也许可以追加一、两个补充的例子;而引入一个有关羊毛产出的系列将会使纺织业的指数更加完整。关于钢消费的数据可以进一步加以精炼。而首要的问题是,也许可以引入一个有关电力生产的系列,尽管为它寻找一个适当的权数将是相当困难的。最后,人们也许会采用1911年的权数、甚至可能采取1876年的权数来进行试验,尽管那个年份的调查与1911年的普查相比,与1902—1903年的调查在更大得多的程度上缺乏可比性。不过,虽然进行了所有这些扩充和修正,当前的指数的主要特征仍将保持不变,它的缺点也将如此。

然而,夸大这些缺点也丝毫于事无补。无论它们的缺欠有多大,由此而产生的指数毕竟都显示了一种从我们关于意大利的工业发展的定性分析角度来看是完全有意义的模式。不仅如此,使用三组不同的权数能够产生大体上彼此十分相近的结果,这也具有相当重要的意义。具体来说,它们导致了这样一种看法,即在1914年以前的意大利的黄金时代(尽管并不那么辉煌)主要集中
于1896—1908这一时期。随后所发生的增长率的某种下降蔓延 413
于直到1913年为止的其余各年。就这一点来看,当前的指数与塔利亚卡尔西和德西里耶两人的结果都是一致的,尽管在有关增长率的绝对水平方面这两个指数与我们的当前指数之间存在着重大差异,特别是对于1891—1896这一时期,三个指数给出了十分不同的结果。

关于当前的指数的三个变种和先前的两个指数各自所隐含的

增长率，在下面的表中进行了比较。

**年平均增长率**(1881—1913 年及其子时段)

| 时期 | 当前的指数 | | | 塔利亚卡尔西*指数 | 德西里耶指数 |
|---|---|---|---|---|---|
| | 增加值权数 | 就业权数 | 马力权数 | | |
| 1881—1891 | 2.10 | 2.30 | 2.50 | 5.10 | 4.70 |
| 1891—1896 | 2.50 | 3.90 | 1.80 | —4.00 | 4.90 |
| 1896—1908 | 6.70 | 5.70 | 7.10 | 11.40 | 5.80 |
| 1908—1913 | 2.40 | 1.70 | 1.10 | 6.30 | 1.25 |
| 1881—1913 | 3.80 | 3.50 | 4.30 | 6.10 | 4.60 |

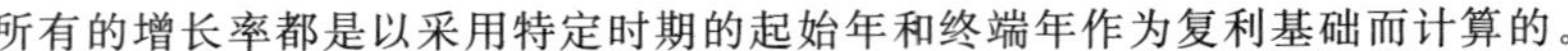

所有的增长率都是以采用特定时期的起始年和终端年作为复利基础而计算的。

*塔利亚卡尔西也提供了他在一种算术加权平均数基础上计算的增长率的结果。它们的数据如下：1881—1891 时段为 6.5；1891—1896 时段为—3.6；1896—1913 时段为 22.8。对于 1896—1913 时段的这个增长率，与塔利亚卡尔西基于加权几何平均数而对于同一时期所得出的 9.8 的增长率，形成了明显的反差。对于 1896—1913 这一时段，我们当前的指数依据三组不同的权数所得出的增长率分别为 6.7、5.7 和 7.1。差别是显著的。令人遗憾的是，它又不能被认为是由于加权算术平均数的无常性造成的。本书作者采用一种加权算术平均数以塔利亚卡尔西的指数为基础重新计算了增长率，所得出的结果比塔利亚卡尔西计算的增长率即 22.8% 低百分之五十还多，而与他以加权几何平均数为基础计算的结果则相当合理地联系在一起。很明显，引起编制这一指数过于仓促的那些压力肯定是造成这种误差的原因。



## 塔利亚卡尔西的指数与当前的指数：内部构成系列的比较

将塔利亚卡尔西所建立的指数中所隐含的增长率与我们当前的指数通过对于它进行修正而得出的增长率做一比较，可以起到强调我们当前的指数的某些重要特征并对当前的指数中所加总的各系列的行为提供某种补充解释的作用。隐含在塔利亚卡尔西指数的七个组别中的增长率如下表所示。

**构成系列** 414

| 产业 | 1881—1888 | 1888—1896 | 1881—1891 | 1891—1896 | 1896—1908 | 1908—1913 | 1881—1913 |
|---|---|---|---|---|---|---|---|
| 丝织 | 1.1 | —0.1 | —0.7 | 2.5 | 0.5 | —1.1 | 0.0 |
| 棉花 | 6.4 | 5.2 | 6.7 | 4.0 | 5.2 | —0.5 | 4.6 |
| 啤酒与食糖 | 1.6 | —1.2 | 1.5 | —2.7 | 26.6 | 11.0 | 11.1 |
| 冶金与矿石加工 | 12.9 | —4.0 | 6.5 | —2.1 | 11.7 | 10.4 | 7.6 |
| 采矿 | 0.0 | —0.5 | 0.2 | 0.6 | 4.2 | 4.3 | 2.4 |
| 造船 | —3.8 | —2.0 | 2.4 | —14.0 | 7.0 | 4.0 | 1.8 |
| 硫酸 | 15.1 | 9.4 | 12.0 | 11.8 | 13.7 | 1.8 | 11.3 |

以采用特定时期的初始年和终端年作为复利基础而计算。

需要注意的第一件事情是，在二者都以硫酸这同一单独系列来表示化学工业的条件下，两个指数所显示的化学工业增长率完全相同(对于这一增长率以及其他增长率，参见前面关于六个指数工业的年平均增长率的表格)。在这两种场合，各构成系列对总指数的影响也没有什么不同。塔利亚卡尔西分配给工业的权重为9.5%，而我们当前的指数所分配给它的权重是8.96%(增加值权数)。

在采矿业，二者的差别更为重要，尽管主要是在1896年以后。在此前的时期中，两个指数都倾向于给出一种接近于零的采矿业增长率，虽然当前的指数所给出的在1888—1896年间的增长率大于1%。然而，此后塔利亚卡尔西的指数显示出采矿业在1896—1908年间的高涨期也分享了一个高增长，并使得该行业的增长势头不减地持续到1913年，年增长率分别达到4.4%和4.3%。我们当前的指数实际上显示出在1896—1908年间该行业有一种改善，而在1908—1913年间则全然无任何变化。其原因解释也许部分地在于在将该行业的子系列结合进塔利亚卡尔西的指数的时候所使用的权数太粗糙了，因为它分配给锌矿石开采一个过低的权数，同时又分配给铁矿石和硫黄一个过高的权数。此外，也许部分地在于塔利亚卡尔西的系列排除了铜矿石的开采。

冶金业的系列显示出的差异更多的是表现在增长率水平方面，而不是它们从一个时期到另一个时期的变动。这些差异在某种程度上也可以用将各子系列结合起来时所采用的未加权的方法与加权的方法之间的差异来解释。此外，它们还必须归因于这样的事实，即塔利亚卡尔西的指数包含了生铁的产出量，而这在我们当前的指数中则基本上被排除了。从某种程度上说，塔利亚卡尔西的指数所显示的在1896—1908年间的非常高的增长率，是他的系列所给出的该产业在1891—1896年间一种人为夸大的下跌的结果。

工程行业的系列（塔利亚卡尔西的造船业）显示出意义极为深
415 远的差异。首先，在90年代有一个深深的下跌，在1891—1896年间的年平均增长率为－14%。（1881—1888年间的增长率和1888—1896年间的增长率差别，以及1881—1891年间的增长率和1891—1896年间的增长率差别，都是由于造船业指数在1891

年前后突然短暂地提高的结果。)更为令人吃惊的是,这一系列未能在随后的1896—1908时段显示出一种可比的增长率。每年7.0%的增长率固然也比较高,但是却远低于我们当前的指数所显示的增长率,同时它也远低于塔利亚卡尔西的冶金业系列所显示的增长率(11.7%)。其原因是相当明显的:造船业基本不适合被用来准确地反映许多新机械工业的产出动态,而这些工业在1896年以后显示了一种猛烈增长的势头。相反,在我们的当前指数中经过调整的钢消费系列则使得工程行业在1896—1908年间拥有了一种十分重要的作用(每年12.2%的增长率)。这些差别看起来对于解释1896—1908年间的显著特征具有极为重要的意义。

在我们当前的指数中的纺织行业,是塔利亚卡尔西关于生丝产出与原棉进口两个系列的一种结合。所不同的是这两个系列对于总指数的影响后果,因为与我们当前的指数相比,塔利亚卡尔西分配给生丝的权重数值更低。塔利亚卡尔西的权重分配,由于倾向于特别靠后的时期,似乎并没有正确地反映世纪之交前后所流行的相关条件。

最后,在食品材料工业存在着真正巨大的差异。塔利亚卡尔西的指数显示出,该行业在1896—1908年间拥有一种相当难以令人置信的26.6%的年增长率。这是用食糖的产出(此外加上了较少的啤酒产出)来代表该行业的结果。这一系列在相当程度上支配着塔利亚卡尔西的指数,尽管就1900年前后的形势而言分配给它的权数仍然相对较低。有趣的是,如果将塔利亚卡尔西的食品材料工业这一系列排除掉,那么他的总指数所显示的1896—1908年间的每年11.4%的增长率就会减低到每年9.2%。

总结一下：90 年代早期的萧条所产生的后果看起来在塔利亚卡尔西的指数中被夸大了。这对于工程行业尤其是真实的，在更为微小的程度上对冶金和食品材料工业也是如此。随后的高涨主要是由食品材料工业所主导的，而工程业中具有更大程度的基本性的发展看起来则被不适当地低估了。

## 西尔维奥·戈尔齐奥的指数

戈尔齐奥的指数的显著特征是它的广泛的覆盖面。除了我们
416 当前的指数所包含的系列以外，它还包括了下述系列数据：(1)水泥与石灰，(2)木材，(3)造纸，(4)制革，(5)服装，(6)印刷，(7)橡胶。此外，这些系列中的某一些还同时出现在戈尔齐奥的指数和我们的当前指数中，它们构成了数目更多的子系列。因而，食品材料工业除了啤酒、食糖以及面粉行业(后者在我们当前的指数中是用小麦系列来代表的)以外，还包括葡萄酒和橄榄油以及水果、蔬菜罐头加工行业等间接代表系列。(从 1911 年起又引入了肉和牛奶系列，不过它们对于 1914 年以前的指数没有什么重要意义。)纺织工业除了丝产品和棉花进口以外，还考虑到了羊毛的进口(就像德西里耶的指数那样)。

纺织工业和食品材料工业中的子系列是采用不变价格组合起来的。不幸的是戈尔齐奥并没有表明这些价格依附的年份，从而使我们无法评价它们对于 1914 年以前的时期是否是恰当的。发展出一组可比的价格必然会产生某些有趣的问题。进一步地说，还全然没有谈到将采矿业、冶金业以及水泥和石灰行业中的子系

列组合起来的方法。所以，很可能这些子系列是按照与塔利亚卡尔西的指数同样的方式被组合起来的，也就是说，它们是按照非加权的方式直接将吨位数据相加总。① 这对于没有塔利亚卡尔西那种强大的时间压力这样一种研究来说，未免是令人遗憾的。戈尔齐奥所使用的某些间接的测量是非常有独创性的。因而，他的服装工业和制鞋工业系列是由纺织工业系列、一种羊毛进口系列和一个皮革可供利用量系列（通过几何平均）加以组合来代表的。

工程行业是由钢铁的生产加上净进口来代表。这与我们当前的指数的做法相一致，不同之处在于他没有试图从钢铁的消费中减掉用于铁路建设与维修的部分。此外，与工程行业的系列相伴随，戈尔齐奥还给出了一个造船的系列，并且他完全没有说明这两个系列究竟是如何被合并到最终的总指数计算中去的。采用一种独立的造船系列对于钢铁系列实行调整将具有更为重要的意义。



戈尔齐奥试图通过间接的系列来反映产出的做法是富有独创性的，不过，他有时似乎走得过了头。因而，他的水果—蔬菜罐头加工系列便以新鲜水果和蔬菜的产出量为基础（如果他在第53页上的简短说明也就代表了他实际想说的话），这对于衡量罐头工业的增长问题显然是极其不适当的。此外，也不清楚，究竟是采用了 417
何种商品的何种不变价格来将这一系列与食品材料工业中的其他系列结合起来的。对皮革工业中产出变化的计算是以皮革可供利

① 事实上，这决不仅仅是可能性。如果将《年鉴（1949—1950）》（*Annuaio 1949－1950*）中给出的在几个五年时期中的单个产出相加总以形成采矿业的产出数值，那么人们将发现在所得到的总数的比率与戈尔齐奥关于采矿业的指数之间，存在着极为相近的一致性。

用量为基础的，这就其本身而言似乎是合理的，可是对这些可供利用量必须要进行估计，而戈尔齐奥并没有告诉我们他的估计方法的依据(第53页)。

最后，也许应该提到，我们并不清楚戈尔齐奥在他的棉纺工业系列中使用的究竟是不是棉花净进口的数据。由于他总是简称进口，所以不能排除这样的假定，即他像塔利亚卡尔西一样，也是使用的总进口数据。而如果真是这样，就会导致较早年间的数据出现极大程度的虚假性。

在得到他的子系列之后，戈尔齐奥便将它们各自在1938年用里拉表示的净产出的数量应用于这些子系列(这些净产出是从1937—1939年的普查中得到的)。这些数量如下所示。

| 行业 | 10亿里拉 | 百分比 |
| --- | --- | --- |
| 采矿 | 0.79 | 2.29 |
| 食品材料 | 7.50 | 21.80 |
| 皮革 | 0.42 | 1.20 |
| 纺织 | 5.36 | 15.54 |
| 服装等 | 1.42 | 4.12 |
| 木材 | 1.12 | 3.25 |
| 造纸 | 0.67 | 1.94 |
| 印刷 | 0.75 | 2.18 |
| 冶金 | 2.29 | 6.64 |
| 工程 | 8.83 | 25.62 |
| 非金属矿 | 1.03 | 2.99 |

| | | |
|---|---|---|
| 化学 | 3.29 | 9.54 |
| 橡胶 | 0.52 | 1.50 |
| 其他 | 0.48 | 1.39 |
| | 34.47 | 100.00 |

对于已经包括在我们当前的指数中的那些产业，戈尔齐奥所给出的一组权数如下。

**戈尔齐奥指数中的权数**

（限于我们当前的指数所包含的产业）

| 产业部门 | 当前的指数(1903) | 戈尔齐奥的指数(1938) | |
|---|---|---|---|
| 采矿与矿业加工 | 6.43 | 6.25 | |
| 冶金 | 3.49 | 7.86 | |
| 工程 | 15.27 | 30.35 | |
| 纺织 | 35.86 | 18.40 | 418 |
| 食品材料 | 29.99 | 25.82 | |
| 化学 | 8.96 | 11.32 | |
| | 100.00 | 100.00 | |

这一性质的变化似乎是在那个三十五年的时期中所发生的工业化的一种自然结果。当然，人们将会预期到，工程业的权数将要提高，而纺织和食品材料在工业总产出的权数将要降低。可是，人们仍然不能不产生疑问，为什么纺织业的权数与食品材料工业的权数相比要有如此大幅度的下降，而化学工业的权数却只有如此小的提高呢？诚然，对于1902—1903年的增加值估计是近似的，因而与根据1937—1939年普查所得到的增加值（或净产品）数值

相比将具有更差的可靠性。可是,似乎问题的原因并不必然在于1903年的估计上。

由于戈尔齐奥用1938年的里拉非常方便地计算了各单个工业的产出(在他的指数期中是从一个五年到另一个五年),所以根据他的数据来观察在1903年前后的构成是饶有趣味的。因为他是按照平均五年给出的数据,人们将不得不把1901—1905这一时期视为与1903年相类似。对于这一时段,他给出了下列产出量的分布。

| 产业部门 | 戈尔齐奥的净产值（百万1938年里拉） | 百分比 | 当前的指数的权数 |
| --- | --- | --- | --- |
| 采矿与矿石加工 | 506 | 4.36 | 6.43 |
| 冶金 | 303 | 2.62 | 3.49 |
| 工程 | 1,661 | 14.30 | 15.27 |
| 纺织 | 3,175 | 27.34 | 35.86 |
| 食品材料 | 5,463 | 47.04 | 29.99 |
| 化学 | 505 | 4.34 | 8.96 |
| | 11,613 | 100.00 | 100.00 |

这种比较是富有意义的。戈尔齐奥指数中的权数看起来确实并不适于世纪之交的这些年份。赋予1903年的食品材料工业以47%的权数从可以得到的有关劳动和马力两方面数据来看似乎是
419 合理的,特别是,如果考虑到食品材料工业中每马力的增加值必然要比我们当前的指数中所包括的其他工业的每马力增加值低很多的话,就更是如此了。另一方面,戈尔齐奥指数中所隐含的1903年的工程业权数则与我们当前的指数十分接近。最后,化学工业

的权数又比当前的指数中的情况低很多。人们可能想说，这是应用“后工业化”权数，或者无论如何是将附属于工业化的一个较晚阶段的权数应用于它的早期阶段，所产生的一个必然结果。工业化的效应是使传统工业的产品在用更为现代的工业产品来表示时，将变得更加昂贵。事实上，人们将预期戈尔齐奥指数中工程业的权数应较大幅度地低于我们当前的指数中工程业的权数。

但是，我们全然不清楚并且看起来相当出乎意料的是，戈尔齐奥的指数与我们当前的指数相比显示了一个更低、而不是更高的纺织工业的权数。一个可能的解释是，在意大利的条件下，伴随着1920年代出现的人造纤维的高涨，纺织工业仍然属于一种“新”产业，并且在产出与价格方面表现出相应的行为动态。另一方面，工程行业——在这种意义上应当属于一种典型的新行业——其在1903年的戈尔齐奥权数却显示了一个更为低得多的数值，这也许是该行业的垄断性价格结构的结果。然而，无论情况如何，我们也许都可以凭借食品材料工业中巨大的权数差异来得出结论说，戈尔齐奥的指数对于战前的时期应当显示出一种比我们的当前指数更低的增长率，尽管这一指数效应看起来也许会被工程业、特别是纺织业中的权数比率的“非正统”行为所减轻。

然而，很明显，权数仅能说明问题的一部分。除此之外，还有覆盖面的问题。从我们当前的指数中被排除的产业所拥有的增长率，可能比那些仍然被排除在当前的指数之外、但同时却被包括在戈尔齐奥计算之中的产业的增长率更低。最后，还有两个指数的实际系列之间的对应问题。因而，尽管人们可能先验地预期，戈尔齐奥指数将会产生一个较低的增长率，这也不能被作为一种预先

给定的结论。可以首先进行两个指数的比较(1881＝100)。

| 时期 | 当前的指数 | 戈尔齐奥指数 |
|---|---|---|
| 1881－1885 | 112 | 117.1 |
| 1886－1890 | 135 | 138.5 |
| 1891－1895 | 129 | 135.8 |
| 1896－1900 | 160 | 150.0 |
| 1901－1905 | 211 | 184.4 |
| 1906－1910 | 294 | 250.3 |

420 直到1896－1900时期为止,戈尔齐奥指数与我们当前的指数都显示出大致平行的发展。在此之前,当前的指数显示出对90年代早期的萧条稍微更敏感一些。然而,从1900年以后,开始出现了巨大的差异。在1906－1910年间,当前的指数几乎高出戈尔齐奥指数50个百分点。这可能被归因于两个要素:(1)包括在戈尔齐奥指数中的各种较慢发展的指数值起了拖累的作用;(2)戈尔齐奥采用一种“后工业化”(post-industrialization)的权数体系所产生的影响。为了分离开这两个因素,我们给出了一张有关戈尔齐奥的数据的表格,这些数据仅限于我们当前的指数所包含的那些工业。结果如下所示(1881＝100)。

| 时期 | 当前的指数 | 戈尔齐奥指数(当前的指数所包含的工业) | 戈尔齐奥的总指数 |
|---|---|---|---|
| 1881－1885 | 112 | 122 | 117.1 |
| 1886－1890 | 135 | 145 | 138.5 |
| 1891－1895 | 129 | 139 | 135.8 |

| | | | |
|---|---|---|---|
| 1896—1900 | 160 | 153 | 150.0 |
| 1901—1905 | 211 | 191 | 184.4 |
| 1906—1910 | 294 | 256 | 250.3 |

这是一个十分有趣的结果。从戈尔齐奥的指数中排除了“其他产业”之后，使得两个指数之间的差别降到了出乎意料的微小程度。这里的“其他产业”对80年代的增长产生了一点阻碍作用。它们由于更稳定，所以使得戈尔齐奥的总指数相对于90年代早期的萧条在某种程度上更不敏感。不过，除了这些小的差异以外，一个重要的结论是它们都没有明显地改变戈尔齐奥指数所描述的1900年以后的高涨年份所具有的特征。在1906—1910年间，排除了所假定的“其他产业”的向下拖累因素以后的戈尔齐奥指数，仅仅比他的总指数提高了6个百分点。

从我们当前的指数的观点来看，这是一个相当令人满意的结果。后者更有限的覆盖面这一缺陷，也许比人们最初可能看起来的样子要小。另一方面，戈尔齐奥指数与当前的指数各自所包含的构成系列的比较，却显示出并非不重要，而且在某种程度上甚至令人吃惊的差异。下面的表格给出了这两个指数所包含的数据（P——表示当前的指数；G——表示戈尔齐奥指数）。

**构成系列的比较**

| 时期 | 采矿业 | | 冶金 | | 纺织 | | 工程 | | 食品材料 | | 化学 | |
|---|---|---|---|---|---|---|---|---|---|---|---|---|
| | P | G | P | G | P | G | P | G | P | G | P | G |
| 1881—1885 | 108 | 97 | 120 | 112 | 107 | 111 | 134 | 113 | 107 | 133 | 144 | 150 |
| 1886—1890 | 100 | 104 | 382 | 218 | 134 | 147 | 163 | 151 | 108 | 142 | 247 | 317 |

| 1891—1895 | 109 | 103 | 297 | 171 | 154 | 159 | 95 | 96 | 107 | 143 | 342 | 353 |
|---|---|---|---|---|---|---|---|---|---|---|---|---|
| 1896—1900 | 127 | 126 | 401 | 213 | 182 | 182 | 146 | 115 | 128 | 146 | 551 | 774 |
| 1901—1905 | 147 | 149 | 561 | 316 | 223 | 219 | 184 | 161 | 179 | 175 | 1289 | 1330 |
| 1906—1910 | 135 | 170 | 1299 | 696 | 255 | 275 | 371 | 350 | 199 | 182 | 2467 | 2550 |

421 在化学工业中的差异最令人吃惊，因为两个指数系列都是以单一的硫酸产出系列为基础的。除非戈尔齐奥使用了一个本书作者所没有接触到的产出系列，否则这个差异很可能系计算误差所致。在直到 1896—1900 年以前的时期中，戈尔齐奥的系列超过了当前指数的系列，因而它的增长率比当前指数的增长率要低得多。如果令 1896—1900 年等于 100，那么戈尔齐奥指数在 1906—1910 年间将达到 330，而当前的指数则几乎达到 450 的高点。食品材料系列除了较早时期以外，没有显示出类似的差异。但是，它在 1896—1900 和 1906—1910 两个时段之间的增长率也较为缓慢(128 对 155)。两个指数中的工程行业系列的行为表现相当类似，只是在较后的时期中，戈尔齐奥的系列在这里显示了一种更为快速的增长，这也许是戈尔齐奥系列没有从权数中排除铁路的钢消费量的结果。这种消费不应包含在该系列所要测量的范围之内。

纺织系列的发展总体来说在两个指数中是按照同一步伐，虽然戈尔齐奥系列在最后一个五年期中显示出一种跃进。同样的情况也出现在他的采矿业系列。相反，他的冶金系列在这一指数期的前半部分则显示了一种十分严重的滞后。而到了这一指数期的后半部分，两个指数则几乎是按照完全相同的速度运行。其较早时期的差异的原因可能在于，他对于作为构成要素的子系列采用

了未加权的加总方法。

因此，最终的结论可以总结如下：(1)指数覆盖面的差异看来并未引起两个指数之间的差异。(2)作为采用归属于十分晚近的年份的权数的一种后果，戈尔齐奥指数产生了某种合理的向下偏差。(3)在较晚的子时期中，戈尔齐奥指数在化学工业和食品材料工业方面所显示出来的滞后，看起来可能进一步加重了他的指数中所固有的向下偏差。

# 附录II　保加利亚的工业化：基本数据与计算

## 受到国家鼓励的产业的净产出数据与计算(表1—9)

422



**表1　企业数目**

| 产业 | 1909 | 1929 | 1937 |
|---|---|---|---|
| 纺织 | 61 | 198 | 197 |
| 面粉厂 | 62 | 313 | 157 |
| 其他食品材料 | 38 | 155 | 118 |
| 金属 | 16 | 136 | 103 |
| 皮革 | 22 | 54 | 46 |
| 化学 | 25 | 104 | 96 |
| 木制品 | 18 | 48 | 46 |
| 陶器 | 10 | 101 | 87 |
| 造纸 | 3 | 4 | 4 |
| 能源 | 2 | 45 | 48 |

| | | | |
|---|---|---|---|
| 总计 | 257 | 1,158 | 902 |
| 不包括能源的总计 | 255 | 1,113 | 854 |

资料来源:中央统计局(Glavna Direktsiya na statistikata),《保加利亚王国统计年鉴》(*Statisticheski Godishnik na Tsarstvo Búlgariya*),1910(Sofia,1911),第 253 页;1931(Sofia,1931),第 230—237 页;1939(Sofia,1939),第 384—389 页。以下简称《年鉴》,只标出年份和页数。

**表 2　雇佣工人人数**

| 产业 | 1909 | 1929 | 1937 |
|---|---|---|---|
| 纺织 | 4,064 | 16,368 | 24,313 |
| 面粉厂 | 660 | 2,747 | 1,442 |
| 其他食品材料 | 907 | 4,369 | 3,671 |
| 金属 | 892 | 5,469 | 4,603 |
| 皮革 | 398 | 1,029 | 864 |
| 化学 | 432 | 1,767 | 2,618 |
| 木制品 | 1,130 | 1,165 | 1,144 |
| 陶器 | 1,158 | 3,834 | 3,772 423 |
| 造纸 | 152 | 338 | 972 |
| 能源 | 18 | 908 | 699 |
| 总计 | 9,973 | 37,994 | 44,098 |
| 不包括能源的总计 | 9,955 | 37,086 | 43,399 |

资料来源:参见表 1。

**表 3　使用的马力数**

| 产业 | 1909 | 1929 | 1937 |
|---|---|---|---|
| 纺织 | 3,722 | 17,884 | 31,186 |

| | | | |
|---|---|---|---|
| 面粉厂 | 3,721 | 22,827 | 17,794 |
| 其他食品材料 | 2,101 | 23,674 | 26,717 |
| 金属 | 379 | 7,543 | 9,399 |
| 皮革 | 506 | 3,056 | 3,537 |
| 化学 | 454 | 3,719 | 6,591 |
| 木制品 | 689 | 1,853 | 3,296 |
| 陶器 | 661 | 13,259 | 14,718 |
| 造纸 | 233 | 1,512 | 8,932 |
| 能源 | 4,734 | 56,538 | 114,292 |
| 总计 | 17,200 | 151,865 | 236,462 |
| 不包括能源的总计 | 12,466 | 95,327 | 122,170 |

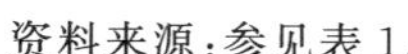

资料来源:参见表1。



**表4　每个企业的工人人数**

| 产业 | 1909 | 1929 | 1937 |
|---|---|---|---|
| 纺织 | 66.6 | 82.7 | 123.4 |
| 面粉厂 | 10.6 | 8.8 | 9.2 |
| 其他食品材料 | 23.9 | 28.2 | 31.1 |
| 金属 | 55.7 | 40.2 | 47.7 |
| 皮革 | 18.1 | 19.1 | 18.8 |
| 化学 | 17.3 | 17.0 | 27.3 |
| 木制品 | 62.8 | 24.3 | 24.9 |
| 陶器 | 115.8 | 38.0 | 43.4 |
| 造纸 | 50.7 | 84.5 | 243.0 |

| | | | |
|---|---|---|---|
| 能源 | 9.0 | 20.2 | 14.5 |
| 总计 | 38.8 | 32.7 | 48.9 |
| 不包括能源的总计 | 39.0 | 33.2 | 50.8 |

资料来源：参见本附录的表 1 和表 2。

**表 5　每个工人的马力数** 424

| 产业 | 1909 | 1929 | 1937 |
|---|---|---|---|
| 纺织 | 0.92 | 1.1 | 1.3 |
| 面粉业 | 5.64 | 8.3 | 12.3 |
| 其他食品材料 | 2.32 | 5.4 | 7.3 |
| 金属 | 0.42 | 1.4 | 2.0 |
| 皮革 | 1.27 | 3.0 | 1.3 |
| 化学 | 1.05 | 2.1 | 2.5 |
| 木制品 | 0.61 | 1.6 | 2.9 |
| 陶器 | 0.57 | 3.5 | 3.9 |
| 造纸 | 1.53 | 4.5 | 9.2 |
| 能源 | 263.00 | 62.3 | 164.2 |
| 总计 | 1.72 | 4.0 | 5.3 |
| 不包括能源的总计 | 1.25 | 2.6 | 2.8 |

资料来源：本附录的表 2 和表 3。

**表 6　1909 年的净产出价值**（以千当前列瓦为单位）

| 产业 | 产品价值 | 原材料成本 | 燃料成本 | 净产出 |
|---|---|---|---|---|
| 纺织 | 17,445 | 11,687 | 576 | 5,182 |
| 面粉业 | 32,598 | 27,448 | 416 | 4,734 |
| 其他食品材料 | 7,883 | 3,249 | 702 | 3,932 |

| | | | | |
|---|---|---|---|---|
| 金属 | 2,147 | 833 | 85 | 1,229 |
| 皮革 | 4,539 | 3,361 | 64 | 1,114 |
| 化学 | 2,463 | 1,574 | 45 | 844 |
| 木制品 | 2,699 | 1,585 | 25 | 1,089 |
| 陶器 | 1,792 | 219 | 265 | 1,308 |
| 造纸 | 461 | 178 | 57 | 225 |
| 能源 | 928 | 6 | 71 | 851 |
| 总计 | 73,134 | 50,320 | 2,306 | 20,508 |
| 不包括能源的总计 | 72,206 | 50,314 | 2,235 | 19,657 |

资料来源:《年鉴》,1910:关于产出的数据,第 277 页;关于原材料的数据,第 276 页;关于燃料的数据,第 275 页。

425 **表 7 1929 年的净产出价值**(以百万当前列瓦为单位)

| 产业 | 产品价值 | 原材料成本 | 燃料成本 | 动力成本 | 净产出 |
|---|---|---|---|---|---|
| 纺织 | 2,340 | 1,604 | 44 | 10 | 682 |
| 面粉业 | 1,788 | 1,671 | 30 | 5 | 82 |
| 其他食品材料 | 1,432 | 760 | 54 | 4 | 614 |
| 金属 | 601 | 322 | 15 | 2 | 260 |
| 皮革 | 408 | 331 | 5 | 2 | 70 |
| 化学 | 575 | 359 | 12 | 3 | 201 |
| 木制品 | 137 | 87 | 0.5 | 0.2 | 49 |
| 陶器 | 419 | 46 | 72 | 33 | 268 |
| 造纸 | 53 | 18 | 3 | 2 | 30 |
| 能源 | 198 | 3 | 18 | — | 177 |
| 总计 | 7,951 | 5,201 | 254 | 63 | 2,433 |
| 除能源以外的总计 | 7,753 | 5,198 | 236 | 63 | 2,256 |

资料来源:《年鉴》,1931,第 230—237 页。

**表 8　1937 年的净产出价值**(以百万当前列瓦为单位)

| 产业 | 产品价值 | 原材料成本 | 燃料成本 | 动力成本 | 净产出 |
|---|---|---|---|---|---|
| 纺织 | 2,634 | 1,692 | 45 | 44 | 853 |
| 面粉业 | 1,077 | 900 | 18 | 11 | 148 |
| 其他食品材料 | 1,057 | 733 | 35 | 8 | 281 |
| 金属 | 539 | 299 | 15 | 11 | 214 |
| 皮革 | 311 | 230 | 3 | 3 | 75 |
| 化学 | 533 | 311 | 9 | 8 | 205 |
| 木制品 | 110 | 78 | 1 | 1 | 30 |
| 陶器 | 365 | 44 | 37 | 31 | 253 |
| 造纸 | 194 | 104 | 6 | 6 | 78 |
| 能源 | 337 | 76 | 48 | — | 213 |
| 总计 | 7,157 | 4,467 | 217 | 123 | 2,350 |
| 不包括能源的总计 | 6,820 | 4,391 | 169 | 123 | 2,137 |

资料来源:《年鉴》,1939,第 384—389 页。

**表 9　受到国家鼓励的产业中净产出对产品价值的比率** 426

(以当前价格的百分比来表示)

| 产业 | 1909 | 1929 | 1937 |
|---|---|---|---|
| 纺织 | 29.70 | 29.15 | 32.35 |
| 面粉业 | 14.52 | 4.59 | 13.84 |
| 其他食品材料 | 49.86 | 42.87 | 26.48 |
| 金属 | 57.20 | 43.22 | 39.56 |
| 皮革 | 24.54 | 17.04 | 23.95 |
| 化学 | 34.27 | 34.90 | 38.34 |

| | | | |
|---|---|---|---|
| 木制品 | 40.33 | 36.00 | 27.37 |
| 陶器 | 71.01 | 64.12 | 69.37 |
| 造纸 | 49.15 | 55.57 | 40.14 |
| 能源 | 91.77 | 89.00 | 84.64 |
| 总计 | 31.19 | 30.65 | 34.28 |
| 不包括能源的总计 | 30.11 | 29.17 | 31.81 |

## 按照不变价格、产出量以及增长率来计算的受到国家鼓励的产业的净产出(表10—17)

**表10　所选若干商品的价格指数:1929年**

(基期1908—1912等于1)

| 商品 | 指数 |
|---|---|
| 啤酒 | 36.95 |
| 面粉 | 38.97 |
| 生牛皮 | 30.00 |
| 男性服装 | 36.68 |
| 服装材料 | 45.47 |
| 内衣 | 30.84 |
| 煤 | 26.84 |
| 建筑木材(木板) | 35.39 |

资料来源:下面的所有参考资料均出自《年鉴》,1931。具体来说:啤酒,第335页。面粉,生牛皮,1929年无数据;1928年的指数为31.40(第334页);由于牲畜(牛)的价格在1929年比前一年大约低3%,所以关于生牛皮的指数被从31.40减到30.00。男性服装、服装材料以及内衣的价格指数由以1915年8月为基础的官方统计所给出;它们在1929年的指数分别为26.20、32.48和22.03(第339页);在这里,通过使用一般价

格水平指数,即令 1908—1912 年等于 1,而将它们转换为以 1908—1912 年价格来表示的数值;1915 年等于 1.4;因此,表中的指数是本注释中给出的三个数乘以 1.4 而得到的结果。煤,第 335 页。建筑材料,第 335 页;《年鉴》中给出的 32.96 这一指数是 1928 年的,通过使用对于 1929∶1928 的一般价格指数(第 335 页)而将它转换成 1929 年的数值——因此,(35.49/33.05)×32.96=35.39。

**表 11 所选若干商品的价格指数:1937 年**

(基期年 1929 等于 100)

427

| 商品 | 指数 |
|---|---|
| 食糖 | 85.70 |
| 面粉 | 45.71 |
| 生牛皮 | 71.74 |
| 生铁 | 122.00 |
| 毛纱 | 65.17 |
| 棉纱 | 69.00 |
| 氢氧化钠 | 90.38 |
| 窗玻璃 | 55.80 |
| 建筑木材 | 85.95 |
| 煤 | 85.87 |
| 造纸 | 105.70 |

资料来源:表 11 中的所有指数计算所依据的数据,来自《年鉴》,1939,第 554,555 页。

表 10 和表 11 中的数据被用来表示各自工业部门中的价格变化。各单个商品的价格是按照下列方式分配给不同的工业部门的:

| 产业 | 1908/1912—1929 时期 | 1929—1937 时期 |
|---|---|---|
| 纺织 | 男性服装、服装材料以及内衣的未经加权的平均数 | 毛纱与棉纱的未经加权的平均数 |
| 面粉厂 | 面粉 | 面粉 |
| 其他食品材料 | 啤酒 | 食糖 |
| 金属 | 一般物价指数 | 生铁 |
| 皮革 | 生牛皮 | 生牛皮 |
| 化学 | 一般物价指数 | 氢氧化钠 |
| 木制品 | 建筑木材 | 建筑木材 |
| 陶器 | 一般物价指数 | 窗玻璃 |
| 造纸 | 一般物价指数 | 纸 |
| 能源 | 煤 | 煤 |

428 两个时期的指数在 1929 年衔接在一起。合并的结果显示在表 12 中。



**表 12　受到国家鼓励的各产业部门的价格指数**

| 产 业 | 1908—1912 | 1929 | 1937 |
|---|---|---|---|
| 纺织 | 1 | 38.26 | 25.67 |
| 面粉业 | 1 | 38.97 | 17.81 |
| 其他食品材料 | 1 | 36.95 | 31.66 |
| 金属 | 1 | 35.49 | 43.30 |
| 皮革 | 1 | 30.00 | 21.52 |
| 化学 | 1 | 35.49 | 32.08 |
| 木制品 | 1 | 35.40 | 30.42 |
| 陶器 | 1 | 35.49 | 19.80 |
| 造纸 | 1 | 35.49 | 37.51 |
| 能源 | 1 | 26.84 | 23.04 |

由于保加利亚的价格指数统计是以 1908—1912 年的价格来表示的,且对于 1909 年单独一年的价格无法找到,所以假定 1908—1912 年的价格也就代表了 1909 年的价格。对于少数散见的 1909 年价格资料进行检验,似乎证实这种假定是相当合理的。下面的表 13 给出的是,通过采用"1909 年"的权数对于以表 12 中给出的价格指数来表示的表 6、表 7、表 8 中的净产出数据进行折算的结果。

**表 13 以"1909 年"的价格表示的受国家鼓励的各产业净产出**

| 产业 | 1909 | | 1929 | | 1937 | |
|---|---|---|---|---|---|---|
| | 1,000 列瓦 | 百分比 | 1,000 列瓦 | 百分比 | 1,000 列瓦 | 百分比 |
| 纺织 | 5,183 | 25.27 | 17,834 | 25.97 | 33,201 | 35.20 |
| 面粉业 | 4,734 | 23.08 | 2,110 | 3.07 | 8,371 | 8.87 |
| 其他食品材料 | 3,931 | 19.16 | 16,610 | 24.19 | 8,839 | 9.38 |
| 金属 | 1,229 | 5.99 | 7,300 | 10.63 | 4,922 | 5.22 |
| 皮革 | 1,114 | 5.43 | 2,317 | 3.37 | 3,460 | 3.66 |
| 化学 | 844 | 4.12 | 5,655 | 8.23 | 6,366 | 6.75 |
| 木制品 | 1,089 | 5.31 | 1,398 | 2.04 | 992 | 1.05 |
| 陶器 | 1,308 | 6.38 | 7,574 | 11.03 | 12,794 | 13.56 |
| 造纸 | 227 | 1.10 | 829 | 1.22 | 2,071 | 2.20 |
| 能源 | 852 | 4.15 | 7,041 | 10.25 | 13,310 | 14.11 |
| 总计 | 20,511 | 100.00 | 68,668 | 100.00 | 94,327 | 100.00 |

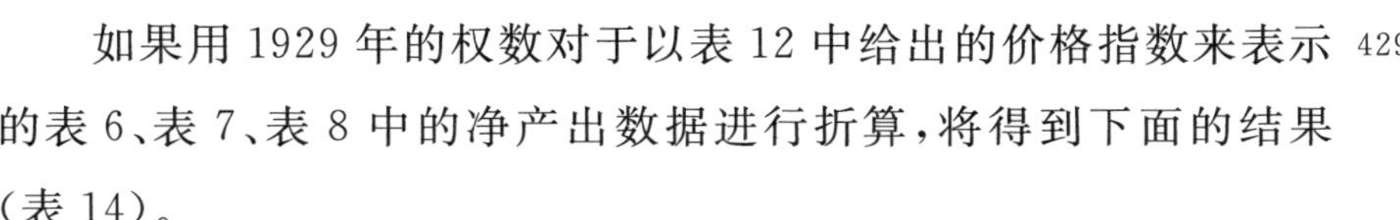

如果用 1929 年的权数对于以表 12 中给出的价格指数来表示 429
的表 6、表 7、表 8 中的净产出数据进行折算,将得到下面的结果(表 14)。

**表 14　以 1929 年价格表示的受国家鼓励的各产业净产出**

| 产业 | 1909 | | 1929 | | 1937 | |
|---|---|---|---|---|---|---|
| | 1,000 列瓦 | 百分比 | 1,000 列瓦 | 百分比 | 1,000 列瓦 | 百分比 |
| 纺织 | 198,297 | 26.46 | 682,328 | 28.07 | 1,270,559 | 38.24 |
| 面粉业 | 184,478 | 24.62 | 82,168 | 3.38 | 326,150 | 9.81 |
| 其他食品材料 | 145,237 | 19.38 | 613,743 | 25.24 | 326,550 | 9.83 |
| 金属 | 43,614 | 5.82 | 259,092 | 10.65 | 174,679 | 5.25 |
| 皮革 | 33,410 | 4.46 | 69,505 | 2.86 | 103,803 | 3.12 |
| 化学 | 29,963 | 4.00 | 200,688 | 8.25 | 225,950 | 6.80 |
| 木制品 | 38,525 | 5.14 | 49,473 | 2.03 | 35,115 | 1.06 |
| 陶器 | 46,436 | 6.20 | 268,813 | 11.06 | 454,062 | 13.66 |
| 造纸 | 8,040 | 1.08 | 29,435 | 1.22 | 73,499 | 2.22 |
| 能源 | 21,286 | 2.84 | 175,948 | 7.24 | 332,632 | 10.01 |
| 总计 | 749,286 | 100.00 | 2,431,193 | 100.00 | 3,322,999 | 100.00 |



用 1937 年的权数对于以表 12 中给出的价格指数来表示的表 6、表 7、表 8 中的净产出数据进行折算，则会得到下面的结果(表 15)。

**表 15　以 1937 年价格表示的受国家鼓励的各产业净产出**

| 产业 | 1909 | | 1929 | | 1937 | |
|---|---|---|---|---|---|---|
| | 1,000 列瓦 | 百分比 | 1,000 列瓦 | 百分比 | 1,000 列瓦 | 百分比 |
| 纺织 | 133,044 | 25.01 | 577,056 | 27.98 | 852,291 | 35.22 |
| 面粉业 | 84,310 | 15.85 | 37,559 | 1.82 | 149,083 | 6.16 |
| 其他食品材料 | 124,444 | 23.40 | 525,978 | 25.50 | 279,853 | 11.56 |
| 金属 | 53,212 | 10.00 | 316,093 | 15.32 | 213,108 | 8.81 |

| | | | | | | |
|---|---|---|---|---|---|---|
| 皮革 | 23,966 | 4.51 | 49,863 | 2.42 | 74,468 | 3.08 |
| 化学 | 27,084 | 5.09 | 181,382 | 8.79 | 204,214 | 8.44 |
| 木制品 | 33,115 | 6.23 | 42,522 | 2.06 | 30,185 | 1.25 |
| 陶器 | 25,907 | 4.87 | 149,971 | 7.27 | 253,321 | 10.47 |
| 造纸 | 8,498 | 1.60 | 31,112 | 1.52 | 77,688 | 3.21 |
| 能源 | 18,279 | 3.44 | 151,087 | 7.32 | 285,631 | 11.80 |
| 总计 | 531,859 | 100.00 | 2,062,623 | 100.00 | 2,419,842 | 100.00 |

在下面的表 16 中,表 13 中给出的数据被转换为以“1909 年” 430
价格来表示的指数。

**表 16　以“1909 年”价格来表示的**
**受国家鼓励的各产业的净产出指数**

| 产业 | 1909 | 1929 | 1937 |
|---|---|---|---|
| 纺织 | 100 | 344 | 641 |
| 面粉业 | 100 | 45 | 177 |
| 其他食品材料 | 100 | 423 | 225 |
| 金属 | 100 | 594 | 401 |
| 皮革 | 100 | 208 | 311 |
| 化学 | 100 | 670 | 754 |
| 木制品 | 100 | 128 | 91 |
| 陶器 | 100 | 579 | 978 |
| 造纸 | 100 | 366 | 914 |
| 能源 | 100 | 827 | 1,563 |
| 总计 | 100 | 335 | 460 |

表16中所隐含的工业产出年平均增长率，是通过利用相关时期的起始年份与终端年份根据复比基础而计算的。在另外一种不同的计算中，用比较武断地在各个相关的时期中扣除四年的办法又将巴尔干战争和第一次世界大战考虑了进来。其结果，显示在下面的表17中。

**表17　受国家鼓励的各产业净产出的年平均增长率**

（以“1909年”价格为基础）

| 产业 | 1909—1929（20年） | 1909—1929（16年） | 1929—1937（8年） | 1909—1937（28年） | 1909—1937（24年） |
|---|---|---|---|---|---|
| 纺织 | 6.38 | 8.03 | 8.08 | 6.86 | 8.05 |
| 面粉业 | —3.85 | —5.00 | 18.80 | 2.05 | 2.40 |
| 其他食品材料 | 7.47 | 9.42 | —9.65 | 2.94 | 3.44 |
| 金属 | 9.32 | 11.78 | —3.61 | 5.08 | 5.95 |
| 皮革 | 3.70 | 4.68 | 5.15 | 4.13 | 4.84 |
| 化学 | 9.98 | 12.62 | 1.50 | 7.48 | 8.78 |
| 木制品 | 1.26 | 1.58 | —4.19 | —0.33 | —0.40 |
| 陶器 | 9.18 | 11.60 | 6.77 | 8.48 | 9.97 |
| 造纸 | 6.70 | 8.45 | 12.12 | 8.22 | 9.66 |
| 能源 | 11.14 | 14.11 | 7.97 | 10.22 | 12.03 |
| 总计 | 6.23 | 7.85 | 4.05 | 5.60 | 6.56 |

## 关于工业生产力变化的计算（表18—20）

431　贝罗夫（L. Berov）关于工业固定资本投资的计算产生了下面

的以 1939 年不变价格来表示的数据系列。

**表 18　以 1939 年价格来表示的保加利亚工业固定资本总投资**

| 年份 | 1,000 列瓦 | 年份 | 1,000 列瓦 |
|---|---:|---|---:|
| 1880 | 5,584 | 1898 | 82,986 |
| 1881 | 7,190 | 1899 | 23,470 |
| 1882 | 4,927 | 1895—1899 | 360,376 |
| 1883 | 2,689 | 1900 | 35,802 |
| 1884 | 5,589 | 1901 | 52,751 |
| 1880—1884 | 25,979 | 1902 | 76,577 |
| 1885 | 23,373 | 1903 | 78,711 |
| 1886 | 15,462 | 1904 | 97,836 |
| 1887 | 40,915 | 1900—1904 | 341,677 |
| 1888 | 36,375 | 1905 | 108,153 |
| 1889 | 51,645 | 1906 | 142,431 |
| 1885—1889 | 167,770 | 1907 | 198,541 |
| 1890 | 93,896 | 1908 | 214,023 |
| 1891 | 49,764 | 1909 | 286,376 |
| 1892 | 60,493 | 1905—1909 | 949,524 |
| 1893 | 62,518 | 1910 | 277,552 |
| 1894 | 126,782 | 1911 | 229,397 |
| 1890—1894 | 393,453 | 1912 | 295,038 |
| 1895 | 88,120 | 1913 | 342,595 |
| 1896 | 56,109 | 1914 | 236,733 |
| 1897 | 111,691 | 1910—1914 | 1,381,315 |

| | | | |
|---|---|---|---|
| 1915 | 8,719 | 1928 | 559,963 |
| 1916 | 11,695 | 1929 | 691,631 |
| 1917 | 34,357 | 1925—1929 | 2,473,743 |
| 1918 | 30,541 | 1930 | 451,818 |
| 1919 | 6,346 | 1931 | 470,433 |
| 1915—1919 | 91,658 | 1932 | 488,711 |
| 1920 | 42,581 | 1933 | 393,179 |
| 1921 | 120,653 | 1934 | 274,360 |
| 1922 | 132,652 | 1930—1934 | 2,078,501 |
| 1923 | 214,708 | 1935 | 462,756 |
| 1924 | 296,905 | 1936 | 634,738 |
| 1920—1924 | 807,499 | 1937 | 1,434,936 |
| 1925 | 394,170 | 1935—1937 | 2,532,430 |
| 1926 | 400,269 | | |
| 1927 | 427,710 | | |

资料来源："论保加利亚资本主义工业化速度的问题"(Kúm vúprosa za tempovita na kapitalistcheskata industrializatsiya na búlgariya)，保加利亚科学院(Búlgarska Akademiya na Naukite)，《经济研究所公报》(*Izvestiya na Ikonomicheskiya Institut*)，VIII，nos. 3—4(Sofia)，第 158—161 页。

432 对于保加利亚工业中的固定资本存量(以 1939 年价格表示)，是根据表 18 中的数据并且基于下述假定来计算的：(1)1879 年的工业资本存量值是微乎其微的(因而视为等于零)；(2)在每五年的末尾已投入的资本按照 25%的比率非连续地折旧。根据这些假定计算的结果显示在表 19 中。

表 19　资本存量的计算(以 1939 年价格表示,单位为 1,000 列瓦)

| 1880—1909 | | | |
|---|---|---|---|
| (1)<br>五年周期 | (2)<br>总投资 | (3)<br>折旧乘子 | (4)<br>资本存量<br>(2)×(3) |
| 1880—1884 | 25,979 | $0.75^5$ | 6,164 |
| 1885—1889 | 167,770 | $0.75^4$ | 53,082 |
| 1890—1894 | 393,453 | $0.75^3$ | 221,318 |
| 1895—1899 | 360,376 | $0.75^2$ | 202,711 |
| 1900—1904 | 341,677 | 0.75 | 256,258 |
| 1905—1909 | 949,524 | — | 949,524 |
| | 1909 年末的资本存量为: | | 1,689,057 |
| 1909—1937 | | | |
| —1909 | 1,689,057 | $0.75^6$ | 300,616 |
| 1910—1914 | 1,381,315 | $0.75^5$ | 277,929 |
| 1915—1919 | 91,658 | $0.75^4$ | 29,002 |
| 1920—1924 | 807,499 | $0.75^3$ | 340,664 |
| 1925—1929 | 2,473,743 | $0.75^2$ | 1,391,480 |
| 1930—1934 | 2,078,501 | 0.75 | 1,558,757 |
| 1935—1937 | 2,532,430 | — | 2,532,430 |
| | 1937 年末的资本存量为: | | 6,430,088 |

表 19 中所计算的资本存量数据,指的是保加利亚工业的全部资本存量组合,而不单单限于国家鼓励的产业部门。所以,它们必须与可比的有关劳动和产出的系统性数据联系起来。此类数据对于 1937 年是可以找到的:劳动力数量达到 90,621 名工人(《年鉴》,1939,第 391 页)。产品价值达到 10,956,472,000 列瓦。将

原材料、燃料以及所用动力的价值相加总,得到 7,080,407,000 列瓦。由此产生了一个数值为 3,876,065,000 列瓦的净产出余额(同上,第 392—393 页)。

可比的数据对于 1909 年是无法找到的。所以假定,在“全部
433 工业”中的产出和劳动与在国家鼓励的产业中的产出和劳动的比率,在 1909 年和在 1937 年是同样的(所有价值均以 1937 年价格表示)。因此有:1909 年“全部工业”的净产出等于 1937 年“全部工业”的产出乘以国家鼓励的产业在 1909 年的产出,再除以国家鼓励的产业在 1937 年的产出,或者有:

$\frac{3,876,065,000\times 531,859,000}{2,419,842}=851,923,000$ 列瓦(关于国家鼓励的产业在 1909 年和 1937 年的净产出,参见本附录中的表 15)。



同理,1909 年“全部工业”的劳动力等于 1937 年“全部工业”的劳动力乘以国家鼓励的产业在 1909 年的劳动力,再除以国家鼓励的产业在 1937 年的劳动力,或者有:

$\frac{90,621\times 9,973}{44,098}=20,494$ 人。

如果忽略掉在以 1939 年价格表示的资本存量数据和以 1937 年价格表示的净产出数据之间存在的较小的不一致,那么这两组三个基本数据可以被总结在表 20 中。

**表 20　1909 年和 1937 年全部工业中的劳动力、固定资本存量和净产出**

| 数据类别 | 1909 | 1937 |
| --- | --- | --- |
| 劳动力 | 20,494 | 90,621 |

| 资本存量（1,000 列瓦） | 1,689,057 | 6,430,088 |
|---|---|---|
| 净产出 | 851,923 | 3,876,065 |

再将这些数据代入科布—道格拉斯类型的生产函数，$O=F\times L^{k}\times C^{1-k}$，其中：

$O$——代表工业产出，

$F$——代表生产力因子，

$L$——代表劳动力（雇佣工人人数），

$C$——代表资本存量，

$k$——代表劳动在工业产出中所占有的份额（假定劳动报酬等于其边际生产力）。

由于有关 $k$ 的数据无法得到，可以给出下列四个可供选择的数值：

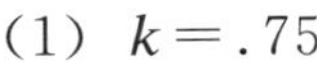

（1） $k=.75$

（2） $k=.65$

（3） $k=.50$

（4） $k=.25$

相对于四种不同的情况来求解生产力因子——$F$，得到下列结果：

（1） 对于 $k=.75$，有 $F=\dfrac{O}{L^{.75}\times C^{.25}}$。 434

$$F_{1937}=\frac{3,876,065,000}{90,621^{.75}\times 6,430,088,000^{.25}}=2,621。$$

$$F_{1909}=\frac{851,923,000}{20,494^{.75}\times 1,689,057,000^{.25}}=2,454。$$

$$\frac{F_{1937}}{F_{1909}}=\frac{2,621}{2,454}=1.0685。$$

（2）对于 $k=.65$，有 $F=\dfrac{O}{L^{.65}\times C^{.35}}$。

$$F_{1937}=\frac{3,876,065,000}{90,621^{.65}\times 6,430,088,000^{.35}}=858。$$

$$F_{1909}=\frac{851,923,000}{20,494^{.65}\times 1,689,057,000^{.35}}=791。$$

$$\frac{F_{1937}}{F_{1909}}=\frac{858}{791}=1.0847。$$

（3）对于 $k=.50$，有 $F=\dfrac{O}{L^{.50}\times C^{.50}}$。

$$F_{1937}=\frac{3,876,065,000}{90,621^{.50}\times 6,430,088,000^{.50}}=160.6。$$

$$F_{1909}=\frac{851,923,000}{20,494^{.50}\times 1,689,057,000^{.50}}=144.8。$$

$$\frac{F_{1937}}{F_{1909}}=\frac{160.6}{144.8}=1.1090。$$

（4）对于 $k=.25$，有 $F=\dfrac{O}{L^{.25}\times C^{.75}}$。

$$F_{1937}=\frac{3,876,065,000}{90,621^{.25}\times 6,430,088,000^{.75}}=9.84。$$

$$F_{1909}=\frac{851,923,000}{20,494^{.25}\times 1,689,057,000^{.75}}=8.55。$$

$$\frac{F_{1937}}{F_{1909}}=\frac{9.84}{8.55}=1.1512。$$

435 运用刚刚得到的结果，可以计算出在 1909－1937(1928 年)这一时期生产力因子的年平均变化率，具体如下：

(1) $\frac{\log 1.0685}{28} = 100.24$。

(2) $\frac{\log 1.0847}{28} = 100.29$。

(3) $\frac{\log 1.1090}{28} = 100.37$。

(4) $\frac{\log 1.1512}{28} = 100.50$。

# 附录III 关于计量收入与财富长期增长的一些问题



436 “可接受的有关国民收入与财富及其按照惯例加以区分的构成要素的长期记录，是经济增长研究中必不可少的最低信息。”很少有人会对西蒙·库兹涅茨在他这本书的导言里所做的这一结论提出异议，本评论人对此也完全赞同。[1] 没有这些基本的总量知识，经济史至多仍然只能限于虽说轻松如意然而却空洞无味的一般概括。最可能出现的情况是，它将重蹈法律与政治史、传记论文以及社会学的系统性安排和社会学的印象主义的覆辙。总之，经济史将包括所有的东西，但唯独不包括一样东西——经济学。另外的一个问题是，一旦中肯的**经济**问题被提出，并且所需要的经验信息也得到提供且已经被纳入经济上具有重要意义的框架之内，则对于结果的解释又不可避免地将要诉诸各种非经济的因素，从而诉诸经济学以外的其他学科。当然，这里至关紧要的并不是专业上的褊狭与否，而是对于经济史的特定主题所采取的方法是否

---

[1] 本附录原是为由西蒙·库兹涅茨主编的《收入与财富》（(*Income and Wealth*)，国际研究与财富协会(International Association for Research and Wealth)，1955年)一书所写的一个评论。它发表于《美国统计协会杂志》(*Journal of the American Statistical Association*)1957年12月号上。

清晰明了的问题。

本文所评论的这本书的大部分，声称总结了我们有关四个主要国家和两个较小国家的国民产出与财富的长期发展趋势的知识状态：英国、法国、德国、日本、丹麦以及匈牙利。然而，其中的某些论文不过是一些作者的大量初始性工作的体现。各篇论文的特征与质量是参差不齐的。其基本数据的可得性与可靠性也各不相同。部分地由于这一原因，人们在开始细读该书时所带有的那种较高的初始期望很快就被失望情绪所遮蔽了。毫无疑问，在其结果能够被方便地同时又令人信服地用于单个国家内部的历史解释 437
之前，仍然有许多工作要做。为了实现在它们中间的有意义的比较，甚至看起来还要走很长很长的路。

由詹姆斯 B.杰弗里 (James B.Jeffery) 和多萝西·沃尔特斯 (Dorothy Walters) 所写的第一篇文章（“英国的国民收入与支出：1870—1952”），是作为对于所取得的进展的一个评论而由二位作者以谦逊的方式提供的。它的内容决不限于此，因为将各种现存的估计加以整合和协调的过程涉及许多补充的与原创性的工作。

从一种统计的观点来看，这篇文章是六个所贡献的成果当中最成熟的一个。它同时展现了社会核算的收入面与支出面。它们之间的不一致得到了坦率而又细致的讨论，因而读者针对这些估计的可靠性问题能够形成一个自己的判断。人们满意地看到，在 1890 年以后，这两个系列之间的差异已经被减低到了完全可容忍的程度。该文的最后一节给出了一个有关建构作为构成要素的系列所采用的方法的简要但并非不适当的讨论。其计算的最大弱点似乎在于将以当前价格表示的估计值转换为以1912－1913年不变价格表示的估计值的过程中。显然，对于不同类型的消费者物品没有试图去采用不同的折算因子。此外，作者为了取得对于整个时期的连贯的价格系列曾建立起不得不联结在一起的各种价格指数，但是对于在这种建构过程中所采用的权数却没有做出任何交待。因此，我们全然不清楚，声称以1912－1913年价格来表示的收入系列究竟实际地建立在什么样的基础之上。为了取得以一个时期的不变价格来表示的物量指数，对于每一年的当前价值的折算因子（确切地说）将是一个以归属于该年的权数为基础的价格指数。换言之，一个一致的基期年的数量指标将要求以给定年份的价格指数作为折算因子。究竟在何种意义上这里所给出的“以一年的不变价格表示的产出价值”能够被视为在该年的价格结构基础上的实际加总，全凭每个人的猜测。在这些情况下，各单个子时期之间的可比性以及整个时期中的增长率都成了问题，因为对于单个年份的数据是必然要依扭曲的变动程度为转移的。该文作者也许在他们的各种“缺口”的名单下明确地纳入了一种有关这些系列中所固有的扭曲的调查研究，这些缺口将有待于进一步研究来填补。他们谨慎地指出了他们的系列对于短期分析的目的是不适当的。然而，只要我们没有任何有关这些扭曲的方向和可能的范围的知识，那么其在较长的时期中所产生的阻滞或加速作用的程度就也将是相当难以理解的。这对于此类结果的任何历史解释都是一种严重的限制，尽管人们不得不承认该文所使用的折算技术要极大地优越于本书中某些其他研究成果所采用的方法。

另一方面，值得赞赏的是，作者对于所考察的时期中的每一年

都给出了以当前价格表示的数据，这使得感兴趣的读者能够以同 438
样的方式计算用不变价格来表示的国民收入。如果按照历法中的十年或五年那样来刻板地表达，那么不论它们是否会重叠，其对于历史分析中所提出的许多问题都几乎难以适用——特别是对于有关增长的结构性迸发与所介入的周期性波动二者之间的关系这样的头等重要的问题，就更是如此了。人们也毫不怀疑，这样一种分析将要求对于增长要按照生产部门来给予更为详细的划分，而不是像在本文中为了取得总收入数据所使用的方法那样。

无论从何种历史的观点来看，人们都必然会同该文的作者一道对于他们的数据系列开始于 19 世纪如此晚的时点而感到遗憾。如果人们回想一下对于 19 世纪 70 年代和 80 年代的数据具有较低的可靠程度并且其连续性又为两次大的战争所打断，这显然就更是一种没有办法的事情了。然而，对于这一点也不必过分地强调。没有理由因瑕毁玉，而本评论者也唯愿如此。

论法国的经济增长的文章"关于 1870－1950 年间法国经济发展的观点"（*Prise de vues sur la croissance de l'économie francaise, 1780－1950*）的作者，弗朗索瓦·佩鲁（Francois Perroux），对于描述统计技术显示出极低的兴趣，同时却特别关注于更广泛的历史问题。特别是，他关于国民收入在其增长过程中的"主动的"与"被动的"构成要素的区分，对于为定量研究提供指导和定位是十分有帮助的。用佩鲁的话说，只有"真实的史料"（reasoned history）才能使统计分析具有意义。在现实中存在着、并且一定存在着一种稳定的交互作用，然而针对事实所提出的问题刚好与由事实所提出的问题同样重要，则是另一回事情。不幸的是，该作

者的格言是有其特定含义的，因为它是旨在用来传递他对于他使之可供利用的定量数据的不信任态度的：如果这些数据与我们从一般的历史知识中所预期的结果有偏差，那么它们就将被拒绝。

读者不能够对这一态度加以评判，因为该作者除了提到某些先前的研究之外，并未对形成各种估计数据的统计过程给予任何考察。除了说明数据是以生产统计为基础的以外，他甚至都没有告诉我们在所给出的数据系列中包含的究竟是什么样的国民收入的概念。作者所唯一明确阐释的统计问题，是他对于被用来将以当前价值表示的量折算为以不变价格表示的量的方法的批评。根据前面所述，人们只能得出这样一种共识，即这种转换工作如果要想使其结果有意义，就必须被视为一项比通常所假定的要更为艰巨得多的任务。虽然佩鲁并没有谈到上面所提及的基本的加权问题，可是在其文章的特定一节里他也严厉地发泄出对于通过采用某种特定价格指数来对异质的构成要素的价值进行折算的不适当
439 性的蔑视。并且他还竭力要表明，使用不适当的折算指数有时还会在被折算的数据系列中产生莫名其妙和莫须有的不规则结果，这些不规则除了反映出所选择的折算指数的某种无常变动之外，什么也说明不了。

上面谈到的所有这些都是十分有益的，因为它将使人们对于这一问题给予必要的关注，同时又会减少在刻板地处理折算问题中的草率程度。不过佩鲁引出了一种实践的结果。他放弃了试图以不变价格来取得可比价值的所有伪装，决定用以当前价格来表示的价值变化去代表产出的物量变化。他凭借下列事实来为这种操作方法提供支持和证据：在从拿破仑一世统治到第一次世界大

战之间的时期中并没有大的货币扰动，因而对这一时期来说当前价值至少像折算后的价值一样好。也许应当注意，沃尔瑟·霍夫曼(Walther Hoffmann)在他关于英国工业产出的研究中得出了相似的结论。然而，问题在于，为了得到这样一种可靠的结论，人们将不得不去校正折算指数。如果缺少这种校正，那么在价值与数量之间的实际关系就将是相当不确定的。因此，对于佩鲁所给出的增长率必须以极其谨慎的态度来看待。佩鲁所显示的最高与最低增长率之间的差额是相当小的，从而对于它们之间的比较究竟能够赋予多大的重要性就基本全凭主观猜测了。

长期发展的节奏正像它从数据中所显示的那样，肯定不会与人们普遍持有的关于 19 世纪法国经济史进程的看法相矛盾。然而，只要定量研究一定要接受模糊不清和印象主义的观念所检验而不是相反的话，那么所取得的进展就不能给人留下深刻的印象。

也许没有什么能比佩鲁关于法国社会在过去一个半世纪的历程中究竟是否取得了经济进步的讨论，更清楚地显示出他的怀疑论态度了。他对于这个问题的回答是否定的。一个取得进步的经济是这样一种经济，在其中"技术发明以最短的时间和最低的社会成本被转化为经济创新"，这里的社会成本包括被视为一种实体的所有人力和物质资源(第 72 页)。他指出，这并不是法国所出现的情况。人们一定怀疑在这样一种文章中的此类思考究竟具有多大的重要性。因为人们全然不清楚它们的提出是为了解释为什么增长率不比实际上可能有的更高，而其未能针对所提供材料的性质进行调整的概念所具有的价值也是值得怀疑的。根据所给出的数据，法国的国民产出在 1825 至 1909 年间增长了四倍以上，这对于

一个"无进步"的经济来说肯定是一种相当高的增长率。看起来，在一种定量的研究中，进步——或者它的不存在——至少从一开始就必须从定量的角度来思考，而定性的概念应当被用来解释结
440 果而不是去否定它们。如果**没有**做到这一点，那么就必然意味着这种定量研究尚不能够产生可信赖的结果。

保罗·约斯托克(Paul Jostock)关于德国的文章("德国国民收入的长期增长")对于所给出的估计的性质给予了更少有保留的说明。文章的正文中包含了对于所使用的方法的某种讨论，而更多的问题则被放到了一个专门的附录里来说明。所描述的情景大致如下。对于第一次世界大战以前的时期，仅仅针对 1913 年存在着一个关于国民收入的详细计算。此外，对于 1891—1913 年间的各年份，仅仅存在着对于普鲁士(Prussia)和萨克森(Saxony)的以所得税返还为基础的正式外推估算。对于 1860—1890 这一时期，作者对于其中的五年(1860、1870、1877、1883 和 1890 年)给出了他自己的估计，而对于中间的年份则采用内推的方法赋值。"基准"年的收入被按照各种方法进行了估计。例如，工业净产出值被计算如下：一个先前可以得到的以当前价格表示的工业产出总价值指数(顺便说一下，它是通过用一种批发物价指数乘以一个物量的产出指数而得到的)乘以一个(先前可以得到的)1913 年工业净产出的数值。其隐含的假定是，在五十三年的时期中总产出与净产出的比率保持不变。这个假定也许并非就那么不可行，因为其数据是以当前价格来表示的，并且其较高程度的人为制造成分将可能为增加值构成要素中价格的相对下降所抵消。不过，在这两个基础性的数据系列中关于权数相互适应方面存在着的不确定性

可能要更为严重。

对于农业生产的国民收入的计算甚至更为粗糙。至于经济的其他部门,它们在 1890 年创造的国民收入的数据,是通过将对于 1891 年国民总收入的正式粗略估计值大致地直接向后外推到 1890 年,进而将 1890 年的数据作为一种余差而大致估计得出的。对于更早的年份,由于仰赖于“关于普遍发展的知识”,“所必需的估计值必定也是大致近似的”(第 120 页)。必须注意,以这种方式估计得来的结果据说其数值不少于 1890 年的国民收入的 50%。

对于 1925－1941 年间的数据无疑将更为可靠得多,实际上它们也是整个数据系列中最好的。更为差劲的是那些与上一次大战结束后的若干年份相关联的数据,它们是应用 1936 年普查中的生产指数来计算的。从 1913 年往后所有的当前价值都凭借一种单一的生活成本指数而被折算成不变价值。其结果被称为以 1928 年价格表示的物量产出系列。根据我们前面关于在除数指数与所产生的商指数之间存在的权数对应外推的论述,并且如果没有忘记佩鲁的苛评的话,那么事情将相当清楚,这种物量指标系列的同质性至少是值得高度怀疑的。不应忘记,所有这些问题可以说都 441
是先于真正的指数问题的。只有当正确的权数被取得并且产出价值从某一给定时期的角度得到了一致性的表达之后,人们才能够开始来了解:如果另一个更遥远或者更邻近的时期被选择用来加权的话,那么这种指数将会发生什么变化,它所隐含的增长率以及作为它的构成要素的各系列将会发生什么变化。

在给出他的数据之后,该作者便来探讨一系列饶有趣味和事关重要的问题。他讨论了经济的各种结构变化对于指数所具有的

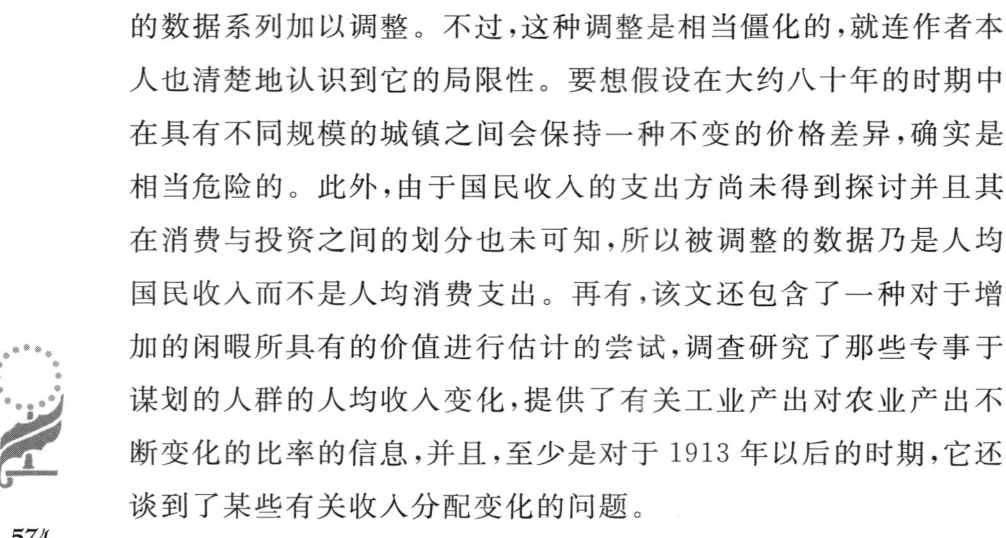

含义，诸如从家庭生产向外转移、人口的年龄分布的变化、“非生产性”活动的扩张、军事支出的作用以及领土变化等等。他也试图通过考虑在规模大小不同的各地区之间存在的价格水平差异来对他的数据系列加以调整。不过，这种调整是相当僵化的，就连作者本人也清楚地认识到它的局限性。要想假设在大约八十年的时期中在具有不同规模的城镇之间会保持一种不变的价格差异，确实是相当危险的。此外，由于国民收入的支出方尚未得到探讨并且其在消费与投资之间的划分也未可知，所以被调整的数据乃是人均国民收入而不是人均消费支出。再有，该文还包含了一种对于增加的闲暇所具有的价值进行估计的尝试，调查研究了那些专事于谋划的人群的人均收入变化，提供了有关工业产出对农业产出不断变化的比率的信息，并且，至少是对于1913年以后的时期，它还谈到了某些有关收入分配变化的问题。



所有这些问题大多是由西蒙·库兹涅茨著作所提出或者是由他的著作所引发的，它们当然是最值得花费时间来研究的。然而，人们也不能摆脱这样一种感觉，即现在还不到讨论它们的时候。当人们考虑到对于长期变化有意义的唯一真正连续的历史时期是从1860年到1913年的时候；当人们回想起对于那一时期的估计数据的性质、它们的可靠性程度并因而对所精心完成的结果和得出的结论进行折算时，根据稳妥可靠的历史知识而得出的真实收入是不可能很大的。

由凯尔·比约克(Kjeld Bjorke)撰写的关于丹麦的文章(“1870—1952年间丹麦的国民产品”)给出了从1870—1952年间关于国民收入的完整的逐年估计。这些估计，一方面被分为农业和“其他产业”，另一方面又被分为消费和总投资。后者中并不包括流动资本，它是分开来对房屋、建筑、机器与设备以及运输进行估计的。消费看起来是通过将收支余额中的净剩余加到总投资数额上，然后再将这个总和作为“总储蓄”从独立给出的有关国民总收入的估计中减掉而得出来的。而关于国民总收入的这种估计是 442
从针对 1870—1920 年间的免税收入进行了调整的所得税返还中以及 1921—1952 年间的生产统计中推导出来的。只是从 1930 年以后，一种正式的数据系列才开始被计算。读者很少有机会去检验其所使用的方法的可靠性。不过，它也清楚地向人们表明，其物量的产出系列，也就是用 1929 年价格来表示的国民产出，除非是做出一种很大程度的保留，否则是不能真正地这样来对待的。其 1914 年到 1928 年的数据被用一种生活成本指数转换成 1929 年的价值，其中对于 1914—1921 年间是个例外，这时使用的是一种生活成本指数与批发物价指数的平均数。并没有试图分别来对农业和“其他产业”进行折算。对于 1929—1952 年这一时期，现存的以 1935 年价格表示的正式数据系列通过采用一种生活成本指数而被转换成以 1929 年价格表示的系列。加权问题在这里再一次被悄悄地遮蔽了。然而，这种方法最引人瞩目的部分还是它对于 1914 年以前的数据的折算。其 1913 年的数据是通过生活成本指数转换成 1929 年价格的。随即，对于 1870—1913 年间以当前价格来表示的系列便按照 1913：1929 相对价格的比率来加以调整。换言之，对于从 1870 年到 1913 年的数据，虽然按照这一比率进行了调整，但是仍然反映了在这四十三年的时期中所经历的所有价格波动！

亚历山大·埃克斯泰因(Alexander Eckstein)讨论匈牙利的文章("1900—1950年间匈牙利的国民收入与资本形成")是本论文集中论述最详尽的一篇文章。它非常明确而又仔细地讨论了所运用的概念,并且丝毫也没有(哪怕是轻微地)忽略所采用的技术和遵循的方法。这是本卷文集中唯一一篇对于将当前价格的系列转换成不变价格的系列给予了更为充分讨论的文章。虽然它本身实际处理的转换可能并不是特别优越的,可是对于它在处理一次世界大战以后的时期和将战前的数据与1938—1939年的价格基础连接起来时试图针对国民收入的不同构成部分而采取不同的折算指数的做法,则必须予以称赞。不过,对于1900—1914年期间的数据的折算却是相当沉闷和乏味的,它为此而采用的是一个部分地建立在由哈布斯堡君主制(Hapsburg Monarchy)所规定的价格限额基础上的未加权的价格指数。



总体来说,这篇文章也许是这里的作者所贡献的六篇文章中最富有创造性的。对于在一个较长的时期中的匈牙利国民收入进行研究体现了特别的困难,这是因为在1918年以后其版图的大幅度缩减以及在上一次世界大战以后在其经济中和对于国民收入覆盖范围的流行的官方观点中出现了意味深远的结构性变化的缘故。虽然先前的研究尽可能地被采用了,但是作者还是引入了大量的调整与改进。该研究中最具独立性的部分是关于1924/1925—1949年间资本形成的研究。从一篇关于1937—1940年时期的现存专题论文开始,作者对于两次世界大战之间的其余年份和战后的初期年份中的资本形成构建了估计值。正如所预期的那
443 样,各单位估计值的质量是易于波动的。例如,工业中重要的资本

形成是以很少能完全令人信服的方法为基础而估计的，它至少隐含着一种可能的重复计算。虽然如此，这一研究中所发展起来的标准与方法对于该领域的所有未来进展肯定将具有首要的意义。一个附加的优点还在于，作者愿意针对各部门的增长率和投资趋势进行某种历史的解释。像佩鲁一样，该作者也强调国民收入构成要素中的“主动的”或“被动的”因素的作用。他关于在欧洲工业化中间唯独匈牙利在早期不仅强调钢铁而且也重视机械产出的信念可能是搞错了，但是他试图在一个更广阔的历史框架内考察国民收入的变化则肯定是最有用处的。总之，如果其他文章的某些作者也能够为他们自己确立同样高的批判性分析和善待读者的标准的话，那么本卷文集将会极大地增益。

最后一篇文章系由山田雄三（Yuzo Yamada）所提供（“关于日本的国民收入增长和储蓄率的评论”），它简要地报告了当前在包括作者自己的估计结果在内的几种不同的估计之间存在着的差异。对于 19 世纪的数十年和当前世纪的初期年份来说，这些差异实际上是很大的。然而，作者也给出了某些暂时性的结论，主要是对科林·克拉克的估计进行了矫正，据说就平均增长率特别是储蓄率而言，这些估计是过高了。由于日本经济学家热衷于努力来调和这些差异并改进这些估计的性质，所以该文当前的研究成果与本论文集中的其他文章相比就更应当被视为具有暂时过渡性的东西了。

看起来，较为详细地考察本论文集中的各篇论文是必要的。这些论文的主题具有根本性的重要意义，并且刊印出的统计数字也具有极大的启示力量。所以，我们就不能过分地强调，长期增长率的大部分都太过于不确定以至于难以使人们在不同时点特别是不同地区之间进行任何可靠的比较。大量的工作仍然有待于去做，特别是将价值指标转换成数量指标的问题，在其结果能够以任何可信赖的方式被应用之前，必须要进行更为艰苦的探索工作。本评论人关于当前的这些论文所发现的令人沮丧的因素，更多的是体现在它们对于所阐述的问题缺乏一种明晰的概念以及全然未能坚持去寻求所需要的建设性的解决方法，而不是它们的折算方法在目前所具有的较低的可靠程度。不去理会这些令人沮丧的情况，就像佩鲁所做的那样，也许是一种可以理解的态度，但它却也
444 是一种于事无补的态度。人们必须要考虑到，迄今为止由各个学者和机构所建立起来的价格与生活费用指数，主要是出于对价格与生活费用变化的自身目的感兴趣而设计的。那些致力于调查国民收入及其构成因素的长期趋势的人们，不能指望从中获得令人满意的结果，除非他们着手建立专门用来满足他们的工作需要的价格指数。自然，发展出若干个尽可能与子组别数目同样多的专门的折算指数将是非常有益的。由于在实践中每一子组别内部仍然包含有非常多的拥有极为不同的产出变动与价格变动比率的商品，将仍然需要用给定年份的折算指数对每一子组别进行正确的转换。此外，在很多情况下，人们还将不得不继续使用仅仅一个或两个综合性的价格指数来操作。在每一种情况下都不可能建立起与一个较长的时间系列中的年数同样多的价格指数。然而，却极有可能通过对数目足够多的短的子时段建立起价格指数，并使它们每一个都按照归属于每个子时段中的某一年的数量来加权，来使我们合理地接近于一种一致的数量指数。看起来，关于长期收

入估计的研究已经达到了这样一个阶段，它使得这一研究任务提到了最紧迫的日程上。这至少是从本论文集中相当令人信服地产生的一个结论。只有当这项工作被完成并且有意义的“物量的产出”系列被取得之后，人们才能够继续去探查和审视长期变化所需要的各种不同的制高点。更好地理解指数问题并未消除我们的方法的武断性，但是它却使得检验其范围并且显示所进行的加权选择具有的重要历史意义成为可能了。

所有这些当然决不意味着减低我们对于编者与作者们的感谢。我们也没有任何意图想要否认这里所归纳的研究成果的重要性，或者忽视他们所投入的劳动和所展示的独创性。本卷书十分清楚地表明了我们当前所处的状态。某些研究结果所具有的真正的弱点可以寄希望于激励进一步的研究和改进。我们利用过去的经验来理解和解决当前问题的能力，在很大程度上将仰赖于这种研究工作的成功。

# 索　　引

（由玛加丽塔·维尔福特(Margarita Willfort)编制）*

* 括号中的数字为原书的页码,亦即中译本的边码。

图书在版编目(CIP)数据

经济落后的历史透视/(美)亚历山大·格申克龙著;张凤林译.—北京:商务印书馆,2017
(汉译世界学术名著丛书:120 年纪念版:珍藏本)
ISBN 978-7-100-14131-4

Ⅰ. ①经… Ⅱ. ①亚… ②张… Ⅲ. ①经济史—欧洲—19 世纪②经济史—苏联—20 世纪 Ⅳ. ①F150.943②F151.295

中国版本图书馆 CIP 数据核字(2017)第 139250 号



汉译世界学术名著丛书
(120 年纪念版·珍藏本)
**经济落后的历史透视**
〔美〕亚历山大·格申克龙 著
张凤林 译

商 务 印 书 馆 出 版
(北京王府井大街 36 号 邮政编码 100710)
商 务 印 书 馆 发 行
南京爱德印刷有限公司印刷
ISBN 978-7-100-14131-4

2017 年 12 月第 1 版　　开本 710×1000 1/16
2017 年 12 月第 1 次印刷　　印张 39½
定价:195.00 元